Luis Manuel Fonseca Pires

Prefácio
Silvio Luís Ferreira da Rocha

Prefácio
Dinorá Adelaide Musetti Grotti

CONTROLE JUDICIAL DA DISCRICIONARIEDADE ADMINISTRATIVA

Dos conceitos jurídicos indeterminados às políticas públicas

4ª edição revista, ampliada e atualizada

Belo Horizonte

2020

© Luis Manuel Fonseca Pires
2011 Campus Elsevier
© 2013 2ª edição Editora Fórum Ltda.
2018 3ª edição
2020 4ª edição

É proibida a reprodução total ou parcial desta obra, por qualquer meio eletrônico, inclusive por processos xerográficos, sem autorização expressa do Editor.

Conselho Editorial

Adilson Abreu Dallari
Alécia Paolucci Nogueira Bicalho
Alexandre Coutinho Pagliarini
André Ramos Tavares
Carlos Ayres Britto
Carlos Mário da Silva Velloso
Cármen Lúcia Antunes Rocha
Cesar Augusto Guimarães Pereira
Clovis Beznos
Cristiana Fortini
Dinorá Adelaide Musetti Grotti
Diogo de Figueiredo Moreira Neto (*in memoriam*)
Egon Bockmann Moreira
Emerson Gabardo
Fabrício Motta
Fernando Rossi
Flávio Henrique Unes Pereira

Floriano de Azevedo Marques Neto
Gustavo Justino de Oliveira
Inês Virgínia Prado Soares
Jorge Ulisses Jacoby Fernandes
Juarez Freitas
Luciano Ferraz
Lúcio Delfino
Marcia Carla Pereira Ribeiro
Márcio Cammarosano
Marcos Ehrhardt Jr.
Maria Sylvia Zanella Di Pietro
Ney José de Freitas
Oswaldo Othon de Pontes Saraiva Filho
Paulo Modesto
Romeu Felipe Bacellar Filho
Sérgio Guerra
Walber de Moura Agra

FÓRUM
CONHECIMENTO JURÍDICO

Luís Cláudio Rodrigues Ferreira
Presidente e Editor

Coordenação editorial: Leonardo Eustáquio Siqueira Araújo
Aline Sobreira de Oliveira

Av. Afonso Pena, 2770 – 15º andar – Savassi – CEP 30130-012
Belo Horizonte – Minas Gerais – Tel.: (31) 2121.4900 / 2121.4949
www.editoraforum.com.br – editoraforum@editoraforum.com.br

Técnica. Empenho. Zelo. Esses foram alguns dos cuidados aplicados na edição desta obra. No entanto, podem ocorrer erros de impressão, digitação ou mesmo restar alguma dúvida conceitual. Caso se constate algo assim, solicitamos a gentileza de nos comunicar através do *e-mail* editorial@editoraforum.com.br para que possamos esclarecer, no que couber. A sua contribuição é muito importante para mantermos a excelência editorial. A Editora Fórum agradece a sua contribuição.

P667c   Pires, Luis Manuel Fonseca
           Controle judicial da discricionariedade administrativa: dos conceitos jurídicos indeterminados às políticas públicas / Luis Manuel Fonseca Pires ; prefácio Silvio Luís Ferreira da Rocha ; apresentação Dinorá Adelaide Musetti Grotti. 4. ed. Belo Horizonte: Fórum , 2020.
           375 p.

           ISBN 978-65-5518-045-9

           1. Direito administrativo. 2. Direito constitucional. I. Rocha, Silvio Luís Ferreira da. II. Grotti, Dinorá Adelaide Musetti. III. Título.

                                           CDD: 341.3
                                           CDU: 342.9

Elaborado por Daniela Lopes Duarte – CRB-6/3500

Informação bibliográfica deste livro, conforme a NBR 6023:2018 da Associação Brasileira de Normas Técnicas (ABNT):

PIRES, Luis Manuel Fonseca. *Controle judicial da discricionariedade administrativa*: dos conceitos jurídicos indeterminados às políticas públicas. 4. ed. Belo Horizonte: Fórum, 2020. 375 p. ISBN 978-65-5518-045-9.

SUMÁRIO

PREFÁCIO DA 2ª EDIÇÃO
Silvio Luís Ferreira da Rocha 11

APRESENTAÇÃO DA 2ª EDIÇÃO
Dinorá Adelaide Musetti Grotti 13

NOTA À 4ª EDIÇÃO 15

NOTA À 3ª EDIÇÃO 17

NOTA À 2ª EDIÇÃO 19

INTRODUÇÃO 21

PARTE I
INTERPRETAÇÃO JURÍDICA E OS CONCEITOS JURÍDICOS INDETERMINADOS

1   ANOTAÇÕES SOBRE A INTERPRETAÇÃO JURÍDICA 27

     Introdução 27

1.1   As teorias declarativas e o dogma da completude 30

1.1.1   Da escola da exegese ao positivismo de Hans Kelsen 32

1.1.2   As lacunas e as antinomias – O dogma da completude 40

1.2   A insuficiência da lógica formal 45

1.2.1   Outras perspectivas 50

1.2.2   A suposta presença da discricionariedade junto à
        interpretação jurídica 54

1.2.3   A tópica, a lógica do razoável e a retórica 59

1.3   Conclusões – Nossa posição 70

2   CONCEITOS JURÍDICOS INDETERMINADOS: UMA
      QUESTÃO DE INTERPRETAÇÃO JURÍDICA 77

     Introdução 77

2.1	Os conceitos jurídicos indeterminados...	80
2.1.1	Em Portugal...	80
2.1.2	Na Itália...	83
2.1.3	Na Áustria e na Alemanha...	83
2.1.4	Na França...	90
2.1.5	Na Argentina...	92
2.1.6	Na Espanha...	93
2.1.7	No Brasil...	100
2.2	Nossa posição...	105
2.2.1	Precedentes administrativos e autovinculação...	134
2.2.2	As cláusulas gerais e a interpretação jurídica...	137

PARTE II
A COMPETÊNCIA DISCRICIONÁRIA ADMINISTRATIVA CONFORME OS ÂMBITOS DA FUNÇÃO ADMINISTRATIVA E O SEU CONTROLE PELO PODER JUDICIÁRIO

3	NOÇÕES DE DISCRICIONARIEDADE ADMINISTRATIVA...	145
3.1	Evolução histórica – Do ato, do poder e da competência...	145
3.1.1	Da competência fundada em regras e em princípios – A teoria dos poderes implícitos...	154
3.2	A necessidade de demarcar como noções distintas a interpretação jurídica, os conceitos jurídicos indeterminados, as cláusulas gerais e a competência discricionária...	160
3.3	Competências vinculada e discricionária...	164
3.3.1	Noções de discricionariedade administrativa...	165
3.3.2	Fundamentos político e jurídico...	170
3.3.3	Natureza jurídica...	172
3.3.4	Classificações...	173

4	CONTROLE JUDICIAL DA DISCRICIONARIEDADE ADMINISTRATIVA NA ESTRUTURA DA NORMA JURÍDICA (ESTÁTICA DA NORMA JURÍDICA)...	179
	Introdução...	179
4.1	A estrutura da norma jurídica...	181
4.2	A presença da competência discricionária na estática da norma jurídica...	183
4.3	Metodologia proposta – Os limites de atribuição da discricionariedade administrativa na estrutura da norma	

jurídica (estática da norma jurídica) de acordo com o âmbito da função administrativa 188

4.3.1 Os âmbitos da função administrativa – Administração ordenadora, de prestação, de gestão, de fomento, sancionadora e de políticas públicas 189

4.3.2 A importância do tema para o controle judicial das competências discricionárias e vinculadas – O controle da racionalidade da decisão administrativa no âmbito do direito administrativo sancionador 191

4.4 Síntese conclusiva 198

5 CONTROLE JUDICIAL DA DISCRICIONARIEDADE ADMINISTRATIVA NO REGULAMENTO E ATO ADMINISTRATIVOS 201

Introdução 201

5.1 A presença da competência discricionária no regulamento administrativo – Aspectos gerais 201

5.1.1 A competência discricionária de acordo com o âmbito da função administrativa – A motivação do regulamento 204

5.2 A presença da competência discricionária no ato administrativo de acordo com a sua sistematização 207

5.2.1 A competência ou o sujeito 208

5.2.2 A forma, os requisitos procedimentais, a formalização e o âmbito da função administrativa 210

5.2.3 O objeto, o conteúdo e o âmbito da função administrativa 212

5.2.4 O motivo de fato – A teoria dos motivos determinantes 213

5.2.5 A motivação e o âmbito da função administrativa 217

5.2.6 A vontade do agente 224

5.2.7 A finalidade e a causa 227

5.2.8 O mérito administrativo – Conveniência e oportunidade 229

5.3 Diante do caso concreto e a "redução a zero" da discricionariedade – A concreta realização do interesse público 233

5.4 Nosso conceito de discricionariedade administrativa 236

6 CONTROLE JUDICIAL DA DISCRICIONARIEDADE ADMINISTRATIVA E AS APRECIAÇÕES TÉCNICAS 239

6.1 A inexistência da "discricionariedade técnica" 240

6.2 Casos concretos – Perícias, exames, julgamentos em licitações e provas em concursos públicos 250

7	CONTROLE JUDICIAL DA DISCRICIONARIEDADE ADMINISTRATIVA CONFORME A TEORIA DO DESVIO DE FINALIDADE E OS PRINCÍPIOS DA ADMINISTRAÇÃO PÚBLICA ...	257
	Introdução...	257
7.1	Desvio de finalidade...	258
7.1.1	Primeiras linhas da evolução histórica...	258
7.1.2	Definição – Natureza jurídica...	260
7.1.3	Espécies...	266
7.1.4	O silêncio administrativo e o desvio de finalidade – O meio coercitivo de cumprimento da ordem judicial: a caracterização do ato de improbidade administrativa...	269
7.1.5	A prova em juízo do desvio de finalidade...	272
7.2	Princípios da Administração Pública...	276
7.2.1	O procedimento de ponderação da teoria dos princípios...	277
8	PARADIGMAS AO CONTROLE JUDICIAL DA DISCRICIONARIEDADE ADMINISTRATIVA...	283
	Introdução...	283
8.1	A racionalidade da decisão administrativa...	284
8.2	O ônus da argumentação dos atores processuais...	290
8.3	Tempo de omissão...	293
8.4	Lei de introdução às normas do Direito Brasileiro e a competência discricionária...	296
9	CONTROLE JUDICIAL DA DISCRICIONARIEDADE ADMINISTRATIVA NO ATO POLÍTICO E NAS POLÍTICAS PÚBLICAS...	299
	Introdução – Explicações necessárias...	299
9.1	A função política...	300
9.2	A presença da competência discricionária no ato político...	302
9.2.1	O controle dos cargos em comissão: a) a 13ª súmula vinculante do Supremo Tribunal Federal; b) o dever de motivar para a nomeação e a exoneração...	306
9.2.2	O controle das emendas orçamentárias...	313
9.2.3	O controle dos atos *interna corporis* do Legislativo...	314
9.3	A presença da competência discricionária nas políticas públicas...	317
9.3.1	Argumentos contrários ao controle – A teoria das reservas do possível...	319

9.3.2 Argumentos favoráveis ao controle – A teoria do núcleo essencial do direito fundamental e o princípio da máxima efetividade das normas constitucionais 324

9.3.3 Soluções possíveis 333

9.3.3.1 Primeiras conclusões 334

9.3.3.2 Políticas públicas já existentes – Universalidade e a atualização técnica e/ou científica como critérios de definição do "novo patamar" do direito à prestação 342

9.3.3.3 Tutelas de remoção do ilícito 347

9.3.4 Orientações jurisprudenciais 351

CONCLUSÃO 359

REFERÊNCIAS 369

PREFÁCIO DA 2ª EDIÇÃO

O presente livro, agora publicado, tese de doutoramento, é o resultado de meticuloso trabalho de pesquisa empreendido por Luis Manuel Fonseca Pires, jovem e brilhante magistrado paulista, que, com esta obra, inscreve o seu nome no rol da nova safra de administrativistas que se alinham à tradição da Escola de Direito Administrativo da Pontifícia Universidade Católica de São Paulo, fundada por Oswaldo Aranha Bandeira de Mello e desenvolvida com maestria e singular brilhantismo por Celso Antônio Bandeira de Mello. A obra divide-se em duas partes. A primeira trata, em dois capítulos, da interpretação jurídica e dos conceitos jurídicos indeterminados, enquanto a segunda trata, em seis capítulos, da competência discricionária administrativa conforme os âmbitos da função administrativa e o seu controle pelo Poder Judiciário. Nela, o autor trata do difícil tema da discricionariedade administrativa, do controle judicial e das políticas públicas.

Embora discorde de algumas premissas e conclusões apresentadas neste trabalho, como o de não vislumbrar na estrutura da norma jurídica uma possível discricionariedade decorrente da indeterminação do conceito, o fato é que Luis Manuel Fonseca Pires defendeu com competência ímpar todos os seus pontos de vista perante banca examinadora composta por mim e pelos Excelentíssimos Professores Sergio Ferraz, Luís Paulo Aliende, Lúcia Valle Figueiredo e Clovis Beznos e obteve aprovação com nota máxima. Trata-se, portanto, de uma obra que, pela competência do autor, a seriedade da pesquisa e a pertinência dos temas debatidos merece ser lida.

Silvio Luís Ferreira da Rocha
Mestre e Doutor em Direito Civil pela PUC-SP. Doutor e
Livre-Docente em Direito Administrativo pela PUC-SP.

APRESENTAÇÃO DA 2ª EDIÇÃO

Conheci o jovem e talentoso jurista Luis Manuel Fonseca Pires durante o curso de Mestrado da Faculdade de Direito da Pontifícia Universidade Católica de São Paulo, no qual tive a honra de ser sua professora.

Nessa ocasião, já Juiz de Direito no estado de São Paulo, participava ativamente das aulas, com muita dedicação, revelando sua arguta inteligência e seu inesgotável espírito de trabalho.

Não foi surpresa, portanto, quando, ao concluir o curso de Mestrado, defendeu a sua dissertação *Limitações administrativas à liberdade e à propriedade*, verdadeira tese de doutorado, da qual participei enquanto banca examinadora, e na qual se saiu brilhantemente, obtendo a nota dez.

Luis Manuel percorreu, em curto espaço de tempo, a trajetória que o levou de aluno a professor. Representante de uma nova geração que aprendeu desde cedo a pesquisar, foi se firmando na caminhada docente junto a conceituados cursos de pós-graduação *latu sensu* Luiz Flávio Gomes, da Fundação Getulio Vargas (GVLaw), da Escola Superior da Advocacia em São Paulo, além de participar na qualidade de Juiz Docente-Formador e Docente-Instrutor de 1º Grau da Escola Paulista da Magistratura, revelando, nesse mister, muita didática nas suas exposições e uma visão crítica e construtiva do Direito.

Sua larga vivência, aliada à expressiva capacidade de reflexão sobre temas instigantes foram canalizadas para a produção de inúmeros artigos em revistas especializadas na área do Direito Público e de livros em que figurou como coautor, coordenador e autor. Dentre estes últimos merecem destaque *Limitações administrativas à liberdade e à propriedade*, resultante de sua dissertação de Mestrado, *Loteamentos urbanos: natureza jurídica* e *regime jurídico das licenças* que, por sua excelência, transformaram-se em trabalhos de leitura obrigatória nos referidos temas.

Já agora vem à luz mais um primoroso trabalho, também fruto de árdua e profunda pesquisa, *A competência discricionária administrativa conforme os âmbitos da função administrativa e o seu controle pelo Poder Judiciário*, com o qual o professor Luis Manuel Fonseca Pires obteve sua titulação como doutor em direito na Pontifícia Universidade Católica de São Paulo, na área de concentração em direito administrativo, tendo sido aprovado com amplos e merecidos encômios que lhe foram dispensados pela banca examinadora.

Dedicação, seriedade, dinamismo e profissionalismo são alguns dos adjetivos que encontro para apresentar Luis Manuel Fonseca Pires e que serão facilmente identificáveis pelo leitor que se debruce sobre o presente trabalho, que aborda um tema atual e instigante, amparado em rica e selecionada indicação bibliográfica e pesquisa jurisprudencial.

São Paulo, dezembro de 2008.

Dinorá Adelaide Musetti Grotti
Doutora e Mestre pela PUC-SP. Professora de direito administrativo da PUC-SP. Ex-Procuradora do município de São Paulo.

NOTA À 4ª EDIÇÃO

A lei de introdução às normas do Direito Brasileiro, com destaque para as alterações feitas pela Lei nº 13.655/18, foi incorporada a esta nova edição. Menos por alguma inovação no tratamento da competência discricionária diante da perspectiva adotada neste livro, mais porque espelha algumas teses aqui defendidas, as considerações são pontuais. Dediquei, portanto, um tópico ao tema com a preocupação de contextualizar as alterações promovidas pela Lei nº 13.655/18 com as ideias expostas ao longo deste estudo.

NOTA À 3ª EDIÇÃO

Novos desafios, promovidos tanto pela docência quanto pela constante provocação do temário do controle judicial da Administração Pública na prática da magistratura, levaram-me a sistematizar uma proposta de *paradigmas jurídicos* que servissem de diretriz à aplicação do direito: racionalidade da decisão administrativa, distribuição do ônus argumentativo entre os atores processuais e o tempo de omissão do Poder Público.

Esta é a principal novidade da 3ª edição: formulei um capítulo novo, o oitavo (o anterior foi deslocado para diante), com a abordagem que tenho desenvolvido nos últimos anos em salas de aula e a preocupação de aplicação prática da dogmática jurídica. Claro, o capítulo novo provocou a necessidade de revisão e ajuste da redação dos demais, sobretudo — o mais afetado — o seguinte, agora nono capítulo. Outras revisões gerais foram realizadas, a exemplo das remissões ao novo Código de Processo Civil e a atualização das principais referências jurisprudenciais.

NOTA À 2ª EDIÇÃO

A 1ª edição deste livro, pela Editora Campus Elsevier, surpreendeu-me com a honra de ter ficado entre os finalistas do 51º Prêmio Jabuti promovido pela Câmara Brasileira do Livro. Mas as experiências na docência e na magistratura enriqueceram-me as reflexões a respeito dos temas que aqui são tratados.

Nesta 2ª edição, em revisão preocupei-me em ajustar ideias e argumentos que se desenvolveram após a sua publicação, notadamente em razão de constantes diálogos em salas de aulas, seminários e congressos, e ainda pela prática em Vara especializada da Fazenda Pública, o que resultou, em destaque, no desenvolvimento do tópico dos precedentes administrativos e da autovinculação (2.2.1), e ainda em anotações mais detalhadas a respeito do controle judicial da racionalidade da decisão administrativa no âmbito do direito administrativo sancionador (4.3.2), o que neste particular registro meu público agradecimento ao amigo e professor Daniel Ferreira pela oportunidade de tantos debates acadêmicos.

Ainda houve para a presente edição a atualização de referências jurisprudenciais. Casos emblemáticos foram mantidos, mas substituí alguns julgamentos por outros quando se sinalizavam novos fundamentos ou rumos do controle judicial da Administração Pública.

INTRODUÇÃO

Tratamos neste livro da *competência discricionária administrativa conforme os âmbitos da função administrativa e o seu controle pelo Poder Judiciário.* Tema que ao ser anunciado talvez invoque a lembrança de García Macho, feita por Mariano Bacigalupo,[1] que diante do lançamento da obra Democracia, *jueces y control de la administración* do eminente mestre espanhol, Eduardo García de Enterría, de pronto indagou: "Outra vez a discricionariedade administrativa?". Se a publicação das reflexões de um dos grandes mestres do direito administrativo causou algum desânimo ou enfado no meio acadêmico, deste nosso singelo trabalho sequer reações de desconforto poder-se-iam esperar. Mas acreditamos que é mesmo porque a discricionariedade administrativa acompanha a origem e a evolução do próprio direito administrativo, porque se imbrica com temas acerca da linguagem jurídica (particularmente, os conceitos jurídicos indeterminados), porque emerge com vigor na medida em que necessariamente se associa a problemas contemporâneos (como o controle judicial das políticas públicas), por tudo isto acreditamos que há sempre espaço para novas reflexões.

Nossa proposta, neste estudo, é antes e primeiro de tudo destacar o que entendemos que não tem sido um método adequado — embora predominante junto à doutrina e jurisprudência nacional e estrangeira —: a interação dos conceitos jurídicos indeterminados com a discricionariedade administrativa. Por isto, dividimos o trabalho em duas partes: na primeira, tratamos da interpretação jurídica e dos conceitos jurídicos indeterminados, na segunda, da discricionariedade administrativa. A intenção é distinguir e manter como temas estanques os conceitos jurídicos indeterminados e a competência discricionária da

---

[1] *La discrecionalidad administrativa,* p. 19.

Administração Pública. Com isto em vista é que nesta primeira parte desenvolveremos dois capítulos: inicialmente, teceremos algumas palavras sobre a interpretação jurídica (1), depois sobre os conceitos jurídicos indeterminados (2). Faremos isto porque para sustentarmos o que acreditamos ser necessário para romper a simbiose dos conceitos jurídicos indeterminados com a discricionariedade administrativa é preciso expor o que, atualmente, parecem ser as melhores leituras sobre o que é a interpretação jurídica. Cremos que apenas depois de enfrentarmos as teorias declarativas e o dogma da completude do direito (1.1), após a compreensão da insuficiência da lógica formal (1.2), só com a percepção da tópica, da lógica do razoável, da retórica e de outras teorias (1.2.3) é que poderemos entender no que realmente consiste a interpretação jurídica (1.3), o que nos permitirá melhor entender os conceitos jurídicos indeterminados e aceitar que tratam de uma questão de interpretação do Direito, e não se confundem, em hipótese alguma, com a competência discricionária. Claro que o fruto desta específica reação dos conceitos jurídicos indeterminados junto ao direito administrativo — pois os conceitos jurídicos indeterminados são um fenômeno comum a qualquer ramo do direito — tem por motivo de ser, como bem analisa Fernando Sainz Moreno,[2] o fato de que se remete às tutelas judiciais em face das decisões da Administração.

A propósito, como ao final desta parte inicial cada leitor deve perceber, a primeira clara impressão sobre o tema "discricionariedade administrativa" é que não há como tratar deste assunto sem nos referirmos aos conceitos jurídicos indeterminados e ao controle judicial. Falar da discricionariedade administrativa necessita investigar a linguagem e as teorias da interpretação jurídica — mesmo que para distingui-los com rigor —, e falar da discricionariedade administrativa representa, em última análise, identificar o *espaço legítimo* da liberdade de escolha e decisão da Administração Pública, o que consequentemente significa demarcar os seus limites, isto é, perceber o que desborda e o que transborda deste *espaço legítimo* e enseja o controle judicial.

Na segunda parte ingressamos na pesquisa da discricionariedade administrativa propriamente dita. Primeiro, almejamos explicar a sua evolução histórica desde a origem do próprio Direito Administrativo, o que se principia com a noção de um *poder livre* e evolui até hodiernamente se configurar como um feixe de *competências* que reclama os poderes

---

[2] *Conceptos jurídicos, interpretación y discrecionalidad administrativa*, p. 220.

apenas como instrumentos de cumprimento dos deveres impostos ao administrador público (3).

Cuidamos de compreender a estrutura da norma jurídica e refletir sobre os limites de atribuição da competência discricionária na estática da norma. Isto é, antes de compreendermos o fenômeno da discricionariedade administrativa no exercício da função administrativa, diante dos casos concretos, preocupam-nos as seguintes questões: qual o limite à norma jurídica para atribuir uma competência discricionária? É possível que todo e qualquer tema seja passível de atribuição de competência discricionária por lei? Quais os critérios para a identificação de uma indevida delegação da função legislativa? Qual a amplitude possível que a lei pode traçar como competência discricionária? São as questões que buscamos responder com o destaque para a análise sobre o âmbito da função administrativa (administração ordenadora, de prestação, de gestão, de fomento, sancionadora e de políticas públicas) que a lei pretende disciplinar (4).

Em capítulo seguinte (5) tratamos da discricionariedade administrativa perante o exercício da função administrativa: em face do regulamento administrativo e do ato administrativo. Destrinchamos o ato administrativo com o intento de perquirir as possibilidades da discricionariedade administrativa em relação a cada pressuposto e cada elemento do ato, o que nos leva a questionarmos a utilidade da noção de "mérito administrativo" (conveniência e oportunidade). Retornamos, em seguida, à proposta de compreensão da discricionariedade administrativa de acordo com o âmbito da função administrativa e, por fim, estudamos a denominada "redução a zero" da discricionariedade.

Em sequência (6), cuidamos da denominada "discricionariedade técnica", mas para compreendê-la como situação que, a exemplo dos conceitos jurídicos indeterminados, não se confunde com a discricionariedade administrativa. A posição que adotamos, inclusive, permite-nos entender o alcance do controle judicial de perícias, exames e, principalmente, das provas em concursos públicos — tanto as da primeira fase, as provas objetivas (por questões de múltipla escolha), como os exames psicotécnicos e os orais.

Enfatizamos, no próximo capítulo (7), dois fundamentais mecanismos de controle judicial da discricionariedade administrativa: a teoria do desvio de finalidade e os princípios da Administração Pública. Quanto ao primeiro, pretendemos enfrentar temas pragmáticos deste mecanismo, como a omissão administrativa, o meio coercitivo de cumprimento da ordem judicial (7.1.4) e, notadamente, a natureza jurídica da prova do desvio de finalidade (7.1.5). No que se refere ao segundo, nossa atenção se restringe a esclarecer o procedimento de ponderação da teoria dos princípios e como este método pode ser útil ao controle judicial da discricionariedade administrativa (7.2.1).

No oitavo capítulo, proposta que surge a partir da 3ª edição deste livro, apresentamos uma sistematização de *paradigmas jurídicos* que podem servir de diretriz ao controle judicial da Administração Pública: racionalidade da decisão administrativa (8.1), distribuição do ônus argumentativo entre os atores processuais (8.2) e o tempo de omissão do Poder Público (8.3).

Tratamos do controle judicial dos atos e das políticas públicas. Enfrentamos sobre o ato político a possibilidade de controle judicial de determinadas situações práticas, como as nomeações para cargos em comissão (9.2.1), as emendas orçamentárias (9.2.2) e os atos *interna corporis* do Legislativo (9.2.3). Em seguida nos debruçamos sobre o controle judicial das políticas públicas, inicialmente para alinharmos os argumentos contrários que se sintetizam sob a teoria das reservas do possível (9.3.1), os argumentos favoráveis como a teoria do núcleo essencial do direito fundamental e o princípio da máxima efetividade das normas constitucionais (9.3.2), e por derradeiro formulamos o que divisamos serem algumas soluções possíveis (9.3.3).

PARTE I

INTERPRETAÇÃO JURÍDICA E OS CONCEITOS JURÍDICOS INDETERMINADOS

ANOTAÇÕES SOBRE A INTERPRETAÇÃO JURÍDICA

Introdução

O propósito deste capítulo foi, ainda que brevemente, bosquejado na introdução a este estudo, mas este é mesmo o instante a encarecer as razões de por que desenvolver, com mais acuro, um tema próprio da seara da teoria geral do direito junto ao estudo monográfico de um assunto do direito administrativo que é, em si, fonte amplíssima de profusas discussões doutrinárias e jurisprudenciais, a discricionariedade administrativa.

É que, como veremos nos capítulos da segunda parte deste trabalho, não poucas vezes se sustenta a existência de discricionariedade à Administração Pública pelo fato de haver, em determinado comando normativo, ou palavras e termos ambíguos (conceitos indeterminados), ou porque há a necessidade, para a intelecção da norma jurídica, de uma ponderação por parte do administrador-intérprete.

Enfim, de um jeito ou de outro, para parcela francamente majoritária da doutrina, e mesmo segundo a jurisprudência incontrastavelmente dominante, tanto nacionais quanto estrangeiras, a competência discricionária existe, dentre outras situações, quando há algum espaço ao *subjetivismo*, à *vontade* da Administração na *interpretação jurídica*.

Tal modo de compreender a discricionariedade parece-nos equivocado porque admite como pressuposto imarcescível — e, conforme cremos, por isso se engendram tantas divergências acerca do tema — que não há, junto ao intérprete-administrador, qualquer expressão *volitiva* no ato de interpretar, como se o seu *gênio* apenas pudesse expressar-se se o caso fosse de discricionariedade, mas nunca como componente ínsito, próprio, natural à própria atividade hermenêutica.

Este equívoco — desde logo o adiantamos — tem como raiz, como veremos ao longo do presente capítulo, a influência das doutrinas jurídicas sobre a interpretação do direito que se desenvolveram ao longo do século XIX, e, ainda mais marcadamente, da teoria pura de Hans Kelsen no início do século XX, todas a propugnar que a intelecção do direito, ao ter que interpretar uma norma jurídica, não passaria de envidar empenho em *descrever*, *conhecer*, proceder a um labor exclusivamente *cognitivo* do direito, com a acentuada preocupação, e mesmo se iludindo, de que ao intérprete não se permite que o seu cabedal de convicções políticas, sociais, religiosas, filosóficas, sua própria formação, instrução, cultura, que o seu *ser*, enfim, influencie a interpretação jurídica.

Mas, sobretudo após a teoria pura do direito, diversas outras doutrinas erigiram-se com igual cientificidade, isto é, com o comprometimento de manter o âmbito da discussão jurídica incluso ao perímetro da normatividade, mas de modo a reconhecer uma *participação* do intérprete do direito junto ao processo de interpretação jurídica. De tal maneira, entendemos que para o estudo da competência discricionária da função administrativa ainda mais pulularam os enleios doutrinários e jurisprudenciais sobre o que de fato representa a discricionariedade administrativa, pois associada à *vontade* do administrador o fato é que com o influxo da revolução que a teoria do direito sofreu a partir de meados do século XX, com a proliferação de normas jurídicas com expressões vagas, com o reconhecimento da normatividade dos princípios, ora se persiste em afirmar que há discricionariedade quando há possibilidade de expressão da *vontade* do administrador, ora se diz que há discricionariedade junto à função jurisdicional porque a norma enseja ao juiz *valorar*, *escolher*, em última análise, exprimir sua *vontade* na aplicação do direito.

A associação da *vontade* como elemento determinante para o conceito de competência discricionária da função administrativa parece-nos, pelos motivos que apresentaremos, uma verdadeira falácia e principal causa de tantas e aparentemente insondáveis e insuperáveis divergências acadêmicas e jurisprudenciais. A consequência prática, por sua vez, é a palidez do controle jurisdicional que, como entendemos, em ingentes ocasiões renuncia ao controle que deveria exercer sob o argumento de que a norma reclama da Administração uma *ponderação*, uma integração *volitiva*, e por isso se cuida supostamente de competência discricionária, e em outras — em número bem mais reduzido — imiscui-se no âmbito lídimo de atuação do Poder Público.

O que entendemos ser primordial a desenvolver acerca da competência discricionária é a *demarcação científica* com o máximo de rigor e precisão possíveis sobre as diferentes *categorias jurídicas*: de um lado, a *interpretação jurídica*, objeto de estudo da teoria geral do direito, de outro, a *competência discricionária da função administrativa*, própria do direito administrativo. Pois conforme observam André Gonçalves Pereira,[3] Bartolomé A. Fiorini,[4] entre outros, cada termo deve relacionar-se a um conceito, portanto as classificações devem guardar, sobretudo, um valor prático. Em oportuna lembrança das lições de Agustín Gordillo, "[...] as palavras e classificações e as consequentes definições, carecem de um valor dogmático de verdade ou falsidade que possam determinar-se aprioristicamente",[5] por isso, em citação de Genaro Carrió, Agustín Gordillo pertinentemente observa que as classificações não são verdadeiras ou falsas, mas úteis ou inúteis.[6] Deveras, de nada, ou pouco, valeria ter por sinônimos, ou mesmo como categorias que supostamente se permeiam, a *interpretação jurídica* e a *discricionariedade administrativa*.

Equivocam-se, consoante entendemos, os que acreditam que ao juiz há "discricionariedade" em deferir, ou indeferir, um pedido liminar ou de antecipação de tutela, como se equivoca quem compreende que a presença de algum elemento *volitivo* na interpretação jurídica, o que normalmente ocorreria diante de conceitos imprecisos em razão da fluidez das palavras, é o suficiente para reconhecer-se ao administrador a mesma "discricionariedade".

Propugnamos, neste estudo, a distinção clara, expressiva, entre *interpretação jurídica* e *discricionariedade administrativa* de modo a reformular este último conceito e, com isso, elucidar o alcance possível do controle judicial sobre a atividade administrativa que se fundamenta na competência discricionária. Portanto, entender o que é a interpretação jurídica representa, para nós, mais do que um estudo de um temário importante da teoria geral do direito. A dedicação às teorias que direta ou indiretamente versam sobre a compreensão e a aplicação do direito significa, em nossa proposta, assunto de primeira ordem, imprescindível à compreensão da própria discricionariedade administrativa e, por conseguinte, de seu controle judicial.

---

[3]   *Erro e ilegalidade no acto administrativo*, p. 81.
[4]   *Poder de polícia*, p. 183.
[5]   GORDILLO, Agustín. *Tratado de derecho administrativo*: el acto administrativo. cap. I, p. 1.
[6]   *Idem. Tratado de derecho administrativo*: parte general. cap. I, p. 17.

Decorrente da posição que ora adotamos neste capítulo a instigante e interminável celeuma sobre os *conceitos jurídicos indeterminados* toma outro rumo — conforme veremos no capítulo 2 desta primeira parte. Ao adotarmos as premissas que em seguida formularemos, neste capítulo, sobre a interpretação do direito, o tema dos conceitos jurídicos indeterminados torna-se objeto da própria interpretação jurídica, com o que, neste aspecto, acedemos à doutrina de Eduardo García de Enterría e Tomás-Ramón Fernández, a ser conhecida em tempo próprio (capítulo 2), e que no mais corresponde à nossa proposta de separar, com maior definição, o que acreditamos que são classes, formulações, enfim, categorias distintas, a *interpretação jurídica* e a *discricionariedade administrativa.*

Por derradeiro, ainda à guisa de introdução do que consideramos ser um capítulo fundamental deste estudo, convém consignar que é certo que o estudo da interpretação do direito é assunto de vastíssima expressão, não apenas por ser tema presente desde épocas imemoráveis da existência do próprio ser humano e a sua preocupação de viver em sociedade, como ainda pela profundidade e extensão que cada proposta desenvolvida ao longo da história apresenta. Por isso, nossa preocupação e intento são o de desenvolver o que nos parece ser necessário — e possível — extrair da teoria geral do direito a respeito da interpretação jurídica no que acreditamos servir à compreensão do conceito de discricionariedade administrativa e o respectivo alcance legítimo do controle judicial sobre esta competência da função administrativa.

1.1 As teorias declarativas e o dogma da completude

Compreender o direito, extrair o significado das disposições normativas, aplicar a lei aos conflitos concretos, são objetivos que sempre incomodaram e inspiraram os estudiosos do direito em todos os tempos.

Conforme sublinha o jurista português José de Oliveira Ascensão,[7] desde a época do Imperador Justiniano há a preocupação de controlar a interpretação da lei, e mesmo após a Revolução Francesa pretendeu-se excluir qualquer componente subjetivo na interpretação com o receio de que a atuação dos juízes pudesse comprometer as conquistas do movimento revolucionário.

---

[7]   *O Direito*: introdução e teoria geral – uma perspectiva luso-brasileira, p. 378.

ANOTAÇÕES SOBRE A INTERPRETAÇÃO JURÍDICA | 31

Sob este prisma, encampamos a terminologia de Rodolfo Luis Vigo,[8] Professor Catedrático de Filosofia do Direito na Argentina, que denomina de *modelo dogmático*[9] às teorias jurídicas das escolas exegéticas, históricas, o primeiro período de Ihering, a jurisprudência dos conceitos, e o pensamento de Kelsen, enfim, doutrinas que propugnavam a interpretação do direito como uma atividade meramente *descritiva*, orientada por um silogismo dedutivo rigoroso que pretendia equiparar a metodologia de conhecimento do direito à utilizada pelas ciências exatas, a uma lógica formal.

A solução de um caso concreto obtém-se, por esta orientação, por uma pretensa subsunção formalística, como se ao se expor um fato sob um ordenamento jurídico fosse mesmo possível inequívoca e imediatamente encontrar, por uma operação mecanicista,[10] desprovida de qualquer envolvimento *volitivo* do intérprete, uma norma jurídica que versasse hipoteticamente sobre o assunto com a exata correspondência de todos os seus elementos, de modo que por consequência, com este alinhamento entre a norma e o fato, fosse simples chegar à conclusão. O próprio conceito de direito, por esta perspectiva, erigiu-se gradualmente sob uma estrutura estritamente positivista, isto é, o direito era a lei (o *texto* da lei) — a *vontade* e o *relativismo axiológico* eram absolutamente vedados à ciência jurídica.

Ainda conforme Rodolfo Luis Vigo,[11] é com a adoção deste modelo dogmático que Savigny define a interpretação jurídica como a reconstrução do pensamento que se encontra ínsito na lei, no que coincide, neste aspecto, com Ihering ao conceber a interpretação como a "jurisprudência inferior" porque, segundo ele, nada se cria de novo, mas apenas são esclarecidos os elementos jurídicos pré-existentes, o que em tudo e por tudo consolida o pensamento de Montesquieu — também

---

[8] *Interpretação jurídica*: do modelo jus-positivista-legalista do século XIX às novas perspectivas, p. 36 *et seq.*

[9] No mesmo sentido, José de Oliveira Ascensão assevera que se usa o termo "dogmática" confundindo-se com uma das escolas de interpretação, a "jurisprudência dos conceitos", mas que por dogmática deve-se mesmo entender — conforme a lição de Vigo, citada no corpo do texto — a busca da unidade do sistema jurídico. Acresce o autor que os "pandectistas" contribuíram para esta melhor compreensão porque não se detiveram na hermenêutica dos textos romanos, mas realizaram uma construção jurídica sistemática (*O direito*: introdução e teoria geral – uma perspectiva luso-brasileira, p. 403).

[10] O mecanicismo é uma "[...] doutrina filosófica, também adotada como princípio heurístico na pesquisa científica, que concebe a natureza como uma máquina, obedecendo a relações de causalidade necessárias, automáticas e previsíveis, constituídas pelo movimento e interação de corpos materiais no espaço" (*Dicionário Houaiss da língua portuguesa*, p. 1874).

[11] *Interpretação jurídica*: do modelo jus-positivista-legalista do século XIX às novas perspectivas, p. 37-38.

lembrado na mesma lição de Vigo —, ao idealizar, sobre a figura do magistrado, "um ser inanimado que repete as palavras da lei".

Havia, como por estas primeiras linhas já se percebe, um fetichismo pela letra da lei, uma crença de que seria realmente possível desenvolver um método que serviria a apenas *descrever* (descobrir) o direito — ou a intenção do legislador, ou a intenção da norma, mas, de um jeito ou de outro, sem qualquer componente *subjetivo* por quem fosse exercer a interpretação e aplicação[12] do direito.

Nos próximos tópicos compreenderemos melhor a estruturação destas doutrinas, a preocupação — e a crença — de que a *formação* e *informações* do intérprete, como um ser único e individual, não contribuíssem para a interpretação jurídica, e a consequente e lancinante obsessão por combater as lacunas e antinomias como inimigas fatais do direito — enquanto concebido (o direito) como um sistema hermético.

1.1.1 Da escola da exegese ao positivismo de Hans Kelsen

No século XIX, desenvolve-se em França a "escola da exegese". De acordo com Maria Helena Diniz,[13] esta doutrina propugna que o direito positivo deve coincidir com a lei escrita, destarte, a função do jurista outra não pode ser senão a de meramente *revelar* o seu sentido. Este reducionismo exegético expressa a proposta única de *descobrir* a intenção do legislador. O direito, como dissemos, é reduzido ao texto da lei, e ao intérprete compete a mecânica atividade — como se tanto fosse possível — de simplesmente, e nada mais, aplicar a *lógica*

---

[12] Convém anotar que optamos por considerar a *interpretação* e a *aplicação* como fenômenos indissociáveis, como o faz Fernando Sainz Moreno: "É utópico imaginar uma interpretação de 'sentido normativo de um texto' desligada de umas circunstâncias concretas e de uma valoração de seu resultado prático. A interpretação de uma norma está vinculada a sua aplicação, ainda que se suponha que se realiza com caráter teórico, pois sempre existe uma visão mais ou menos clara do que vai suceder se a norma se interpreta de *uma ou outra* forma. [...] A busca desinteressada do que a norma significa em si mesma não existe, pois é impossível, incluindo a especulação teórica" (*Conceptos jurídicos, interpretación y discrecionalidad administrativa*, p. 129). Mas adverte Carlos Ayres Britto sobre a distinção conceitual entre *hermenêutica* e *interpretação jurídica*: a primeira é "[...] um conjunto de noções preparatórias da interpretação", e a segunda é a aplicação a uma particular norma de direito os enunciados daquela (*Teoria da Constituição*, p. 143-144).

[13] *Compêndio de introdução à ciência do direito*, p. 50 *et seq.* Chaïm Perelman demarca em três as fases da "escola da exegese": "[...] uma fase de instauração, que começou na promulgação do Código Civil, em 1804, e terminou entre 1830 e 1840; uma fase de apogeu, que se estendeu até cerca de 1880; e por fim uma fase de declínio, que se fechou em 1899, quando a obra de Gény anunciou-lhe o fim" (*Lógica jurídica*, p. 31).

ANOTAÇÕES SOBRE A INTERPRETAÇÃO JURÍDICA | 33

dedutiva:[14] adota-se como premissa maior a lei, como premissa menor o fato concreto, e ao se subsumir formalmente o fato à lei a decisão é encontrada com uma suposta simplicidade.

Ainda segundo a jurista referida, correspondente à "escola da exegese" foi o "pandectismo", na Alemanha,[15] e a escola analítica, na Inglaterra.

Mas enquanto para os franceses o ponto de partida era a lei, para os alemães era, com exclusividade, o direito romano. De todo modo, as duas correntes apregoavam o uso do método dedutivo, o apego quase místico ao texto da lei.

Nesta época, o centro das divergências entre as doutrinas que se preocupavam com a interpretação jurídica era, de acordo com Tercio Sampaio Ferraz Jr.,[16] saber se o direito a ser declarado, a partir dos textos normativos, era o que expressava o pensamento do legislador (correntes subjetivas) ou o "espírito do povo" (correntes objetivas). Em busca da *vontade do legislador* é que, ainda segundo o jurista, orientava-se a "jurisprudência dos conceitos", na Alemanha, e a já mencionada "escola da exegese", em França.

Pretendia-se, segundo Rodolfo Luis Vigo, que as razões do legislador (exegese) e as do cientista ("jurisprudência dos conceitos") apresentassem níveis de "[...] perfeição, previsão e clarividência que as tornavam insuspeitas de silêncios ou incoerências".[17] Vislumbrava-se o direito, como adverte o autor,[18] com todos os aspectos próprios de um sistema fechado: unidade, completude e coerência.

Mas a insuficiência do rigor formalista, as ensanchas de soluções injustas que o método mecanicista proporcionava, inspirou, do final do século XIX ao início do XX, outras teorias que, em busca do sentido *objetivo* da norma, agregaram outros informes ao método de interpretação. É o caso da "jurisprudência dos interesses", desenvolvida na

---

[14] Neste sentido, também é a explanação de Rodolfo Luis Vigo (*Interpretação jurídica*: do modelo jus-positivista-legalista do século XIX às novas perspectivas, p. 38). Ver, também, José de Oliveira Ascensão (*O direito*: introdução e teoria geral – uma perspectiva luso-brasileira, p. 384).

[15] Com efeito, também esclarece Miguel Reale que a Escola dos Pandectistas, na Alemanha, em certo ponto corresponde à Escola da Exegese da França, mas os alemães foram mais flexíveis em aceitar os usos e costumes e uma interpretação menos apegada ao texto legal (*Lições preliminares de Direito*, p. 283).

[16] *Introdução ao estudo do Direito*, p. 266.

[17] VIGO, Rodolfo Luis. *Interpretação jurídica*: do modelo jus-positivista-legalista do século XIX às novas perspectivas, p. 39.

[18] VIGO, Rodolfo Luis. *Interpretação jurídica*: do modelo jus-positivista-legalista do século XIX às novas perspectivas, p. 39.

Alemanha, que se orientava por estabelecer que o intérprete deveria alcançar, em sua leitura da lei, os interesses da sociedade, do mesmo modo como as doutrinas da "livre pesquisa científica" e "movimento do direito livre" pautavam-se pelo "[...] sentido da lei na vida, nas necessidades e nos interesses práticos".[19]

Desenvolvem-se, nestes idos, as primeiras noções do método teleológico como a busca do fim do direito, do método axiológico como a ênfase aos valores que se encontram no direito ou gravitam em torno dele, do método sociológico que defende a consideração de aspectos sociais junto à ciência jurídica.

Como apura Karl Larenz,[20] enquanto a "jurisprudência dos conceitos" limita o juiz à subsunção lógica dos fatos aos conceitos jurídicos, e concebe o ordenamento como um sistema fechado e enfatiza a lógica, a "jurisprudência dos interesses" prima pela indagação da vida e de sua valoração. O direito é visto como uma "tutela de interesses".

A "jurisprudência dos interesses" opõe-se, portanto, à "jurisprudência dos conceitos", como observa José de Oliveira Ascensão, porque os interesses sobrepujam a lógica. Para o autor, na "jurisprudência dos interesses" ainda se reconhece que o sistema tem uma função "recognitiva", mas por se compreender que o direito deve realizar os interesses da vida são estes, os interesses, que devem orientar a decisão do julgador; e uma variante à "jurisprudência dos interesses" é a denominada "jurisprudência dos valores" porque, ainda conforme o referido autor, críticas lançavam-se sobre a "jurisprudência dos interesses" porque "[...] traduz uma orientação materialista, pois na vida não há só interesses, há também valores, que são igualmente decisivos na hermenêutica e aplicação do direito".[21]

Mas na análise de Maria Helena Diniz percebemos que a função "recognitiva", assim denominada por José de Oliveira Ascensão, é mesmo mais do que *conhecer* e *descrever* o direito.

A "jurisprudência dos interesses"

> [...] não confina o juiz a mera função cognoscitiva, permite que ele construa novas normas para as situações não previstas, mediante o emprego da analogia, que todavia não se apóia sobre a literalidade de um texto, mas na valoração de interesses que inspirou aquele dispositivo,

---

[19] FERRAZ JR., Tercio Sampaio. *Introdução ao estudo do Direito*, p. 266.

[20] *Metodologia da ciência do Direito*, p. 64.

[21] ASCENSÃO, José de Oliveira. *O Direito*: introdução e teoria geral – uma perspectiva luso-brasileira. p. 463-464.

e que corrija as normas deficientes. O juiz é, portanto, um eficaz auxiliar do legislador.[22]

A "escola analítica" da Inglaterra, que acima mencionamos, também sofre duras críticas, como lembra Maria Helena Diniz,[23] ao mencionar Jeremy Bentham que defendia a "doutrina utilitarista do direito", é dizer, trata-se da utilidade, do que é bom e gera prazer, o que enseja a felicidade, são estas as expressões do "justo" que devem ser almejadas na aplicação do direito.

De igual modo, ainda em análise da autora,[24] Ihering era severo crítico do "pandectismo" e da "jurisprudência conceitual", pois ele recusava o puro emprego do método dedutivo-silogístico para a interpretação do direito e propunha, em destaque, o aspecto finalístico das normas jurídicas, isto é, a ciência jurídica deve proceder à interpretação de acordo com os fins desejados pelas normas.

Em rebate ao apego à literalidade registramos, ainda, a "jurisprudência sociológica norte-americana" que, conforme Maria Helena Diniz,[25] é necessária uma análise prévia e compreensiva dos tempos atuais, uma ponderação valorativa das realidades sociais do presente.

Ou, em palavras de Luis Recaséns Siches, a jurisprudência sociológica consistiu em um "[...] novo método de estimativa jurídica aplicada aos casos concretos".[26]

Esta reação doutrinária contra o formalismo exacerbado e acrítico que se vincula à interpretação quase gramatical da lei revela o que há séculos o apóstolo Paulo de Tarso, lembrado por Carlos Maximiliano,[27] apregoava: *a letra mata, o espírito vivifica.*

Com severas críticas que permeiam toda a sua obra, Luis Recaséns Siches[28] reprova veementemente as teorias que sustentam a interpretação jurídica sob o modelo da *lógica formal* — a qual denomina de *lógica racional* — nos moldes empregados junto às ciências naturais. Com uma doutrina visionária e decerto ainda atual, recusa o que denomina de "concepção mecânica": a sentença judicial ou uma resolução

---

[22] *Idem, Compêndio de introdução à ciência do Direito.* p. 69.

[23] *Ibidem,* p. 58 *et seq.*

[24] *Ibidem,* p. 61. Como ainda ressalta Luis Recaséns Siches, Ihering propunha que o critério para julgar o direito não é um critério absoluto de verdade, mas um *critério relativo de finalidade* (*Introducción al estudio del Derecho,* p. 220-221).

[25] *Compêndio de introdução à ciência do direito,* p. 69 *et seq.*

[26] SICHES, Luis Recaséns. *Introducción al estudio del derecho,* p. 223.

[27] *Hermenêutica e aplicação do Direito,* p. 111.

[28] *Introducción al estudio del Derecho,* p. 195.

administrativa como fruto de um silogismo no qual há uma premissa maior representada por uma norma geral (a lei), uma premissa menor que são os fatos relevantes e qualificados juridicamente, e a conclusão como a consequente decisão. Ao inverso, afirma que a constatação dos fatos e a apreciação da norma são "momentos inseparáveis e essencialmente ligados de modo recíproco", o que leva a concluir que estes momentos estão reciprocamente relacionados com a "antecipação mental da decisão", pois esta representação prévia serve tanto para a constatação e qualificação dos fatos como para a definição da norma aplicável.[29] Há uma "função mental complexa" que entretece a dimensão fática com a dimensão normativa que se apresenta sob uma "[...] espécie de textura orgânica incindível".[30] Mas retornaremos a Luis Recaséns Siches, para acolhermos a sua proposta inquestionavelmente hodierna, mais adiante (1.2.3).

No eixo deste conflito percebemos que a polarização destas correntes impulsiona-se, do lado das doutrinas que sublinham a necessidade de alijar qualquer componente *psíquico* do intérprete ("escola da exegese", "pandectismo", "jurisprudência dos conceitos" etc.), pela preocupação de o direito ser modificado ao sabor das convicções pessoais dos juízes e juristas, tornando a lei em verdadeira letra morta, e do lado das demais escolas ("jurisprudência dos interesses", "doutrina utilitarista do direito", "jurisprudência sociológica norte-americana" etc.), em razão da constatação das injustiças perpetradas sob a pretensão de despir-se o intérprete de qualquer valoração axiológica do caso em conflito.

De todo modo, mesmo com o brevíssimo escorço histórico apresentado, percebemos que a pretexto de então superar a falaciosa justiça decorrente do inadequado método silogístico-formal, estas doutrinas que propugnam outros *elementos* a serem considerados pelo intérprete ("jurisprudência dos interesses", "doutrina utilitarista do direito", "jurisprudência sociológica norte-americana" etc.) estiolam a própria ciência jurídica como um ramo autônomo do saber, pois o direito desfaz-se de uma estrutura metodológica própria, capaz de identificá-lo como uma ciência na medida em que gradualmente sofre, invariavelmente, influxos da sociologia, da filosofia, posteriormente, da psicologia e de outros ramos do conhecimento humano que permeiam e confundem-se com a própria ciência jurídica. A ausência de critérios científicos claros, demarcados com presteza, a invocação

---

[29] SICHES, Luis Recaséns. *Introducción al estudio del derecho*, p. 198.
[30] *Ibidem*, p. 200.

ANOTAÇÕES SOBRE A INTERPRETAÇÃO JURÍDICA | 37

de fundamentos metajurídicos, a preocupação com o casuísmo, não apenas descaracterizavam o direito como uma ciência individualizada, mas, por conseguinte, provocavam a insegurança jurídica uma vez que não era mesmo percebível o que indiscutivelmente caracterizava o saber jurídico — portanto, mais e mais, seria mesmo natural que se esmorecessem os padrões de correção dos argumentos jurídicos utilizados na solução de conflitos.

É neste contexto que Hans Kelsen formula, com fundamento no positivismo,[31] a *teoria pura do direito*. O mestre de Viena sustentou que o cientista do direito deve ocupar-se da norma jurídica com exclusividade, o que implica rechaçar outros saberes que não se filiam à produção da norma jurídica, como a filosofia, a sociologia etc. Para a teoria pura do direito a norma jurídica é editada por uma autoridade e tem caráter *prescritivo*, o que difere, portanto, da *proposição jurídica* que é emitida pela doutrina e apresenta uma natureza *descritiva*.

A contribuição de Hans Kelsen para o direito é inestimável, pois com ele é resgatada a expressão científica, a possibilidade de identificarmos uma estrutura metodológica própria da ciência jurídica, interrompendo-se, como percebemos, o sincretismo que conduzia o direito a enodoar-se com outras áreas do conhecimento humano e, por isso, fomentava a incerteza sobre o seu estudo. Contudo, o acentuado arquétipo formalístico de sua teoria implicaria outras deficiências, como mais abaixo anotaremos.

Mas, com o propósito de cuidarmos da teoria pura do direito no que atina aos objetivos deste capítulo — a interpretação jurídica —, convém relembrar que a norma jurídica, para Kelsen, é uma *prescrição jurídica* que resulta tanto de um *ato de conhecimento* quanto de um *ato*

---

[31] O positivismo de Kelsen é diferente do de Auguste Comte, conforme analisa Maria Helena Diniz ao sublinhar que o positivismo, ao recusar o direito natural, pretende reconhecer apenas o que se encontra vigente e eficaz para certa sociedade, isto é, o que é prescrito pelo ordenamento jurídico, mas o *positivismo sociológico*, de Auguste Comte, apregoava que apenas a sociologia (ou física social) é a ciência positiva dos fatos sociais. Por esta teoria de Comte também era rechaçada "a busca apriorística de princípios", a metafísica, mas se valorizavam, por outro lado, o empirismo, as ciências experimentais, a observação dos fatos, e recusava-se qualquer labor cognitivo que não partisse da observação. Leciona a jurista citada que Émile Durkheim, em continuidade ao trabalho de Comte, refuta o jusnaturalismo de Kant e Rousseau porque os direitos naturais, para Durkheim, nada mais são do que direitos que produzidos pela consciência coletiva, e o Governo é o seu órgão principal, portanto, o direito vigente é o que de fato é admitido pela consciência coletiva — daí a sua proposta de o direito ser estudado pelo método sociológico. E ao sociologismo francês destes autores juntam-se ainda, de acordo com Maria Helena Diniz, as doutrinas de Leon Duguit e Maurice Hauriou, entre outros (*Compêndio de introdução à ciência do Direito*, p. 102 *et seq.*).

de vontade da autoridade competente, isto é, do legislador, ao editar a lei em conformidade (formal) com a Constituição, do administrador, ao emitir atos a concretizar as leis, e do juiz, ao proferir a sentença que tem por fundamento de validade a lei à qual se refere. Já a *proposição jurídica*, como produção do cientista do direito, é mero *ato de conhecimento* porque se limita a *descrever* a norma jurídica. Por conseguinte, a norma jurídica é válida ou inválida, mas nunca verdadeira ou falsa, pois este último juízo relaciona-se às proposições jurídicas, à descrição do direito, e não à sua prescrição.

A preocupação de Kelsen com a pureza metodológica da ciência jurídica conduz sua teoria a preocupar-se com a norma jurídica como o *fundamento de validade* que atribui certa competência a determinada autoridade para, nesta relação hierárquica e escalonada, piramidal, emitir outra norma jurídica. O direito, nesta concepção, é mesmo um sistema *dinâmico*, mas sob a perspectiva exclusivamente *formal* na medida em que as normas apenas se limitam a atribuir competências. Pouco importa, portanto, qual o seu *conteúdo* para a teoria pura do direito.

Assim, para Kelsen há duas espécies de interpretação: a *autêntica*, realizada por órgão competente para aplicar a norma jurídica (como adiantamos acima, é a interpretação que o Legislativo faz da Constituição ao produzir as leis, a que o Executivo promove ao baixar decretos regulamentares, a que o Judiciário realiza ao decidir), e a *não autêntica*, realizada pela ciência do direito e outros sujeitos da sociedade, como os que estabelecem, entre si, um contrato de locação,[32] por exemplo.

Como a preocupação da teoria pura do direito é a relação formal de atribuição de competências, por normas relacionadas entre si em um sistema piramidal no qual o fundamento de validade de cada norma jurídica é a que se encontra acima de si, tudo até culminar à ponta da pirâmide, junto à norma hipotética fundamental, então a indeterminação do *conteúdo* da norma é natural. De tal sorte, a norma

---

[32] Compete-nos realçar, ainda, que Kelsen preocupa-se com tratar, sobretudo, das interpretações realizadas pelos órgãos jurídicos e pelos cientistas do direito, embora reconheça o papel realizado pelo advogado em defesa de uma causa, o que, neste caso, não se amolda à classificação acima anotada. Nas próprias palavras do mestre: "Um advogado que, no interesse do seu constituinte, propõe ao tribunal apenas uma das várias interpretações possíveis da norma jurídica a aplicar a certo caso, e um escritor que, num comentário, elege uma interpretação determinada, de entre as várias interpretações possíveis, como a única 'acertada', não realizam uma função jurídico-científica mas uma função jurídico-política (de política jurídica). Eles procuram exercer influência sobre a criação do Direito. Isto não lhes pode, evidentemente, ser proibido. Mas não o podem fazer em nome da ciência jurídica, como freqüentemente fazem. A interpretação jurídico-científica tem de evitar, com o máximo cuidado, a ficção de que uma norma jurídica apenas permite, sempre e em todos os casos, uma só interpretação: a interpretação 'correta'" (*Teoria pura do direito*, p. 396).

jurídica, para a teoria pura do direito, é compreendida, no que se refere à sua interpretação, como uma *moldura* na qual são possíveis diversos significados. A interpretação não autêntica, meramente *cognoscitiva*, estabelece, em princípio, os *limites da moldura*, mas é na aplicação da norma, na chamada interpretação autêntica, que ao *conhecimento* é acrescido, no momento da escolha de um desses significados possíveis, um *ato de vontade* da autoridade competente. Não há, pois, uma única interpretação, mas tantas quantas se encontram circundadas pela moldura. Como bem percebe Fábio Ulhoa Coelho ao comentar a teoria pura do direito, pouco importa qual o método exegético (fatores históricos, lógica etc.) utilizado pelo intérprete autêntico, pois "Todas as significações reunidas na moldura relativa à norma têm rigorosamente igual valor, para a ciência jurídica".[33]

A teoria pura do direito, ao aderir obsessivamente ao método silogístico formal, atinge o extremo de admitir até mesmo a possibilidade de o intérprete autêntico atribuir um significado sequer encontrado na moldura desenvolvida pela ciência do direito. As razões que levam a autoridade competente a decidir por tal ou qual sentido são estranhas à ciência do direito. Porquanto, embora cause estranheza esta situação, sua ocorrência torna-se possível uma vez que, em última análise, para Kelsen o direito é o que o intérprete autêntico diz que deve ser. Relembramos que a relação entre as normas jurídicas não é de veracidade, mas de validade, e por um prisma formal de atribuição de competências, isto é, sem qualquer importância sobre qual é o seu conteúdo. O que importa é se *quem* edita determinada norma possui, com fundamento em norma jurídica superior, competência para tanto — é a relação *dinâmica* do sistema —; o que se decide (ato de *vontade*), isto é, se a autoridade competente observa as decisões possíveis dentro da *moldura*, de acordo com as formulações meramente *descritivas* do cientista do direito, ou se extrapola este quadro e opta por uma solução não acolhida como possível, é irrelevante. No fim, o direito é o que a autoridade afirma ser.

A este entendimento, no entanto, valem as objeções de Luis Recaséns Siches[34] de que o direito não contém proposições lógicas sujeitas a um juízo de verdade ou falsidade, pois não se transita no âmbito das ciências naturais, logo a lógica empregada não pode ser a que é aplicada à observação da natureza. Como bem afirma, "[...] a interpretação de um texto e a interpretação dos fatos não são nem

---

[33] COELHO, Fábio Ulhoa. *Para entender Kelsen*, p. 59.
[34] *Introducción al estudio del Derecho*, p. 211 *et seq.*

devem ser independentes: o texto é interpretado em vista da projeção dos fatos; assim como os fatos são analisados em vista de sua relação com as normas".[35]

Com estas notas, que por enquanto cremos serem suficientes, deixaremos para desenvolver com maior afinco o método lógico formal da teoria pura do direito mais adiante (1.2). Por ora, basta sublinhar que, se a teoria pura do direito admite a *vontade* do intérprete, em aparente evolução às antigas teorias exegéticas ("escola da exegese", "pandectismo", "jurisprudência dos conceitos" etc.), assim o faz apenas em favor de quem denomina de *intérprete autêntico*, isto é, a autoridade segundo a competência atribuída pelo ordenamento jurídico (legislador, administrador, e o juiz, sendo este, sem dúvida, quem exterioriza a "última palavra"). E, ainda assim, confere-se irrestrita liberdade à interpretação autêntica porque se aceita que até o que não se encontra abrangido pela moldura possa ser expressão de decisão. No mais, quanto à interpretação do cientista do direito, o jurista, mantém-se a teoria de Kelsen sob o arremedo de uma explicação suficiente proporcionada pela ideia de que ao intérprete compete apenas *descrever* o direito. Persiste-se, pois, com a ideia de que é possível *interpretar* com a cisão do ato de *conhecer* do *ato de vontade*.

1.1.2 As lacunas e as antinomias – O dogma da completude

Se o direito deve ser interpretado e aplicado com absoluta abstração da expressão psicológica do intérprete, se o direito deve ser operado com frialdade, como se as convicções, os ânimos do seu operador fossem mesmo completamente apartados deste procedimento, se deve ser a lógica formal a metodologia bastante à subsunção dos fatos litigiosos à ordem jurídica, então o *sistema* normativo deve consequentemente se erigir de modo hermético.

Esta é realmente a consequência do modelo dogmático, referido nos tópicos anteriores, isto é, a preocupação pertinaz de superar qualquer possível contradição, qualquer claro junto ao ordenamento jurídico.

Pois o processo dedutivo-formal de interpretação jurídica compromete-se — em realidade, derrui-se —, se o cientista do direito depara-se com uma antinomia ou com uma lacuna. Os adeptos da "escola da exegese" e de outras correntes similares, por nós já arroladas

---

[35] *Ibidem*, p. 214.

ANOTAÇÕES SOBRE A INTERPRETAÇÃO JURÍDICA | 41

linhas atrás, como também do positivismo da teoria pura do direito, sustentam então, com afinco, o dogma da completude; empenham-se a sustentar, e dedicam-se sobremaneira às técnicas que amparam esta posição, que o direito é *completo*, que não há conflito entre as regras que não possa ser resolvido, que não há situação fática sem a correspondente hipótese normativa.

Esta preocupação é mesmo compreensível enquanto se concebe a interpretação jurídica sob a operação formalista segundo a qual a premissa maior é a norma, a premissa menor são os fatos, e como se tudo se emparelhasse e se conduzisse hermética e conclusivamente à decisão que é apenas *descoberta* como o resultado desta equação. Decerto, para as doutrinas que assim admitem a interpretação jurídica, qualquer conflito de dispositivos, qualquer ausência de regra, rompe com todo o sistema. O ordenamento jurídico é então idealizado como um sistema necessariamente *fechado*. Portanto, é preciso combater as *antinomias* e as *lacunas*[36] do direito. Considere-se, em exemplo, a doutrina propugnada pela teoria pura do direito: se as normas cadenciam-se de modo escalonado, se partem de uma norma hipotética fundamental e descendem, em sequência, uma da outra, com a escora de fundamentação na competência atribuída pela norma precedente, se é assim que se identifica a *validade*[37] da norma jurídica, isto é, por uma lógica dedutiva

---

[36] Conforme Chaïm Perelman: "O problema das lacunas nasceu com o princípio da separação dos poderes que impõe ao juiz a obrigação de aplicar um direito preexistente e que se supõe ser-lhe conhecido. Antes da Revolução Francesa, este problema não existia, pois o juiz devia encontrar a regra aplicável: na ausência de uma regra expressa, podia procurar outras fontes do direito além da lei positiva e, se as fontes não fossem concordes, importava saber em que ordem deveriam ser classificadas essas fontes de direito supletivo. Como não era proibido aos juízes formularem regras por ocasião de litígios ('as sentenças de regulamentação') e não tinham de motivar suas sentenças de forma expressa, compreende-se que o problema das lacunas não tenha surgido antes do século XIX" (*Lógica jurídica*, p. 63).

[37] É verdade que há a necessidade de um *mínimo de eficácia*, o que deixamos de desenvolver no corpo do texto para não abandonarmos a proposta de cuidar da teoria pura do direito no que interessa à interpretação jurídica. Contudo, apresentamos esta nota com as lições do próprio Kelsen: "Como a vigência da norma pertence à ordem do dever-ser, e não à ordem do ser, deve também distinguir-se a vigência da norma da sua eficácia, isto é, do fato real de ela ser efetivamente aplicada e observada, da circunstância de uma conduta humana conforme a norma se verificar na ordem dos fatos. Dizer que uma norma vale (é vigente) traduz algo diferente do que se diz quando se afirma que ela é efetivamente aplicada e respeitada, pelo que, embora entre vigência e eficácia possa existir uma certa conexão. Uma norma jurídica é considerada como objetivamente válida apenas quando a conduta humana que ela regula lhe corresponde efetivamente, pelo menos numa certa medida. Uma norma que nunca e em parte alguma é aplicada e respeitada, isto é, uma norma que — como costuma dizer-se — não é eficaz em uma certa medida, não será considerada norma válida (vigente). Um mínimo de eficácia (como sói dizer-se) é condição da sua vigência" (*Teoria pura do Direito*, p. 11-12).

comum às ciências exatas, então não é possível, sob pena de derribar todo o *sistema*, admitir alguma lacuna ou contradição em sua formulação.

Norberto Bobbio,[38] ao declaradamente acolher a teoria de Kelsen da construção escalonada do ordenamento jurídico, empenha-se no estudo sobre as normas incompatíveis e as antinomias.[39]

Após discorrer sobre os critérios de solução das antinomias (cronológico, hierárquico e o da especialidade), e ainda sobre a possibilidade de um conflito entre os critérios (antinomia de segundo grau), Bobbio enfrenta a circunstância de constatar-se a insuficiência dos critérios, isto é, defrontar-se o intérprete com normas contemporâneas, do mesmo nível e ambas gerais — insuficientes, portanto, os critérios cronológico, hierárquico e da especialidade.[40]

Neste conflito, diz Norberto Bobbio que a solução "[...] é confiada à liberdade do intérprete [...]", o que é possível

> [...] quase falar de um autêntico poder discricionário do intérprete, ao qual cabe resolver o conflito segundo a oportunidade, valendo-se de todas as técnicas hermenêuticas usadas pelos juristas por uma longa e consolidada tradição e não se limitando a aplicar uma só regra. Digamos então de uma maneira mais geral que, no caso de conflito entre duas normas, para o qual não valha nem o critério cronológico, nem o hierárquico, nem o da especialidade, o intérprete, seja ele o juiz ou o jurista, tem à sua frente três possibilidades: 1) eliminar uma; 2) eliminar as duas; 3) conservar as duas.[41]

---

[38] Diz, o próprio jurista, que aceita a norma fundamental como "[...] o termo unificador das normas que compõem um ordenamento jurídico" (*Teoria do ordenamento jurídico*, p. 49), e que as normas são "[...] dispostas em 'ordem hierárquica'" (*Ibidem*, p. 49).

[39] *Ibidem*, p. 80-81.

[40] *Teoria do ordenamento jurídico*, cap. 3. Para Fábio Ulhoa Coelho, as antinomias de segundo grau, de Bobbio, são antinomias *reais*, o que compromete a consistência do sistema jurídico porque não pode mais ser visto como lógico na medida em que desatende ao princípio da não contradição (*Roteiro de lógica jurídica*, p. 73), da mesma forma como a possibilidade de lacunas atinge igualmente a lógica porque ofende o princípio do terceiro excluído — ou o enunciado, ou o seu contraditório, sem uma terceira alternativa (*Ibidem*, p. 76). Para Kelsen, ainda segundo Fábio Ulhoa Coelho, com o fim de manter a lógica do direito a validade da norma não se relaciona com o seu conteúdo porque o direito não é estático, mas dinâmico, e é dinâmico sob o prisma formal, é dizer, sem importar o conteúdo das normas, mas apenas a atribuição de competência (*Ibidem*, p. 73); e as lacunas, outrossim, não são possíveis, são uma ficção (*Ibidem*, p. 81-82). Portanto, diz Fábio Ulhoa, ao formular sua própria conclusão, que ou se adota o pensamento de Kelsen, ou se deve renunciar à ideia de que o direito é lógico (*Ibidem*, p. 76).

[41] BOBBIO, Norberto. *Teoria do ordenamento jurídico*, p. 100.

ANOTAÇÕES SOBRE A INTERPRETAÇÃO JURÍDICA | 43

Portanto, Norberto Bobbio chega mesmo a admitir que a *coerência*, apesar de ser uma exigência, não chega a ser necessária no sentido de que é preciso a absoluta exclusão das antinomias como condição insuperável para o reconhecimento de um ordenamento jurídico. Aceita o autor que um ordenamento tolere normas incompatíveis sem se desmoronar.[42] Mas já a *completude*, para ele, é realmente uma condição necessária para o funcionamento do sistema[43] — defende o renomado jurista italiano, enfim, o *dogma da completude* porque, sob o influxo da teoria pura do direito, o sistema jurídico é realmente um sistema *fechado*.[44]

Também Savigny, segundo Rodolfo Luis Vigo,[45] acredita que o sistema jurídico, com o uso da *analogia*, apresenta todas as respostas jurídicas. E mesmo Kelsen, em coerência com a sua proposta de um sistema que se desenvolve por um silogismo dedutivo-formal, insiste, como também lembra Vigo, que no direito não há lacunas — no máximo, há lacunas axiológicas, mas estas não interessam ao cientista do direito. Mas esta preocupação com a completude do sistema jurídico esteve presente muito antes de Kelsen, como ensina José de Oliveira Ascensão[46] ao esclarecer que a integração das lacunas foi tema que suscitou discussões clássicas das diversas escolas do direito que se formaram ao longo da história, como a "escola dos conceitos"[47] que defendia que o sistema traz, em si, a totalidade das soluções jurídicas e que por sistemas lógicos o jurista poderia encontrar sempre uma solução.

---

[42] *Ibidem*, p. 117.

[43] BOBBIO, Norberto. *Teoria do ordenamento jurídico*, p. 118.

[44] Diante de uma pretensa lacuna, então, Norberto Bobbio defende uma das duas soluções: ou a aplicação da norma geral exclusiva, ou da norma geral inclusiva (*Ibidem*, p. 136-137). Para ele, o ordenamento é *completável* por métodos de heterointegração (recurso a ordenamentos diversos e a fontes diversas) e autointegração (analogia e princípios gerais do direito) (*Ibidem*, p. 146 *et seq.*). Lembramos, ainda, que o autor enfrenta o conflito de princípios que, para ele, representa uma *antinomia imprópria* (*Ibidem*, p. 90).

[45] *Interpretação jurídica*: do modelo jus-positivista-legalista do século XIX às novas perspectivas, p. 52-53.

[46] *O Direito*. Introdução e teoria geral. Uma perspectiva luso-brasileira, p. 461. Conforme o próprio Kelsen: "A interpretação simplesmente cognoscitiva da ciência jurídica também é, portanto, incapaz de colmatar as pretensas lacunas do direito. O preenchimento da chamada lacuna do Direito é uma função criadora do Direito que somente pode ser realizada por um órgão aplicador do mesmo; e esta função não é realizada pela via da interpretação do Direito vigente. A interpretação jurídico-científica não pode fazer outra coisa senão estabelecer as possíveis significações de uma norma jurídica" (*Teoria pura do Direito*, p. 395).

[47] Esclarece Chaïm Perelman: "O papel da doutrina dos conceitos era evitar obscuridade da lei resultante da imprecisão e ambigüidade das palavras, o que levava a formular, tanto a doutrina quanto a jurisprudência, as definições, tão claras quanto possível, de todos os termos usados pela lei", o que conduziria a um "[...] raciocínio tão estrito quanto dentro de um sistema matemático" (*Lógica jurídica*, p. 69-70).

A falácia da completude do sistema jurídico é analisada pelo mestre português. Segundo José de Oliveira Ascensão,[48] a plenitude do ordenamento jurídico pode ser abordada por duas perspectivas: a negação das lacunas porque o sistema conteria tudo, mesmo quando não houvesse regra expressa (pois a lacuna, ainda assim, seria só aparente uma vez que haveria uma regra implícita), ou a admissão de que a ordem jurídica contém os critérios que permitem resolver todos os casos que aparecem, ou seja, a plenitude não é normativa, mas de critérios que permitem resolver as lacunas. O autor enfrenta a questão, e afirma, categoricamente, que não se pode falar em plenitude, pois há realmente situações para as quais o sistema não contém todas as soluções, e a integração que se opera não impede reconhecer que persiste a lacuna uma vez que apenas o caso concreto foi resolvido.

Nesta senda, Maria Helena Diniz[49] defende que o sistema jurídico não é fechado. A autora recusa o "dogma da plenitude hermética do ordenamento jurídico" sob o princípio de que "tudo que não está proibido, está permitido", logo, não haveria lacuna. Diz ela que tal enunciado não é uma norma jurídico-positiva, mas um enunciado lógico; mas como o sistema jurídico, para a autora, é *aberto*, então, o direito deve ser considerado sob uma ótica dinâmica. Com outras palavras, se o direito em sua estática apresenta lacunas, estas lacunas são resolvidas em sua dinâmica, isto é, na aplicação ao caso concreto. O sistema, para a autora, é sim lacunoso, e são três as espécies de lacunas: normativa, ontológica (há norma, mas não corresponde aos fatos sociais) e axiológica (ausência de norma justa que conduz a uma solução satisfatória). A jurisdição integra as normas, mas permanecem as lacunas, pois o juiz cria a norma jurídica individual que vale para o caso concreto, o que não dissolve a lacuna — enfim, o direito não é completo, embora seja *completável*.

Luis Recaséns Siches[50] formula uma proposta que nos auxilia a romper o mito da completude. É a percepção do autor, e para nós integralmente correta, de que as normas que denomina de "individualizadas" — porque aplicadas ao caso concreto, seja pelas partes, seja pelo juiz — são tão normas quantos as normas "gerais" — previstas abstratamente no ordenamento jurídico. Ou até mais, como afirma o autor, pois as normas "individualizadas" são normas "perfeitas" ou

---

[48] *O Direito*: introdução e teoria geral: uma perspectiva luso-brasileira, p. 453-454.

[49] *Compêndio de introdução à ciência do Direito*, p. 436 *et seq.*

[50] *Introducción al estudio del Derecho*, p. 213.

ANOTAÇÕES SOBRE A INTERPRETAÇÃO JURÍDICA | 45

"completas" na medida em que são a atuação *concreta* das normas gerais, atuam sobre relações concretas da vida.

Se assim o é — e agora somos nós a estender a conclusão apropriando-nos das premissas do autor —, a preocupação com a completude do direito — preocupação esta só justificável no âmbito das normas "gerais" — deixa de conter o valor tão encarecido pelas ciências apegadas ao positivismo clássico, pois a relevância do tema reside na solução do caso concreto.

Em síntese a este tópico, anelamos realçar que a ideia de um ordenamento jurídico pleno, hermético, sem falhas (lacunas e antinomias) em sua análise estática, sob a concepção de um sistema jurídico fechado, representa uma formulação ilusória.

As lacunas e antinomias realmente existem — na *estática* do direito. Mas se dispensarmos a compreensão do direito como uma simples atividade *descritiva*, se aceitarmos que a hermenêutica sob a estrutura de modelos lógicos formais, de dedução ou de indução, é insuficiente, se acolhermos as doutrinas que admitem o que não é mesmo possível aceitar de outra forma, isto é, que a *vontade*, que a *escolha* do intérprete são naturais e integrantes da aplicação do direito, e, portanto, a ordem jurídica é um sistema *aberto* e axiológico, então as lacunas e as antinomias, apesar de subsistirem, não comportam mais a mesma dimensão de importância. Para as doutrinas que compreendem o ordenamento como um sistema aberto o estudo das lacunas e antinomias revela-se importante, mas para as técnicas de decisão, não mais como uma ameaça à própria existência do direito.

1.2 A insuficiência da lógica formal

Deixamos linhas atrás uma fugaz impressão do que predominou como entendimento do que deveria ser a interpretação jurídica no século XIX, sobretudo em torno de doutrinas que apregoavam a possibilidade de o intérprete apenas "descobrir" o direito, e de como esta leitura formal, com algumas alterações, voltou-se a imprimir com a teoria pura de Kelsen. Nos próximos tópicos lembraremos outras intelecções sobre o direito e a forma de interpretar as suas prescrições que se erigiram ao longo do século XX. Compreenderemos, no tópico 1.2.2, como a aceitação de que o intérprete *participa* da interpretação, expressa sua *escolha*, contribuiu para a utilização da palavra "discricionariedade" junto à interpretação jurídica, o que se mostra relevante na medida em que na segunda parte deste estudo proporemos uma redefinição de "discricionariedade administrativa" que não se confunde com "interpretação jurídica" apenas porque em ambas há a *vontade* do protagonista.

O que nos compete, ainda neste tópico, é remarcar o que até então acreditamos ter gradualmente apresentado: a insuficiência da concepção da interpretação jurídica como um procedimento lógico-formal desprovido de qualquer expressão volitiva do intérprete, como se não fosse devida a ponderação dos valores em conflito, como se o sopesar e a integração dos fatos e dos valores acolhidos como conteúdo das normas jurídicas não fossem relevantes, e como se não houvesse, nesta outra forma de interpretação jurídica que abandona o silogismo formal, a presença do *gênio* do intérprete a influenciar e a compor a interpretação jurídica.

Com efeito, como uma vez mais nos ensina Rodolfo Luis Vigo,[51] o modelo dogmático pretendia que a interpretação fosse meramente cognitiva, sem qualquer compromisso ético ou axiológico, e é por isso que, ainda segundo o autor,[52] desde Aristóteles a lógica formal representa o estudo das falácias, é dizer, dos raciocínios inválidos que aparentam ser corretos.

A lógica, como anota Fábio Ulhoa Coelho,[53] é um modo próprio de pensar, de organizar o pensamento, é um raciocínio de inferência, isto é, sob uma relação premissa-conclusão que deve atender a três princípios fundamentais: identidade, terceiro excluído e não contradição.[54] Destarte, o argumento lógico não conduz necessariamente a uma solução verdadeira, em correspondência com a realidade, pois "[...] a única garantia que o raciocínio lógico oferece é a de que, sendo verdadeiras as premissas e válida a inferência, a conclusão será verdadeira".[55] Portanto, como esclarece o próprio jurista,[56] o argumento lógico não reside na equação do verdadeiro ou falso, pois a veracidade ou falsidade dizem respeito às proposições; o argumento lógico é válido ou inválido, o que depende de uma inferência lógica.

---

[51] *Interpretação jurídica*: do modelo jus-positivista-legalista do século XIX às novas perspectivas, p. 47.

[52] *Ibidem*, p. 46.

[53] *Roteiro de lógica jurídica*, p. 14-15.

[54] O princípio da identidade é a afirmação de que o que é, é; de outro modo, se algo é verdadeiro, então é verdadeiro. E daí decorrem os outros princípios mencionados, pois o do terceiro excluído significa que uma ideia ou é verdadeira ou falsa, e o da não contradição consiste em sustentar que nenhuma ideia pode ser, ao mesmo tempo, verdadeira e falsa.

[55] COELHO, Fábio Ulhoa. *Roteiro de lógica jurídica*, p. 17.

[56] *Ibidem*, p. 19.

ANOTAÇÕES SOBRE A INTERPRETAÇÃO JURÍDICA | 47

A relação entre as normas jurídicas, em uma estrutura lógico-formal, não ocorre por um discurso *apofântico*, remetido à veracidade ou falsidade de sua formulação, mas sim por um conectivo *deôntico*, o "deve ser". De tal sorte, o raciocínio empreendido relaciona-se com a *validade*; a concatenação das prescrições normativas não ocorre pelo fenômeno da causalidade, mas por imputação.

Por isso, o próprio Kelsen, segundo Fábio Ulhoa Coelho,[57] não admite uma lógica própria para o direito, mas propugna que tanto a norma como a proposição jurídica são enunciados *deônticos* cuja diferença é a de que quem enuncia a primeira é a autoridade, trata-se de uma *prescrição*, e a segunda é o cientista do direito, cuida-se de uma *descrição* do direito. É importante compreender que para Kelsen, ainda em avaliação de Fábio Ulhoa Coelho,[58] as normas não apresentam necessariamente uma lógica interna, mas são as *proposições* jurídicas, para que o estudo possa ser considerado científico, que devem formular-se com lógica. Portanto, apenas indiretamente, por meio das proposições jurídicas, é que a ordem normativa (as normas jurídicas) ostenta uma relação lógica; em suma, não é a ordem jurídica que é lógica, mas a ciência jurídica que deve descrevê-la com tal característica.

Contudo, como tantas vezes realçamos, o método lógico-formal mostrou-se, para a interpretação e aplicação do direito, impróprio ao desconsiderar em absoluto o conteúdo axiológico previsto pelo próprio ordenamento jurídico.[59] O esvaziamento total da carga valorativa das normas e proposições jurídicas proporciona a invocação do próprio ordenamento jurídico para o cometimento de qualquer finalidade, tanto as auspiciosas pretensões de um regime democrático, quanto as mais obscuras de um governo totalitário. A realidade do direito como uma ciência humana reprova, por uma imposição natural que se reflete nas injustiças das decisões, a permanência do método dedutivo da lógica formal.

---

[57] *Roteiro de lógica jurídica*, p. 60.

[58] *Ibidem*, p. 61-62.

[59] É pertinente, a respeito, a doutrina de Rogério Gesta Leal, ao lembrar Habermas, para dizer que o direito tem uma dupla dimensão, a fática e a de legitimidade, e que são dependentes entre si, pois não basta a dimensão fática da validade para o direito ser ordenador social, mas depende de uma base legítima de reconhecimento social. É dizer: "[...] o sistema jurídico que se encontra ancorado tão-somente em uma justificação lógico-formal (provido de legalidade positiva), pode não ser fruto da vontade geral da comunidade que alcança, impondo-se por argumentos não-racionais (de força e do medo pelo castigo)" (*Estado, Administração Pública e sociedade*, p. 67).

De tal sorte, Luis Recaséns Siches, em lembrança de Fábio Ulhoa Coelho,[60] propõe a *lógica do razoável* por meio da qual pretende superar a variedade dos processos hermenêuticos, pois considera que os juízes, ainda que inconscientemente, utilizam em suas decisões a lógica do razoável apesar de justificá-las com "[...] uma roupagem pseudo-dedutiva de natureza silogística";[61] na lógica do razoável o pensamento orienta-se por analisar a relação entre a realidade, os valores, os meios e os fins da norma jurídica.

É a *concepção raciovitalista do direito*, referida por Maria Helena Diniz,[62] representada inicialmente por Ortega y Gasset, e depois por Luis Recaséns Siches, segundo os quais a *racionalidade* é a própria vida humana, é a razão vital, e a ciência do direito deve compreender a norma jurídica ponderando sua historicidade, relacionando-a com as circunstâncias e ainda de acordo com as perspectivas formuladas. Por isso, a lógica a ser empregada para a solução dos problemas não é rigorosamente racional, mas *razoável*.

Por isso que José de Oliveira Ascensão[63] reprova a expressão "elementos lógicos", pois entende ele que a tarefa interpretativa é "predominantemente valorativa", e o termo "lógico" não tem esta acepção.

Outrossim, Maria Helena Diniz[64] refere-se a John Dewey, com a *lógica experimental*, na qual se defende que a lógica dedutiva deve ser abandonada como mecanismo principal para a aplicação do direito, e que se deve utilizar uma lógica que em vez dos antecedentes prestigie a consideração das consequências da decisão, que averigue os efeitos prováveis e preveja as consequências da aplicação das normas. O próprio *realismo jurídico norte-americano* procura demonstrar que a sentença

---

[60] *Roteiro de lógica jurídica*, p. 97.

[61] *Ibidem*, p. 97.

[62] *Compêndio de introdução à ciência do Direito*, p. 92 *et seq.* Conforme a jurista, a lógica do razoável (*logos* do humano ou da razão vital ou histórica) procura compreender o sentido dos fatos por meio de critérios estimativos, axiológicos, por valores e fins, de acordo com a experiência humana prática e a experiência histórica em busca de uma resposta justa. Assim, a lógica do razoável não é abstrata, pois se condiciona pela realidade concreta, o que pode até mesmo apresentar para o caso em análise uma solução antissilogística; a norma é compreendida como objetivação da vida humana, um meio para a realização de valores concretos que são a justiça, a dignidade da pessoa humana, igualdade, liberdade etc. (*Ibidem*, p. 95); a lógica do razoável, ao considerar a dialeticidade do fenômeno jurídico, pretende a adequação permanente do direito à vida, pretende preencher lacunas e solucionar contradições. A lógica do razoável estimula o aplicador a antever os possíveis resultados da aplicação da norma.

[63] *O Direito*: introdução e teoria geral: uma perspectiva luso-brasileira, p. 393.

[64] *Compêndio de introdução à ciência do Direito*, p. 73 *et seq.*

não é nenhum silogismo, mas, por ser um *ato mental*, cuida-se de uma espécie de *intuição intelectiva* — a convicção do juiz deve decorrer do sentimento do justo.

Como ensina Luis Recaséns Siches,[65] o movimento do *realismo jurídico* sufraga o pensamento que também se afere em uma pesquisa mundial realizada com magistrados no início do século XX na qual se constatou que a solução encontrada pelo julgador, após reflexões que poderiam levar o tempo mais variável, de horas a semanas, supostamente seria encontrada subitamente, o que inclusive levou o realista Jerome Frank a denominar este ato mental de decidir como *premonição, pressentimento* ou *pulsação*. O que deste movimento de fato convém destacar é uma das conclusões que Luis Recaséns Siches também assinala: a sentença é um "ato mental indivisível", uma "estrutura unitária de sentido".

E não nos esqueçamos de Chaïm Perelman ao propugnar a *lógica do preferível*, também em rebate à evidente ineficiência e insuficiência da lógica formal dedutiva — mas sobre esta doutrina preferimos conferir, em razão da importância que atribuímos às suas formulações, um espaço próprio de exposição (1.2.3).

Em alinho a estas reflexões, são oportunas as lembranças da explanação de Manuel Atienza[66] ao afirmar que as teorias da interpretação jurídica podem ser classificadas em três grandes eixos, as que dizem que interpretar é "descobrir" o significado do texto, logo os enunciados interpretativos são verdadeiros ou falsos; as que asseveram que o intérprete não descobre, mas *cria* o significado do texto e por isso não há sentido em afirmar que o enunciado é verdadeiro ou falso; e as intermediárias, que sustentam que em alguns casos, os fáceis, é possível falar em descobrir um significado, mas que nos difíceis o que se faz é adjudicar ou criar um sentido. Outra perspectiva, ainda segundo o autor, é a que contrapõe às teorias intencionalistas e construtivistas, as primeiras que dizem que interpretar é descobrir os motivos ou a intenção de um autor, e as segundas (como Ronald Dworkin) afirmam que interpretar é mostrar o objeto interpretado debaixo de sua melhor perspectiva.

Resta-nos, enfim, reforçar em definitivo que a lógica formal, a que se opera por uma dedução silogística desprovida de qualquer compromisso com o conteúdo valorativo dos seus elementos, revelou-se

---

[65] *Introducción al estudio del Derecho*, p. 201 *et seq.*
[66] *As razões do Direito*: teorias da argumentação jurídica, p. 270.

mesmo inapropriada para a solução dos problemas humanos. Não apenas em situações extremas, como os regimes nazistas, fascistas e outros autoritários, mas mesmo em modelos democráticos incipientes o método lógico formal compromete a concretização dos próprios direitos almejados.

1.2.1 Outras perspectivas

A interpretação jurídica pressupõe reconhecer a influência do espírito do intérprete, suas informações, convicções, capacidades e limitações, porque há um componente *volitivo*, um *elemento subjetivo*, na atividade de interpretar. Desprezar esta realidade implica, conforme cremos, iludir-se quanto ao processo hermenêutico. A interpretação do direito abarca, seja pelo jurista, seja pelo juiz, além do *conhecimento*, também a *vontade* quanto à opção por certa solução; o intérprete, em última análise, *participa* da interpretação.

Acreditamos que esta concepção é encontrada na doutrina de Miguel Reale que assume, em precisa análise de Maria Helena Diniz,[67] "[...] um tridimensionalismo concreto, dinâmico e dialético, pois fato, valor e norma, como elementos integrantes do direito, estão em permanente atração polar, já que fato tende a realizar o valor, mediante a norma".

Decerto, Miguel Reale[68] compreende que o processo interpretativo não segue uma "ascensão mecânica das partes ao todo", mas é antes uma captação dos valores inseridos na estrutura na lei, o que o eminente jurista chama de *hermenêutica estrutural*: toda a interpretação jurídica tem uma natureza teleológica (finalística) que se fundamenta na "consistência axiológica (valorativa)" do direito, e toda interpretação acontece em uma estrutura de significações, e não isoladamente, e cada preceito significa algo junto ao todo do ordenamento. Assim, esta "compreensão estrutural" não conduz o intérprete a uma passividade diante de um texto, mas antes se trata de um labor *construtivo* de natureza axiológica.

Para Miguel Reale, a sistemática jurídica vai além da formulação lógico-formal. É também axiológica. Logo,

---

[67] *Compêndio de introdução à ciência do Direito*, p. 141.

[68] *Lições preliminares de Direito*, p. 290 *et seq*. Em outra passagem: "Donde podermos concluir que o ato de subordinação ou subsunção do fato à norma não é um ato reflexo e passivo, mas antes um ato de participação criadora do juiz, com sua sensibilidade e tato, sua intuição e prudência, operando a norma como substrato condicionador de suas indagações teóricas e técnicas" (*Ibidem*, p. 302).

Não pode absolutamente ser contestado o caráter "criador" da Hermenêutica Jurídica nesse árduo e paciente trabalho de cotejo de enunciados lógicos e axiológicos para atingir a real significação da lei, tanto mais que esse cotejo não se opera no vazio, mas só é possível mediante contínuas aferições no plano dos fatos, em função dos quais as valorações se enunciam.[69]

A própria Maria Helena Diniz, ao acolher o tridimensionalismo, defende:

Ao se interpretar a norma, deve-se procurar compreendê-la em atenção aos seus fins sociais e aos valores que pretende garantir. O ato interpretativo não se resume, portanto, em simples operação mental, reduzida a meras inferências lógicas a partir das normas, pois o intérprete deve levar em conta o coeficiente axiológico e social nela contido, baseado no momento histórico em que está vivendo.[70]

Também Rodolfo Luis Vigo,[71] crítico do modelo dogmático porque, diz o autor, afasta-se da realidade jurídica, defende o que denomina de as *cinco dimensões na interpretação jurídica*: *a)* propriamente jurídica (ou reguladora); *b)* fática: segundo a qual os fatos deixam de importar apenas aos processualistas como produção de provas; *c)* axiológica; *d)* linguística: conforme a qual o intérprete deve determinar e criar, a cada instante, os significados, as relações semânticas, sintáticas e pragmáticas; *e)* lógica: o que o autor defende, neste aspecto, é que há argumentos "para-lógicos", como a capacidade retórica da persuasão, e os argumentos "extralógicos", como as presunções e ficções estabelecidas pelo direito.

---

[69] REALE, Miguel. *Lições preliminares de Direito*. p. 291.
[70] DINIZ, Maria Helena. *Compêndio de introdução à ciência do Direito*, p. 149.
[71] *Interpretação jurídica*. Do modelo jus-positivista-legalista do século XIX às novas perspectivas, p. 40 *et seq*. Para Vigo, enquanto no modelo dogmático a interpretação era completamente alijada da criação jurídica, e o juiz preocupava-se em ser fiel ao legislador e identificar o seu pensamento, atualmente não há diferença substancial entre legislador e juiz, mas sim, segundo o autor, diferenças quantitativas, pois o legislador "[...] fala imperativamente para pessoas e casos indeterminados, enquanto o juiz fala imperativamente para pessoas e casos determinados" (*Ibidem*, p. 46).

Rodolfo Luis Vigo[72] compreende a interpretação jurídica, em última análise, como um *saber prudencial-retórico*.[73] Igualmente, Eros Roberto Grau sustenta a interpretação como uma "prudência", como um "saber prático", uma "[...] razão intuitiva, que não discerne o exato, porém o correto", pois, para o autor citado, a lógica jurídica é a escolha de uma entre várias possibilidades igualmente corretas; portanto, "A norma não é objeto de demonstração, mas de justificação".[74] Para Eros Roberto Grau, o que em realidade interpreta-se são os textos normativos, e é da interpretação destes textos que resultam as normas. De tal forma, texto e norma não se coinci*dem*. A norma é o resultado da interpretação do texto normativo. Ou, de outro modo, "A interpretação é, portanto, atividade que se presta a transformar textos — disposições, preceitos, enunciados — em normas".[75]

Por conseguinte, também para ele a interpretação apresenta um "caráter constitutivo", e não apenas declaratório.[76]

---

[72] *Interpretação jurídica*. Do modelo jus-positivista-legalista do século XIX às novas perspectivas, p. 102 *et seq*. Em outra passagem, assim sintetiza o autor: "Em síntese, a interpretação prudencial escolhe um dos silogismos possíveis atendendo a sua justiça; ademais, nesse discurso silogístico está presente a lei válida e vigente que foi escolhida e valorada em razão do restante do ordenamento jurídico, do fato tratado e do 'seu' designado às partes e à sociedade política. Quando se diz que a interpretação jurídica de uma lei consiste em descobrir o seu sentido, corre-se o risco de estar afirmando algo errôneo, incompleto ou impreciso, dado que a tarefa específica do intérprete não se circunscreve à lei, mas consiste em escolher um silogismo prudencial no qual aquela ocupa o lugar da premissa maior, da premissa menor, das circunstâncias da questão e da conclusão que contenha a determinação de um 'seu' de alguém. Em outros termos, não há interpretação da lei fora de certos fatos ou deixando de lado a perspectiva do justo concreto particular e político" (*Ibidem*, p. 116).

[73] Pois, sendo sua finalidade valorar ou dirigir a conduta humana, trata-se de um conhecimento prático. A *prudência jurídica*, para o autor, tem duas dimensões: a cognitiva e a preceptiva. E a interpretação jurídica encontra-se nesta dimensão cognitiva da prudência: o seu objeto é a deliberação sobre as condutas jurídicas possíveis e o julgamento (juízo de escolha) de qual é a preferida; isto é, deliberação e juízo de eleição são os dois atos que constituem o momento cognitivo da prudência. Na fase deliberativa, o método utilizado é o do *silogismo prático* ou *prudencial*, na medida em que a definição da norma que apoiará a conclusão do intérprete não é uma tarefa prévia e hermética nas etapas do raciocínio jurídico, mas é antes a adoção de uma simultaneidade dialética entre premissas e conclusão. Mesmo no juízo de escolha, a opção por um silogismo (o julgamento prudencial interpretativo) não é apenas obra da razão, mas é também da vontade (*Ibidem, passim*).

[74] GRAU, Eros Roberto. *O Direito posto e o Direito pressuposto*, p. 40. A propósito sobre a interpretação e aplicação do direito, diz: "O fato é que praticamos sua interpretação não — ou não apenas — porque a linguagem jurídica seja ambígua e imprecisa, mas porque interpretação e aplicação do direito são uma só operação, de modo que interpretamos para aplicar o direito e, ao fazê-lo, não nos limitamos a interpretar (= compreender) os textos normativos, mas também compreendemos (= interpretamos) os fatos" (*Interpretação/Aplicação do Direito*, primeira parte, II).

[75] *Idem. Interpretação/Aplicação do Direito*, primeira parte, III.

[76] *Interpretação/Aplicação do Direito*, primeira parte, XIII. Em outro trecho, sintetiza: "Em suma: o meu ponto de partida, neste livro, encontra-se na afirmação de que a interpretação do

ANOTAÇÕES SOBRE A INTERPRETAÇÃO JURÍDICA | 53

Este jurista segue a doutrina, como se percebe, de Luis Recaséns Siches[77] que defende que o direito não é uma ciência, mas o objeto de uma ciência (ciência do direito), um objeto real que é uma *arte prática*, uma *técnica*, uma *forma de controle social*, em suma, sob a análise de todos os valores implicados, o direito é uma *prudência*.

De igual modo, Cassio Scarpinella Bueno[78] afirma: "A 'lei' e o 'direito', assim, dependem de sua interpretação para se realizarem".

Compreende ele que a *estática* do direito corresponde ao sentido literal do texto normativo, enquanto a *dinâmica* é o direito interpretado; por isso, assevera que "Sem 'interpretação', direito (norma jurídica) não há; só 'texto'".[79]

Ainda semelhante é a doutrina de Humberto Ávila[80] para quem a interpretação não é um ato de pura descrição de um significado previamente apresentado, mas é um ato de decisão que constrói a significação e os sentidos do texto. Afirma:

> Daí se dizer que interpretar é construir a partir de algo, por isso significa reconstruir: a uma, porque utiliza como ponto de partida os textos normativos, que oferecem limites à construção de sentidos; a duas, porque manipula a linguagem, à qual são incorporados núcleos de sentidos, que são, por assim dizer, constituídos pelo uso, e preexistem ao processo interpretativo individual.[81]

É um constante confrontar do texto com a realidade concreta para a qual o direito deita suas luzes. Como diz Carlos Ayres Britto,

---

direito não é uma atividade de conhecimento, mas sim constitutiva, portanto decisional, embora não discricionária, como penso poder demonstrar. Dizendo-o de outro modo: a interpretação do direito envolve não apenas a declaração do sentido veiculado pelo texto normativo, mas a constituição da norma, a partir do texto e dos fatos, como veremos. Repito: é atividade constitutiva, e não meramente declaratória. O único intérprete autorizado pelo próprio direito a definir, em cada caso, a norma de decisão é o Juiz" (*Ibidem*, p. 62). E mais adiante: "Isso, contudo — note-se bem —, não significa que o intérprete, literalmente, crie a norma. Dizendo-o de modo diverso: o intérprete não é um criador 'ex nihilo'; ele produz a norma — não, porém, no sentido de fabricá-la, mas no sentido de reproduzi-la" (*Ibidem*, p. 80-81).

[77] *Introducción al estudio del Derecho*, p. 212.

[78] Interpretação e norma jurídica: uma aproximação musical do direito. *Revista de Processo*, n. 111, p. 226-227.

[79] *Ibidem*, p. 229. Diz: "Não existe direito 'sem' interpretação" (*Ibidem*, p. 241).

[80] *Teoria dos princípios*, p. 23.

[81] *Ibidem*, p. 25.

Nessa perspectiva, se o Direito é estrutural e funcionalmente bifronte, o que importa para o lidador jurídico é transitar pelo sempre custoso, trabalhoso, é certo, mas necessário e instigante caminho do meio (*medius in virtus*). Em linguagem metafórica, nem ancorar tão-só nos cais da justiça objetiva, nem navegar exclusivamente no mar da justiça do caso concreto. Pois muitas vezes o cais do porto apenas contém a primeira metade do Direito. Situação em que a outra metade só pode estar nas ondulações do mar aberto. [...]. No tema, o princípio regente das coisas continua a ser o da complementaridade (implicação e polaridade, conforme Reale). Por isso que, se a primeira metade do Direito condiciona o visual da segunda, esta última costuma repercutir sobre aquela primeira para redimensionar o respectivo perfil. Uma como que a ajudar a outra para a feitura de um trabalho comum de plenificação. [...] Donde a ilação de que o resgate da norma jurídica em sua inteireza exige um processo de interpretação que seja: a) uma virtual revelação do que se contém no texto normativo ainda sem a influência do caso concreto; b) um refundir dessa inicial revelação, se o caso concreto reverberar sobre o texto que o descreve. Noutro modo quiçá mais ilustrativo de colocar a idéia: entre o texto legislativo e a decisão judicial navega o sentido. Ali, algo significante. Aqui, algo significativo. Mas algo significado que pode ser o fruto de idas e vindas do intérprete entre o texto referente e o caso referido, se a relação entre ambos caracterizar-se por uma tão mútua quanto irresistível influência. É quando o dever-ser do Direito se concilia com o ser da vida e aí já não há descompasso entre a justiça como formulação meramente objetiva e a justiça material do caso entre parte.[82]

1.2.2 A suposta presença da discricionariedade junto à interpretação jurídica

A normatização dos princípios, com expressivo desenvolvimento a partir da década de cinquenta do século XX, é um dos sinais da evolução do direito no sentido de sobrepujar a compreensão da norma jurídica além de sua estrutura formal para acolher os *valores* nela contidos. É também a referência aos princípios, o reconhecimento do ordenamento jurídico como um sistema aberto, a admissão de que tantas vezes na redação da norma jurídica utilizam-se palavras e termos ambíguos, é neste contexto, enfim, que se encontram doutrinas que se valem recorrentemente da palavra "discricionariedade" para tentar expressar a interpretação jurídica em razão da *participação* do intérprete na *construção* do sentido da norma.

---

[82] BRITTO, Carlos Ayres. *O humanismo como categoria constitucional*, p. 59-61.

ANOTAÇÕES SOBRE A INTERPRETAÇÃO JURÍDICA | 55

Paulo Bonavides,[83] a propósito do tema, leciona que a evolução da compreensão dos *princípios*, para a ciência do direito, pode ser demarcada em três fases distintas: *a)* a jusnaturalista, na qual se recusa a sua normatividade jurídica; *b)* a positivista, em que se reconhecem os princípios como normas, mas como fonte normativa subsidiária; e a atual fase, *c)* pós-positivista, conforme a qual a norma é admitida como um gênero cujas espécies são os princípios e as regras.[84]

E um dos principais protagonistas, na segunda metade do século XX, do enaltecimento dos princípios como instrumento de solução dos conflitos foi o americano Ronald Dworkin — de acordo com Rodolfo Luis Vigo,[85] Dworkin propõe um "exercício de interpretação construtiva" de acordo com o qual o direito consiste na melhor justificação das práticas legais.

Realmente, Ronald Dworkin recusa conceber o direito como um sistema só de regras; amplia a perspectiva jurídica para as diretrizes políticas ou *policies*, modelo que o jurista referido diz ser próprio do Poder Legislativo, e ainda para os princípios em sentido estrito ou *principles*, um modelo dos juízes e juristas, e é neste último que Dworkin concentra sua doutrina como uma forma capaz de adjudicar ou reconhecer o direito.[86]

É também junto aos princípios que, segundo Rodolfo Luis Vigo,[87] Herbert Hart entende que o juiz pode sujeitar-se à hipótese em que não há solução clara no sistema jurídico, e então deve o julgador exercer

---

[83] *Curso de Direito Constitucional*, p. 273.

[84] José de Oliveira Ascensão diz que se filia a Esser, Engisch, Betti, Larenz e Canaris ao entender os princípios não como regras, mas como *princípios formais* que se desprendem da ordem jurídica e entroncam-se nos princípios do direito natural como fundamento da ordem jurídica (*O Direito*: introdução e teoria geral – uma perspectiva luso-brasileira, p. 408). Em análise de Chaïm Perelman, Esser, nas décadas de 50 e 60 do século XX, empenha-se em elaborar uma teoria extraída da prática judiciária que se inspira menos em compreender e interpretar os textos legais de acordo com os métodos escolares (interpretação literal, gramatical, sistemática, histórica, teleológica etc.), e mais na intenção de buscar uma solução justa. A solução justa, para Esser, não é simplesmente, como se diz no positivismo, o fato de ser conforme a lei, mas "[...] são os juízos de valor, relativos ao caráter adequado da decisão, que guiam o juiz em sua busca daquilo que, no caso específico, é justo e conforme ao direito, subordinando-se normalmente esta última preocupação à precedente" (*Lógica jurídica*, p. 113-114).

[85] *Interpretação jurídica*: do modelo jus-positivista-legalista do século XIX às novas perspectivas, p. 63 *et seq.*

[86] Nas palavras do próprio Ronald Dworkin: "Denomino 'princípio' um padrão que deve ser observado, não porque vá promover ou assegurar uma situação econômica, política ou social considerada desejável, mas porque é uma exigência de justiça ou eqüidade ou alguma outra dimensão da moralidade" (*Levando os direitos a sério*, p. 36).

[87] *Interpretação jurídica*; do modelo juspositivista-legalista do século XIX às novas perspectivas, p. 67.

a sua "discricionariedade" com a "criação" do direito, superando, assim, um direito incompleto ou indeterminado. É a "textura aberta"[88] da linguagem normativa, ou a ausência de uma norma, que impõe esta "discricionariedade judicial". Conforme Vigo,[89] Dworkin é um crítico da teoria de Hart porque, para Dworkin, é antidemocrático o juiz substituir-se ao legislador, como é injusta a aplicação retroativa do direito, e ainda porque os jurisdicionados não querem que se lhes crie o direito, mas que se o reconheça. Dworkin não aceita que o direito seja incompleto e indeterminado, pois é possível encontrar, mesmo nos casos difíceis (*hard cases*), a resposta correta. Assim, a "teoria da adjudicação" de Dworkin, possível para o que ele denomina de "juiz Hércules", conduz à "[...] construção de um esquema de princípios abstratos e concretos que identificam a moralidade pressuposta das leis e instituições, implicando a justificação coerente do ordenamento vertical e horizontal das decisões judiciais".[90] Em suma, ainda em análise de Vigo,[91] a *teoria hercúlea* pretende obter a resposta correta sem a necessidade de reconhecer um poder de criação jurídica ao julgador. Confia-se na capacidade *cognitiva* dos juízes.

Mas, cumpre destacar, esta atividade *cognitiva* não se confunde com o proceder de acordo com uma lógica formal. Ao contrário, como explana Dworkin, consoante reproduzimos linhas atrás, deve o juiz atuar segundo uma *interpretação construtiva*. Isto é, a valoração e a ponderação, realizadas pelo intérprete, são imprescindíveis à realização dos princípios morais que, conforme Dworkin, sustentam as leis, as práticas e as decisões judiciais. A teoria dworkiana permite, em realidade, *construir* (o que é mais do que o simples "reconhecer"), com coerência e moralidade, o direito (explícito e implícito) que deve reger a sociedade.

Se para Dworkin há, de fato, direitos *anteriores* a qualquer forma de legislação (*moral rights* ou *right thesis*), então há também a possibilidade de descobrir "uma única resposta jurídica correta", escorada no reconhecimento destes direitos morais fundamentais preexistentes aos direitos positivos, e é este o procedimento do intérprete que representa,

---

[88] De acordo com o próprio Hart: "O poder discricionário que assim lhe é deixado pela linguagem pode ser muito amplo; de tal forma que, se ela aplicar a regra, a conclusão constitui na verdade uma escolha, ainda que possa não ser arbitrária ou irracional" (*O conceito de Direito*, p. 140).

[89] *Interpretação jurídica*: do modelo juspositivista-legalista do século XIX às novas perspectivas, p. 67.

[90] *Ibidem*, p. 67.

[91] *Ibidem*, p. 70.

ANOTAÇÕES SOBRE A INTERPRETAÇÃO JURÍDICA | 57

para Dworkin, *levar os direitos a sério* — pois, de tal forma, conduz-se a reconhecer a dignidade humana e a igualdade política.

Contudo, para admitir que há direitos morais ou preexistentes ao direito positivo, e que estes direitos incorporam-se ao mundo jurídico e legitimam os cidadãos a reclamar sua implementação junto aos *casos difíceis*, e que os direitos jurídicos devem ser entendidos como espécies de direitos morais a serem aplicados por uma questão de justiça, equidade e moralidade, então, sem dúvida alguma, também para Dworkin o componente *volitivo* é, em nosso entender, uma constante reconhecida na atividade de interpretação do juiz Hércules.[92]

Mas, se Dworkin, consoante acima expusemos, critica a discricionariedade judicial no sentido proposto por Hart, por outro lado, Dworkin versa sobre o tema da *discricionariedade* na aplicação do direito — e então uma vez mais percebemos, para mais à frente, na segunda parte deste estudo, compreender por completo, a importância de bem delinearmos e diferenciarmos *interpretação jurídica* e *discricionariedade administrativa*.

Para Dworkin, o conceito de poder discricionário "[...] só está perfeitamente à vontade em apenas um tipo de contexto: quando alguém é em geral encarregado de tomar decisões de acordo com padrões estabelecidos por uma determinada autoridade".[93] O poder discricionário, para ele, é um espaço vazio circundado por uma "faixa de restrições".[94]

Refere-se Dworkin a três sentidos possíveis de *poder discricionário*: a) em um *sentido fraco*, há discricionariedade quando os padrões utilizados por uma autoridade pública não podem ser aplicados de forma mecânica, mas reclamam a capacidade de julgar, e Dworkin exemplifica esta situação com a escolha, por um sargento, dos cinco

---

[92] Segundo Rodolfo Luis Vigo, para Ronald Dworkin propugnar a utilização dos princípios é preciso defender que a razão jurídica opera-se com um *conteúdo moral* correspondente aos direitos preexistentes, o que leva a compreender a *razão adjudicatória* como uma *razão prática*: por uma ponderação, por uma dimensão de peso dos princípios, por perspectivas explicativa e justificativa do direito, reconhecem-se as condutas que são atribuídas às partes em litígio (*Ibidem*, p. 72). Vigo sustenta que a teoria de Ronald Dworkin compromete a visão sistemática do direito, pois é no litígio e os direitos reclamados que se constitui o "momento dinâmico e gerador" que enseja ao juiz a configuração sistemática do direito para encontrar a resposta correta. Portanto, antes do caso concreto parece não haver um sistema jurídico "completo e acabado", pois é o juiz que elabora o sistema para a solução do caso em litígio (*Ibidem*, p. 77).

[93] DWORKIN, Ronald. *Levando os direitos a sério*, p. 50.

[94] *Ibidem*, p. 50-51. Tercio Sampaio Ferraz Jr. também utiliza a palavra "discricionariedade", na aplicação do direito, de acordo com o que considera o seu *sentido amplo*, e adverte que não se confunde com a noção de "ato discricionário" no direito administrativo (*Introdução ao estudo do direito*, p. 318).

homens *mais experientes* de sua tropa; b) em outro *sentido fraco*, diz-se que há discricionariedade quando a decisão não pode ser revista, é dizer, se é tomada em última instância, sem a possibilidade de revisão — como ocorre com as decisões do Tribunal de maior hierarquia de um país; c) e num *sentido forte*, no qual quem delibera não se limita a padrões estabelecidos pela autoridade, como, novamente no exemplo do sargento, fosse possível a ele escolher *quaisquer* cinco homens para a patrulha — mas mesmo no sentido forte o poder discricionário deve seguir padrões de "bom senso" e "equidade".[95]

Percebamos, com o intuito de mais adiante formularmos as conclusões necessárias, que novamente a palavra "discricionariedade", ou o termo "poder discricionário", imiscuem-se com a atividade de interpretação da norma jurídica.

Com alcances diferentes, com premissas distintas do positivismo — no qual, para Kelsen, há a *discricionariedade* do intérprete autêntico, e para Bobbio há a *discricionariedade* quando o caso não é regido por uma regra específica —, também se encontra a *discricionariedade* na textura aberta da norma, como diz Hart, ou a *discricionariedade* ao se interpretar de acordo com certos padrões morais preestabelecidos, conforme a doutrina de Dworkin.

Mas em retorno às teorias deste último, Dworkin, diz ele que um juiz pode ter o *poder discricionário* no primeiro sentido (se nenhuma regra social exige de forma inequívoca uma decisão jurídica específica, e se os profissionais jurídicos estão divididos sobre qual decisão é exigível), e mesmo no segundo sentido (se os juízes que de*cidem* o caso compuserem o mais alto Tribunal), mas não terão no terceiro — e Dworkin diz que é neste terceiro sentido que os positivistas entendem haver a discricionariedade judicial —, porque os deveres e responsabilidades não são gerados apenas por regras sociais.[96]

Em certa medida, destarte, aproximamo-nos da exposição de César A. Guimarães Pereira[97] que diz que, enquanto para Kelsen a discricionariedade é inerente ao sistema, e o mesmo ocorre para Hart (mas, quanto a este, apenas em relação à "textura aberta" da linguagem, e, ainda assim, não em todos os casos, mas apenas nos "casos difíceis"), para Ronald Dworkin não há discricionariedade na interpretação e aplicação do ordenamento porque, ainda que difícil, só há uma

---

[95] DWORKIN, Ronald. *Levando os direitos a sério*, p. 50-53.

[96] *Ibidem*, p. 108-109.

[97] Discricionariedade e apreciações técnicas da administração. *Revista de Direito Administrativo*, n. 231, p. 217-267.

resposta, logo a incerteza da linguagem não é suficiente para conferir discricionariedade porque é preciso que o "juiz Hércules" descubra a "única solução possível".

Aproximamo-nos, mas não integralmente, destas conclusões de Guimarães Pereira porque, conforme expusemos no parágrafo anterior, entendemos que Dworkin admite, sim, a presença do poder discricionário junto à interpretação em seus sentidos fracos. O que ocorre é que esta discricionariedade em potência é reduzida, por ocasião da determinação do sentido da norma diante do caso concreto, à "única" solução justa possível.

1.2.3 A tópica, a lógica do razoável e a retórica

Entre as doutrinas que reconhecem a interpretação jurídica como uma atividade de apreensão intelectual cuja atuação do intérprete é expressão fundamental porque é ele o protagonista da construção de um sentido jurídico à norma, ou, em outros termos, entre as teorias das quais podemos extrair a *vontade* do intérprete, o que abarca a sua formação, informação, conhecimentos, deficiências e convicções, e mesmo ao legitimamente empenhar-se em não se assujeitar às suas suscetibilidades personalíssimas, mas sim a expressar os valores da sociedade, enfim, de todas estas escolas, três delas nos parecem merecer atenção especial: a tópica, a lógica do razoável e a retórica.

Dizemos isso porque, como a seguir veremos, são mesmo três correntes das quais percebemos, à evidência, o componente volitivo do intérprete como elemento decisivo à resposta da solução do conflito. Vemos na tópica, na lógica do razoável e na retórica a demonstração de que o direito não se aplica, em definitivo, por um processo silogístico formalista desamparado de qualquer empenho axiológico; com outras palavras, a tópica, a lógica do razoável e a retórica são cabais comprovações que o processo de interpretação jurídica não se realiza por qualquer equação lógica assemelhada à metodologia das ciências exatas.

De fato, de acordo com Rodolfo Luis Vigo,[98] foi mesmo a partir de 1950 que a obsessão de Savigny por sistematizar o direito sob o plano formal sofreu um forte abalo com a *tópica* de Theodor Viehweg que expõe duas formas de pensar o direito, o modo sistemático, e o modo aporético ou problemático; no primeiro, com o prestígio ao sistema, no segundo, o privilégio é conferido à solução do problema. A tópica,

---

[98] *Interpretação jurídica*: do modelo jus-positivista-legalista do século XIX às novas perspectivas, p. 51 *et seq.*

nas palavras de José de Oliveira Ascensão, representa-se então como a formulação de "[...] um repertório de pontos de vista que darão a solução de casos concretos".[99]

Conforme Paulo Roberto Soares Mendonça, a tópica de Aristóteles consiste em propor um método de investigação pautado na construção de um *raciocínio dialético* a partir de opiniões majoritariamente aceitas sobre qualquer problema. A tópica, explica o jurista citado, "[...] lida com opiniões dominantes, que estabelecem soluções para problemas".[100] E Theodor Viehweg transportou esta tópica para o âmbito dos conflitos jurídicos.

É nesta esteira da tópica, segundo entendemos, que Karl Larenz propõe o que denomina de "tratamento circular", no processo de interpretação, como método a abordar o problema por diversos ângulos de modo a formular variados pontos de vista, todos obtidos a partir da lei — e Larenz[101] efetivamente esclarece que o pensamento tópico não conduz a um sistema total, mas a uma pluralidade de sistemas tendo por centro o problema concreto. Por este processo "circular" entendamos que a interpretação de qualquer texto não só se relaciona com o sentido de cada uma das palavras, mas sobretudo com o de uma sequência de palavras, e, em átimo seguinte, com as frases que exteriorizam um permanente nexo de ideias. Portanto, o *círculo hermenêutico* é o processo de compreender que considera e pressupõe que o significado das palavras, em cada caso concreto, apenas pode ser inferido da conexão de sentido do próprio texto, e este texto, por seu turno, só pode ser apreendido segundo o significado e a combinação das palavras que o compõem. Se assim o é, o intérprete deve, para cada palavra, assumir previamente, em perspectiva, o sentido da frase e do texto em seu conjunto, e na medida em que surjam as dúvidas deve retroceder ao primeiro significado da palavra, eventualmente corrigi-lo, para novamente se projetar em busca da compreensão do seu conjunto.

E é da integração da *teoria tópica* com o *método sistemático* que Juarez Freitas[102] expõe sua concepção sobre a interpretação jurídica. Propõe o citado jurista a natureza *tópico-sistemática* dos *princípios* que compõem a ordem jurídica. O conceito de sistema jurídico, para ele, traduz-se então como uma rede axiológica e hierarquizada topicamente de princípios

---

[99] ASCENSÃO, José de Oliveira . *O Direito*. Introdução e teoria geral: uma perspectiva luso-brasileira, p. 468.

[100] MENDONÇA, Paulo Roberto Soares. *A tópica e o Supremo Tribunal Federal*, p. 89-90.

[101] *Metodologia da ciência do Direito*, p. 203, 285-287.

[102] *A interpretação sistemática do Direito*, p. 58-61.

ANOTAÇÕES SOBRE A INTERPRETAÇÃO JURÍDICA | 61

fundamentais, de normas estritas (ou regras) e de valores jurídicos cuja função, ao evitar ou superar antinomias (em sentido amplo), é a de realizar os objetivos do Estado Democrático de Direito. A interpretação sistemática deve, pois, considerar a *abertura* do sistema, isto é, a ausência de completude do conhecimento científico e a modificabilidade da ordem jurídica.[103]

Por tal concepção, por uma interpretação *tópico-sistemática*, os princípios devem ser compreendidos como os mais relevantes "pontos de convergência", uma operação que consiste em atribuir, *topicamente*, a melhor significação, dentre as várias possíveis, aos princípios, às normas estritas (ou regras) e aos valores jurídicos, hierarquizando-os num todo aberto, fixando-lhes o alcance e superando as antinomias em sentido amplo, tendo em vista bem solucionar os casos sob apreciação.[104]

Mas foi realmente Theodor Viehweg, como há pouco dissemos, quem reacendeu a importância da tópica e principiou as discussões que se seguiram, e seguem até hoje, quanto à sua relação com o direito.

Para Viehweg,[105] a lógica formal não basta, por si só, para explicar o pensamento jurídico, e o autor lembra que Recaséns Siches também propõe o "âmbito do racional" em substituição ao da lógica formal. Viehweg afirma concordar também com Perelman quando este diz que todo raciocínio jurídico consiste em argumentação e demonstração.

Enquanto a estrutura da lógica formal determina a estrutura da demonstração, o que ocorre por um sistema dedutivo, mostra-se insuficiente para determinar a estrutura da argumentação que apenas pode realizar-se por um sistema tópico, e neste âmbito da argumentação, segundo Viehweg,[106] que se constitui a parte mais importante do pensamento jurídico — o que, a propósito, é por isso que o sistema tópico é conectado com a retórica.

---

[103] *Ibidem*, p. 64-65. A posição do autor conduzirá a soluções como a seguir defendida: "Assim, no exame da temática dos critérios, 'urge reter' que quando houver conflito aberto e insanável entre uma lei superior geral e uma norma especial inferior deve vencer o critério hierárquico-axiológico'. Esta prevalência afirma-se mesmo que, numa impressão de superfície, prepondere a norma especial inferior, já que, em derradeira instância, a hierarquização formal cede à substancial. Em nome desta última — a hierarquização axiológica — é que se pode, sem exotismo, cogitar de uma norma especial inferior capaz de revogar uma lei superior geral, invocando a preponderância do próprio critério hierárquico-axiológico, o critério-dos-critérios no lidar com as mais complexas antinomias jurídicas" (*Ibidem*, p. 101-102).

[104] *A interpretação sistemática do Direito*, p. 294.

[105] *Tópica y filosofia del Derecho*, p. 68.

[106] *Ibidem*, p. 70.

A tópica, explica o próprio Viehweg,[107] é orientada aos problemas. Oferecem-se, para solucionar os problemas, uma "combinação de pontos de vista (*topoi*)" que são discutidos, e o agrupamento dos *topoi*[108] em relação aos problemas torna-se o sistema básico do direito. Mas o sistema tópico está em permanente movimento, por isso, trata-se de um sistema *aberto*[109] porque as discussões estão permanentemente sujeitas aos novos pontos de vista, e não a um argumento final ou definitivo. É por isso que não se usa, na tópica, um método de argumentação que procede dedutivamente, mas sim *dialogicamente*, pois sua *ultima ratio* é o *discurso razoável*.

Tercio Sampaio Ferraz Jr.[110] esclarece que os pontos de vista, os chamados *loci, topoi*, lugares-comuns,[111] constituem pontos de partida de diversas séries argumentativas em que a razoabilidade das opiniões fortalece-se. É por se compor destas séries argumentativas que o pensamento tópico não pressupõe nem almeja ser uma totalidade fechada. O

---

[107] *Ibidem*, p. 127. Manuel Atienza comenta que Perelman se distingue de Aristóteles porque para este a estrutura do raciocínio dialético é a mesma do silogismo (a diferença é que as premissas do raciocínio dialético são plausíveis), enquanto para Perelman a passagem das premissas para a conclusão, na argumentação, não é necessária (*As razões do direito*. Teorias da argumentação jurídica, p. 75). Ainda de acordo com Atienza, Perelman entende a lógica jurídica como argumentação, não como lógica formal ou dedutiva, e a diferença entre estas lógicas encontra-se tanto nas premissas quanto na passagem das premissas para a conclusão (*Ibidem*, p. 89). A crítica que Atienza faz a Perelman é que este "erra", diz Atienza, ao não perceber que a lógica, dedutiva ou não, move-se no terreno das proposições, e não dos fatos (*Ibidem*, p. 89).

[108] Chaïm Perelman ressalta a importância dos lugares específicos do direito, isto é, dos tópicos jurídicos, ao fornecer razões a permitir que soluções não equitativas ou desarrazoadas sejam afastadas, mas também observa que a principal crítica feita aos partidários dos tópicos jurídicos, crítica esta que procede dos adeptos de orientações dogmáticas e sistemáticas do direito, seria a imprecisão destes lugares e a possibilidade de as partes envolvidas no litígio invocarem um ou outro lugar em seu favor (*Lógica jurídica*, p. 120, 129).

[109] O que reverbera na leitura e compreensão de todo o sistema jurídico, como ilustramos com as reflexões de Ingo Wolfgang Sarlet sobre os direitos fundamentais: "Postas estas questões preliminares, há como concluir, desde já, que, em se reconhecendo a existência de um sistema dos direitos fundamentais, este necessariamente será, não propriamente um sistema lógico-dedutivo (autônomo e auto-suficiente), mas, sim, um sistema aberto e flexível, receptivo a novos conteúdos e desenvolvimentos, integrado ao restante da ordem constitucional, além de sujeito aos influxos do mundo circundante" (*A eficácia dos direitos fundamentais*, p. 85-86).

[110] *Introdução ao estudo do Direito*, p. 329.

[111] Especificamente sobre os *tópicos jurídicos*, diz Chaïm Perelman: "Os tópicos jurídicos referem-se aos lugares específicos de Aristóteles, os que dizem respeito a matérias particulares, opostos aos lugares-comuns, que utilizamos no discurso persuasivo, em geral, tratados por Aristóteles nos Tópicos" (*Lógica jurídica*, p.119-120). A importância dos lugares-comuns é bem precisada por Chaïm Perelman ao esclarecer que estes desempenham na argumentação algo análogo ao papel dos axiomas junto ao sistema formal, com a diferença que os lugares-comuns não se fundamentam, como é o caso dos axiomas, na evidência, mas, ao contrário, apoiam-se na ambiguidade (*Ibidem*, p. 159).

problema apresentado é considerado como um "dado" que orienta a argumentação e resultará em uma entre tantas soluções possíveis. Pela tópica buscam-se, para resolver um problema, as premissas adequadas, e para esta busca vale-se o intérprete dos lugares-comuns — é a *tópica de primeiro grau*. Em razão da insegurança deste procedimento, elaboram-se inventários mais ou menos organizados de lugares-comuns segundo certos critérios que delimitam a área argumentativa (por exemplo, *topoi* gramaticais, ou lógicos, ou históricos etc.) — é a *tópica de segundo grau*. Mas uma dedução sistemática dos *topoi* é impossível, pois mais importante do que concluir é formular as premissas.

Mas é Viehweg[112] quem admite existir um ponto de contato da tópica com a teoria pura do direito: é, conforme o autor afirma, a existência de uma *liberdade de* criação material — o que também se encontra presente na retórica do direito de Perelman.

No âmbito da interpretação constitucional temos nas ensinanças de J. J. Gomes Canotilho o exemplo de sua aplicação:

> O método tópico-problemático, no âmbito do direito constitucional, parte das seguintes premissas: (1) carácter prático da interpretação constitucional, dado que, como toda a interpretação, procura resolver os problemas concretos; (2) caráter aberto, fragmentário ou indeterminado da lei constitucional; (3) preferência da discussão do problema em virtude da "open texture" (abertura) das normas constitucionais que não permitam qualquer dedução subsuntiva a partir delas mesmo.[113]

Mas tornemos à última menção que fizemos a Viehweg, pois sua análise — a aproximação da tópica com a teoria pura do direito — merece ser enfatizada para os fins por nós propostos neste capítulo: o reconhecimento do elemento *volitivo*, uma vez mais, e para escolas com premissas e formulações bem distintas (como a teoria pura do direito, de um lado, e a tópica, a lógica do razoável e a retórica, de outro), como característica insuperável e imprescindível para a interpretação jurídica.

De inestimável contribuição à ciência do direito é também, como em algumas passagens já adiantamos, a proposta da interpretação jurídica orientada pela *lógica do razoável*, de Luis Recaséns Siches. Diz ele que só a norma jurídica "individualizada" — que para o jurista representa a aplicação ao caso concreto da norma geral — representa a norma perfeita e completa, contém uma "plenitude de sentido", pois

---

[112] *Tópica y filosofia del Derecho*, p. 194.
[113] CANOTILHO, J. J. Gomes. *Direito constitucional e teoria da Constituição*, p. 1212.

é a articulação da norma geral com a realidade da vida — que, como ele mesmo diz, "[...] é sempre concreta e particular".[114] E o intérprete deve, ao converter a norma "geral" em "individual", atuar de modo a promover a "mais justa" individualização da prescrição.[115] É, então, a interpretação por *equidade* que norteia o intérprete, uma interpretação *lógica*, mas que não se apoia no modelo silogístico-dedutivo, pois há uma valoração do conteúdo da norma, pois se deve aferir qual foi a *razão* que inspirou o legislador. É o que denomina — em substituição à palavra equidade — de *lógica do humano*, ou — como veio a ser mais conhecida — *lógica do razoável*.

Exemplifica o autor[116] o célebre caso da proibição que constava, em uma estação de trem, de que os passageiros ingressassem com cachorros, e que certa feita um camponês insistia adentrar com um urso, pois a proibição não o mencionava. Se sob a perspectiva da lógica tradicional a conduta do empregado que vedasse a entrada do urso fosse reprovável, o mesmo não se poderia dizer se a análise fosse feita sobre as *razões* que inspiraram a vedação — sob a *lógica do razoável*.

A proposta do autor é sensivelmente relevante não apenas em casos nos quais a norma "geral" provoca, ao senso comum, algum sentimento de "injustiça". Mas, como ele mesmo diz,[117] quando a norma "geral" apresenta-se "satisfatoriamente justa", mas a aplicação do silogismo formal conduziria, no caso concreto, à realização de uma norma "individual" notoriamente "injusta". Esta situação pode ocorrer, diz o jurista, quando aparece um caso inesperado, excepcional, o que acontece quando a realidade do caso não se amolda ao propósito que inspirou a norma aplicável. Com isso, chama o autor a atenção para a realidade das relações humanas que é muito mais rica do que qualquer previsão legislativa.

Em tal situação, deve um juiz guiar-se por "critérios de validez material", isto é, aferir o *conteúdo* da norma, o que exige que se *antecipem mentalmente os efeitos* que se produziriam com a aplicação da norma, e se tais efeitos não encontram concordância com o propósito da norma, então esta norma não é pertinente ao caso. Insiste o autor que o juiz não se põe acima da lei, mas simplesmente deve predominar o *âmbito material de validade* da norma de acordo com o *sentido da lei*. Como adverte, "[...] o sentido das palavras da lei atualiza-se não só no 'contexto das frases',

---

[114] SICHES, Luis Recaséns. *Introducción al estudio del Derecho*, p. 208.
[115] *Ibidem*, p. 216.
[116] SICHES, Luis Recaséns. *Introducción al estudio del Derecho*, p. 217 *et seq.*
[117] *Ibidem*, p. 237-238.

ANOTAÇÕES SOBRE A INTERPRETAÇÃO JURÍDICA | 65

mas também e sobretudo no 'contexto da situação real a que a frase refere-se' [...]".[118] É o que denomina de *interpretação não por antecedentes, mas sim pela valoração dos efeitos*, isto é, não de uma suposta valoração do juiz, mas de uma valoração dos efeitos conforme o fim da lei em pauta — o que representa, em última análise, um dos imperativos da *prudência*, o que inclusive inspirou os romanos a chamarem de *jurisprudentes* aos jurisconsultos.[119]

A ênfase dada pela *lógica do razoável* à finalidade (propósito) da lei é constante. Como acentua o seu autor, "[...] a linguagem não consiste em uma série de palavras, mas sim em uma série de sentidos expressados simbolicamente [...]".[120] A ótica desta doutrina centra-se sob a noção de equidade que não é medida excepcional, mas é um dos recursos práticos mais importantes,[121] e a que o autor prefere denominar de *lógica do razoável* para enfatizar a sua aplicação aos problemas práticos do ser humano. A equidade, então, é o método — e não um método — para a individualização da norma geral ao caso concreto, é o único método para a solução satisfatória da situação em análise, assim se entendendo — como situação satisfatória — sob um ponto de vista estimativo, de valoração do conteúdo das normas, do que o ordenamento jurídico elegeu e considera como sentido de justiça.

Em síntese ao seu pensamento, a *lógica do razoável* pode ser resumida sob as seguintes características:[122] *a)* está condicionada pelo mundo que opera, isto é, pelo direito e de acordo com a realidade social e histórica que o influencia e para a qual atua; *b)* está impregnada de valores, critérios axiológicos — o que é o principal fator que a diferencia da *lógica racional* (denominação dada pelo autor à lógica formal); *c)* estas valorações são concretas: referem-se a uma situação humana real; *d)* as valorações são a base para a determinação das finalidades (ou objetivos) das normas; *e)* a formulação das finalidades apoia-se nas valorações e condiciona-se pelas possibilidades da realidade humana concreta; *f)* por consequência, a lógica do razoável é regida em *razões de congruência ou adequação*: entre a realidade social e os valores, entre os valores e os fins, entre os fins e a realidade social concreta, entre os fins e os meios, entre os fins e os meios quanto à correção ética destes meios, e entre os fins e os meios quanto à eficácia destes meios; *g)* por último, orienta-se

---

[118] *Ibidem*, p. 238.
[119] SICHES, Luis Recaséns. *Introducción al estudio del Derecho*, p. 239.
[120] *Ibidem*, p. 240.
[121] *Ibidem*, p. 244, 247.
[122] *Ibidem*, p. 258 *et seq.*

a lógica do razoável pelas experiências históricas (social) e da vida humana (individual), o passado e o presente.[123] De tudo o quanto exposto, nota-se, inexoravelmente, a importância da *argumentação* para a construção do pensamento jurídico.

A importância da *argumentação* se reproduz na doutrina de Manuel Atienza ao acolher a ideia de que há três campos onde ocorrem as *argumentações jurídicas*: na produção ou estabelecimento de normas jurídicas (fase legislativa), na aplicação de normas jurídicas (juízes, órgãos administrativos e simples particulares) e na dogmática jurídica (que se ocupa de casos abstratos, como os limites entre o direito à vida e o direito à liberdade pessoal e qual deles deve prevalecer etc.).[124] Com muita propriedade, Atienza[125] assevera que dizer que o juiz adotou tal decisão por sua crença religiosa é dar uma *razão explicativa*,

---

[123] De modo similar, Carlos Ayres Britto diz: "Ponto de chegada — essa a questão central — é a justiça que quase todo litígio ou caso concreto exige somente para si. Com exclusividade, destarte, porque o mais das vezes cada caso é um caso mesmo. E cada caso é um caso, o mais das vezes, devido à irreprimível versatilidade da vida, que é surpreendente e novidadeira por sua própria natureza. [...] Como de remansoso conhecimento, a lei em sentido material quer valer para todas as ações a que se refere e por isso é que se adorna do atributo da generalidade. Quer valer para todos os sujeitos a que se destina e por esse motivo se confere a característica da impessoalidade. Quer valer para sempre (enquanto não for revogada ou formalmente mexida, lógico) e daí o seu traço de abstratividade. Ora, querendo-se assim genérica, impessoal e abstrata — é dizer, querendo-se, de uma só cajadada, imperante para tudo, para todos e para sempre, a lei não tem como fugir do discurso esquemático ou clicherizador da realidade; que é um discurso inescondivelmente simplista. Donde ter que pagar um preço por esse discurso-rótulo, e esse preço que a lei paga por incidir num tipo de comunicação verbal reducionista é a sua exposição a interpretações polissêmicas e à contínua rebeldia da vida (cambiante por natureza). [...] Fechando o pensamento: a justiça das disposições legislativas é abstrata. A justiça do caso entre partes é concreta. A primeira está para a humanidade assim como a segunda está para o homem. Ambas são mutuamente complementares, na acepção de que as duas se imbricam e nenhuma é mais básica do que a outra. E as duas juntas são o que o direito é: dual, bifronte, binário, como na figura mitológica de Jano. Corresponde a falar: o Direito é, na sua estruturalidade, tanto a abstrata justiça das leis (inclusive e sobretudo a justiça das Constituições) quanto a empírica justiça das decisões judiciais. E também na sua funcionalidade o direito é binário, porque tanto se manifesta sob a forma de norma geral (direito-lei) quanto sob forma de norma individual (direito-sentença)" (*O humanismo como categoria constitucional*, p. 57).

[124] ATIENZA, Manuel. *As razões do Direito*: teorias da argumentação jurídica, p. 18-19.

[125] *Ibidem*, p. 20-22. Em outra obra, afirma o autor: "Explicar uma decisão significa, com efeito, mostrar quais são as causas que a motivaram ou os fins pretendidos a alcançar ao tomar esta decisão. Justificar, sem embargo, implica oferecer razões dirigidas a mostrar o caráter aceitável ou correto desta decisão. Há muitas ações, muitas decisões, que podemos explicar ainda que não nos pareçam justificadas: por exemplo, uma lei que defende os interesses de um certo setor social (isso é o que explica sua existência, mas que nos parece contrária aos princípios e valores constitucionais (e, neste sentido, carece de justificação); ou uma decisão judicial motivada por desejo do juiz de alcançar notoriedade social, mas que vulnera o ordenamento jurídico. O que exigimos dos órgãos que tomam decisões públicas é que justifiquem suas decisões; o raciocínio jurídico é um tipo de raciocínio prático, não dirigido a explicar, mas sim a justificar decisões" (*El sentido del Derecho*, p. 254-255).

mas dizer que adotou certa interpretação para tal artigo é uma *razão justificadora*, e o que os órgãos judiciais precisam não é dar explicações de suas decisões, mas justificá-las, e é a *teoria do padrão da argumentação jurídica* que cuida da justificação dos argumentos, tanto com pretensões descritivas quanto prescritivas. A lógica dedutiva, encarece Atienza,[126] apenas oferece critérios *formais* de correção.

Em casos fáceis, diz Atienza,[127] a justificação das decisões judiciais trata-se de uma questão de lógica, é o que se chama de "justificação interna" ou "justificação dedutiva", mas ainda assim há também uma concepção material; de toda sorte, é nos casos difíceis que se necessita de uma "justificação externa" porque é preciso oferecer razões a favor da premissa normativa ou da premissa fática, e razões que não podem ter um caráter puramente formal.

Finalmente, ainda em rebate às doutrinas da interpretação jurídica como operações meramente descritivas, encontramos a *nova retórica* de Chaïm Perelman para quem a busca da justiça, da aceitabilidade social da decisão, conduz a conciliar estas finalidades às técnicas do raciocínio jurídico, o que denota a "[...] insuficiência, no direito, de um raciocínio puramente formal que se contentaria em controlar a correção das inferências, sem fazer um juízo sobre o valor da conclusão"[128] — assim, para Perelman[129] o raciocínio jurídico deixa de ser uma simples dedução silogística cuja conclusão impõe-se mesmo que não se paute por qualquer razoabilidade. A tarefa do juiz é encontrar uma solução que considere, ao mesmo tempo, o valor da solução e a sua conformidade com o direito. Portanto, a interpretação da lei deve considerar se a solução concreta a ser acolhida é mesmo aceitável.

Nas palavras do próprio jurista:

> Toda a problemática do raciocínio jurídico, especialmente judicial, esforçar-se-á, portanto, para elaborar uma dialética em que a busca de uma solução satisfatória enriqueça o arsenal metodológico que permite manter a coerência do sistema e torná-lo mais flexível. É nesta perspectiva que cabe sublinhar o papel crescente atribuído pelos teóricos do raciocínio jurídico aos princípios gerais do direito e à tópica jurídica.[130]

---

[126] *As razões do direito*: teorias da argumentação jurídica, p. 28.

[127] *El sentido del Derecho*, p. 264-265.

[128] PERELMAN, Chaïm. *Lógica jurídica*, p. 13.

[129] *Ibidem*, p. 114-115.

[130] PERELMAN, Chaïm. *Lógica jurídica*, p. 117.

68 | LUIS MANUEL FONSECA PIRES
CONTROLE JUDICIAL DA DISCRICIONARIEDADE ADMINISTRATIVA

A evolução da *retórica*[131] é explanada por Chaïm Perelman.[132] Elaborada em épocas remotas, séculos antes de Cristo, dedicaram-se ao seu estudo, entre outros, Aristóteles, Cícero e Quintiliano. A retórica representou o coroamento da educação greco-romana, mas posteriormente se degenerou, ao longo do século XVI, quando então foi diminuída como o estudo das figuras de estilo, chegando mesmo a desaparecer, pouco depois, dos programas de ensino. Segundo Olivier Reboul,[133] acredita-se que a retórica surgiu na Sicília grega nos idos de 465 a.C., e sua origem foi "judiciária", pois numa época em que não havia advogados os cidadãos que reclamavam seus direitos recorriam a uma coletânea de "preceitos práticos" que apresentavam exemplos de discursos para recorrer-se à Justiça. Daí que o sentido corrente que passou a ter a palavra *retórica* foi mesmo em tom pejorativo, como observa Reboul.[134]

A retórica era concebida, por Aristóteles, como a arte de procurar, em qualquer situação, os meios disponíveis de persuasão — mas, para Perelman, o objeto da retórica é o estudo das técnicas discursivas que visam a provocar ou aumentar a adesão das mentes às teses apresentadas a seu assentimento; a retórica objetiva persuadir[135] por meio do discurso, o que pode ter intensidades variáveis uma vez que não se versa sobre verdades, mas valores, isto é, o que distingue a retórica da lógica formal e demais ciências positivas é que a retórica "[...] diz respeito mais à adesão do que à verdade".[136]

Por este prisma, há mesmo, como anota o autor,[137] marcante distinção entre o discurso sobre o real e o discurso sobre os valores,

---

[131] Platão diz que Sócrates afirmava ser a retórica "[...] a arte de dirigir as almas por meio de palavras [...]" (*FEDRO*, p. 100). Por isso, "[...] a verossimilhança domina o espírito da grande massa pela semelhança que tem com a verdade" (*Ibidem*, p. 117). Ou, nas palavras de Olivier Reboul, "[...] retórica é a arte de persuadir pelo discurso" (*Introdução à retórica*, p. 14 da introdução).

[132] *Lógica jurídica*, p. 141-142.

[133] *Introdução à retórica*, p. 2 *et seq.*

[134] *Ibidem*, p. 13 da introdução.

[135] Em outro estudo, Perelman explica o que *persuadir* representa para ele: "Para quem se preocupa sobretudo com o resultado, persuadir é mais do que convencer: a persuasão acrescentaria à convicção a força necessária que é a única que conduzirá à ação. [...] Dir-nos-ão que convencer é apenas a primeira fase — o essencial é persuadir, ou seja, abalar a alma para que o ouvinte aja em conformidade com a convicção que lhe foi comunicada" (*Retóricas*, p. 59).

[136] PERELMAN, Chaïm. *Lógica jurídica*, p. 143. Para a retórica a noção de "auditório" é uma questão primordial, pois o discurso apenas se mostra eficiente caso seja adaptado ao auditório o qual se quer persuadir ou convencer, e para persuadir é preciso antes conhecer o destinatário do discurso (*Ibidem*, p. 143, 146).

[137] *Ibidem*, 146-147.

pois o que se opõe ao verdadeiro é o falso, e assim o é para todo mundo, sem qualquer possibilidade de "escolha", mas o que se opõe a um valor é outro valor, e os valores sujeitam-se a hierarquias diferentes, por pessoas diversas ou até mesmo por uma mesma pessoa a depender do momento no curso de sua vida.

De tal sorte, Chaïm Perelman[138] propõe a *nova retórica* como "[...] o estudo das técnicas discursivas que visam a provocar ou a intensificar a adesão de certo auditório às teses apresentadas". Pois o direito deve atender a uma dupla exigência: "[...] uma de ordem sistemática, a elaboração de uma ordem jurídica coerente, a outra, de ordem pragmática, a busca de soluções aceitáveis pelo meio, porque conformes ao que lhe parece justo e razoável"[139] — destarte, a lógica judiciária centra-se não na ideia de verdade, mas na de adesão do auditório.

Entendamos que Perelman não refuta a possibilidade de que o raciocínio judiciário seja apresentado sob a forma de um silogismo, mas o que ele quer esclarecer é que tal forma não garante, em absoluto, o valor da conclusão. Se a conclusão é "socialmente inaceitável" significa, para Perelman,[140] que as premissas foram aceitas levianamente.

Se o papel da lógica formal é o de "[...] tornar a conclusão solidária com as premissas [...]", o papel da lógica jurídica, por sua vez, é o de "[...] demonstrar a aceitabilidade das premissas", o que é o resultado da confrontação das provas, argumentos[141] e valores que se apresentam no conflito concreto e que devem ser equacionados pelo julgador ao definir a sua decisão e motivar o seu julgamento — a *lógica jurídica* é então bem distinta da lógica formal, pois a lógica jurídica é *argumentação*.

---

[138] *Ibidem*, p. 154. Os meios de persuadir, pela retórica, podem ser, segundo Olivier Reboul, de *ordem racional* e de *ordem afetiva* (*Introdução à retórica*, p. 17 da introdução).

[139] PERELMAN, Chaïm. *Lógica jurídica*, p. 238.

[140] *Lógica jurídica*, p. 242. Também Fábio Ulhoa Coelho expressa sua conclusão no sentido de que o direito, para ele, não é lógico, mas retórico, e os recursos retóricos não são apenas racionais; admite, no entanto, que a lógica é um dos principais recursos retóricos, pois realmente sugere segurança e certeza; mas o direito, em última análise, é alógico (*Roteiro de lógica jurídica*, p. 99; 116-117).

[141] Olivier Reboul enfatiza, nas lições de Aristóteles, três tipos de argumentos como instrumentos de persuasão: o *etos* e o *patos*, de ordem afetiva, e o *logos*, de aspecto racional, todos tendo em mira a relação entre o orador e o auditório; o *etos* é o caráter a ser assumido pelo orador para inspirar a confiança junto ao auditório, o *patos* representa o conjunto de emoções, paixões e sentimentos a serem suscitados perante este auditório, o primeiro se refere, então, mais ao orador, e o segundo ao auditório; e o *logos* é a argumentação propriamente dita do discurso (*Introdução à retórica*, p. 47 *et seq*.). Como características da argumentação, o filósofo francês arrola cinco aspectos essenciais: "1) dirige-se a um auditório; 2) expressa-se em língua natural; 3) suas premissas são verossímeis; 4) sua progressão depende do orador; 5) suas conclusões são sempre contestáveis" (*Ibidem*, p. 92).

Com esta vasta e consistente teorização, propõe Perelman a *lógica do preferível*, é dizer, o uso da *retórica* como técnica de persuasão na qual o objeto não é verdadeiro, mas *opinável*.

A preocupação da retórica não é a verdade, mas a *adesão do auditório* ao qual o orador dirige-se, o que faz por perceber que uma das distinções entre a retórica e a lógica formal é que para a primeira a opinião que o auditório tem do orador é sem dúvida fundamental, pois contribui para a adesão ao seu discurso. Já na lógica formal a argumentação é *coerciva* porque se desenvolve sob um sistema de deduções unívocas e invariáveis.

Por isso, a noção de contradição, da lógica, deve ser substituída, em retórica, por incompatibilidade.

A lógica dedica-se à *demonstração*, e a argumentação à *adesão* à tese apresentada, logo, a argumentação desenvolve-se conforme o auditório porque a este o orador deve adaptar-se.[142]

Para encerrar, e da melhor maneira para compreender — nas palavras do próprio Perelman:

> As razões que fundamentam as nossas decisões consistem, o mais das vezes, em opiniões que consideramos as mais prováveis, sendo, aliás, a probabilidade nessa matéria raramente suscetível de determinação quantitativa. Tais opiniões são elaboradas graças a raciocínios que não se prendem nem à evidência nem a uma lógica analítica, mas a presunções cujo exame depende de uma teoria da argumentação.[143]

1.3 Conclusões – Nossa posição

Vimos que ao longo do século XIX firmaram-se doutrinas, como a "escola da exegese", o "pandectismo", a "jurisprudência dos conceitos", entre outras, que apregoavam que a interpretação jurídica era a descoberta, a descrição seca, o revelar matemático da lei (ou da intenção que animara o legislador por ocasião da feitura da norma, ou a da que lhe era objetivamente extraível), enfim, que concebiam a possibilidade de ser utilizada a lógica formal dedutiva, isto é, a proposta de que bastaria invocar a lei (premissa maior) à qual automaticamente

---

[142] A argumentação, então, é o conjunto de técnicas discursivas que provocam ou aumentam a adesão à tese apresentada ao assentimento; assim, o tempo da exposição, por exemplo, que não tem nenhuma importância para a demonstração, torna-se primordial para a argumentação.

[143] PERELMAN, Chaïm. *Lógica jurídica*, p. 356-357.

subsume-se o fato concreto (premissa menor) para imediatamente se encontrar a decisão (conclusão). Em síntese, propunha-se a metodologia própria das ciências exatas para identificar o direito aplicável ao caso concreto.

Com alguma reação, no final daquele século e início do próximo, de teorias que objetivavam suprir a insuficiência da lógica formal, o direito tomou outro rumo: a ciência jurídica imiscuía-se e confundia-se com outros campos do saber humano, como a filosofia e a sociologia, por exemplo.

Neste contexto, advém a teoria pura do direito, de Hans Kelsen, que resgata a valorização do direito como um campo próprio das ciências do qual se deve afastar o sincretismo científico com outras áreas do conhecimento humano. Ao intérprete compete, como já anunciavam as doutrinas do século anterior, *descrever* o direito. Não uma, mas as diversas soluções que juntas apresentam a *moldura* que circunda as interpretações possíveis. O intérprete autêntico (a autoridade) deve, além de conhecer o direito, compô-lo com a sua vontade para prescrever como se interpreta a norma superior.

Assim, no âmbito da ciência jurídica tudo se opera, uma vez mais, por um silogismo dedutivo. A lógica formal das proposições jurídicas influencia a interpretação autêntica na medida em que estabelece a moldura das decisões possíveis. Mas se reconhece, ainda assim, a possibilidade de a vontade do intérprete autêntico desconsiderar todas estas opções e adotar, a seu exclusivo critério, até mesmo uma solução não prevista no interior desta moldura hermenêutica — cumpre relembrar que se a teoria pura do direito admite a *vontade* do intérprete, em aparente evolução às antigas doutrinas exegéticas ("escola da exegese", "pandectismo", "jurisprudência dos conceitos" etc.), assim o faz em favor de quem denomina de *intérprete autêntico*, e, mesmo assim, para, a nosso ver equivocadamente, conferir ilimitada liberdade à interpretação autêntica porque, como vemos, é possível à decisão externar um pensamento sequer concebido, pela ciência do direito, como uma das intelecções previstas dentro da moldura jurídica.

Neste contexto, firma-se novamente o entendimento de que a interpretação jurídica é o *conhecer*, o *descrever*, o *revelar*, o que seria mesmo alcançável pela lógica formal própria da matemática e outras ciências naturais nas quais a relação de causa e efeito é conhecida como uma lei imutável e soberana da natureza.

Potencializa-se a preocupação de identificar-se o direito como um *sistema fechado*; em última análise, como uma unidade sempre completa e coerente — é o dogma da completude que proporciona ingentes estudos que buscam sistematizar os temas das antinomias e lacunas no direito (Norberto Bobbio).

Por outro giro, junto ao direito administrativo constrói-se — como veremos mais adiante, na segunda parte deste estudo — a doutrina da discricionariedade administrativa como a margem de liberdade, de escolha, de valoração por parte do administrador. Enquanto a interpretação jurídica deveria ser a exteriorização de um processo mecânico e absolutamente infenso às impressões subjetivas do intérprete, a discricionariedade administrativa é a percepção de que a vontade do administrador compõe o próprio ato por ele externado.

Mas a ciência jurídica evolui. Desenvolvem-se, durante o século XX, inúmeras outras intelecções sobre o direito e a interpretação jurídica. A normatização dos princípios, o reconhecimento de uma "textura aberta" de certas disposições normativas (Hart), a tópica jurídica (Viehweg), e tantas outras teorias revelam, primeiro, que o intérprete não é só a autoridade, mas todos os que operam o direito, e, segundo, que o intérprete é um protagonista importante para encontrar a compreensão que se deve ter da lei para o caso concreto. Passa-se a ser comum reconhecer a *construção* do direito pelo intérprete (Dworkin), a presença de uma expressão volitiva, logo, o consequente abandono da lógica formal que é substituída por se compreender a interpretação jurídica como um *saber prudencial* (Vigo), por se perceber que a norma jurídica propriamente dita só existe depois da imprescindível atuação do intérprete porque é preciso *estimar* os valores, reconhecidos pela ordem jurídica, e os respectivos fatos sociais (Miguel Reale, Maria Helena Diniz e outros). Enfim, formulam-se teorias que admitem a *reconstrução* do sentido da norma como produto da interpretação jurídica que tem por objeto o texto normativo (Eros Roberto Grau, Cassio Scarpinella Bueno e outros).

Definitivamente, o reconhecimento da presença do intérprete — de sua *vontade*, de seu cabedal de conhecimentos, cultura, informação, formação, de seu *ser* — conduz a ciência jurídica a perceber que a interpretação jurídica realiza-se por uma *lógica do razoável* (Recaséns Siches), ou como uma *hermenêutica estrutural* (Reale), ou por um *círculo hermenêutico* (Larenz), como *exercício de interpretação construtiva* (Dworkin), com a *liberdade de criação material*, da *tópica* de Viehweg, ou ainda sob uma *nova retórica* conduzida pela *lógica do preferível* (Perelman).

Acreditamos que a gradual aceitação de que o intérprete *participa* da interpretação, expressa sua *escolha*, fez por contribuir para a indesejável utilização da palavra "discricionariedade" junto à interpretação jurídica. Por isso, estas nossas anotações sobre a interpretação jurídica são necessárias na medida em que, como veremos na segunda parte deste estudo, propomos uma redefinição de "discricionariedade administrativa" que não se confunde com "interpretação jurídica" apenas porque em ambas há a *vontade* do seu protagonista. A interpretação do direito abarca, seja pelo jurista, seja pelo juiz, legislador ou administrador, além do *conhecimento*, também a *vontade* quanto à opção por certa solução. E tal componente *psíquico* (a *vontade*, a *subjetividade*) não pode também ser denominado de "discricionariedade" ("discricionariedade judicial" etc.) sob pena de corromper a cientificidade e a compreensão da competência discricionária da função administrativa.

Particularmente, entendemos que o direito realmente não é um sistema fechado, hermético, impermeável. A interpretação jurídica não se efetiva por uma lógica formal. O direito contém valores — escolhidos e eleitos como tais pelo próprio ordenamento jurídico — que necessitam ser sopesados, ponderados, por isso é irreal tentar sustentar que não há qualquer *participação* do intérprete na composição da norma jurídica.

É certo, e assim o entendemos e fazemos questão de sublinhar, que não pode o intérprete deixar imperar, na interpretação do direito, a *sua* percepção personalíssima do justo, do correto, do equitativo, mas deve, isto sim, buscar extrair o sentido e o alcance dos valores que se encontram positivados de acordo com a consideração que a sociedade imprime a estes mesmos valores. Mas isso não significa que esta atuação do intérprete seja absolutamente mecânica, que o seu *ser* (vontade, convicções, ideologias, crenças etc.) não influencie nesta árdua tarefa de identificar, perante o senso comum, o valor que deve ser atribuído a cada bem jurídico posto em disputa. Há, e é impossível impedir, a exteriorização de um elemento *subjetivo*, do próprio intérprete, que compõe o sentido da norma jurídica — mesmo quando se busca, como realmente deve ser, identificar qual é a valoração atribuída pelo padrão médio da sociedade. Por isso, o direito decerto não é só lógico, mas igualmente retórico. A lógica é — acompanhamos Perelman — um mecanismo de argumentação da posição adotada pelo intérprete.

E a distinção entre a lógica formal e a retórica é de essência. Como observa Manuel Atienza em sua feliz análise da doutrina de Perelman, enquanto a lógica formal move-se no terreno da "necessidade", pois o raciocínio lógico-dedutivo ou demonstrativo implica que a passagem das premissas para a conclusão seja *necessária*, a argumentação move-se no campo do "plausível" uma vez que os argumentos retóricos não tratam de verdades evidentes, provas passíveis de demonstração, mas sim do "[...] caráter razoável, plausível, de uma determinada decisão ou opinião".[144]

O que nos preocupa demarcar, neste capítulo, não é qualquer nova teoria da interpretação jurídica. Ao contrário, é assinalar a evolução das teorias existentes, realçar — como acreditamos que o fizemos nos tópicos anteriores — os pensamentos que expressam a realidade da presença do intérprete na atividade hermenêutica (Recaséns Siches, Viehweg, Dworkin, Hart, Larenz, Perelman, e tantos outros). Sublinhar que o intérprete é tanto a autoridade quanto o cientista do direito, e que um e outro devem sempre considerar os valores, mas *os valores que se encontram como conteúdo do ordenamento jurídico*. Deste modo, o intérprete deve atuar sobre os textos normativos e então apresentar a norma jurídica como produto desta interpretação, tudo com o compromisso e o afã de expressar qual o peso de cada bem em conflito de acordo com o reconhecimento acolhido pela própria sociedade sujeita a esta ordem positiva (e não conforme a suscetibilidade personalíssima do próprio intérprete).

Compreendemos o direito, então, como um sistema aberto, logo, o estudo das lacunas e antinomias torna-se importante apenas enquanto se preocupa em formular argumentos de sua superação que deverão, pois, pautar-se na ponderação dos valores jurídicos em conflito, e não com a preocupação de comprometimento do próprio sistema jurídico por uma suposta crença de que a ordem jurídica deve externar, em sua estática, *absolutas* completude e coerência normativa.

Para nós, então, a interpretação jurídica realmente não ocorre pela aplicação de alguma equação matemática, e sim com a atuação do próprio intérprete, sujeita a todas as suas vicissitudes e virtudes. Uma vez mais insistimos, admitimos que o intérprete deve trabalhar com os valores encontráveis na própria ordem jurídica, e nunca em qualquer sistema meta ou extrajurídico, e que deve identificar o reconhecimento que os valores jurídicos em litígio têm para a sociedade, mas como tudo isso ocorre por ação de um ser humano (o intérprete) não há como negar a influência de sua cultura e valores próprios, não há como recusar a subjetividade que marca a convicção do intérprete sobre como deve ser entendido determinado texto normativo diante de um caso concreto.

Todas estas considerações são importantes porque, conforme cremos, permitem separar a *interpretação jurídica* da *discricionariedade administrativa* como categorias realmente diversas cujo fator de distinção

---

[144] ATIENZA, Manuel. *As razões do Direito*, p. 61.

de forma alguma é a *subjetividade* do intérprete-administrador. Da mesma maneira como acreditamos que não há que se falar em "discricionariedade judicial", pois a presença do subjetivismo é, por tudo o quanto expusemos, inerente à *interpretação jurídica*, também não é qualquer expressão volitiva que faz reconhecer na declaração do administrador a discricionariedade administrativa.

A *vontade*, a *construção* da norma jurídica (Dworkin) que só ocorre depois da atuação do intérprete (Grau, Scarpinella Bueno e outros), é fator comum a toda e qualquer interpretação jurídica, seja o intérprete o cientista do direito ou uma autoridade, e seja esta autoridade o juiz, o legislador ou o administrador.

Desta nossa posição surtirão efeitos importantes na estrutura do conceito de discricionariedade administrativa e também em temas correlatos, como os conceitos jurídicos indeterminados, pois, como veremos no capítulo seguinte, qualquer indeterminação do conceito, qualquer "textura aberta" (Hart), não implica, para nós, discricionariedade ao administrador. Cuida-se, apenas, de mera interpretação jurídica, pois, insistimos, o elemento *subjetivo* é, para nós, comum tanto na interpretação jurídica quanto na discricionariedade administrativa, portanto, não serve para distinguir estas duas categorias.

A adoção da palavra "discricionariedade" para ora tratar da interpretação jurídica (e apenas porque há a *vontade* do intérprete), ora para tratar de uma competência específica da função administrativa (a competência discricionária), apenas confunde os sentidos de classes que devem ter seus significados claros e precisos para que possam ser *úteis* ao operador do direito (conforme as lições, por nós já citadas neste capítulo, de André Gonçalves Pereira, Bartolomé A. Fiorini, Agustín Gordillo e Genaro Carrió).

Veremos a seguir que é mesmo comum a doutrina e a jurisprudência sustentarem a existência de discricionariedade pelo fato de haver em determinado comando normativo ou termos ambíguos (os conceitos jurídicos indeterminados), ou a necessidade, para expressar o sentido da norma jurídica, de uma ponderação por parte do administrador-intérprete. De uma forma ou outra, é posição prevalecente a de que a competência discricionária existe, dentre outras situações, quando há algum espaço ao *subjetivismo*, à *vontade* da Administração na *interpretação jurídica*. O que é, convém remarcar, um verdadeiro enleio de categorias absolutamente distintas. A interpretação jurídica não se imbrica, não frequenta a discricionariedade administrativa, e vice-versa.

O equívoco reside, como expusemos, ao se admitir como pressuposto inabalável da interpretação jurídica que não há, junto ao intérprete, qualquer expressão *volitiva* no ato de interpretar, como se o seu *gênio* apenas pudesse expressar-se se o caso fosse de discricionariedade, mas nunca como um componente ínsito à própria atividade de interpretação seja lá quem for o intérprete (jurista, juiz, legislador ou administrador).[145] Encerramos, pois, com a admissão de que a *participação* (*subjetivismo, vontade*) do intérprete está presente em toda e qualquer interpretação jurídica do jurista ou das autoridades estatais (juiz, legislador e administrador). Entendemos que o intérprete, convicto sobre determinada solução a ser adotada,[146] o que ocorre após se empenhar em identificar, de acordo com o senso comum (e não personalíssimo), quais os valores, no caso concreto, dos bens jurídicos encontrados no texto normativo, o intérprete, dizíamos, formula seus argumentos para sustentar sua posição e convencer o auditório a respeito dela. E isso não é — e insistimos ao remate — "discricionariedade", pois é próprio da *interpretação jurídica* realizar-se de modo *tópico*, pela *lógica do razoável*, pela *lógica do preferível*, comuns ao cientista do direito, ao juiz, ao legislador e também ao administrador, e que, como não poderia ser de outra forma, pressupõem a *participação da vontade* do intérprete.

---

[145] Não negamos que o advogado, ao defender uma causa, e as pessoas em geral, ao firmarem contratos entre si, também interpretam o texto normativo. Mas o fazem ao sabor do interesse que buscam, o que legitima a adoção de interpretações diferentes, sobre o mesmo texto normativo, em situações fáticas idênticas. Aí sim nos parece pertinente a lição de Kelsen ao dizer que o advogado, enquanto tal, não realiza propriamente uma função *jurídico-científica*, mas sim *jurídico-política*. Não é nenhuma crítica a esse modo de agir, ao contrário, apenas o reconhecimento de seu *papel social*. O jurista, enquanto tal, atuará sobre o texto normativo de modo a pronunciar o que compreende ser *a* solução correta, mas ao advogado é comum — e é por isso que sua função não é científica — que defenda pontos de vista completamente diferentes para casos concretos iguais, tudo a depender da posição que patrocina.

[146] E para tanto o intérprete valer-se-á de recursos como a interpretação gramatical, lógica, sistemática, teleológica, de argumentos *a fortiori* etc., enfim, de técnicas cuja importância não desconsideramos, mas apenas não as consideramos como próprias de qualquer sistema lógico formal, e sim como instrumentos de argumentação dialética em busca da convicção sobre a solução a ser adotada ao caso concreto.

2

CONCEITOS JURÍDICOS INDETERMINADOS
UMA QUESTÃO DE INTERPRETAÇÃO JURÍDICA

Introdução

Neste capítulo, aspiramos traçar a multiplicidade das noções de *conceitos jurídicos indeterminados*[147] nas doutrinas dos países que mais se dedicaram ao tema, e com isso expor, ao final (2.2), o paralelo que acreditamos haver com a evolução histórica das teorias da interpretação jurídica — por nós resumida no capítulo precedente — de modo a que possamos, à guisa de conclusão à primeira parte deste estudo, demonstrar que as teorias que propõem a interpretação jurídica como uma atividade que visa o *conhecer*, o *descrever*, o *demonstrar*, o *revelar* o direito, isenta de toda e qualquer *vontade* do seu operador, influenciaram, e continuam a influenciar, as doutrinas administrativistas que defendem que os conceitos jurídicos indeterminados ensejam, ou podem ensejar, a competência discricionária — e ao afirmarmos que *continuam a influenciar* pretendemos, como oportunamente veremos, demonstrar o equívoco que cremos existir nesta orientação.

Não por coincidência, veremos que foi ainda no século XIX, marcado pela influência da "escola da exegese", do "pandectismo", da "jurisprudência dos conceitos", entre outras correntes, que se constroem

---

[147] Cumpre lembrar a lição de Tercio Sampaio Ferraz Jr. que nos ensina que os símbolos, isoladamente, nada significam, mas o que confere significação é o seu uso, e uma língua admite diversos usos para os símbolos, e a maioria dos símbolos é "semanticamente vaga e ambígua", isto é, um símbolo é vago quando o seu campo de referência é indefinido (*Introdução ao estudo do Direito*, p. 258). Afirma o autor: "[...] quando definimos o campo dos objetos que o símbolo 'denota', temos uma definição 'denotativa' ou definição pela 'extensão' [...]" (*Ibidem*, p. 259); "um símbolo é ambíguo quando é possível usá-lo manifestando qualidades diversas, e quando definimos seu sentido e delimitamos suas qualidades temos uma definição 'conotativa'" (*Ibidem*, p. 259).

as primeiras formulações sobre os *conceitos vagos* como palavras e termos cuja indeterminação dos significados implica a possibilidade de incidir a *vontade* do intérprete e, sendo ele um administrador público, haveria, por isso, o *poder discricionário.*

Durante a primeira metade do século XX, com a sólida definição da ciência jurídica por Kelsen e a idealização do direito como suficiente em sua estruturação formal, como um *sistema fechado,* uma unidade sempre completa, acabada e coerente, sob o *dogma da completude* que ressuma também na doutrina de Bobbio, as teorias dos conceitos jurídicos indeterminados desenvolvem-se ainda mais, mas sempre se orientando por identificar a estrutura do conceito vago porque é em razão de sua especial conformação que haveria espaço à *vontade* do intérprete — como se diante dos conceitos *determinados* não houvesse este elemento volitivo —, e por esta operação, isto é, pela preocupação em identificar a *zona de incerteza* que supostamente confere uma *margem de livre apreciação* à Administração Pública, externar-se-ia, então, a *discricionariedade administrativa.* É a concepção da estrutura normativa sob o enfoque exclusivamente lógico-formal. O estudo da norma, ou do ordenamento jurídico, restringe-se à *forma.* Os valores, os fatos, a respectiva ponderação e interação são estranhos ao cientista do direito.

A teoria geral do direito, sem dúvida, é o instrumental que, consciente ou inconscientemente, inspira, influencia, formata o pensamento do cientista do direito, e seja qual for o âmbito de sua atuação, o direito processual, civil, penal, constitucional, administrativo ou qualquer outro ramo, a estrutura do pensamento para explicar o fenômeno jurídico é erigida de acordo com estas premissas que informaram e formaram a base do conhecimento jurídico do operador do direito — seja ele o doutrinador, advogado, juiz ou promotor.

Sem incorrermos na falha de muito anteciparmos para a introdução o que a seguir, nos próximos tópicos, anotaremos, resta apenas sublinhar, para melhor acurar a análise crítica do leitor sobre as doutrinas que serão expostas a respeito dos conceitos jurídicos indeterminados, que também não por acaso as primeiras construções doutrinárias sólidas a sustentarem a absoluta separação dos conceitos jurídicos indeterminados da noção de competência discricionária, propugnando que os conceitos indeterminados são sempre uma questão de interpretação jurídica, são ideias que se emparelharam com os esforços envidados pela *teoria geral do direito* para sustentar junto à interpretação jurídica o reconhecimento de uma *textura aberta* das disposições normativas (Hart), a necessidade de solucionar o conflito pela análise de *topoi* (Viehweg), a insuperável *construção* do direito pelo intérprete (Dworkin), a *lógica* do *razoável* (Recaséns Siches), a *hermenêutica estrutural* (Reale), o *círculo hermenêutico* (Larenz), a *lógica do preferível*, é dizer, o direito como *retórica* que reconhece ser equivocada a busca pela "demonstração", pela prova testada das ciências matemáticas e naturais como o único modelo de um conhecimento válido, pois as provas dedutivas e indutivas, da lógica tradicional, são insuficientes, e por isso é necessário ampliar o sentido da palavra "prova" para açambarcar os procedimentos dialéticos, argumentativos, que edificam e são, em realidade, o cerne da convicção (Perelman).

Decerto, é da *teoria geral do direito* que, consciente ou inconscientemente, o operador do direito formula suas concepções a respeito dos temas jurídicos sobre os quais se debruça para conhecer. Com a reformulação dos paradigmas, a partir da segunda metade do século XX, pela teoria geral do direito — a respeito da noção de *interpretação jurídica* — reverberam-se junto ao direito administrativo as novéis leituras sobre os *conceitos jurídicos indeterminados*.

A seguir, tencionamos expor a evolução da intelecção da noção de conceito jurídico indeterminado com a sugestão ao leitor de não deixar ao largo as considerações feitas no capítulo 1 e brevemente reforçadas nesta introdução. O que esperamos é que após as linhas até então lançadas a leitura que se seguirá não se desprenda da intuitiva crítica que naturalmente deve emergir. De toda sorte, ao término da exposição do pensamento de alguns doutrinadores buscaremos apresentar, em conclusão (2.2), a nossa apreciação crítica às propostas existentes, o que o faremos ponderando o que se concebia e sustentava-se, junto à *teoria geral do direito*, como noção de *interpretação jurídica*. Só assim, com o cotejo de tudo quanto foi exposto no capítulo 1 com o que a seguir será apresentado, é que poderemos esclarecer a nossa conclusão: a de que não é a *vontade* do intérprete o ponto fulcral a distinguir *interpretação* e *discricionariedade administrativa* — o que, em última análise, permitirá defendermos que os *conceitos jurídicos indeterminados* encontram-se sob o pálio da interpretação jurídica, e não da discricionariedade.

Ao remate da introdução deste capítulo, tal como anunciamos na introdução a este trabalho, convém repetir: tamanho é o enleio que se apresenta na doutrina e jurisprudência sobre as noções de *interpretação jurídica, conceitos jurídicos indeterminados* e *discricionariedade administrativa* que será inevitável, apesar de este capítulo ter por mote os conceitos jurídicos indeterminados, fazer menção à discricionariedade administrativa. Como a partir de agora veremos, muitas são as construções doutrinárias que cuidam, por exemplo, do conceito jurídico indeterminado relacionando-o *necessariamente* com a discricionariedade, e vice-versa. Por isso, o desejável corte metodológico de isolamento do *conceito jurídico indeterminado* da *discricionariedade administrativa* só será possível em nossa conclusão, em razão da posição por nós adotada.

Na mesma toada, e como também adiantamos na introdução, ao nos empenharmos em definir os conceitos jurídicos indeterminados necessariamente ressumarão os contornos — os limites e o alcance — do respectivo controle judicial.

2.1 Os conceitos jurídicos indeterminados

Passaremos, então, a desenvolver nos próximos tópicos a evolução histórica da noção de conceito jurídico indeterminado em cada país elencado, e o faremos não apenas com a exposição do pensamento de algum cientista nativo ou radicado, mas ainda, em alguns casos, apresentando a análise crítica que outros juristas, de origens diferentes às do país em análise, concebem a respeito, e deste modo agiremos com o fito de enriquecer a compreensão do tema com a crítica de quem não se encontra influenciado pelo mesmo ambiente ou momento histórico.

2.1.1 Em Portugal

Um dos expoentes do tema em Portugal foi Afonso Rodrigues Queiró[148] cuja doutrina propõe reconhecer que há duas espécies de conceitos, os *teoréticos*, que não ensejam discricionariedade, e os *não teoréticos* (ou *de puro valor*) que, por sua vez, podem ser ou *práticos* ou *estritamente práticos* (ou *estéticos*), mas de todo modo são os *não teoréticos* que franqueiam o poder discricionário. Diz Queiró[149] que a norma dirige-se a dois mundos: no mundo do ser, do que denomina de realidade empírica, da causa e efeito, da lógica ôntica, há conceitos extrajurídicos como os da matemática, os das leis naturais, e estes são os conceitos *teoréticos* dos quais o poder da Administração é vinculado, pois é o mundo da realidade empírica; o outro mundo é o do dever-ser no qual rege a imputação (e não a relação causal), é o denominado mundo da razão prática, e neste se encontram os conceitos não teoréticos que permitem a presença da discricionariedade.

Esta doutrina é exemplo do que desde a introdução deste trabalho procuramos também evidenciar, que muitas construções

---

[148] *Estudos de Direito Público*, p. 112 *et seq.*
[149] *Ibidem*, p. 139.

doutrinárias associam os conceitos jurídicos indeterminados com a discricionariedade em tal intensidade que passam a confundirem-se os institutos. Em Queiró, conceito jurídico indeterminado é sinônimo de discricionariedade.

Como ainda veremos no tópico sobre a Alemanha e a Áustria, Jellinek também imbrica a discricionariedade com os conceitos indeterminados, mas o faz de modo mais restritivo para reconhecê-la apenas com os conceitos *estritamente práticos* (ou *de experiência*), como ocorre com os conceitos de valor e não valor (bom e mau), mas para Afonso Rodrigues Queiró[150] todos os conceitos não teoréticos (práticos ou de valor) ensejam a discricionariedade.

Sem dúvida alguma, é a *lei*, para Queiró, que determina a discricionariedade, mas o é por meio dos conceitos indeterminados, os conceitos não teoréticos. Como bem analisa Dinorá Adelaide Musetti Grotti,[151] para Queiró é a lei que, ao atribuir uma função a um órgão, refere-se a fatos que ou dizem respeito ao mundo da natureza (da causalidade) ou da cultura (do valor). No primeiro caso, utiliza conceitos unissignificativos cuja interpretação conduz a uma única solução, são os conceitos *teoréticos*, e não há qualquer discricionariedade, mas só interpretação. No segundo, no mundo da razão prática e da sensibilidade (da cultura e do valor), vale-se a lei de conceitos plurissignificativos, conceitos *práticos*, *não teoréticos*, e então há discricionariedade. Em suma, se a lei apresenta conceitos teoréticos, unissignificativos, há vinculação, mas se são conceitos práticos, por serem plurissignificativos, há discricionariedade.

Todavia, enquanto em um primeiro e vasto estudo[152] o autor sustenta esta posição que até então expusemos — em síntese, a de que a discricionariedade está nos conceitos não teoréticos —, posteriormente, em outro trabalho, o jurista[153] sustenta que a discricionariedade não se confunde com os conceitos jurídicos indeterminados. A partir de então, e sem esclarecer a mudança de entendimento, passa a sustentar que enquanto a Administração exerce um poder discricionário atua por normas não jurídicas ou de boa-administração, normas técnicas fornecidas pelas ciências administrativas, portanto quando interpreta

---

[150] *Estudos de Direito Público*, p. 118, 147.
[151] Conceitos jurídicos indeterminados e discricionariedade administrativa. *Atualidades jurídicas*, p. 126-128.
[152] QUEIRÓ, Afonso Rodrigues. *Estudos de Direito Público*, *passim*.
[153] QUEIRÓ, Afonso Rodrigues. *Revista de Direito Administrativo*, n. 97, *passim*.

conceitos indeterminados o administrador procede como jurista, mas quando exerce um poder discricionário procede como um técnico.[154] Outro nome fundamental do direito português é o de António Francisco de Sousa. Para ele, a discricionariedade decorre da lei, e não de conceitos jurídicos indeterminados. Propugna o autor[155] a atuação do juiz de modo a "[...] clarificar o conteúdo e o alcance dos 'conceitos jurídicos indeterminados' [...]".[156] Com isso, recusa peremptoriamente as figuras da "margem de apreciação", "discricionariedade técnica" e "discricionariedade imprópria".[157] Afirma que os conceitos jurídicos indeterminados relacionam-se com a atividade *vinculada* da Administração e por isso se sujeitam ao pleno controle judicial.

Com essas posições antagônicas, de Queiró, de um lado (ao menos em seu primeiro período), e de António Francisco de Sousa, de outro, convém relacionar o panorama de Maria Teresa de Melo Ribeiro,[158] jurista portuguesa, que informa que se encontram entre os autores de seu país que defendem a impossibilidade de conceitos jurídicos indeterminados proporcionarem a discricionariedade André Gonçalves Pereira, Marcello Caetano, Freitas do Amaral e Esteves de Oliveira, e entre os que admitem a relação dos conceitos indeterminados com a discricionariedade, Sérvulo Correia e Vieira de Andrade.

Na atualidade, consignamos o entendimento dos professores da Universidade de Coimbra, José Eduardo Figueiredo Dias e Fernanda Paula Oliveira,[159] para quem os conceitos jurídicos indeterminados podem provocar a discricionariedade, e o farão se forem conceitos imprecisos que não dizem respeito a uma classe de situações que podem ser individualizadas, mas a "[...] um tipo difuso de situações da vida e não podem, portanto, ser preenchidos em sede de interpretação jurídica, remetendo a Administração para juízos de valor da sua própria responsabilidade. Exemplo: 'interesse público', 'publicações perigosas para a juventude' [...]". Associam, estes autores, a discricionariedade aos conceitos jurídicos indeterminados nos seguintes casos: *a)* conceitos de valor de juízos sobre as aptidões pessoais ou em avaliações técnicas especializadas, como "jurista de reconhecido mérito", "aptidão agrícola" etc.; *b)* situações com elementos de prognose, como "justo receio de

---

[154] *Ibidem*, p. 3.

[155] SOUSA, António Francisco de. *Conceitos indeterminados no Direito Administrativo*, p. 238-239.

[156] *Ibidem*, p. 238-239.

[157] Enfrentamos estas questões na segunda parte do nosso estudo.

[158] *O princípio da imparcialidade da Administração Pública*, p. 251-252.

[159] *Noções fundamentais de direito administrativo*, p. 109 *et seq.*

ser perseguido", "perigo para o trânsito" e outras; *c)* na ponderação de interesses públicos ou privados complexos; d) em decisões com consequências políticas.

2.1.2 Na Itália

Renato Alessi[160] assevera que é a determinação do *interesse público* que legitima a potestade, e o interesse público pode ser ou *preciso* ou *não preciso (impreciso)*. Será preciso, o que equivale a dizer vinculado, com a indicação das condições de fato das quais basta a sua verificação. E será impreciso, e então discricionário, em uma das seguintes hipóteses: *a)* diante das condições de fato quando há a valoração da oportunidade de decidir; *b)* diante das condições de fato de que dependem de comprovação com a sua valoração; *c)* diante de uma especial natureza do interesse público; *d)* diante da simples referência ao interesse público que se encontra implícito.

Percebemos, pois, que para o autor o conceito impreciso, nestas circunstâncias, é causa da competência discricionária. E o é sobretudo porque há a *vontade* do agente — em decorrência da *valoração* do interesse público —, o que revela o alinhamento do pensamento deste renomado administrativista às contemporâneas doutrinas da teoria geral do direito (da primeira metade do século XX) sobre a interpretação jurídica.[161]

Mas em geral, conforme Maria Sylvia Zanella Di Pietro[162] chama-nos a atenção, na Itália os conceitos jurídicos indeterminados são aferidos pela distinção que a doutrina propõe entre discricionariedade administrativa e discricionariedade técnica. E como teremos oportunidade de nos dedicarmos com mais vagar ao tema — à suposta "discricionariedade técnica" —, adiaremos para breve a compreensão do assunto (6).

2.1.3 Na Áustria e na Alemanha

O jurista português António Francisco de Sousa, há pouco citado, empreende uma profunda análise sobre o desenvolvimento dos conceitos jurídicos indeterminados na Áustria e na Alemanha. Ensina-nos o autor[163] que a doutrina dos conceitos jurídicos indeterminados surgiu na Áustria,

---

[160] *Instituciones de derecho administrativo*, p. 187-188.

[161] Ver capítulo 1.

[162] *Discricionariedade administrativa na Constituição de 1988*, p. 112 *et seq.*

[163] SOUSA, António Francisco de. Os "conceitos legais indeterminados" no Direito Administrativo alemão. *Revista de Direito Administrativo*, n. 166, p. 277 *et seq.*

no século XIX, com a intenção de saber-se se estes conceitos seriam, ou não, passíveis de controle pelos Tribunais Administrativos. E Bernatzik, em uma obra publicada em 1886, sustentou que por um "complicado processo interpretativo em cadeia", ao qual denominou de "discricionariedade técnica", haveria o que alcunhou de *teoria da duplicidade*.[164] Esta teoria sustenta a aplicação do direito como uma atividade de "puro silogismo", logo, diante da ausência de critérios seguros de interpretação, diante deste "complicado processo interpretativo em cadeia" provocado pelos conceitos jurídicos indeterminados, considerou Bernatzik que os conceitos vagos atribuem discricionariedade — e esta sua posição foi acolhida, à época, pelo Supremo Tribunal Administrativo austríaco.

Vemos que eclode a teoria dos conceitos jurídicos indeterminados, com Bernatzik, sob absoluta influência da linha apregoada pela Escola da Exegese e outras similares que, como vimos no capítulo precedente, defendiam a atuação do juiz como a "boca da lei", como quem deve operar o processo de interpretação e aplicação sob o jugo de um procedimento mecânico, predominantemente literal, do direito posto.

Em oposição — prossegue António Francisco de Sousa —, Tezner[165] defendia que os "conceitos discricionários" são "inimigos" do Estado de Direito, e a diferença entre conceitos jurídicos indeterminados e os determinados é apenas uma "diferença do grau de insegurança da palavra". Sendo a distinção de grau, e não de qualidade, então os conceitos imprecisos são passíveis de controle pelo Judiciário. Esta formulação teórica é também conhecida por *teoria da unicidade*[166] uma vez que os conceitos jurídicos indeterminados conduzem a uma única solução certa.

Maria Sylvia Zanella Di Pietro[167] refere-se a Tezner para quem todos os conceitos que se encontram na lei são jurídicos ainda que se remetam a dados da experiência ou de outras ciências, e por isso a interpretação é sempre jurídica. Por conseguinte, cabe ao Judiciário, para proteger os *direitos individuais* dos administrados, proceder

---

[164] Ou *teoria da multivalência*, consoante Germana de Oliveira Moraes (*Controle jurisdicional da Administração Pública*, p. 71-72).

[165] Segundo Regina Helena Costa, o trabalho de Tezner foi publicado em 1888, apenas dois anos após o trabalho de Bernatzik (Conceitos jurídicos indeterminados e discricionariedade administrativa. *Revista da Procuradoria Geral do Estado de São Paulo*, n. 29, p. 91).

[166] Ou *teoria da univocidade*, conforme Germana de Oliveira Moraes (*Controle jurisdicional da Administração Pública*, p. 72).

[167] *Discricionariedade administrativa na Constituição de 1988*, p. 101 *et seq.*

ao controle.[168] O controle só não existe, e então se deve admitir a discricionariedade, quando não se cuidar de um direito individual. A ótica de Tezner — sobre existir, ou não, o controle judicial — gravita em torno dos direitos individuais: se houver direitos individuais, há o controle mesmo que a lei utilize conceitos jurídicos indeterminados, se não houver, não haverá o controle porque será o caso de reconhecer a discricionariedade. Neste sentido, é a doutrina de Bühler. Segundo Maria Sylvia Zanella Di Pietro,[169] Bühler distingue *normas protetoras de direitos individuais* das *normas protetoras do interesse público*, as primeiras são vinculantes, não há conveniência e oportunidade à Administração Pública, e os conceitos jurídicos indeterminados sujeitam-se apenas à interpretação, o que permite o controle judicial. A discricionariedade, para Bühler, existe apenas em lei de "eficácia interna", e não em norma dirigida aos particulares.

Com efeito, António Francisco de Sousa prossegue sua explanação para afirmar que Bühler apoiou-se em Tezner e sustentou que por serem os conceitos vagos verdadeiros conceitos jurídicos há, por isso, uma vinculação à lei, assim, o intérprete deve orientar-se de acordo com a opinião comum. Acompanharam-nos, ainda, Scheuner e Jöhr.

Já para Jellinek, de acordo com o autor,[170] nem toda indeterminação representa uma "livre discricionariedade", pois apesar de todo conceito legal indeterminado ser *pluridimensional,* nem toda pluridimensionalidade é desejada por lei. Apenas a pluridimensionalidade querida por lei é apta a conferir discricionariedade. Deste modo, na doutrina de Jellinek, é a *lei* que decide pela unidimensionalidade ou pluridimensionalidade de um conceito legal indeterminado, e neste último caso deve *desejar* que nesta pluridimensionalidade haja a discricionariedade, o que mais facilmente ocorre quando são utilizados conceitos de *valor.*

E, de modo semelhante, também Forsthoff defendeu a *teoria da duplicidade* com a compreensão de que em todo conceito de valor

---

[168] Neste sentido, é precisa a avaliação de Fernando Sainz Moreno ao comentar Tezner e realçar que, em sua doutrina, só existe discricionariedade em "matérias puramente administrativas" nas quais não se atingem direitos subjetivos (*Conceptos jurídicos, interpretación y discrecionalidad administrativa*, p. 229 *et seq.*).

[169] *Discricionariedade administrativa na Constituição de 1988*, p. 102-103.

[170] Os "conceitos legais indeterminados" no direito administrativo alemão. *Revista de Direito Administrativo*, n. 166, p. 277 *et seq.* Mariano Bacigalupo acredita que a obra mais consistente sobre os conceitos jurídicos indeterminados foi a de Jellinek, em 1913, segundo o qual o conceito apresenta esferas de certezas positiva e negativa e a esfera da "dúvida possível" (*La discrecionalidad administrativa*, p. 194-195).

encontra-se um conceito discricionário. Sobre Forsthoff, Maria Sylvia Zanella Di Pietro[171] esclarece que o autor diferencia os conceitos de *valor* dos conceitos *empíricos*, aqueles discricionários, independentemente da pluridimensionalidade, e estes vinculados.

Para Laun[172] os conceitos legais indeterminados permitem o exercício de uma "discricionariedade vinculada" porque a apreciação feita pelo administrador apresenta um "espaço livre", mas sempre sob a vontade da lei, e seria a mesma lei a determinar se um conceito legal é um "conceito de direito" ou um "conceito discricionário". Em análise da doutrina de Laun, outros juristas lusitanos, José Eduardo Figueiredo Dias e Fernanda Paula Oliveira,[173] afirmam que em sua teoria da discricionariedade sempre que houver conceitos jurídicos indeterminados haverá discricionariedade e o controle judicial será impossível. É que Laun, influenciado por Jellinek, Otto Mayer e Fleiner, consoante análise de Maria Sylvia Zanella Di Pietro,[174] sustenta que apenas quando a lei conferir à Administração a escolha do *fim imediato* é que haverá discricionariedade, e nas outras ocasiões, mesmo com conceitos jurídicos indeterminados, não há que falar em discricionariedade. Como observa com percuciência Dinorá Adelaide Musetti Grotti,[175] se para Laun o poder discricionário só existe quando a lei deixa à Administração a determinação do fim imediato a atingir, então há, para ele, conceitos vinculantes (categóricos) e conceitos que ensejam duas ou mais alternativas (disjuntivos), e será o exame da *finalidade da lei* que revelará se a norma é categórica ou disjuntiva: se for possível perceber o fim almejado pela lei, a norma é categórica, mas se o fim for intencionalmente omisso pela norma jurídica, tratar-se-á de norma disjuntiva e a escolha competirá à Administração.

Sempre, e uma vez mais, notamos então que é a ideia da *composição* da norma jurídica com a *vontade* do intérprete, como se esta operação ocorresse apenas em alguns casos (quando os conceitos são imprecisos), é que impulsiona os pensamentos que associam os conceitos indeterminados com a discricionariedade. É assim, como percebemos, em Jellinek, Forsthoff e Laun, e assim o é porque deste modo prevalecia

---

[171] *Discricionariedade administrativa na Constituição de 1988*, p. 105.

[172] Conforme António Francisco de Sousa em Os "conceitos legais indeterminados" no direito administrativo alemão. *Revista de Direito Administrativo*, n. 166, p. 277 *et seq*.

[173] *Noções fundamentais de Direito Administrativo*, p. 106 *et seq*.

[174] *Discricionariedade administrativa na Constituição de 1988*, p. 103.

[175] Conceitos jurídicos indeterminados e discricionariedade administrativa. *Atualidades jurídicas*, p. 112 *et seq*.

o entendimento na *teoria geral do direito* sobre o papel da interpretação jurídica.

De fundamental importância por sua influência junto ao pensamento contemporâneo, como bem observa Germana de Oliveira Moraes,[176] foi Bertrand Russel que, em 1923, divulgou, pela primeira vez, a ideia de que o conceito jurídico indeterminado apresentaria uma *zona de certeza positiva* na qual não há dúvida sobre o que o conceito significa, uma *zona de certeza negativa* a respeito do que não representa o conceito, e uma *zona intermediária ou de penumbra* que caracteriza a sua fluidez.

Em Karl Engisch, ainda de acordo com Germana Moraes,[177] os conceitos são ou descritivos (empíricos) ou normativos, os primeiros se remetem a objetos reais, percebidos pelos sentidos, e os segundos podem ser ou os que não são percebidos pelos sentidos e somente com a norma é que são compreensíveis, como exemplo são as palavras "casamento", "parentesco", entre outras, ou os que demandam um "preenchimento valorativo", como "indigno", "pornográfico" e outros.

Mas de expressiva aceitação e influência por todo o orbe foi a doutrina de Otto Bachof que, conforme António Francisco de Sousa,[178] defendeu a existência, junto aos conceitos jurídicos indeterminados, de uma *margem de livre apreciação* (ou *prerrogativa de estimativa*) segundo a qual o conceito vago atribui um espaço à autoridade administrativa, mas este "espaço de livre apreciação" não é característica comum a todos conceitos jurídicos indeterminados, mas depende de que a lei *expressamente* o confira. É o que também nos ensina Almiro do Couto e Silva[179] ao acrescentar que Bachof, em 1955, ao criar esta *teoria da área de apreciação* assegura, por meio dos conceitos jurídicos indeterminados, a possibilidade de um espaço isento à revisão judicial, e parecida com esta doutrina formularam-se as teorias das *soluções sustentáveis*,[180] de Ule, e da *prerrogativa de avaliação*, de Wolff.[181]

---

[176] *Controle jurisdicional da Administração Pública*, p. 64.

[177] *Ibidem*, p. 67.

[178] Os "conceitos legais indeterminados" no direito administrativo alemão. *Revista de Direito Administrativo*, n. 166, p. 277 *et seq.*

[179] Correção de prova de concurso público e controle jurisdicional. In: WAGNER JÚNIOR, Luiz Guilherme da Costa. *Estudos em homenagem ao Professor Adilson Abreu Dallari*, p. 22.

[180] Ou *teoria da defensabilidade,* segundo José Eduardo Figueiredo Dias e Fernanda Paula Oliveira (*Noções fundamentais de direito administrativo*, p. 106 *et seq.*).

[181] Estas três teorias são reunidas por Hartmut Maurer sob a expressão "espaço de apreciação" (*Direito Administrativo geral*, p. 150 *et seq.*).

Incontrastavelmente, nas lições de Bachof, Ule e Wolff, recorre-se à ideia de a indeterminação de um conceito jurídico demandar o seu *preenchimento* pelo agente, e pelo pressuposto — a nosso ver equivocado — de que o mesmo não ocorre com conceitos menos vagos, é que se apresenta o flanco para imbricar a interpretação com a discricionariedade administrativa.

Esclarece António Francisco de Sousa[182] que, tal como para Jellinek, também para Bachof não há *a priori* uma categoria de conceitos indeterminados que assegure, por si só, um "espaço de livre apreciação". Na aplicação do direito, para Jellinek e Bachof, deve-se avaliar se a lei quer ou não conferir um "espaço de livre apreciação". De acordo com a distinção que Bachof faz entre interpretação e aplicação dos conceitos jurídicos indeterminados, a primeira, a interpretação, é a apreciação real dos fatos, e por isso se torna controlável pelos tribunais, mas a subsunção dos fatos a certo conceito indeterminado — o que ele denomina de aplicação — depende de a lei ter atribuído, ou não, à autoridade administrativa um "espaço de livre apreciação".

Notemos que é mesmo a ideia de *valoração* do conceito que conduz Bachof e Jellinek a associarem a discricionariedade aos conceitos jurídicos indeterminados. E isso por não encontrarem solução suficientemente clara junto à *lógica formal* para o reconhecimento de *valores* dentro do sistema jurídico — lógica esta que animou a teoria geral do direito no âmbito da interpretação jurídica na primeira metade do século XX.

Na doutrina de Ule, como leciona António Francisco de Sousa,[183] elabora-se a *teoria da representatividade* conforme a qual o "espaço de livre apreciação" não depende da vontade da lei, mas da natureza de certos conceitos. Por esta proposta, diferem os "conceitos fáticos" dos "conceitos normativos ou de valor", pois apesar de ambos serem conceitos indeterminados, os últimos contêm uma "subjetividade típica da sentença" e por isso a apreciação da autoridade administrativa "[...] deve ser tomada como a única apreciação adequada da situação de fato".

Mas anota o jurista lusitano que Klein, crítico de Ule, sustenta o contrário: as várias soluções possíveis dependem, sim, da vontade da lei, e não há sentido em distinguir conceitos de valor dos conceitos fáticos porque todos os conceitos jurídicos, sejam fáticos ou normativos, apresentam valores como uma "qualidade normativa", e com isso Klein

---

[182] Os "conceitos legais indeterminados" no direito administrativo alemão. *Revista de Direito Administrativo*, n. 166, p. 277 *et seq.*

[183] Os "conceitos legais indeterminados" no direito administrativo alemão. *Revista de Direito Administrativo*, n. 166, p. 277 *et seq.*

também rechaça a teoria do "espaço de livre conduta", de Bachof, como uma pluralidade que se refere a um "ser" ou a um "existir" porque entende ser uma contradição aceitar que alguns conceitos jurídicos indeterminados possam ser controlados judicialmente e outros não. Precisamente sobre a teoria de Bachof, o próprio António Francisco de Sousa[184] entende que há em sua formulação um ponto positivo e uma contradição. O ponto positivo é a sustentação da ideia de que a distinção dos conceitos em de experiência e de valor não conduz, por si, a uma "margem de livre apreciação", pois o que a determina é a *vontade da lei*. Mas há uma contradição porque embora Bachof afirme que só há o "espaço de livre apreciação" de acordo com a lei, por outro lado diz também que este "espaço livre" ocorre quando são usados certos conceitos que ensejam um "controle jurisdicional problemático".

A posição de Klein e a crítica a Bachof de António Francisco de Sousa servem-nos à profunda meditação. É, em parte, o que adiantamos na introdução deste capítulo, o que temos reiterado criticamente durante a exposição de diversos pensamentos, e o que retornaremos a expor, e desenvolver com mais acuro, ao final deste capítulo: por que a mera *intensidade* (e não outra qualidade) da indeterminação de um conceito, por que a incerteza do sentido, para o caso concreto, de certo *valor* previsto na norma (considerando que toda norma, como diz Klein, contém uma carga axiológica) interrompe o processo de interpretação e aplicação do direito e inicia a discricionariedade administrativa?

O espanhol Fernando Sainz Moreno[185] lembra, ainda, a doutrina de Ehmke para quem a discricionariedade não é um problema de palavras ou de conceitos, mas de "tarefa da Administração", pois a Administração não está sujeita apenas a limites uma vez que deve, de acordo com a lei, cumprir sua *missão*. Por esta elaboração teórica o tratamento proposto aos conceitos jurídicos indeterminados não depende dos conceitos em si, mas de outras circunstâncias: se se cuida de conceitos que decorrem "[...] de outras partes do ordenamento jurídico e tem um significado peculiar [...]", então o Tribunal pode apreciar o conceito; contudo, se se trata de conceitos que expressam a *missão* da Administração, então é vedado o controle judicial.

Ainda Fernando Sainz Moreno[186] refere-se à outra corrente doutrinária no direito alemão, desenvolvida no século XX, e representada,

---

[184] Os "conceitos legais indeterminados" no direito administrativo alemão. *Revista de Direito Administrativo*, n. 166, p. 277 *et seq.*

[185] *Conceptos jurídicos, interpretación y discrecionalidad administrativa*, p. 240-241.

[186] *Ibidem*, p. 242-243.

entre outros, por Erick Kaufmann, Hugo Kellner, Schmidt-Salzer, Rupp e Ossenbühl, que defendem que a "margem de livre apreciação" atenta contra o princípio da legalidade na medida em que uma situação é reconhecer — como de fato reconhecem — que o legislador pode conceder expressamente a discricionariedade à Administração, e outra é a de dizer — o que eles recusam-se a aceitar — que há uma margem à Administração para, isenta do controle dos Tribunais, preencherem-se os conceitos jurídicos indeterminados. Argumentam, estes juristas alemães, que a função de julgar compete institucionalmente aos magistrados e não há o que justifique a vinculação do Tribunal às apreciações feitas pela Administração. Tome-se como exemplo Rupp[187] que afirma que se o juiz carece de conhecimentos técnicos sobre certos conceitos de valor deve socorrer-se de um perito, mas não renunciar à sua função jurisdicional.

Por fim, cumpre anotar o destaque que Hartmut Maurer[188] faz sobre a jurisprudência alemã que, a partir do fim do século XX, com alguns precedentes eclodindo durante a década de setenta e firmando-se nos anos seguintes, tende-se a defender, em princípio, a revisão judicial dos conceitos jurídicos indeterminados, mas se persiste a ideia de que, em alguns temas, deve-se ressalvar um espaço de apreciação à Administração, o que ocorre em decisões sobre exames, apreciação da relação funcional do servidor, decisões valorativas por peritos da Administração, decisões de prognose sobre riscos, e, sobretudo, neste último caso, no que se referem aos direitos ambiental e econômico.

2.1.4   Na França

Na doutrina francesa, como anuncia em sua sensível investigação científica o espanhol Fernando Sainz Moreno,[189] o controle dos conceitos jurídicos indeterminados é abarcado por teorias que desenvolvem o controle dos *fatos*, tanto da comprovação de sua existência, como do

---

[187] Segundo Sainz Moreno, *Ibidem*, p. 248. Este último, Rupp, também é mencionado por José Eduardo Figueiredo Dias e Fernanda Paula Oliveira (*Noções fundamentais de Direito Administrativo*, p. 106 *et seq.*).

[188] *Direito administrativo geral*, p. 157. Pouco antes, conforme lembra Regina Helena Costa, a doutrina dos conceitos jurídicos indeterminados quase sumiu na Alemanha nos vinte anos que se seguiram à Segunda Guerra Mundial, e só depois o tema foi retomado (Conceitos jurídicos indeterminados e discricionariedade administrativa. *Revista da Procuradoria Geral do Estado de São Paulo*, n. 29, p. 91).

[189] *Conceptos jurídicos, interpretación y discrecionalidad administrativa*, p. 252 *et seq.*

alcance, qualificação e apreciação, e ainda por seu exame em relação aos motivos de direito.

Lembra o autor espanhol[190] a lição de Stassinopoulos que distingue as "noções jurídicas" que se referem à competência regrada das "noções indeterminadas" que ensejariam o "poder discricionário", mas o problema, para esta doutrina, não se refere à interpretação, mas ao reconhecimento de um poder discricionário. Neste mesmo sentido, constata-se que o Conselho de Estado inicialmente renegava sua competência para apreciar os casos com noções vagas, mas a partir de 1914, com o caso Gomel, passou a jurisprudência a admitir, progressivamente, a competência para julgar, com fundamento no l'*excès de pouvoir*, os *fatos* das decisões administrativas.

O aresto Gomel cuida da aplicação de uma norma urbanística segundo a qual o construtor, antes do início das obras, deveria submeter-se a certas prescrições, e dentre estas a da "conservação das perspectivas monumentais". Era preciso saber se a praça Beauvau de Paris apresentava, ou não, uma "perspectiva monumental". Para isso, o Conselho de Estado necessitava controlar o *fato* — a existência da praça — e sua qualificação — se poderia ser qualificada como "perspectiva monumental". No caso, o Conselho entendeu que era uma questão sujeita ao seu controle e concluiu que a praça "Beuvau" não formava uma "perspectiva monumental", o que levou à invalidação da licença. A legitimidade de intervenção judicial foi reconhecida porque se partia da apreciação de um *fato*.

Como se percebe, então, na França não há — como a propósito adverte Fernando Sainz Moreno[191] — uma técnica autônoma de conceito jurídico indeterminado. Os conceitos jurídicos indeterminados são controlados pelo controle dos fatos, trata-se de um controle dos *motivos* do ato, e o meio para tal aferição, normalmente, é o *recurso por excesso de poder*.

---

[190] *Conceptos jurídicos, interpretación y discrecionalidad administrativa*, p. 253-254.

[191] *Ibidem*, p. 256-257. Em igual sentido é o entendimento de Dinorá Adelaide Musetti Grotti (Conceitos jurídicos indeterminados e discricionariedade administrativa. *Atualidades Jurídicas*, p. 117 *et seq.*). Maria Sylvia Z. Di Pietro é da mesma opinião e acresce que, diante da indefinição, na França, de uma teoria sobre os conceitos jurídicos indeterminados, procede-se ao controle judicial, além do exame dos fatos e da aplicação da teoria do erro manifesto, com a invocação do princípio da proporcionalidade (*Discricionariedade administrativa na Constituição de 1988*, p. 110).

2.1.5 Na Argentina

Na Argentina, identificam-se doutrinadores que recusam a possibilidade de os conceitos jurídicos indeterminados ensejarem a discricionariedade, como é o caso de Agustín Gordillo[192] e Juan Carlos Cassagne,[193] este último que esclarece sua posição ao anotar que os conceitos jurídicos indeterminados, sejam os conceitos empíricos ou de valor, devem conduzir a uma "única solução justa" — o que reflete, como veremos no próximo tópico, o pensamento dos espanhóis Eduardo García de Enterría e Tomás-Ramón Fernández.

De outro lado, Domingo Juan Sesin[194] associa os conceitos jurídicos indeterminados à discricionariedade. Defende que o preenchimento do sentido do conceito jurídico indeterminado compete, em princípio, ou aos Tribunais ou à doutrina, mas a depender da "natureza das coisas" ou da atividade, da dificuldade de operação, é preciso reconhecer à Administração, e não ao juiz, a margem de discricionariedade para a definição do conceito. Para ele,[195] não é a indeterminação da norma que confere a discricionariedade, mas a indeterminação do fenômeno ou do fato concreto a ser subsumido. Em suma,[196] afirma que duas situações são possíveis: ou há juízos intelectivos puros e um método cognoscitivo mediante a aplicação de regras técnicas ou de experiência de universal consenso, ou há discricionariedade quando a ordem jurídica ou a natureza das coisas permite a opção entre duas ou mais alternativas igualmente válidas, pois não é a indeterminação da norma que concede a discricionariedade, insiste ele, mas a indeterminação do fenômeno ou da situação real a ser subsumida.

Para nós, e por motivos em que ainda nos estenderemos oportunamente (2.2), a concepção do tema adotada por Sesin é ainda mais frágil em sua argumentação do que as demais doutrinas que também defendem a associação de alguns conceitos jurídicos indeterminados com a discricionariedade. Em breves linhas — o que nos parece ser suficiente para este momento —, enquanto é comum se relacionar os conceitos de *valor* com a discricionariedade, pretende o autor referenciar a potestade

---

[192] *Tratado de Derecho Administrativo*: parte general, cap. X, p. 22-23.

[193] *Derecho administrativo*, v. 1, p. 236. A posição de Cassagne, no entanto, não é tão clara, pois em contradição lógica a esta assertiva chega a admitir, excepcionalmente, a possibilidade de os conceitos jurídicos indeterminados relacionarem-se com a discricionariedade — denomina, neste caso, de *discricionariedade atípica* (*Ibidem*, p. 235).

[194] *Administración pública*: actividad reglada, discrecional y técnica, p. 274 *et seq.*

[195] *Ibidem*, p. 279.

[196] *Ibidem*, p. 339.

discricionária aos próprios fatos, à realidade fenomênica. Mas não nos convence que será do mundo natural, do que diz respeito à realidade sensível, do que a todos se apresenta com a mesma extensão material, que podemos aceitar um grau de incerteza tamanho a justificar que o Judiciário renuncie à sua principal função: rever os fatos — de acordo com a ordem positiva em vigor.

Se é preciso relevar a força argumentativa dos que querem reconhecer a discricionariedade junto a conceitos de valor é porque em tais posicionamentos há, inquestionavelmente, a discussão da precisão do significado de signos que se encontram em um plano, em princípio, abstrato. Mas, ao se inverter a perspectiva — como o faz Sesin — para voltar ao elemento empírico, ao se enfatizar a sensação, a "natureza das coisas", por muito mais razão reduz-se, quando não desaparece, qualquer indeterminação conceitual, pois o universo sensível (empírico) é consideravelmente menos subjetivo do que o plano das ideias abstratas. Mesmo sem incorrer no equívoco de acreditar que a *verdade* possa ser encontrada junto ao mundo dos fatos, ainda assim é necessário reconhecer que a expressão material da realidade reduz a diversidade de leituras possíveis a respeito do objeto de análise.

2.1.6 Na Espanha

Correntes doutrinárias há, na Espanha, que aceitam que os conceitos jurídicos indeterminados comportam uma "margem de apreciação" em favor da Administração Pública, isto é, que os conceitos vagos proporcionam a discricionariedade. É o caso de Miguel Sánchez Morón[197] que defende, em tal situação, a possibilidade de um controle judicial apenas frente ao campo da "certeza negativa". Mas ao contrário da distinção que se costuma fazer entre *cognição* e *volição* — a primeira afeita à *interpretação* e a segunda à *discricionariedade* —, diz este autor que esta "margem de apreciação" possui uma natureza diferente porque não é volitiva, mas cognitiva (ou interpretativa), o que supostamente reduziria o grau de discricionariedade.

Na doutrina de Eva Desdentado Daroca[198] sustenta-se que os conceitos jurídicos indeterminados conferem à Administração Pública uma "discricionariedade jurídica" de caráter "instrumental", e que por isso são, em princípio, plenamente controláveis pelo Judiciário, mas há

---

[197] *Derecho Administrativo*, p. 94-95.

[198] *Los problemas del control judicial de la discrecionalidad técnica* (un estudio crítico de la jurisprudencia), p. 27.

certos tipos de conceitos, diz a autora, que são *conceitos jurídico-políticos* que permitiriam à Administração decidir o que parece mais conveniente ao interesse público.

Em toda similar, Mariano Bacigalupo[199] afirma que os conceitos jurídicos indeterminados não apresentam dentro de sua zona de incerteza um "parâmetro" de decisão, de tal sorte, é a própria Administração quem deve estabelecer o critério de aplicação do conceito, o que o conduz à ilação de que só se admite o controle judicial "negativo", e não um controle positivo da aplicação do conceito em sua zona de incerteza — tudo por ausência de um parâmetro discernível. Para este autor,[200] é o legislador quem gradua a intensidade de controle judicial da ação administrativa segundo a maior ou menor densidade normativa utilizada.

É verdade que Mariano Bacigalupo[201] entende que as decisões adotadas na zona de incerteza de um conceito indeterminado não são apenas operações cognitivas (lógico-dedutivas), mas produto de uma operação *volitiva* de fixação de uma condição suficiente para a aplicação ou não aplicação do conceito. O vazio semântico, ou a ausência de um significado intencional, é o que caracteriza o conceito indeterminado em sua zona de incerteza, e neste âmbito nada se interpreta, nada se reconhece, mas o que se procede é algo mais do que interpretar o conteúdo semântico, é *aperfeiçoar* ou *integrar* em aplicação um requisito imperfeito do suposto de fato normativo. O que compete à interpretação de um conceito jurídico indeterminado é estabelecer se um fenômeno encontra-se na zona de certeza, positiva ou negativa, ou, por exclusão, na zona de incerteza, e, neste último caso, encerra-se a interpretação (cognoscitiva) e inicia-se o processo de *aperfeiçoar* o conceito.

Em suma, Mariano Bacigalupo[202] acolhe a teoria segundo a qual o exercício da discricionariedade é também o aperfeiçoar do suposto de fato inacabado da norma jurídico-administrativa. Para ele,[203] "[...] tanto a aplicação de conceitos indeterminados em sua 'zona de incerteza' como o exercício da discricionariedade consistem em uma mesma tarefa (a saber: a 'perfeição' ou integração em sede aplicativa do suposto de fato — 'imperfeito' — da norma habilitante) [...]", o que torna evidente que,

---

[199] *La discrecionalidad administrativa*, p. 69-72.
[200] *Ibidem*, p. 78.
[201] *Ibidem*, p. 199-200.
[202] *La discrecionalidad administrativa*, p. 201.
[203] *Ibidem*, p. 203.

para este jurista, "[...] se concebem ambas as coisas como manifestações de um mesmo fenômeno de natureza (materialmente) 'normativa'".

Conceitos jurídicos indeterminados em sua zona de incerteza e discricionariedade, na doutrina de Bacigalupo,[204] não se diferenciam qualitativamente. Não se diferenciam do ponto de vista teórico-normativo (sua localização dentro da estrutura lógico-formal da norma jurídico-administrativa) porque tanto os conceitos jurídicos indeterminados quanto a discricionariedade gravitam em torno do *suposto de fato normativo*. Também inexistem diferenças do ponto de vista jurídico-metodológico (da teoria do conhecimento e raciocínio jurídicos) porque conceitos jurídicos indeterminados em sua zona de incerteza e o exercício da discricionariedade são operações de "integração normativa" de natureza *volitiva*, e não cognitiva.

Até então, entre os eminentes juristas espanhóis mencionados, seja com a menção a uma "margem de apreciação cognitiva" (Sánchez Morón), com a classificação de alguns conceitos como "jurídico-políticos" (Daroca), ou com a ideia de que a zona de incerteza do conceito reclama um "aperfeiçoamento" com "natureza volitiva" do suposto de fato da norma jurídica (Bacigalupo), a nosso ver todos eles podem reunir-se, apesar de cada qual reservar sua própria linguagem científica, em um grupo que, em resumo, relaciona o conceito jurídico indeterminado à discricionariedade em virtude da crença de que é o *grau* da *subjetividade*, que promove uma maior diversidade de intelecções, que caracteriza esta associação. Sempre, como até então vimos nos tópicos que se referem a outros países, é a ideia — em maior ou menor intensidade — de uma suposta cisão da *vontade* e *interpretação* que conduz à elaboração de teorias que pretendem aproximar, ou coincidir, os conceitos jurídicos indeterminados com a discricionariedade por ser inevitável, diante da indeterminação, alijar esta expressão *volitiva* do intérprete.

O que questionaremos em nossa conclusão — e apoiados em outros doutrinadores de escol — é o que até então temos, gradualmente, indagado: se não seria equivocada a premissa de que alguma interpretação, tanto de conceitos supostamente determinados, ou mesmo de conceitos vagos em suas zonas de certeza (positiva e negativa), se não seria equivocada a premissa de que há, nestes casos, o isolamento do *gênio* do intérprete.

Mas outros juristas espanhóis alinham-se em posição diametralmente oposta.

---

[204] *Ibidem*, p. 204.

É o caso de Fernando Sainz Moreno[205] que, inicialmente, observa que linguagem e pensamento são elementos inseparáveis, mas não são sinônimos. E afirma[206] que a relação entre o direito e a linguagem é uma "vinculação essencial" porque o direito não existe sem a linguagem da mesma forma que o pensamento não existe fora da linguagem. O direito apresenta uma "linguagem natural", com termos imprecisos e equívocos, porque traz regras de disciplina social e sua linguagem deve, então, ser acessível às pessoas comuns. Assim, fundamentalmente não há distinção entre a linguagem jurídica e a ordinária, mas há um "uso jurídico da linguagem ordinária", logo, a imprecisão da linguagem ordinária encontra-se na jurídica. Argumenta[207] que o específico da linguagem jurídica é que os significados dos termos — que procedem em maioria da linguagem ordinária — sofrem, ao serem incorporados ao vocabulário jurídico, certa mutação do sentido originário, e isso ocorre por duas causas: a primeira, em razão da reiterada utilização de raciocínios jurídicos, e pelas vezes e formas como conceitos coexistem e envolvem-se em seu campo de referência, e pelas próprias características das relações intersubjetivas; a segunda, porque alguns termos têm seus significados delimitados, possuem uma "definição legal". De todo modo, as palavras têm um uso limitado e o que é possível que cada palavra signifique faz prescindir todos os demais significados possíveis desta coisa.

Os conceitos, prossegue o autor,[208] são ideias expressadas por meio de palavras. O conceito é extraído da intuição, o conceito necessita de várias palavras, como "justo preço", "monumento histórico" e outras, que não são vários conceitos, mas um só conceito em cada caso, uma *unidade de significado*. Mas as palavras e os conceitos, apesar de inseparáveis, não são a mesma coisa, pois a palavra é um signo que tem por função significar algo. Anota,[209] ainda em introdução ao seu pensamento, que o significado de um termo é o que se mostra possível em referência ao signo e ao seu objeto, por isso, pela expressão "significado de um

---

[205] *Conceptos jurídicos, interpretación y discrecionalidad administrativa*, p. 25 *et seq.*

[206] *Ibidem*, p. 98-102.

[207] *Ibidem*, p. 102.

[208] Segundo Sainz Moreno "conceito" e "termo" são palavras utilizadas como sinônimos, salvo quando se quer fazer diferença entre "significado" e "significante", quando então os "conceitos", como "significados", expressam-se mediante "termos" que são os "significantes". Há entre o "significante" e a realidade objetiva um elemento intermediário que é o "significado", e aqui é que está o conceito; assim, conceito é o significado do termo (*Conceptos jurídicos, interpretación y discrecionalidad administrativa*, p. 41, 191).

[209] *Ibidem*, p. 51.

termo" tanto se pode entender o objeto designado como as condições deste e de outros objetos os quais podem ser designados por certo termo.

Para ele,[210] o que a palavra significa depende, primeiro, do próprio significado da palavra, depois, do papel da palavra em certo contexto. Em geral, o significado das palavras tem um "caráter permanente", o que decorre da função de comunicação da palavra, mas o uso ao longo do tempo altera com maior ou menor profundidade o seu significado. Quanto à palavra em um dado contexto a sua interpretação pode ensejar um resultado diferente da interpretação desta mesma palavra fora do contexto, e o contexto que determina o significado não é só o texto no qual está inserida, mas também a realidade. Mas se é certo que o contexto afeta o significado da palavra, não significa que só o contexto é que o determina, pois não seriam palavras se não apresentassem, por si, um significado próprio.

Um termo é indeterminado se não tem os limites precisos. A indeterminação explica-se "graficamente" por círculos concêntricos: o círculo interno é o da zona de certeza positiva, o que é seguro dizer sobre tal objeto,[211] e o círculo externo é o de uma certeza negativa, o que é seguro sobre não ser possível denominar por aquele termo referido. Mas entre os dois círculos há o que denomina de "zona de dúvida" ou "zona de indeterminação".

Com estas considerações, Fernando Sainz Moreno[212] defende que a interpretação de um conceito jurídico conduz a *uma solução justa* a qual o raciocínio jurídico tem por finalidade encontrá-la. E por "solução justa" quer dizer "[...] a 'solução coerente com a ideia de justiça que a norma expressa'"[213] — o princípio de só uma solução justa equivale ao princípio de uma solução verdadeira porque justo, para ele, quer dizer verdadeiro.[214]

Em investigação científica que Dinorá Adelaide Musetti Grotti[215] procede de sua teoria diz que para Sainz Moreno a discricionariedade existe quando é possível escolher entre várias decisões, e já os conceitos jurídicos indeterminados só permitem uma única decisão. A "discricionariedade pura" só ocorre quando o critério de decisão não é jurídico,

---

[210] *Ibidem*, p. 60 *et seq.*

[211] *Ibidem*, p. 70-71, 197-198.

[212] *Conceptos jurídicos, interpretación y discrecionalidad administrativa*, p. 164.

[213] *Ibidem*, p. 168.

[214] *Ibidem*, p. 170-171.

[215] Conceitos jurídicos indeterminados e discricionariedade administrativa. *Atualidades Jurídicas*, p. 122.

mas político, e por isso é que há relevância em sua doutrina a definição do que é "interesse público". Para ele, "interesse público" é um *conceito jurídico* que assume tríplice função: *a)* ser um dos critérios que orientam a interpretação e aplicação da norma; *b)* trata-se de um conceito jurídico que deve ser interpretado; e *c)* representa um elemento nuclear das decisões administrativas.

Em leitura muito próxima da que faz Sainz Moreno sobre os conceitos jurídicos indeterminados encontramos o pensamento de Eduardo García de Enterría e Tomás-Ramón Fernández.[216] Asseveram que os conceitos jurídicos indeterminados referem-se a realidades cujos limites não estão bem precisados, mas que comportam a necessária precisão por ocasião de sua aplicação. Os conceitos imprecisos, dizem os autores, podem ser de *experiência* (como "incapacidade", "força irresistível", "premeditação" etc.) ou de *valor* (são exemplos: "boa-fé", "justo preço" e outros), mas devem conduzir, em sua *aplicação*, a uma *unidade de solução justa*.

São suas as palavras que seguem:

> [...] a indeterminação do enunciado não se traduz em uma indeterminação de suas aplicações as quais só permitem uma 'unidade de solução justa' em cada caso, ao que se chega mediante uma atividade de cognição, objetiva, portanto, e não de volição.[217]

Mas é preciso compreender a amplitude da proposta destes mestres. Esta *unidade de solução justa* não significa que haja *uma* só solução, única, que se qualifique como tal, mas que em cada caso ou se reconhece a aplicação do conceito, ou que o fato não se assujeita a esta subsunção, como neste exemplo formulado por eles próprios: ou o caso concreto qualifica-se como um comportamento de "boa-fé", ou não houve a "boa-fé". Há, em última análise, uma "apreciação por juízos disjuntivos", pois não é possível algum fato ser duas coisas distintas ao mesmo tempo.

Notemos que estes autores formulam sua doutrina sob uma noção elementar e fundamental da lógica ocidental fundada por Aristóteles, o *princípio da não contradição*: se "A" é, então "A" não pode ser "não A". De outro modo: é impossível que algo seja, a um só tempo, em um mesmo átimo, idêntico e contrário a si mesmo.

---

[216] *Curso de Derecho Administrativo*, v. 1, p. 465.

[217] ENTERRÍA, Eduardo García de; FERNÁNDEZ, Tomás-Ramón. *Curso de Derecho Administrativo*, v. 1, p. 465-466.

Mas, enquanto os conceitos jurídicos indeterminados admitem apenas uma unidade de solução justa, a *potestade discricionária* permite uma pluralidade de soluções justas. Portanto, a discricionariedade é uma "liberdade de eleição entre alternativas igualmente justas", entre "indiferentes jurídicos" porque a decisão pauta-se em critérios extrajurídicos (critérios de oportunidade, econômicos etc.). Já os conceitos jurídicos indeterminados representam a interpretação e aplicação da lei, trata-se de um processo intelectivo, sem qualquer vontade do aplicador, dizem os autores.[218] E em conclusão afirmam que é por isso — porque os conceitos vagos são a interpretação e aplicação da lei — que são passíveis de amplo controle judicial.

Aceitam a ideia de que todo conceito jurídico indeterminado tem três zonas: um núcleo fixo, a *zona de certeza*, a *zona intermediária de incerteza* (o "halo do conceito"),[219] que é "mais ou menos precisa", e por fim a *zona de certeza negativa* que traduz segurança sobre a exclusão da aplicação do conceito. O que refutam os autores é a suposta *margem de apreciação* deste "halo conceitual", conforme ocorre, como vimos acima, em parte da doutrina alemã. Nesta zona de incerteza, para eles, há uma atividade puramente cognoscitiva e interpretativa e "[...] a outorga à Administração do benefício da dúvida".[220]

Expliquemos melhor este "benefício da dúvida": segundo os renomados mestres,[221] há conceitos jurídicos indeterminados que apresentam *noções de experiência*, e outros *conceitos de valor*; os primeiros são aferidos pela apreciação de fatos (como exemplo, se o edifício está, ou não, em "ruína"), e os segundos podem ou ser *técnicos* (como "impacto ambiental") ou *políticos* (como "interesse público", "utilidade pública" e tantos outros). São estes conceitos de valor que ensejam uma *presunção em favor* da Administração quanto ao "halo conceitual", o que não exclui o controle judicial, nem representa, quando o juiz invalida a decisão administrativa, uma substituição da decisão da Administração pelo Judiciário, pois apenas se identifica se a Administração passou, ou não, dos limites do conceito jurídico indeterminado; o juiz reduz a zona de incerteza conduzindo-a, no caso concreto, a uma das zonas de certeza, ou a positiva ou a negativa.

---

[218] *Ibidem*, p. 467.

[219] Almiro do Couto e Silva diz que foi Phillipp Heck quem formulou a imagem de um núcleo preciso e um halo periférico vago e nebuloso (Poder discricionário no direito administrativo brasileiro. *Revista de Direito Administrativo*, n. 179-180, p. 57 et seq.).

[220] ENTERRÍA, Eduardo García de; FERNÁNDEZ, Tomás-Ramón. *Curso de Derecho Administrativo*, v. 1, p. 468-469.

[221] *Ibidem*, p. 469-470.

Em outro estudo no qual firma sozinho a autoria, Eduardo García de Enterría[222] ratifica esta posição e acresce, em esclarecimento, que é a esta situação que se deve denominar de "margem de apreciação": há um benefício de apreciação em favor da Administração, trata-se de uma *presunção* de legitimação da interpretação desde que ocorra dentro do *halo do conceito*, mas em tudo e por tudo pode existir, se provocado o juiz, a aferição deste contexto — pois, nas palavras do mestre, por mais amplo que seja o *halo do conceito*, a análise do conceito jurídico indeterminado é sempre uma "questão jurídica". De tal sorte, a "margem de apreciação" é sempre iluminada pelo "núcleo do conceito", o que permite que se proceda invariavelmente por uma "apreciação por juízos disjuntivos".[223]

Como teremos a oportunidade de expor mais adiante, nossa posição aproxima-se muito das que são defendidas por estes últimos autores, Sainz Moreno, García de Enterría e Fernández.

Partiremos, sem dúvida, em adesão a muitas destas premissas, mas particularmente dispensaremos a associação da noção do conceito jurídico indeterminado com a necessidade da busca do "verdadeiro" (como o faz Sainz Moreno), ou com a restrição do processo de definição e aplicação do conceito ao labor intelectual exclusivamente cognitivo, sem qualquer participação da "vontade" (a exemplo do que enfatizam García de Enterría e Fernández).

2.1.7   No Brasil

Para Regina Helena Costa[224] o elemento diferenciador da discricionariedade em relação à vinculação é a *vontade* do agente aplicador da norma, só existente, para ela, na discricionariedade. E esta postura influencia a leitura que faz a autora sobre os conceitos jurídicos indeterminados. É que para ela[225] os conceitos jurídicos indeterminados podem ou não conduzir à discricionariedade. Afirma que os conceitos jurídicos indeterminados podem ser conceitos de *experiência* (ou *empíricos*) e conceitos de *valor*; no primeiro caso, após a interpretação procedida pelo administrador, o conceito torna-se preciso e não há margem à discricionariedade, mas no conceito de valor, aí existe, após a

---

[222] *Democracia, jueces y control de la administración*, p. 149-154.

[223] *Ibidem*, p. 252-255.

[224] Conceitos jurídicos indeterminados e discricionariedade administrativa. *Revista da Procuradoria Geral do Estado de São Paulo*, n. 29, p. 87.

[225] *Ibidem*, n. 29, p. 98.

CONCEITOS JURÍDICOS INDETERMINADOS: UMA QUESTÃO DE INTERPRETAÇÃO JURÍDICA | 101

interpretação, um "campo nebuloso" e a sua definição procede por uma *apreciação subjetiva* que caracterizaria a discricionariedade. De tal sorte, para a autora[226] os conceitos de *experiência* são amplamente passíveis do controle judicial, mas para os conceitos de *valor* o controle judicial "[...] é apenas um controle de contornos de limites, pois, se assim não fosse, estar-se-ia substituindo a discricionariedade administrativa pela judicial, o que é vedado pelo nosso ordenamento jurídico".

Reproduz-se na doutrina nacional, como acima vimos que às chusmas ocorre em outros países, a associação da discricionariedade com o conceito jurídico indeterminado — ainda que com uma de suas espécies, os conceitos de *valor* — em razão do aspecto volitivo, da *vontade*, que supostamente não se encontraria em outras atividades de interpretação e aplicação do direito.

Já Eros Roberto Grau[227] compreende ser indevida a denominação de *conceitos* a noções que, segundo defende, em realidade representam *fattispecie* ou *conceitos tipológicos*. A indeterminação, para o autor, não se encontra no conceito, mas na *noção* que representa uma "[...] idéia temporal e histórica, homogênea ao desenvolvimento das coisas; logo, passível de interpretação".[228] Entende ele que o que se costuma denominar de conceitos jurídicos indeterminados (vale dizer, na terminologia do autor, de *noções indeterminadas*) não se confunde com a discricionariedade administrativa, pois os conceitos vagos não conduzem a uma situação de indeterminação em sua aplicação porque, em comunhão com a doutrina de Eduardo García de Enterría e Tomás-Ramón Fernández, aceita que há uma *unidade de solução* em cada caso, e em se tratando da potestade discricionária há uma pluralidade de soluções justas.[229]

---

[226] *Ibidem*, p. 101-102. José Roberto Pimenta Oliveira também defende que a decisão judicial não pode substituir os critérios administrativos quando estes se mantêm na *zona de incerteza* (*Princípios da razoabilidade e da proporcionalidade no Direito Administrativo brasileiro*, p. 353).

[227] *O Direito posto e o Direito pressuposto*, p. 201.

[228] *Ibidem*, p. 202.

[229] Em suas palavras: "A discricionariedade é essencialmente uma liberdade de eleição entre alternativas igualmente justas ou entre indiferentes jurídicos — porque a decisão se fundamenta em critérios extrajurídicos (de oportunidade, econômicos etc.), não incluídos na lei e remetidos ao juízo subjetivo da Administração —, ao passo que a aplicação de conceitos indeterminados é um caso de aplicação da lei. A conseqüência mais relevante que se extrai dessa distinção respeita precisamente ao papel a ser desempenhado pelo Poder Judiciário diante de ambas as hipóteses. Se não lhe cabe, por um lado, a apreciação da decisão discricionária, por outro lhe cumpre, inquestionavelmente, manifestar-se sobre a aplicação, pela Administração, dos conceitos indeterminados (*O Direito posto e o Direito pressuposto*, p. 203-204). Convém registrar outra passagem na qual o autor é ainda mais categórico: 'Em outros termos: a autoridade administrativa está autorizada a atuar discricionariamente apenas,

Prossegue[230] para concluir que são duas técnicas distintas: no exercício da discricionariedade o agente pronuncia *juízos de oportunidade* porque faz sua eleição entre indiferentes jurídicos, e na aplicação de noções indeterminadas são emitidos *juízos de legalidade*.

O que particularmente não nos convence, e isso porque nos parece que não atende à função de *utilidade* que uma classificação deve propor-se,[231] é a intenção do autor de repassar a discussão da *indeterminação* do conceito à ideia de noção. A indeterminação — do conceito ou da noção, pouco importa — subsiste, e a discussão da possibilidade, ou não, de haver a aferição, pelo Judiciário, de sua *determinação* no caso concreto também permanece. No mais, no entanto, a sua adesão à doutrina dos espanhóis Eduardo García de Enterría e Tomás-Ramón Fernández corresponde com a linha de pensamento a qual acompanhamos.

Semelhante é a leitura de Lúcia Valle Figueiredo[232] ao recusar a possibilidade de haver a discricionariedade junto aos conceitos jurídicos indeterminados, pois, afirma a autora, é preciso identificar o sentido e o alcance do conceito, e só depois é que se deve averiguar se foi outorgada a discricionariedade.

Em posição intermediária — sem reconhecer que o conceito jurídico indeterminado, seja de experiência ou de valor, por si só franqueia a discricionariedade, mas sem excluir tal possibilidade — posiciona-se Almiro do Couto e Silva ao cogitar que a conduta que, para alguns, representa conformidade com a boa-fé, para outros é nota de um comportamento desleal, mas de um jeito ou de outro, ao analisar o caso concreto, "[...] terá o juiz de decidir se o fato em cogitação se relaciona ou não com a norma. Para este problema só há duas respostas hipoteticamente possíveis, sim ou não, e o juiz terá necessariamente de escolher uma delas". Como afirma, é preciso reconhecer que em "[...] termos lógicos, só uma dessas é a correta".[233] Daí o autor concluir que

---

única e exclusivamente, quando norma jurídica válida expressamente a ela atribuir essa atuação. Insisto: a discricionariedade resulta de expressa atribuição normativa à autoridade administrativa, e não da circunstância de serem ambíguos, equívocos ou suscetíveis de receberem especificações diversas os vocábulos usados nos textos normativos, dos quais resultam, por obra da interpretação, as normas jurídicas'" (*Ibidem*, p. 222).

[230] *Ibidem*, p. 204-205.

[231] Conforme lição de Bartolomé A. Fiorini, ao aderir às ensinanças de Villegas Basavilbaso, as classificações devem ter um valor prático, não científico (*Poder de polícia*, p. 183).

[232] *Curso de Direito Administrativo*, p. 220 *et seq.*

[233] SILVA, Almiro do Couto e. Correção de prova de concurso público e controle jurisdicional. WAGNER JUNIOR, Luiz Guilherme da Costa. *Estudos em homenagem ao Professor Adilson Abreu Dallari*, p. 21.

CONCEITOS JURÍDICOS INDETERMINADOS: UMA QUESTÃO DE INTERPRETAÇÃO JURÍDICA | 103

quanto aos conceitos jurídicos indeterminados o controle jurisdicional é, em princípio, "'ilimitado' ou 'total'"[234] — com a ressalva, como a seguir veremos, que altera esta primeira conclusão.

É que, apesar de adotar,[235] como tantos outros, a distinção dos conceitos jurídicos indeterminados em conceitos *empíricos* — porque se referem a fatos, estados ou situações de natureza ou da realidade, como "escuridão", "noite", "perigo", perturbação", "ruído" etc. — e conceitos de *valor* ou *normativos* — por exigirem uma apreciação valorativa, como "conduta desonrosa", "motivo torpe", "culpa grave", "moralidade pública" e outros —, diversamente do que vimos como posição majoritária nas doutrinas pátria e estrangeira, sustenta o autor que ambos os conceitos apresentam uma "área de apreciação" em favor da Administração. Admite que há um *limite* ao controle judicial. Mas este limite não os transforma em fonte da discricionariedade, pois no poder discricionário, diz ele, o controle jurisdicional restringe-se aos aspectos formais, externos, não se refere ao mérito, enquanto no controle dos conceitos jurídicos indeterminados a atividade judicial é, em princípio, total, apenas encontrando restrição quando há uma impossibilidade cognitiva de dizer se a aplicação foi certa ou errada, como exemplo a apreciação de um ato administrativo que proíbe a venda de certo agrotóxico por ser prejudicial à saúde quando há opiniões técnicas divergentes a respeito do tema, o que impediria, segundo o autor, o controle judicial deste conceito jurídico indeterminado.

O seu pensamento pode assim ser sintetizado: *a)* o exame judicial dos conceitos jurídicos indeterminados não está submetido *a priori* a um limite. Será o próprio julgado, no caso concreto a decidir, que poderá reconhecer um limite ao controle se, diante da complexidade do caso, em função da diversidade de opiniões, não for possível afirmar com clareza qual a melhor solução, e neste caso deverá deixar prevalecer a decisão administrativa; *b)* o exame judicial do poder discricionário está submetido *a priori* a um limite que é o respeito ao mérito do ato administrativo.[236]

Dinorá Adelaide Musetti Grotti[237] acompanha, inicialmente, Eros Grau e defende também a ideia de que o objeto do conceito

---

[234] *Ibidem*, p. 22.

[235] SILVA, Almiro do Couto e. Poder discricionário no Direito Administrativo brasileiro. *Revista de Direito Administrativo*, n. 179-180, p. 58 *et seq.*

[236] *Ibidem*, p. 63.

[237] Conceitos jurídicos indeterminados e discricionariedade administrativa. *Atualidades Jurídicas*, p. 107.

jurídico não existe em si, mas é uma significação atribuível a uma coisa, estado ou situação, e não a coisa, estado ou situação. Entende que o significado pode sofrer variações no tempo e no espaço nos quais é apreendido. No entanto, adota a posição de que a menção a conceitos jurídicos indeterminados pela lei pode atribuir, em princípio, a competência discricionária, mas a solução definitiva dependerá do caso concreto. Como sublinha, "[...] a discrição no nível da norma não é suficiente para dizer que há discricionariedade no caso concreto".[238] A discricionariedade, para a autora, permanece no caso concreto se, após a interpretação, remanesce um limite no qual terceiros não podem reconhecer a exatidão da conclusão, segundo as lições de Bernatzik às quais acede.

E em companhia dos que aceitam a presença da discricionariedade administrativa em decorrência dos conceitos vagos encontramos Germana de Oliveira Moraes[239] que acolhe esta possibilidade tanto para o fundamento da *discricionariedade quanto aos pressupostos* como para o da *discricionariedade de efeitos*. Os conceitos jurídicos indeterminados, para a autora, são ou vinculados ou não vinculados, e estes últimos podem, ou não, ser discricionários. Os vinculados são aqueles cuja aplicação conduz a uma única solução possível, já os não vinculados são os em que a aplicação pode facultar mais de uma solução razoavelmente sustentável juridicamente, e serão discricionários quando apresentam um "[...] 'conflito axiológico', uma ponderação valorativa dos interesses concorrentes, à luz do interesse público privilegiado pela norma jurídica".[240]

Reconhece, ainda, outra categoria de conceitos jurídicos indeterminados não vinculados que denomina de *conceitos de prognose* (ou *conceitos-tipo*, ou *verdadeiramente indeterminados*) que não apresentam uma valoração comparativa dos interesses, mas são conceitos cuja complementação do seu sentido reclama uma "avaliação prospectiva das circunstâncias de fato", o que se procede por "juízo de aptidão formulado em razão do futuro — juízo de prognose", e como exemplo cita o exame do funcionário após o estágio probatório.

Acreditamos, no entanto, que a discricionariedade não pode residir em um conceito jurídico indeterminado por haver neste algum "conflito axiológico" ou um comando de projeção de circunstâncias

---

[238] Conceitos jurídicos indeterminados e discricionariedade administrativa. *Atualidades jurídicas*, p. 136.

[239] *Controle jurisdicional da Administração Pública*, p. 45.

[240] *Ibidem*, p. 70.

futuras, pois toda norma jurídica encampa um valor, toda norma jurídica reclama a *construção* de seu sentido, em sua aplicação, com a *estimativa* de valores. É normal ao processo de interpretação jurídica a eventual solução de aparentes antinomias, a aferição da finalidade da norma seja a sua repercussão fática para o presente ou para um futuro próximo.

Mas a defesa da possibilidade de atribuição da competência discricionária pelos conceitos imprecisos é encontrada também em Maria Sylvia Zanella Di Pietro[241] que afirma ser uma das características do conceito jurídico indeterminado a *mutabilidade*, isto é, "[...] sua possibilidade de variar no tempo e no espaço".[242] Por isso, apesar de a autora admitir que não há discricionariedade decorrente dos conceitos de *experiência* ou *empíricos*, pois "[...] existem critérios objetivos, práticos, extraídos da experiência comum, que permitem concluir qual a única solução possível",[243] os conceitos de *valor*, para ela, permitem a discricionariedade.

Por derradeiro, e em intumescendo a importância desta corrente doutrinária, consignamos o nome do mestre Celso Antônio Bandeira de Mello. Em suas próprias palavras:

> Em despeito de fatores que concorrem para delimitar o âmbito de intelecção dos conceitos imprecisos — e que serão adiante encarecidamente referidos e sublinhados — seria excessivo considerar que as expressões legais que os designam, ao serem confrontadas com o "caso concreto", ganham, "em todo e qualquer caso", densidade suficiente para autorizar a conclusão de que se dissipam por inteiro as dúvidas sobre a aplicabilidade ou não do conceito por elas recoberto. "Algumas vezes isto ocorrerá. Outras não." Em inúmeras situações, mais de uma intelecção seria razoavelmente admissível, não se podendo afirmar, com vezos de senhoria da verdade, que um entendimento divergente do que se tenha será necessariamente errado, isto é, "objetivamente reputável como incorreto".[244]

2.2 Nossa posição

Seria mesmo ilusória a crença de que os juristas referidos nos tópicos anteriores deste capítulo elaboraram suas doutrinas sem a

---

[241] *Discricionariedade administrativa na Constituição de 1988*, p. 98.

[242] *Ibidem*, p. 98.

[243] *Ibidem*, p. 132.

[244] MELLO, Celso Antônio Bandeira de. *Discricionariedade e controle jurisdicional*, p. 22.

influência das noções de teoria geral do direito que fizeram parte de sua formação jurídica. O jurista pode não mencionar Kelsen para tratar do serviço público, mas se é com a doutrina da teoria pura do direito que guarda maior identidade, então Kelsen estará presente em toda a construção dogmática sobre o serviço público. O jurista pode não se referir expressamente a Miguel Reale para enfrentar a questão sobre a invalidade do ato administrativo e a boa-fé do administrado, mas se acolheu a teoria tridimensional do direito, teremos Reale, ao menos, subliminarmente. Se ao operador do direito lhe é apresentada a discussão sobre os efeitos jurídicos de um contrato administrativo inválido, tanto mais serão as divergências se as premissas que preparam as bases do conhecimento associam-se mais à tópica jurídica de Viehweg ou à doutrina da textura aberta de Hart.

Por isso é que nos empenhamos em relembrar algumas concepções desenvolvidas, ao longo de pouco mais de um século, sobre a interpretação e aplicação do direito, pois são as variegadas doutrinas que se elaboram a respeito que, confessadamente ou não, influenciaram, influenciam e continuarão sempre a influenciar qualquer tese que se erija ou que se encampe sobre os conceitos jurídicos indeterminados. Saber se estes conceitos restringem-se a um processo hermenêutico ou se franqueiam a competência discricionária é questão intimamente relacionada com as teorias sobre a interpretação jurídica que são acolhidas por quem enfrenta o tema.

Vimos, nos tópicos precedentes, construções doutrinárias que se formaram ao longo da história do direito administrativo que defendem que os conceitos jurídicos indeterminados ensejam a discricionariedade porque estes conceitos, tal como a própria discricionariedade, apresentam a *vontade* do agente. É o pensamento de Queiró[245] quando relaciona os *conceitos não teoréticos* à discricionariedade, ou de Alessi ao aceitar a competência discricionária junto ao *interesse público não preciso* em virtude da "valorização" deste "interesse público", ou Bernatzik, precursor da polêmica, ao erigir a *teoria da duplicidade* sob a premissa de que o direito é "puro silogismo" e em razão do "complicado processo interpretativo" dos conceitos vagos haveria, nestes, discricionariedade, ou Jellinek ao sustentar que é a pluridimensionalidade do conceito, quando desejada por lei, e que normalmente acontece com o uso de conceitos de valor, que confere a discricionariedade, ou Forsthoff que acolhe a *teoria da duplicidade* e defende a discricionariedade junto aos conceitos

---

[245] Ao menos em sua primeira fase, como vimos.

CONCEITOS JURÍDICOS INDETERMINADOS: UMA QUESTÃO DE INTERPRETAÇÃO JURÍDICA | 107

de valor, ou Laun que elaborou a ideia de "espaço livre" nos *conceitos disjuntivos*[246] que permite, em relação ao "fim imediato", a presença da discricionariedade, ou ainda Bertrand Russel e sua *zona de penumbra* do conceito vago onde reconhece a discricionariedade. Ainda Karl Engisch defende a necessidade de um "preenchimento valorativo" de alguns conceitos normativos, como Otto Bachof relaciona o conceito jurídico indeterminado e a sua *margem de livre apreciação* à discricionariedade, tal como Ule e as *soluções sustentáveis*, na *teoria da representatividade*, que reconhece a livre apreciação na "natureza do conceito" e a "subjetividade típica da sentença" nos conceitos de valor, como ainda Wolff e a *prerrogativa de avaliação*. Ou a suposta indeterminação do fato, em virtude da "natureza das coisas", de Domingo Juan Sesin, a *margem de apreciação* de Miguel Sánchez Morón, os *conceitos jurídico-políticos* de Daroca, ou a suposta ausência de um "parâmetro de decisão" na zona de incerteza do conceito indeterminado, e que por isso permitiria uma "operação volitiva" e a "integração" e "aperfeiçoamento", em Bacigalupo. E no Brasil, é a posição de Regina Helena Costa ao relacionar os conceitos de valor com a discricionariedade, de Almiro do Couto e Silva ao defender que não só os conceitos de valor, mas também os empíricos, contêm uma "área de apreciação" em favor da Administração, de Celso Antônio Bandeira de Mello e Dinorá Musetti Grotti que aceitam que a discricionariedade encontre-se em conceitos vagos, apesar da ressalva da restrição desta margem na análise do caso concreto, de Germana Moraes e o "conflito axiológico" e os "conceitos de prognose" como justificativas para haver a discricionariedade em um conceito indeterminado, e de Maria Sylvia Zanella Di Pietro ao aceitar, por causa da "mutabilidade" dos conceitos de valor, a existência da discricionariedade.

Como também vimos, no capítulo 1, que sobre a interpretação jurídica preponderaram, durante o século XIX e ainda na primeira metade do século XX, doutrinas que pretendiam identificar a hermenêutica como um processo de interpretação e aplicação do direito no qual *o ato de conhecer é isento de toda e qualquer vontade*, como uma atividade de *descrever*, de *revelar*, concebendo-se o sistema jurídico como um *sistema fechado*, hermético, no qual a preocupação com as antinomias é cheia de vigor porque se receia que o reconhecimento de uma aparente contradição comprometa a ordem jurídica que deveria ser, acreditava-se, *fechada* — em última análise, como uma unidade sempre completa e coerente, o que equivale a dizer que se trata do *dogma da completude*.

---

[246] Que se opõem às *normas categóricas* que caracterizam, para ele, a vinculação.

Mas também se elaboraram outras leituras: gradualmente, passam os princípios a serem reconhecidos como normas jurídicas, aceita-se que há uma "textura aberta" de certas disposições normativas (Hart), elabora-se a tópica jurídica (Viehweg), reconhece-se a *construção* do direito pelo intérprete (Dworkin), ou a interpretação jurídica como um *saber prudencial* (Vigo e Grau), ou que os fatos sociais e os valores, em polaridade e implicação, são fundamentais (Reale, Maria Helena Diniz e outros), propõe-se a *reconstrução* do sentido da norma como produto da interpretação jurídica que tem por objeto o texto normativo (Grau, Scarpinella Bueno, Ávila e outros).

Definitivamente, o reconhecimento da presença do intérprete — de sua *vontade*, de seu cabedal de conhecimentos, cultura, informação, formação, de seu *ser* — conduz a ciência jurídica a perceber que a interpretação jurídica realiza-se por uma *lógica do razoável* (Recaséns Siches), ou por uma *hermenêutica estrutural* (Reale), ou que a interpretação processa-se por um *círculo hermenêutico* (Larenz), como resultado do *exercício de interpretação construtiva* (Dworkin), com a *liberdade de criação material* da *tópica* de Viehweg, ou que o direito deve ser reconhecido como uma *nova retórica* conduzida pela *lógica do preferível* (Perelman).

A interpretação do direito abarca, seja pelo jurista, seja pelo juiz, legislador ou administrador, além do *conhecimento*, também a *vontade* quanto à opção por certa solução. E tal componente *psíquico* (a *vontade*, a *subjetividade*) não pode também ser denominada de "discricionariedade" ("discricionariedade judicial" etc.) sob pena de corromper a cientificidade e a compreensão da competência discricionária da função administrativa.

São noções distintas — a *interpretação jurídica* e a *discricionariedade* — que devem ser, por isso, afastadas. E a distinção não se opera em razão da pretensão de reservar a *vontade* — o *espírito* do operador jurídico — apenas à discricionariedade. A expressão do ser humano, a sua exteriorização, a sua manifestação não é, nem nunca foi, um processo mecânico, alheio a qualquer expressão valorativa, a qualquer juízo de valor.

É certo, e assim o entendemos e fazemos questão de sublinhar, que não pode o intérprete deixar imperar, na interpretação do direito, a *sua* percepção, a leitura *personalíssima* do justo, do correto, do equitativo, mas deve, isto sim, buscar extrair o sentido e o alcance dos valores que se encontram positivados de acordo com as considerações que a sociedade imprime a estes mesmos valores. Mas isso não significa que esta atuação do intérprete seja a de um autômato. Não é por algumas doutrinas afirmarem que o ser humano, ao interpretar um texto, deve despojar-se de sua consciência, racionalidade, espontaneidade, que, por isso, por se ter sustentado tal ideia, que de fato assim se procede.

A *vontade*, a expressão do *ser*, por mais que se empenhe o sujeito em se distanciar de suas impressões pessoais, o seu *ânimo* continua, é claro, presente. A *vontade* é elemento indissociável das leis culturais. E o direito, como lei cultural que é, representa esta *construção* que se realiza pela expressão da *subjetividade* do seu operador. Sempre há, e é impossível impedir, a exteriorização de um elemento *subjetivo*, do intérprete, que compõe o sentido da norma jurídica — mesmo quando se busca, como realmente deve ser, identificar qual é a valoração atribuída pelo padrão médio da sociedade, pois esta investigação é movida pelas capacidades do sujeito que interpreta e aplica a norma.

O receio de reconhecer o juiz — como o intérprete autêntico (Kelsen) que aplica o direito com o atributo da *definitividade* (coisa julgada) — como verdadeiro *criador* do direito é receio equívoco e injustificável porque significa recusar a realidade e desconhecer que não se quer dizer, com isso, que o magistrado pode atuar ao léu da ordem positiva. O juiz deve manter-se sempre e sem exceção submetido à ordem jurídica, mas o fato é que ao atuar ele *cria* o direito porque, como atentou o italiano Giuseppe Zaccaria,[247] o juiz: *a)* deve eleger a norma pertinente; *b)* procede à interpretação jurídica em sentido estrito, isto é, empenha-se, pelos métodos hermenêuticos, a identificar qual a norma aplicável; e c) aplica a norma eleita, após a interpretação jurídica, a um caso específico, determinado.

Tudo isso somado representa, realmente, a *criação* do direito — ao menos para o *caso concreto*.

Aderimos ao que Luis Recaséns Siches[248] leciona: sem dúvida alguma, todo magistrado deve sujeitar-se às leis, mas tão certa quanto esta assertiva é também a afirmação de que nenhuma norma geral, por melhor que tenha sido a sua formulação, é suficientemente "completa" a ponto de ser cumprida ou imposta de forma coativa às situações concretas. E isso porque a lei expressa-se em termos *gerais* e *abstratos*, e os casos a serem resolvido são *particulares* e *concretos*. Portanto, há, inevitavelmente, em razão destes "ingredientes novos" na intermediação da lei à sentença, o que o emérito jurista denomina de uma *dimensão criadora*.

---

[247] *Razón jurídica e interpretación*, p. 131.
[248] *Introducción al estudio del Derecho*, p. 197.

O direito decerto não é simplesmente lógico, formalmente lógico, mas é antes, isto sim, retórico.[249] A lógica é — acompanhamos Perelman — um mecanismo de argumentação da posição que o intérprete adota, de tal sorte que sendo o direito, por conseguinte, um *sistema aberto*, o estudo das lacunas e antinomias torna-se importante apenas enquanto se preocupa em formular argumentos de sua superação, e estes argumentos devem centrar-se na ponderação dos valores jurídicos em pauta, e não com a preocupação de qualquer comprometimento do próprio sistema jurídico, do sistema em si, por uma falsa crença de que o ordenamento jurídico deve externar, em sua estática, completude e coerência normativa em grau absoluto.

Estamos convencidos de que a interpretação jurídica não se realiza sem a *vontade* do intérprete porque, repetimos, o direito é uma lei cultural. Destarte, há sim uma *construção* da norma jurídica (Dworkin), a norma jurídica apenas surge depois da atuação do intérprete (Grau, Scarpinella Bueno e outros).

Por isso, para nós não é qualquer "textura aberta" (Hart), ou melhor, não é *nenhuma* "textura aberta" que confere discricionariedade ao administrador. A dificuldade de precisar o conceito, a indeterminação de uma expressão, a necessidade, em consequência, de maior participação do intérprete, revela, apenas, um *grau* diferente da atuação da *vontade* do operador do direito, uma margem maior, por conseguinte, de divergências. Como já dizia Tezner, a diferença não é de *qualidade*, mas de *grau*. Por isso, não é possível associar a discricionariedade a certos conceitos (indeterminados), e a outros (determinados), não.

A diferença que se faz, no âmbito dos conceitos jurídicos indeterminados, entre conceitos de *experiência* e conceitos de *valor*[250] é igualmente insuficiente para sustentar, como conclusão, a possibilidade de haver discricionariedade junto a estes últimos, pois a *vontade* não está ausente na interpretação de um conceito de experiência. É dizer, a valoração, a reflexão, o cotejo, o sopesar, a análise sobre o que se tem por senso

---

[249] Se o declínio da retórica deu-se, em certa medida, porque os sofistas, como Górgias (cerca de 485 a 373 a.C.), defendiam a relatividade da verdade — o "homem é a medida de todas as coisas" (Protágoras — que viveu entre 483 a 410 a.C., aproximadamente) —, profissionalizaram o saber (o que mereceu o desprezo da elite intelectual da época), e utilizavam enfaticamente a *retórica* para a defesa de suas ideias, isto não significa que a retórica não tenha, em razão do mau uso feito dela, sua utilidade. A lógica formal, por seu rigor cartesiano, pode conduzir a resultados tão perniciosos ou piores do que a retórica mal utilizada.

[250] Apesar de existirem, como vimos nos tópicos deste capítulo, outras classificações, detemo-nos nesta que é a mais recorrente e também representa uma classificação que serve de base para outras propostas.

CONCEITOS JURÍDICOS INDETERMINADOS: UMA QUESTÃO DE INTERPRETAÇÃO JURÍDICA | 111

comum a respeito de certo conceito de experiência, todo este labor *intelectual, racional,* todo o emprego da *consciência* do intérprete está presente na determinação de qualquer conceito.

Todo e qualquer conceito jurídico — determinado ou indeterminado, e neste último caso, de experiência ou de valor — cuida-se, em última análise, de mera interpretação jurídica, pois, insistimos, o elemento *subjetivo* é, para nós, comum tanto na interpretação jurídica — em qualquer interpretação jurídica — quanto na discricionariedade administrativa. Não é a presença do *ser*, do *indivíduo*, de sua *vontade*, que distingue interpretação e discricionariedade porque o *ser* está sempre e irremediavelmente presente, até porque, se não o tivesse, não haveria, como produto da cultura (da presença e atuação do ser humano sobre a natureza), o próprio direito. Não há, enfatizamos, interpretação jurídica sem o ser humano, não é possível, por mais "determinado" que seja um conceito, interpretá-lo por uma máquina. A associação e reflexão sobre o fato concreto e os valores previstos no texto normativo não ocorrem sem a presença do homem.

Neste sentido que defendemos, reconhecemos, é mesmo minoritário o entendimento nos Tribunais do Brasil.[251]

---

[251] Confiramos o trecho da seguinte decisão: "Nesse particular, a densidade do conteúdo vinculante da norma adquire fundamental importância, sobretudo quando, 'in casu', a Administração Federal alega, em prol da legalidade do ato infirmado, a fluidez do conceito de valor mínimo por aluno, para efeitos de complementação do FUNDEF por parte da União (art. 6º, *caput* e §1º, da Lei nº 9.424/96). A eventual indeterminação de tal conceito não é capaz, em termos aprioristicos, de afastar o controle judicial do ato, como demonstrou, à luz da melhor doutrina de direito administrativo, o ilustre Desembargador Federal João Batista Moreira, quando da apreciação do Agravo Regimental nº 1998.34.00.027682-0/DF: '[...] Impõe-se incursão no capítulo doutrinário dos conceitos indeterminados, para mostrar que a determinação de tais conceitos, conforme as opiniões mais autorizadas, é suscetível de controle judicial. Na doutrina alemã, a determinação do conceito indeterminado não é atividade discricionária imune a tal controle; não se subordina aos juízos de conveniência e oportunidade, peculiares à discricionariedade. No representativo pensamento de Eduardo García de Enterría, que se filia a essa doutrina, a luta contra as imunidades do poder administrativo traduz-se na busca de critérios para o controle da discricionariedade, o controle dos atos políticos e o controle do poder normativo da Administração. [...]'" (Tribunal Regional Federal da 5ª Região, Apelação Cível nº 348781/AL, Des. Marcelo Navarro, j. 12.05.2005).
"Recurso em mandado de segurança. Indeferimento de pedido de remoção. Inexistência de fundamentação que demonstre o interesse público. Critério de antiguidade mantido. Recurso provido. I - O Assento Regimental nº 1/88, no art. 8º, estabelece o critério de antiguidade para a remoção de magistrado, no caso de mais de um interessado pleitear a remoção para uma única vaga. Critério não absoluto, haja vista a disposição: 'salvo relevante interesse público, devidamente justificado'. II - Viabilidade do controle do Poder Judiciário acerca de conceitos jurídicos indeterminados e do motivo do ato administrativo. III - Ausência de demonstração de prejuízo ao serviço forense a justificar o afastamento do critério de antiguidade. IV - Recurso ordinário provido" (Superior Tribunal de Justiça, 5ª Turma, RMS 19590/RS, Ministro Félix Ficher, j. 02.02.2006).

Sem dúvida alguma, o equívoco permeia-se do que Luis Recaséns Siches[252] conseguiu entrever: para cumprir ou impor uma lei ou um regulamento é preciso que haja uma *conversão* da norma geral em uma norma individual para o caso concreto, e é isto que caracteriza a interpretação do direito — o que depende, é claro, de uma participação do intérprete que necessariamente realiza, para esta conversão, uma ação *criadora*. Como diz o autor, "[...] a função do juiz é sempre criadora em múltiplas dimensões".[253] E isto porque, como o próprio jurista prossegue, é claro que o juiz deve obediência às leis, mas as leis não podem atuar por si próprias.

A *interpretação jurídica* realiza-se pela *lógica do razoável* e pela *lógica do preferível*, comuns ao cientista do direito, ao juiz, ao legislador e também ao administrador, e que, como não poderia ser de outra forma, pressupõem a *participação da vontade* do intérprete.

E acreditamos, por tudo isso, e pelo que prosseguiremos asseverando, que é preciso superar a ideia — a nosso ver realmente equivocada — de que por ser o processo de interpretação uma atitude de *conhecer* não contém, neste mesmo *conhecer*, a presença do *ânimo*, do *espírito*, em última análise, da *vontade* do intérprete. Não nos encontramos diante de uma relação na qual o sujeito diante do objeto de conhecimento apenas *observa*, tal como ocorre com os fenômenos naturais. O direito não se aninha nas leis naturais, mas compõe o que se conhece por *leis culturais*.

"Recurso em mandado de segurança. Servidor público. Processo administrativo. Demissão. Poder disciplinar. Limites de atuação do Poder Judiciário. Princípio da ampla defesa. Ato de improbidade. 1. Servidor do DNER demitido por ato de improbidade administrativa e por se valer do cargo para obter proveito pessoal de outrem, em detrimento da dignidade da função pública, com base no art. 11, *caput*, e inciso I, da Lei n. 8.429/92 e art. 117, IX, da Lei n. 8.112/90. 2. A autoridade administrativa está autorizada a praticar atos discricionários apenas quando norma jurídica válida expressamente a ela atribuir essa livre atuação. Os atos administrativos que envolvem a aplicação de 'conceitos indeterminados' estão sujeitos ao exame e controle do Poder Judiciário. O controle jurisdicional pode e deve incidir sobre os elementos do ato, à luz dos princípios que regem a atuação da Administração. 3. Processo disciplinar, no qual se discutiu a ocorrência de desídia — art. 117, inciso XV da Lei n. 8.112/90. Aplicação da penalidade, com fundamento em preceito diverso do indicado pela comissão de inquérito. A capitulação do ilícito administrativo não pode ser aberta a ponto de impossibilitar o direito de defesa. De outra parte, o motivo apresentado afigurou-se inválido em face das provas coligidas aos autos. 4. Ato de improbidade: a aplicação das penalidades previstas na Lei n. 8.429/92 não incumbe à Administração, eis que privativa do Poder Judiciário. Verificada a prática de atos de improbidade no âmbito administrativo, caberia representação ao Ministério Público para ajuizamento da competente ação, não a aplicação da pena de demissão" (Supremo Tribunal Federal, RMS 24699/DF, Rel. Min. Eros Grau, j. 30.11.2004).

[252] *Introducción al estudio del Derecho*, p. 211.

[253] *Ibidem*, p. 213-214.

Não é o dado, mas o construído.[254] O ser humano *cria* o direito, e o faz porque, com o seu conhecimento e a sua *vontade*, *constrói* as normas, interpreta-as, define sua aplicação.

Não há um proceder restrito às regras da lógica formal quando se trata de leis culturais. A lógica formal, como tantos outros mecanismos, é apenas mais uma técnica de *argumentação* do direito. E não se propõe qualquer exposição argumentativa sem que o orador componha o seu discurso com as suas *capacidades*, em última análise, com a sua *vontade*. O intérprete, seja o texto a ser interpretado preciso ou impreciso, *participa* da leitura, contribui para a *criação* da norma que é fruto do processo de interpretação. Pouco importa se o que anima o intérprete é a convicção de que deve adotar o método literal com exclusividade, ou se deve priorizar o fim da norma, ou se entende ser necessária a leitura com a integração de todo o sistema, ou se despreza ou se potencializa a importância de seu conteúdo valorativo, em todo e qualquer caso não há como se livrar o intérprete do fato de que ele *participa* — logo, *integra, compõe, constrói* — da interpretação.

A situação de o objeto do conhecimento ser uma palavra, um termo ou uma frase de conteúdo determinado apenas reduz as divergências possíveis entre os intérpretes porque a margem de discussão consegue obter um grau expressivo de objetividade. Mas, ainda assim, há uma *composição* do sentido do texto pelo intérprete, há, ainda assim, a exteriorização da norma como produto da *vontade* do intérprete, e por isso é que pode, por mais determinado, por mais preciso que se apresente um texto, haver divergências.

Tomemos como exemplo talvez uma das mais clássicas e indiscutíveis (ao menos na aparência) referências de conceito "determinado" — e que, supostamente, dispensaria qualquer vontade do intérprete: a aposentadoria compulsória aos setenta anos de idade. Por mínima que pareça ser qualquer possibilidade de divergência, consideremos um agente público que ao completar setenta anos é declarada a sua aposentadoria, mas ele recorre à Justiça e sustenta que ao se prescrever que ele deve aposentar-se com setenta anos a norma não diz que deve necessariamente ser na data de seu aniversário, e por isso até a véspera de seus setenta e um anos ele ainda terá setenta anos, e, portanto, prossegue argumentando o impetrante, tendo ele o desejo de permanecer integrado no serviço, e ainda contando com setenta anos

---

[254] Como ensina Miguel Reale, construído porque "[...] é o termo que empregamos para indicar aquilo que acrescentamos à natureza, através do conhecimento de suas leis visando a atingir determinado fim" (*Lições preliminares de Direito*, p. 24).

durante os próximos trezentos e sessenta e cinco dias, e não havendo razão para qualquer interpretação restritiva desta norma jurídica, teria ele o direito de permanecer no serviço até o dia anterior a completar setenta e um anos de idade.

É um exemplo do quanto a retórica afina-se com o direito. Os magistrados que se depararem com esta pretensão, mesmo em busca de referências do senso comum a lhes inspirar a interpretação, mesmo sinceramente empenhados em não expressarem quaisquer convicções pessoais, farão a leitura deste texto normativo com a irremovível e insuperável presença, é claro, de suas capacidades de análise, isto é, contribuirão para a *criação* da norma jurídica no caso concreto.

Sem dúvida alguma — convém repetir — que não são as convicções personalíssimas do intérprete, a ideologia política e social, suas crenças íntimas, que devem orientar a interpretação, mas sim o que prevalece perante a sociedade, o homem-médio, mas é este procedimento, esta busca do que se apresenta em sua comunidade, que exige do intérprete — porque o direito integra a *cultura*, porque *não faz parte das leis físico-matemáticas* — que exige do intérprete, dizíamos, a sua *participação*.

Adotemos como exemplo, ainda, a lembrança feita por Cassio Scarpinella Bueno[255] de um concerto histórico envolvendo o maestro e compositor Leonard Bernstein e o pianista Glenn Gould que não chegavam a um consenso sobre qual deveria ser a interpretação dada a uma determinada música de Johannes Brahms. O fato ocorreu, conta-nos Scarpinella Bueno, em 1962 no Carneggie Hall de Nova York. O maestro compartilhou com o público as divergências que ele e o pianista alimentavam sobre qual deveria ser a performance da obra, mas confessava que seguiriam a proposta do pianista porque ele, Bernstein, fascinara-se por tal leitura. Notemos que a menção deste exemplo reforça o que queremos sustentar: qual a melhor interpretação? Não há uma "verdade" a respeito, mas a *persuasão* de que certa compreensão, que é resultado do empenho dos intérpretes em identificar qual a melhor leitura, ainda que se dedicando ao espírito da obra, às convicções e expectativas do auditório a respeito do que é possível entender daquele texto de acordo com o momento atual da sociedade, há, apesar de todos estes escolhos, ou justamente por causa deles, irremediavelmente, a presença da *vontade* do intérprete — uma

---

[255] Direito, interpretação e norma jurídica: uma aproximação musical do direito. *Revista de Processo*, n. 111, p. 229 *et seq.*

vez mais, vale repetir: mesmo sendo esta *vontade* a de entender, revelar e concretizar a *vontade* do autor do texto ou da comunidade para a qual a norma destina-se.

Por isso, como vimos em tópicos acima, concordamos com António Francisco de Souza quando diz que os conceitos jurídicos indeterminados reduzem-se a mera interpretação, como acedemos à *teoria da unicidade* de Tezner, veementemente atual, ao sustentar, com simplicidade e precisão, que a distinção entre os conceitos determinados e indeterminados não é de qualidade, mas de grau, o que conduz todos os conceitos a uma única solução. Sutil e também pertinente é a lembrança de Bühler que reclama o controle judicial dos conceitos vagos quando as normas são protetoras de direitos individuais, como também devemos aproveitar as lições de Klein que destaca, com absoluta razão, que todos os conceitos possuem uma "qualidade normativa", então não há razão, apenas pelo grau de indeterminação, para afastar do controle judicial algumas normas, mesmo porque, como defendem Kaufmann, Kellner, Schmidt-Salzer, Rupp e Ossenbühl a função de julgar compete aos Tribunais.

Aproveitamos e alinhamo-nos, portanto, ainda a Gordillo, Cassagne, Sainz Moreno, ainda que com algumas ressalvas, como a necessidade de ressaltar que enquanto para este último o conceito jurídico indeterminado conduz a *uma solução justa* porque o "justo" é o "verdadeiro", para nós, por tudo quanto expusemos no capítulo 1, o "justo" é o *opinável*, o *preferível* porque é o mais *convincente* (Perelman).

E ainda aderimos, em linhas gerais, também a Eduardo García de Enterría e Tomás-Ramón Fernández ao também defenderem a *unidade de solução justa* de qualquer conceito jurídico, um juízo disjuntivo, sejam as palavras e expressões referentes a juízos de experiência ou de valor, mas também com a ressalva de que não entendemos, como os eminentes mestres, que não há volição, mas puramente uma "atividade cognitiva", pois, para nós, como temos insistido, toda e qualquer interpretação, de conceito determinado ou indeterminado, apresenta a *vontade*, a *volição*. Em última análise, como na doutrina acima reproduzida de Lúcia Valle Figueiredo, o conceito jurídico indeterminado não enseja discricionariedade; o que reclama é a interpretação.

Enfim, a *cognição* e a *vontade* são inerentes a qualquer interpretação jurídica. Por conseguinte, pouco importa se um conceito é considerado "determinado" ou "indeterminado" porque, em todo caso, é possível o controle jurisdicional.

De toda sorte, parece-nos essencial relacionarmos estas considerações e ainda outros argumentos, mormente em vista das diversas objeções que são amiúde apresentadas pelas eminentes doutrinas que recusam o pleno controle judicial dos conceitos jurídicos indeterminados, para com mais rigor fundamentarmos a possibilidade do irrestrito controle pelo Judiciário:

Primeiro, o direito pertence, como já o dissemos, às leis culturais, o que equivale a dizer que é produto do saber humano, e não uma expressão da natureza, e por isso não é possível apenas *constatá-lo*, apenas *observá-lo*, mas é necessário *construí-lo*.

Segundo, e como consequência do motivo anterior, por mais "determinado" que pareça ser o conceito, como o exemplo da aposentadoria compulsória aos setenta anos de idade, ainda há espaço, ou melhor, há *necessidade* da *vontade* do intérprete — mesmo como busca da *vontade* da sociedade — para que a *norma* efetivamente surja.

Terceiro, sendo a *vontade* um elemento indispensável do processo de interpretação, não há a inviabilidade de *determinar-se* o significado de um conceito, pois a questão não é a refutação da impossibilidade de haver mais de uma interpretação porque a isto todos os conceitos, "determinados" ou "indeterminados", estão sujeitos, mas a perspectiva que se deve impor de que todo e qualquer conceito deve ser passível de *determinação* de seu exato significado para o *caso concreto*.

Quarto, com o reconhecimento de que a *vontade* é inerente a qualquer processo racional referido às leis culturais, e não se operando a interpretação jurídica apenas e exclusivamente por um processo lógico-formal, não há mesmo que se falar em "verdades" ou "demonstrações" sobre a interpretação jurídica, mas sim sobre o que, de acordo com o sistema jurídico, apresenta-se como a interpretação *preferível* (Perelman), a mais *convincente*, a que, por suas razões, justificativas, *argumentações*, revela-se como a mais adequada (*opinável*) para resolver o caso concreto, e é neste sentido (a *preferível*, a *opinável*) é que adotamos a *unidade de solução justa* proposta por Eduardo García de Enterría e Tomás-Ramón Fernández, isto é, não porque se trata da solução "verdadeira" — a nosso ver, impossível no direito e em quaisquer outras leis culturais —, mas porque se cuida da mais *convincente*.

Quinto, ao mencionarmos a *vontade* como componente intrínseco do processo racional de interpretação jurídica, e que o fazemos com o destaque de que pouco importa se a doutrina quer, ou não, reconhecê-la, porque não é por negá-la que se fará suprimi-la do labor intelectual do operador do direito, enfim, ao chamarmos a atenção para o reconhecimento desta realidade não estamos a defender a vontade personalíssima do intérprete. Não são suas suscetibilidades individuais, sua ideologia, seus íntimos juízos, as *suas* vontades que devem prevalecer.

Ao mencionarmos a *vontade* queremos reconhecer que é a *construção* do intérprete, as suas *capacidades*, o esforço que envida de extrair do *meio social* o que se coaduna à *lógica do preferível ou do razoável*. O intérprete não *observa*, apenas. Ele envolve, projeta-se reciprocamente, promove mentalmente a *dialética* entre os *fatos concretos* e os *valores* sociais de acordo com o que, e em qual medida, estes valores encontram-se previstos, explícita ou implicitamente, no *ordenamento jurídico*.

É o *procedimento racional* do intérprete, o que *não é independente da vontade humana*, porque não se encontra na natureza, mas que procede *necessariamente* da *psique*, do *ser*, do *espírito* que permite prolatar uma conclusão sobre qual *deve ser* a norma de conduta.

Assim, como dizíamos ao iniciarmos este quinto fundamento, a edição de uma norma jurídica como produto da interpretação do texto normativo não pode pautar-se, como encarece Tomás-Ramón Fernández, "[...] na vontade, no capricho, nas preferências ou em gostos de quem a adota", e por isso, a propósito, que o renomado mestre enaltece a importância da *motivação* das decisões, mas com a devida advertência de que não se trata da

> [...] motivação entendida neste sentido rotineiro e formal que costumamos dar ao termo, mas sim como justificação resultante de um processo argumentativo mais ou menos explícito, mas apoiado sempre por razões exigíveis e sustentadas, dotadas de capacidade persuasiva e suscetíveis portanto de resistir sua eventual confrontação com outras em um debate aberto ante uma instância imparcial, que, em última instância, tem como testemunha e como referência uma comunidade de homens livres.[256]

---

[256] *La arbitrariedad de la administración*, p. 228-229. Em certa medida, é ainda a ideia de *consenso social*, como tão bem exposta em obra de fôlego e profundo labor científico de Ricardo Marcondes Martins, mas com a ressalva de que, ao contrário do ilustre autor, entendemos que *sempre* será possível, e *sempre* é necessário, aferir este *consenso social* por integrar-se esta apuração ao procedimento de interpretação e aplicação do direito. Em lições do próprio autor: "Enfatiza-se: há uma razão 'prima facie' em favor da razoabilidade, entendida como não-violação do consenso social ou, em outras palavras, há forte razão em favor da decisão obediente ao consenso social ou, na falta deste, da decisão do agente competente — o legislador ou o administrador público. Essa razão não é definitiva, se outra solução apresentar-se mais justa, de modo a afastar os pesos adicionados pela razão 'prima facie', a decisão razoável poderá ser afastada. Em suma, a razoabilidade gera uma forte razão em favor do consenso social ou, na falta deste, da opinião do agente competente; essa razão não é absoluta, deve ser afastada se considerada injusta" (*Efeitos dos vícios do ato administrativo*, p. 152). Em outra passagem assaz esclarecedora da proposta do autor: "Do pluralismo não decorre, todavia, a impossibilidade de um consenso social. Quando este não existir, o sistema jurídico opta, em princípio, pela posição do agente competente. Um exemplo: há um consenso social sobre a intolerabilidade do sacrifício humano por motivo religioso, pois em relação a esse tema a esmagadora maioria das pessoas entende que o direito à vida tem um peso extraordinariamente maior do que o direito ao culto religioso; no que

O modal deôntico, a relação *dever-ser* da norma jurídica, a *imputação* de uma consequência com a adequação dos fatos a uma hipótese formal que expressa um valor eleito pela sociedade — tudo em oposição ao modelo ôntico, da relação de *causa e efeito*, própria das leis naturais — impõe a insuperável *presença* do intérprete para atingir-se, por sua *declaração*, a concretização da *norma jurídica*. Neste sentido que reconhecemos a *vontade* na interpretação. Mas esta *vontade* representada pela *presença* do intérprete, pelo *elemento volitivo* na elaboração do raciocínio, deve voltar-se a apurar os *valores juridicizados* que prevalecem no seio da sociedade.

Compreendamos bem: por ingente que seja a dificuldade do intérprete, em razão da imprecisão de um conceito, de *determinar* o seu significado, por mais plurais que sejam as referências sociais e culturais da sociedade a respeito do tema, ainda assim, compete ao intérprete lançar-se em aferir e cotejar os *valores* caros à sociedade, apurar se estes valores encontram-se agasalhados no ordenamento jurídico, e em qual medida, e proceder, sempre diante do *direito posto*, à reflexão das leituras possíveis e a escolha, uma vez mais e sempre, conforme o que informa as convicções e concepções do homem-médio da sociedade atual. Deste modo, concluir-se-á a interpretação jurídica com a *determinação*, para o caso em análise, na aplicação do texto normativo, do significado do conceito vago. E só com este pronunciamento é que efetivamente surge a *norma jurídica*.

Cogitemos um breve exemplo para ilustrar: determinada funcionária pública encaminha-se para o trabalho, naquele dia, vestindo, pela

---

se refere ao aborto, porém, não existe, ainda, um consenso social, pois há muitos que são favoráveis e há muitos que são contrários. Esses exemplos, propositadamente didáticos, bastam para evidenciar a convivência do pluralismo com o consenso social. Se o magistrado for favorável ao aborto, não poderá, em princípio, considerar inconstitucional a lei penal que o pune; mas, independentemente de sua opinião, deverá considerar inconstitucional uma lei que admita o sacrifício da vida humana num culto religioso. Num caso, há um consenso social e se a ponderação legislativa atentar contra ele, não será razoável, haverá inconstitucionalidade; no outro não há um consenso social, o sistema opta, ao menos em princípio, pela posição do agente competente, no caso, o legislador. Nas hipóteses em que não há consenso social, a posição do agente é considerada, pelo sistema jurídico, razoável" (*Ibidem*, p. 162). Outrossim, Marília Lourido dos Santos, após destacar a importância da *coerência* para o discurso jurídico, o que se perfaz com a construção do direito como um sistema hierárquico, diz que é preciso assegurar às normas um *sentido funcional* que se obtém ao se resguardar valores elementares e por um "respaldo social e um mínimo de consenso" (*Interpretação constitucional no controle judicial das políticas públicas*, p. 23). Por fim, Rogério Gesta Leal: "[...] o Direito só pode cumprir a função de integração social se possuir (o sistema jurídico, os ordenamentos e as normas) um elemento de legitimidade que — por detrás de sua pura impossibilidade coativa — necessita contar com uma aceitação/adesão dos atores sociais envolvidos e alcançados por ele" (*Estado, Administração Pública e sociedade*, p. 66).

primeira vez desde que se encontra lotada naquela repartição, uma calça, em vez de saia. O seu superior hierárquico, e quem, conforme a legislação específica, detém poder correcional, resolve instaurar um processo administrativo contra ela porque, conforme entende, o fato de uma mulher, funcionária pública, usar calça violaria uma regra do estatuto dos funcionários que determina que todos os agentes públicos devem "vestir-se com decoro". O processo culmina com a condenação da funcionária à pena de advertência. Inconformada, a funcionária impetra ação judicial com o desiderato de invalidar a condenação sob o fundamento de que o fato de uma mulher usar calça, em pleno século XXI, não representa um modo indecoroso de apresentar-se ao serviço. Por indeterminado que seja o conceito jurídico de "decoro", ainda assim deve o magistrado, primeiro, aferir se este *valor* é um *valor jurídico*, se se encontra, em outras palavras, previsto em norma de comportamento do servidor público, e concluindo que sim, como é o caso pelas informações que adiantamos, deverá relacionar o *fato concreto* com este *valor jurídico*, o que só ocorre por um processo racional (por sua *vontade*, porque sua *presença* para o pronunciamento da decisão é imperiosa) que deve estabelecer esta dialética — fatos e valores juridicizados — de acordo com o que é possível extrair como prevalecente, ou ao menos plausível, do meio social. Pouco importa se por uma formação excessivamente conservadora este magistrado entenda que mesmo no século XXI é inadmissível o uso de calça por mulheres, pois o que deve lhe inspirar a busca da determinação do conceito de um valor juridicizado é o que é aceito, ou aceitável, como este valor para o momento atual da sociedade.

E a mesma operação deve caracterizar o trabalho do intérprete em qualquer outra situação fática. A denominada "zona de incerteza" do conceito apenas demarca a acentuada dificuldade do operador do direito, revela que talvez não haja uma impressão prevalecente junto à sociedade, mas sempre há *opiniões*, tendências, e a diversidade de entendimentos não pode autorizar que prevaleça o entendimento personalíssimo do intérprete, seja ele juiz ou administrador público, muito menos que aceite que o fato concreto *pode* e, ao mesmo tempo, *não pode* amoldar-se ao conceito. Se há um caso *concreto* não se trata, então, de mera hipótese abstrata, logo, há todos os contornos possíveis para dizer se determinada situação ou ação qualifica, *ou não*, o conceito jurídico em análise. Trata-se da própria aplicação do princípio lógico da não contradição: um fato preciso não pode ser, nem deixar de ser, ao mesmo tempo, "justo", "decoroso", "honesto" etc.

O fato é que, apesar de todas as dificuldades, não há porque confinar o privilégio de determinar o significado do direito à

Administração Pública, pois como veremos a seguir, como próximo fundamento, é da competência do Judiciário, e sem ressalvas na Constituição Federal, interpretar o direito.

Como sexto fundamento, sendo a inafastabilidade da apreciação de uma causa pelo Judiciário um direito fundamental (art. 5º, XXXV, da Constituição Federal), todo e qualquer conceito, insistimos, é passível de apreciação judicial porque com este pronunciamento *determina-se* (leia-se: encerra-se qualquer "indeterminação" do conceito) para o *caso concreto* qual deve ser a *unidade de solução justa*. O art. 5º, XXXV, da Constituição Federal é imperativo: não pode o Judiciário furtar-se a apreciar a possível lesão ou ameaça a direito.[257] A cláusula constitucional não excepcionou o afastamento da tutela jurisdicional em caso de conceitos vagos. Não se lê, neste dispositivo, que em caso de conceitos jurídicos indeterminados em questões envolvendo o Estado não pode o Judiciário prescrever uma ordem como concreção do próprio direito.

A defesa desta posição — a de ser possível, sempre, ao Judiciário *determinar* o sentido de um conceito jurídico —, se tantos embates provoca entre os administrativistas, parece pouco ou bem menos afligir àqueles que tratam de relações jurídicas entre particulares. Como exemplo, é o que ocorre com o art. 32 do Código de Defesa do Consumidor ao dispor que os fabricantes e importadores devem assegurar a oferta de componentes e peças de reposição enquanto não cessar a fabricação ou importação do produto, e em seu parágrafo único prescreve-se que cessadas a produção ou importação a oferta deve ser mantida por "período razoável de tempo", na forma da lei. Quanto "tempo" representa este "período razoável"? Na ausência de lei determinando com mais precisão este dever jurídico é inquestionável que o Judiciário, ao ser acionado por um consumidor que reclame que o bem que adquiriu deve ter, pelo fabricante, a disponibilidade de peças de reposição, deve pronunciar-se, no caso concreto, se houve, ou não, a violação da norma, e em caso positivo ordenar ao fabricante que em certo lapso forneça as peças necessárias. A indeterminação da norma é inquestionável. Por quanto tempo um fabricante de veículos, após ter encerrado a fabricação de certo modelo de automóvel, deve produzir as peças de reposição? E um fabricante de eletrodomésticos? Por maior que seja a

---

[257] Quanto às normas processuais que preveem a extinção do processo sem julgamento do mérito, não há dúvida sobre serem constitucionais porque simplesmente disciplinam a forma com que as alegações de ameaça e lesão a direito devem ser articuladas para o fim de assegurar outros direitos fundamentais de igual relevância, como o contraditório e a ampla defesa.

dificuldade de precisar, para o caso concreto, o sentido da expressão "período razoável de tempo", é certo que o Judiciário, pautado em provas técnicas, deve fazê-lo.

E não vemos porque, no âmbito das relações entre o Poder Público e os particulares, não se possa exigir e esperar o mesmo.

Sétimo, a separação de poderes, às vezes invocada como argumento para isentar de controle judicial os conceitos indeterminados, sob a ideia de que compete *exclusivamente* ao Executivo o preenchimento semântico da norma, parece-nos uma impressão equivocada da teoria da separação de poderes.

Como é costume dizer, e com razão, esta separação não é absoluta. É a Constituição Federal que prescreve o *feixe de competências* de cada função pública, e o faz assegurando características *típicas* que conferem ao respectivo órgão o nome de acordo com a preponderância de suas competências, mas também prevê características *atípicas* (em minoria, e que correspondem às *típicas* de outros órgãos), como é o caso do Legislativo que tem por função *típica* legislar e *atípica* administrar e julgar.

De fato, a separação rígida e absoluta dos poderes não encontra guarida na Constituição brasileira e, a bem da verdade, nunca encontrou em tempo algum de sua formulação teórica.

Em letras esclarecedoras, Leonardo André Paixão[258] lembra que se atribui a Aristóteles a identificação de diferentes funções do Estado: deliberativa, executiva e judicial — mas sem se sugerir que deveriam estas funções ser distribuídas a diferentes órgãos. Posteriormente, no século II a.C., Políbio propõe o chamado "governo misto", a fusão das características monárquicas (cônsules), aristocráticas (Senado) e democráticas (comícios da plebe), mas também sem atribuir as funções a órgãos distintos, no que foi acompanhado por Cícero, um século depois, ao também sustentar como a melhor alternativa à forma de governo a combinação da monarquia, aristocracia e democracia.

Apenas com John Locke, em 1690, com o *Segundo tratado sobre o governo civil*, que se formula com maior clareza a outorga das diversas funções a órgãos distintos. Mas para Locke, segundo Paixão,[259] o Legislativo deveria ter uma convocação temporária e periódica, e encerrando-se os trabalhos os legisladores deveriam retornar à sociedade para evitar uma classe distinta da população; o Poder Executivo deveria ser contínuo, e sobretudo por isso — o caráter sazonal da formação do

---

[258] *A função política do Supremo Tribunal Federal*, p. 21 *et seq.*
[259] *Ibidem*, p. 24.

Legislativo e a estabilidade do Executivo — que há a necessidade de órgãos diferentes. Mas há ainda, para Locke, o "poder de fazer a guerra e celebrar a paz, integrar ligas e alianças", denominado Poder Federativo, e acima destes três Poderes há mais outro, a *prerrogativa*, atribuído ao monarca, que é o poder de agir "discricionariamente" (ou melhor seria dizer "arbitrariamente") para atender o bem público na ausência de lei, e mesmo contra a lei. De acordo com Paulo Bonavides,[260] o "interesse público" para Locke significava a "medida da prerrogativa": o poder de realizar o "bem público" na ausência da lei.

Mas em retorno ao constitucionalista Leonardo André Paixão,[261] Montesquieu, no século XVIII, defende que a função legislativa deve ser atribuída a duas casas distintas, uma composta de representantes do povo, outra de representantes da nobreza, o Poder Executivo deve ser conferido a um monarca porque a necessidade de ações imediatas é atendida mais a contento por um do que por muitos, e a função jurisdicional a ser exercida por apenas certo período do ano por um tribunal formado por pessoas do povo. Mas Montesquieu concebe este poder, o Judiciário, como o menos expressivo porque entende, como era, aliás, o entendimento predominante à época, que caberia ao juiz o papel de ser fiel e submisso à lei.[262] Há na doutrina de Montesquieu, inquestionavelmente, uma predominância do Legislativo. O Judiciário, segundo Paixão, não participa para Montesquieu do aspecto político do funcionamento do Estado, por isto, e porque Montesquieu reconhece a necessidade de um poder regulador entre os Poderes Legislativo e Executivo, deve ser uma parte do primeiro, a que é composta pelos nobres, a competente para solucionar os conflitos.

Com a independência dos Estados Unidos, em 1778, começou a propagação da doutrina da separação de poderes, incorporada na Constituição de 1787, mas com alterações importantes, como destaca Leonardo Paixão,[263] como a substituição do veto absoluto do executivo por um veto superável por dois terços dos congressistas, com a atribuição à Suprema Corte, e não à câmara alta do Legislativo, da solução de conflitos entre os Poderes, e ainda com a possibilidade de controle de constitucionalidade das leis pelo Judiciário. Diferentemente, com a Declaração Universal dos Direitos do Homem e do Cidadão, em

---

[260] *Do Estado liberal ao Estado social*, p. 49.

[261] *A função política do Supremo Tribunal Federal*, p. 25 *et seq.*

[262] Como a propósito vimos no capítulo 1 sobre a "escola da exegese".

[263] *A função política do Supremo Tribunal Federal*, p. 30.

CONCEITOS JURÍDICOS INDETERMINADOS: UMA QUESTÃO DE INTERPRETAÇÃO JURÍDICA | 123

1789, a França, desconfiada dos juízes,[264] recusava qualquer papel predominante ao Judiciário.

Com estas breves referências, o que desejamos é realçar que a separação de Poderes, com expressões as mais variadas ao longo de toda a história da humanidade, e mesmo na história de cada país que contribuiu para o seu desenvolvimento, não pode ser óbice a pretender o impedimento do Judiciário em apreciar, sem restrições constitucionais *a priori*, mas apenas sujeito às doutrinas que cuidam da interpretação jurídica, não pode ser óbice, dizíamos, ao Judiciário conhecer e pronunciar-se a respeito de todo e qualquer conceito jurídico, seja determinado ou indeterminado, tenha sido sua aplicação, ora em litígio, defendida com certo sentido por um particular ou pelo Poder Público.

Oitavo fundamento, a defesa de que os conceitos vagos devem ser preenchidos com exclusividade pela Administração Pública representa para quem, como é o nosso caso, reconhece a íntima relação do direito com a retórica — da qual se vale da lógica formal, dentre outros métodos, como modelo de argumentação jurídica — a possibilidade de manipulações que manietam a realização do interesse público em benefício de interesses pessoais dos administradores. Como ressaltam Chaïm Perelman e Lucie Olbrechts-Tyteca ao versarem sobre o uso argumentativo da plasticidade das noções,

> [...] quando uma noção caracteriza sua posição pessoal, o orador apresenta como sendo não confusa, mas flexível, rica, ou seja, como contendo grandes possibilidades de valorização e, sobretudo, como podendo resistir aos ataques de experiências novas. Em contrapartida, as noções

---

[264] Leonardo André Paixão cita Manoel Gonçalves Ferreira Filho que esclarece que o sistema judiciário francês, até então, não era centralizado, mas exercido em cada região por um Parlamento no qual as ordenanças reais (leis editadas pelo monarca) só se tornavam obrigatórias depois que fossem registradas, procedimento este que era "adiado" por tempo indeterminado. O registro podia ser imposto pelo rei, mas isto necessitava de uma cerimônia que era desgastante politicamente e considerada humilhante ao monarca, o que estimulava que o rei negociasse com o tribunal, ou mudando algumas normas, ou intimidando, ou mesmo comprando votos (*Ibidem*, p. 32). Com isto, havia situações as mais distintas em todo o território francês porque em algumas regiões eram registradas as ordenanças, e em outras não. Além disso, os cargos na magistratura francesa eram vendidos e comprados livremente, independentemente de concurso público ou de qualquer outra qualidade pessoal do interessado, como o próprio Montesquieu que herdou e vendeu um cargo de magistrado que pertenceu ao seu avô e depois ao seu tio (*Ibidem*, p. 32).

vinculadas às teses do adversário serão congeladas, apresentadas como imutáveis.[265]

Nono e último fundamento, e que em realidade combinamos o que já expusemos como quinto e sexto argumentos, e isto em razão da especial associação que nos parece existir entre estes, é mesmo do comando do mencionado art. 5º, XXXV, da Constituição Federal com a teoria da separação de poderes, na forma como concebida em nosso ordenamento jurídico, que uma vez mais concluímos que os conceitos jurídicos indeterminados não são aptos a alijar o controle judicial, mas, ao inverso, este controle é um *dever* irrenunciável atribuído como função típica do Judiciário.

Com estes fundamentos apresentados, reconhecemos que as consequências práticas desta posição que adotamos são de suma importância. Precisam ser avaliadas e esclarecidas, e podem, a nosso ver, ser sucintamente definidas do seguinte modo:

a) diante de *declarações jurídicas* da Administração Pública, isto é, quando o controle jurisdicional for acionado contra um ato administrativo, um decreto, ou qualquer outra declaração do Poder Público, o *caso concreto* reclamará do magistrado que se pronuncie a respeito da interpretação jurídica procedida pelo agente administrativo, se o significado atribuído a determinada palavra ou termo guarda compatibilidade com o respectivo signo.

Para o *caso concreto* será preciso definir, como vimos com Eduardo García de Enterría e Tomás-Ramón Fernández, o *juízo disjuntivo*: ou houve "boa-fé", ou não; ou houve "insubordinação", ou não; e por aí afora.

Cumpre relembrar que toda a técnica de interpretação jurídica empregada pelo magistrado, que o sopesar de valores jurídicos, a leitura sistemática do ordenamento jurídico, a perquirição tópica da solução, a construção do sentido do conceito jurídico conforme a lógica do preferível (Perelman), a lógica do razoável (Recaséns Siches), são procedimentos que não se guiam pelas convicções personalíssimas

---

[265] PERELMAN, Chaïm; OLBRECHTS-TYTECA, Lucie. *Tratado da argumentação*: a nova retórica, p. 156 *et seq.* Em outras passagens assaz importantes: "O caráter congelado dos conceitos do adversário facilita a sua refutação e possibilita considerá-los inválidos, inadaptáveis e, por isso, ultrapassados. As concepções que defendemos serão as de um pensamento vivo, flexível, adaptável e, por isso, sempre atuais" (*Ibidem*, p. 157); "[...] alargaremos o campo do termo pejorativo 'fascista' para nele englobar certos adversários; ao passo que restringiremos a extensão do termo 'democrático' que é valorizador, para excluí-los dele. Inversamente, limitaremos o sentido da palavra 'fascista' para dela excluir os amigos que apoiamos e alargaremos o sentido da palavra 'democrático' para nela os incluirmos" (*Ibidem*, p. 158).

do intérprete, mas conforme o que é possível extrair do *senso comum*. Estarão sempre presentes, por serem indissociáveis do ser humano, suas capacidades, convicções, crenças, e tudo a influenciar, é claro, a interpretação jurídica, mas o envido do intérprete, o desafio com o qual profliga, é o de mitigar ao máximo esta carga personalista e identificar o que se externa do "homem comum", do padrão médio da sociedade em relação à noção jurídica que reclama interpretação.

Daí concordarmos plenamente com Tomás-Ramón Fernández ao encarecer o dever de *motivar*, como esclarece:

> Há em todo caso uma regra geral, aplicável tanto ao administrador como ao juiz: a necessidade de fundamentar toda decisão e de fundamentá-la, precisamente, no Direito e não no desejo, na vontade, no capricho, nas preferências ou em gostos de quem a adota. Em um Estado "de Direito" só o fundamentado e justificado "em Direito" é razoável e só o razoável é juridicamente admissível. A questão chave é, pois, como tenho dito, a motivação, mas não a motivação entendida neste sentido rotineiro e formal que costumamos dar ao termo, mas sim como justificação resultante de um processo argumentativo mais ou menos explícito, mas apoiado sempre por razões exigíveis e sustentadas, dotadas de capacidade persuasiva e suscetíveis portanto de resistir sua eventual confrontação com outras em um debate aberto ante uma instância imparcial, que, em última instância, tem como testemunha e como referência uma comunidade de homens livres.[266]

É preciso compreender que tanto mais *intensa* deve ser a *motivação*, isto é, com mais argumentos, mais expositiva, com maior articulação de fatos e fundamentos, quanto maior for a *imprecisão* do conceito jurídico.

Portanto, a eventual correção de uma declaração jurídica da Administração em razão do sentido de um conceito jurídico indeterminado não se trata de substituir a "vontade" de um agente público pela "vontade" de um magistrado, mas se cuida de proceder-se a mera *interpretação*, e apenas neste sentido é que há substituição, pois sem dúvida a *jurisdição* define-se por ser a substituição das *interpretações* das partes em conflito pela do Estado-juiz — também não pela interpretação de um magistrado, pois o sistema processual enseja a revisão em segunda instância por um colegiado de magistrados e, não raras vezes, a revisão, ainda mais uma vez, por magistrados das Cortes Superiores.

---

[266] FERNÁNDEZ, Tomás-Ramón. *De la arbitrariedad de la administración*, p. 228-229.

O *caso concreto* confere elementos suficientes, sempre, para que o Judiciário, quando provocado, pronuncie-se a respeito de qualquer causa pouco importa se a atuação da Administração Pública fundamenta-se em algum conceito jurídico determinado ou indeterminado. O caso concreto assegura a presença de elementos suficientes porque é o caso a ser decidido. Toda e qualquer carência probatória, toda dúvida técnica e científica, toda a vagueza que um conceito ainda possa apresentar, mesmo assim, é exatamente *todo este contexto* (de imprecisões, de carências, de incertezas) que caracteriza o *caso concreto* a ser resolvido. Por isso, o que é *possível* extrair e perquirir é o *quanto suficiente*, tanto fática e juridicamente, para que o Judiciário cumpra o seu dever de proceder ao amplo controle.

Se uma norma prescreve que aos "carentes" a Administração deverá disponibilizar certo atendimento, por mais imprecisa que pareça ser a palavra, por pouco objetiva que se apresente o texto da lei, ainda assim, é dever do Judiciário (art. 5º, XXXV, da Constituição Federal) sopesar o *caso concreto*, considerar o contexto normativo no qual se encontra a norma específica (interpretação sistemática), ponderar as soluções possíveis (tópica jurídica), e dizer se a interpretação que o agente administrativo conferiu, ou tem conferido, à palavra "carentes" é convincente, se atende à *lógica do razoável*, à *lógica do preferível*. Ou o sujeito que aciona o Judiciário (porque entende que foi preterido de tal atendimento) é "carente" ou não o é — o juízo, no *caso concreto*, é sempre disjuntivo.

Se para a solução do caso em análise o magistrado utilizará como baliza o valor do salário mínimo, em razão de ser uma prescrição constitucional, ou se ponderará alguma relação de, por exemplo, custo do tratamento de saúde que é oferecido e a renda do impetrante, ou se diante da precariedade de provas determinará a realização de perícia, ou se será suficiente a ponderação das máximas de experiência (art. 335 do Código de Processo Civil) para, por exemplo, considerar as circunstâncias que envolvem o sujeito, como a sua renda, a família que tem para sustentar, o custo da vida social etc., enfim, o fato é que, necessariamente, o Judiciário deverá dizer se o autor da demanda qualifica-se, ou não, como "carente".

Se uma norma municipal anuncia um concurso para a escolha do melhor projeto arquitetônico da praça principal da cidade, e se diz que além de certo prêmio determinado para o vencedor os classificados de segundo ao quinto lugar também serão "premiados", por mais vaga que seja a palavra o fato é que o classificado em uma destas posições que entender que, por exemplo, a "menção honrosa" feita em uma

CONCEITOS JURÍDICOS INDETERMINADOS: UMA QUESTÃO DE INTERPRETAÇÃO JURÍDICA | 127

placa afixada nesta mesma praça não representa qualquer "prêmio", poderá reclamar do Judiciário que se pronuncie a respeito. Ao Judiciário, após extrair dos fatos o máximo de informação possível, após aplicar as respectivas técnicas de interpretação jurídica, cumprirá dizer se a "menção honrosa", neste *caso concreto*, representa, ou não, um "prêmio".

O que é de fundamental e definitiva importância para entender-se nossa posição: nestes caricatos exemplos *não há qualquer discricionariedade* porque não há liberdade de escolha, não há uma *pluralidade* de decisões legítimas, mas existe, isto sim, a dificuldade de definir conceitos que apresentam expressiva imprecisão. Toda indeterminação reduz-se, sempre, a alguma *determinação* para o *caso concreto*, e pouco importa se o autor da ação é o próprio interessado, ou o Ministério Público representando a sociedade, ou se trata de um controle concentrado de constitucionalidade,[267] pois toda ação cuida de um *caso concreto*.

Tanto não há qualquer discricionariedade que não seria possível à Administração, no primeiro exemplo, conferir a certa pessoa em determinado contexto fático a qualidade de "necessitado" — e, por conseguinte, o atendimento almejado — e à outra, na mesma ou semelhante situação, recusar a qualificação. Como não seria possível, no segundo exemplo, ao segundo lugar conceder a "menção honrosa", ao terceiro entregar um veículo, ao quarto oferecer, como "prêmio", o cargo de Secretário de Cultura, e ao quinto entregar um diploma. E não seria possível, nestes exemplos, assim proceder não apenas sob a invocação do princípio da isonomia, que sem dúvida informa e orienta a discricionariedade administrativa, mas porque se trata da precisão, da definição, de um conceito de cuja operação não pode o Judiciário esquivar-se.

Não se trata de mero jogo de palavras — de que não se cuida de "discricionariedade administrativa", mas de "interpretação jurídica" — como se não houvesse distinção prática a respeito. A discricionariedade pressupõe uma *pluralidade* de decisões legítimas, portanto, com a *escolha* de certa opção, para determinado caso, é possível, em futuro próximo, optar-se por outra solução, e em outra situação escolher uma terceira opção. Ao reconhecermos que os conceitos jurídicos indeterminados relacionam-se apenas e exclusivamente com a *interpretação jurídica* não há esta possibilidade de pluralidade de escolhas. Para o exemplo do

---

[267] Como uma ação declaratória de inconstitucionalidade, pois no sentido que empregamos a expressão "caso concreto" queremos dizer que há uma "situação jurídica" a ser julgada — afinal, a pretensão de declaração de inconstitucionalidade de uma lei tem a própria lei por objeto a ser resolvido.

"prêmio", com a *determinação* do conceito como o pagamento de certa quantia em dinheiro, assim valerá, inclusive, para outros concursos da Administração para os quais haja a aplicação do mesmo texto normativo.

Pois se fosse discricionariedade administrativa, se houvesse liberdade de escolha entre opções distintas, se houvesse a possibilidade de ponderação de um juízo de *conveniência* e de *oportunidade*,[268] ainda que coarctada pelo princípio da igualdade, a discricionariedade administrativa poderia legitimar que em *momentos* distintos, em *lapsos temporais* diferentes, a Administração, por *conveniência* ou *oportunidade*, passa-se a definir, por exemplo, que naquela semana o "necessitado" não seria — repetimos: sob a invocação da conveniência e da oportunidade — não seria mais de acordo com os critérios da semana passada, que, a propósito, já eram critérios também distintos dos utilizados na semana anterior. Destarte, mesmo a pretexto de assegurar o princípio da igualdade para aqueles que se apresentam naquele *momento* (naquele mesmo *lapso temporal*), se os conceitos jurídicos indeterminados ensejassem a "discricionariedade administrativa", então, por *conveniência* e *oportunidade*, seria possível atribuir, a cada momento diferente, uma nova significação para a palavra "necessitado".

Mas ao inverso, por se tratar de um caso de *interpretação jurídica*, a definição do conceito de "necessitado", após considerar a finalidade (saúde, educação, habitação etc.), as circunstâncias fáticas (a região do país onde é implantado o programa, a preexistência de algum cataclismo etc.), depois do emprego das técnicas de interpretação jurídica já tantas vezes por nós referidas, com a definição de "necessitado" como, por exemplo, todo aquele que não tem renda ou que percebe valores inferiores ao salário mínimo, após a definição passa a Administração a submeter-se e guardar rigorosa subserviência a esta definição do conceito.

O fato de haver *diversidade* de intelecções — o que é próprio do direito, como vimos sobretudo no capítulo 1 — não se confunde com a *pluralidade* de decisões legítimas da competência discricionária — a possibilidade, como ainda veremos nos próximos capítulos, de adotar-se esta ou aquela decisão.

No primeiro caso, a *diversidade* é reconhecida em razão da possibilidade de haver *convicções* diferentes, diversos operadores do direito, como exemplo vários juízes, *persuadidos* de que *a unidade de solução*

---

[268] Sobre a impropriedade desta expressão — "juízo de conveniência e oportunidade" — cuidamos no tópico 5.2.8.

justa é tal ou qual intelecção, mas *cada operador*, em si, contempla *uma* solução, e é por isso que não pode — a decisão é passível de correção — um juiz dizer que embora reconheça a presença dos requisitos para a concessão da liminar, deixa de deferi-la porque não é oportuno, e é por isso que é passível de correção, ainda, a decisão de um magistrado que, em caso similar, sem nenhum elemento diferente de relevo, decide de modo diferente do que deliberou dias atrás. Decerto é possível ao magistrado *mudar* de entendimento, ser *persuadido* de que a melhor intelecção é outro entendimento, mas deve expor este aspecto, estender e aprofundar mais sua decisão, para passar a decidir diferente do que até então decidia.

No segundo caso (pluralidade de decisões legítimas), a cada operador do direito, como é exemplo o administrador, é franqueada a possibilidade de escolha, indistintamente, entre duas ou mais soluções. A escolha, na *competência discricionária*, não se faz pelo que se está convencido ou persuadido; a escolha (um indiferente jurídico, como ainda veremos — capítulo 3) vale para *aquele momento*, e por isso pode não se repetir em situação similar pouco adiante — desde, é claro, que não se ofendam os princípios jurídicos, como o da isonomia, entre outros.

Os conceitos jurídicos indeterminados aninham-se na seara da *interpretação jurídica*. Por ingente que seja a dificuldade de *determinação*, ainda assim, trata-se sempre e em toda situação, de *interpretação jurídica*, da busca da *unidade de solução justa*, de uma ponderação de um *juízo disjuntivo*. Não há, em suma, uma pluralidade de decisões legítimas *ao mesmo* intérprete, não pode o intérprete dizer que é conveniente e oportuno, naquele contexto, entender que boa-fé é representada por tal comportamento, e depois voltar atrás e dizer que não é mais conveniente entender assim, ou que diante de outro fato, de estrutura fática similar, deixar de qualificá-lo juridicamente como na véspera foi qualificado porque não é oportuno tal entendimento. Como lecionam Eduardo García de Enterría e Tomás-Ramón Fernández, ou é o caso de "urgência", ou não o é, ou o comportamento é "inadequado", ou não se qualifica como tal.

Convém recordar, a propósito, que os conceitos jurídicos indeterminados são comuns em tantas outras normas jurídicas que se aplicam primordialmente a relações particulares, como no Código Civil encontram-se a "boa-fé" (art. 113), "diligência normal" (art. 138), "excessivamente onerosa" (art. 156), "motivos imprevisíveis" (art. 317), "mútua assistência" (art. 1.566, III), "respeito e consideração mútuos" (art. 1.566, V), ou no Código Penal encontram-se "relevante valor social ou moral" (art. 65, III, *a*), "sem justa causa" (art. 153) etc.

Claro que tal como o juiz ao ser provocado a apreciar a possível inconstitucionalidade de uma lei, e depois de aplicar as técnicas de interpretação jurídica, pode convencer-se de que entre as interpretações possíveis do comando constitucional a interpretação eleita pela lei amolda-se ao seu fundamento de validade (a Constituição), e isto porque há uma *presunção de constitucionalidade da lei*,[269] do mesmo modo há uma *presunção de legitimidade* dos atos administrativos[270] e é possível que o Judiciário seja convencido, persuadido (Perelman), de que aquela solução da Administração é compatível com o conceito questionado. Como observa Fernando Sainz Moreno[271] com uma acuidade ímpar, a validade das decisões da Administração sobre a aplicação de noções jurídicas é a substituição da ideia de discricionariedade por uma *margem de confiança* que se fundamenta na *presunção de validade* dos atos administrativos. Mas isso não é discricionariedade.

Isto é o que, a nosso ver, representa a *unidade de solução justa* (Eduardo García de Enterría e Tomás-Ramón Fernández), pois os próprios mestres esclarecem que não se trata de um "único fato", uma "única solução", mas que em cada caso ou se reconheça a aplicação do conceito, ou não; como exemplificam, ou o caso concreto caracteriza a "boa-fé", ou não, o que reclama, como afirmam os mestres, uma "apreciação por juízos disjuntivos".

Esta orientação é igualmente perfilada por Marcos Maselli Gouvêa: "[...] em princípio, a tarefa de interpretar cabe ao Judiciário; apenas por reverência a outro Poder este apreciará com especial atenção a 'sugestão interpretativa' formulada pelo Executivo — assim como estudará, supõe-se, verbetes de dicionários, livros de doutrina etc.".[272]

---

[269] Sobre o princípio de presunção de constitucionalidade das leis e dos atos do Poder Público, ensina-nos Luís Roberto Barroso: "Em sua dimensão prática, o princípio se traduz em duas regras de observância necessária pelo intérprete e aplicador do direito: a) não sendo evidente a inconstitucionalidade, havendo dúvida ou a possibilidade de razoavelmente se considerar uma norma como válida, deve o órgão competente abster-se da declaração de inconstitucionalidade; b) havendo alguma interpretação possível que permita afirmar-se a compatibilidade da norma com a Constituição, em meio a outras que carreavam para ela um juízo de invalidade, deve o intérprete optar pela interpretação legitimadora, mantendo o preceito em vigor" (*Interpretação e aplicação da Constituição*, p. 178).

[270] Como em outra ocasião tivemos oportunidade de definir este atributo, "Quer expressar, este atributo, que os atos administrativos presumem-se praticados em conformidade com a lei (por isto a 'legitimidade') e que expressam a realidade sobre os fatos os quais são declinados como o motivo de sua edição (daí a 'veracidade')" (Luis Manuel Fonseca Pires, *Limitações administrativas à liberdade e à propriedade*, p. 66).

[271] *Conceptos jurídicos, interpretación y discrecionalidad administrativa*, p. 307 *et seq.*

[272] GOUVÊA, Marcos Maselli. *O controle judicial das omissões administrativas*, p. 64.

Mas o fato é que, mesmo diante da *persuasão* (Perelman), mesmo convencido o Judiciário de que a Administração logrou definir o conceito impreciso, esta definição, esta determinação passa a caracterizar o conceito jurídico indeterminado em análise, e por isso não poderá a Administração, algum tempo depois, optar por defini-lo de modo diverso. Pois não há uma pluralidade de opções legítimas, não se trata de discricionariedade, mas sim de *interpretação jurídica*, de *definição* de conceitos jurídicos, e apenas a sensível e perceptível transmutação dos valores sociais, ao longo de considerável avanço do tempo, é que enseja, como em qualquer outra interpretação, a redefinição das palavras.

Para finalizar, retornamos a sublinhar que por tudo isto, por não haver o que se convencionou chamar de "conveniências" e "oportunidades", por não haver, em suma, qualquer discricionariedade administrativa, mas sim a dificuldade de determinar um conceito vago, é que a sua definição, se não for invalidada pelo Judiciário, vincula a Administração como verdadeiro *precedente* para casos futuros. Como afirmamos no parágrafo precedente, claro está que toda interpretação sofre, ao influxo do tempo, releituras, mas em avanços mais contidos e sob fundamentos e ponderações bem distintas de todo e qualquer juízo discricionário que caracteriza, como veremos na segunda parte deste trabalho, a discricionariedade administrativa.

b) diante da *omissão administrativa,* quer dizer, em situação na qual a Administração é inerte, omite-se quanto à implementação de alguma política pública ou silencia apesar de instada pelo particular que postula alguma pretensão individual, o Judiciário também deverá, é claro, firmar, para o caso concreto, o exato sentido do conceito jurídico indeterminado do qual depende a aplicação da norma jurídica.

Consideremos como exemplo a prescrição do art. 4º do Estatuto da Criança e do Adolescente, a Lei nº 8.069/90, que em consonância com o art. 227 da Constituição Federal, reafirma ser dever da família, da sociedade e do Estado assegurar, *com absoluta prioridade*, os direitos fundamentais das crianças e adolescentes, e no seu parágrafo único enfatiza-se que a garantia de prioridade compreende a primazia de receber proteção e socorro em quaisquer circunstâncias (*a*), a precedência de atendimento nos serviços públicos ou de relevância pública (*b*), a preferência na formulação e na execução das políticas sociais públicas (*c*), a destinação privilegiada de recursos públicos nas áreas relacionadas com a proteção à infância e à juventude (*d*). Em seu art. 86 o mesmo diploma dispõe que a política de atendimento dos direitos da criança e do adolescente faz-se por meio de um conjunto articulado de ações governamentais e não governamentais, de todos os entes da federação, e que são linhas de ação da política de atendimento, dentre outras, as políticas sociais básicas (I), as políticas e programas de assistência social, em caráter supletivo, para aqueles que deles necessitem (II), os serviços especiais de prevenção e atendimento médico e psicossocial às vítimas de negligência, maus-tratos, exploração, abuso, crueldade e opressão (III), a proteção jurídico-social por entidades de defesa dos direitos da criança e do adolescente (V), e ainda como diretrizes da política de atendimento a municipalização do atendimento (art. 87, I), a criação e manutenção de programas específicos (II), observada a descentralização político-administrativa (art. 88). Por fim, o art. 90 imperativamente atribui às entidades de atendimento a responsabilidade pela manutenção das próprias unidades, bem como pelo planejamento e execução de programas de proteção e socioeducativos em regime, entre outros, de abrigo (IV).

Não faltam, nestas referências legislativas, exemplos vários de conceitos jurídicos indeterminados ("com absoluta prioridade", "ação da política de atendimento", "diretrizes da política de atendimento" e tantas outras). E não será pela ausência de uma atuação positiva da Administração Pública que o Judiciário não poderá dizer, diante do caso concreto, como em uma ação civil pública promovida pelo Ministério Público, se existe, ou não, a "absoluta prioridade" de o Poder Público Municipal instalar uma Casa de Abrigo na cidade, para o atendimento de ao menos um número mínimo de crianças e adolescentes, como modo de cumprir uma "ação da política de atendimento" sob o regime de abrigo (art. 86, 87, 88 e 90).

Neste exemplo, outro campo que se abre à discussão, mas que deixaremos para a segunda parte deste estudo, é sobre a possibilidade, ou não, do controle jurisdicional sobre a competência discricionária nas políticas públicas. Mas não pode a celeuma, a nosso ver, estancar antes, já na negação *a priori* de qualquer comando judicial a pretexto de conterem os artigos comentados alguns conceitos jurídicos indeterminados. A determinação, a definição destes conceitos, compete, sim, ao Judiciário quando provocado. A discussão, após esta fase, para este caso concreto que apresentamos, mas após o reconhecimento de que a norma confere competência discricionária (não pelos conceitos indeterminados, mas por outras razões que serão oportunamente vistas), é se esta discricionariedade é passível de controle judicial.

O fato é que os conceitos jurídicos indeterminados, por tudo quanto expusemos, devem ser determinados pelo magistrado diante do caso em julgamento.

CONCEITOS JURÍDICOS INDETERMINADOS: UMA QUESTÃO DE INTERPRETAÇÃO JURÍDICA[2] | 133

Um último exemplo: se uma lei municipal prescreve o dever de o Poder Público outorgar a licença para funcionar destinada a permitir o exercício, naquele bairro, de "atividades comerciais", mas se diante do pedido do administrado a Administração silencia, não responde ao seu pedido, outorgando a licença ou indeferindo o pedido, e se neste contexto o Judiciário for acionado, deverá pronunciar-se e *definir* se, para o caso concreto, a atividade a ser exercida pelo autor qualifica-se, ou não, como "atividade comercial". Ainda que eventualmente se necessite de uma perícia porque se cuida de uma produção empresarial que provoca fundadas dúvidas se se trata de uma atividade industrial ou realmente mercantil; ou que seja possível, pelas máximas de experiência, asseverar, por exemplo, que a compra e venda de roupas é uma atividade comercial. O fato é que não pode o Judiciário recusar-se a intervir e solucionar o conflito a pretexto de conter o texto normativo alguns conceitos vagos. Neste exemplo, notemos, trata-se de um ato sob a competência *vinculada* — ou se preenche a qualificação jurídica e deve-se outorgar a licença, ou não se amolda e o pedido deve ser indeferido —, o que reforça a ideia de que a indeterminação de um conceito jurídico relaciona-se com a dificuldade que pode ensejar ao intérprete, mas em momento algum deve servir de pretexto à renúncia da interpretação e o resvalo da definição ao campo da discricionariedade administrativa. Há uma substancial distância, como temos visto e como veremos ainda mais, entre o fundamento sob a *interpretação jurídica* e o sob a *competência discricionária*.

Mas ao remate da análise destas consequências práticas — diante de *declarações jurídicas* (*a*) e de *omissões administrativas* (*b*) —, há ainda uma distinção fundamental a ser destacada. É que em relação à omissão administrativa não há sequer a possibilidade de considerar qualquer *presunção de legitimidade* por parte do Poder Público, pois não há legitimidade no silêncio se o ordenamento jurídico prescreve a ação. Não há, pois, qualquer possibilidade de o juiz persuadir-se a respeito da opção do administrador porque, no caso, silenciar não é uma opção legítima. A omissão não representa uma escolha por certa intelecção se a norma jurídica determina um comportamento. Por isso, perante o silêncio administrativo, diante da inércia da Administração em definir juridicamente um texto normativo impreciso do qual a determinação é necessária para a atuação, o Judiciário firmará o exato entendimento do conceito jurídico indeterminado sem qualquer ponderação com outro paradigma que a Administração pudesse fazer sobre a interpretação do conceito vago.

2.2.1 Precedentes administrativos e autovinculação

No tópico precedente, em exposição à nossa posição sobre os conceitos jurídicos indeterminados e a competência discricionária (de modo a afastar em absoluto qualquer intersecção), referimo-nos a um critério de controle judicial que remanesce quanto às decisões administrativas sob a competência vinculada, o comprometimento da Administração Pública aos seus próprios *precedentes* (ao final da primeira — *a* — das duas conclusões formuladas). Introduzimos tema que deve ser esclarecido porque se relaciona ao controle judicial da Administração Pública tanto no exercício de suas competências *discricionárias* quanto *vinculadas*: os *precedentes administrativos* e a consequente *autovinculação* da função administrativa. A relevância deste ponto pode ser ilustrada com a lembrança de tópico adiante no qual trataremos do controle judicial das decisões administrativas realizadas no âmbito do direito administrativo sancionador — no caso, um feixe de competências vinculadas (4.3.2).

Precedente administrativo é definido pela espanhola Silvia Díez Sastre como um "[...] ato anterior com relevância que pode projetar efeitos jurídicos ao futuro, condicionando o comportamento de distintos sujeitos — os cidadãos, os Tribunais ou a Administração — em casos similares".[273]

Na Espanha, embora os precedentes administrativos não encontrem específica previsão legal, são considerados uma categoria jurídica indicativa da falta de coerência da Administração quando subitamente e sem justificativa são desconsideradas as orientações anteriormente afirmadas. São os precedentes administrativos um fundamento a ser sopesado à averiguação de eventual vulneração dos direitos fundamentais à igualdade, confiança e interdição à arbitrariedade.[274]

Dito de outro modo, os *precedentes administrativos* devem ser dogmaticamente elaborados com fundamento em três princípios jurídicos específicos: *a)* igualdade, *b)* confiança e *c)* interdição à arbitrariedade. Princípios igualmente fundantes da nossa ordem constitucional, ou porque explicitamente afirmados, a exemplo da igualdade (art. 5º, *caput*), ou porque implicitamente indispensáveis ao reconhecimento do Estado de Direito, o que é o caso da confiança, consequência natural da *segurança jurídica*, e a interdição à arbitrariedade, normalmente tratada no direito brasileiro como princípio da razoabilidade (ou da proporcionalidade

---

[273] *El precedente administrativo*: fundamentos y eficácia vinculante, p. 70.

[274] *Op. cit.*, p. 21.

em sentido estrito, ou ainda postulado, e não princípio, a depender de qual dogmática dos direitos fundamentais é acolhida).

De tal sorte, referir-se aos precedentes administrativos significa reconhecer a *autovinculação* da Administração Pública aos seus atos e comportamentos pretéritos, o que faculta, por conseguinte, o *controle judicial* se estes paradigmas são rompidos sem justificativa. O que não representa qualquer engessamento da função administrativa, mas sim um *agir racional* — a exigência de respeito e consideração do Poder Público por seus cidadãos como seres racionais que são; significa ainda exasperar o *dever de motivar* sempre que houver, como afirma Silvia Díez Sastre, modificação do critério anteriormente considerado.[275]

Por consectário natural, tratar dos *precedentes administrativos* implica reconhecer a *autovinculação* que o exercício da função administrativa promove. Nas lições de Eurico Bitencourt Neto a autovinculação é uma "[...] contração, uma redução da competência discricionária feita pela própria Administração",[276] e são quatro as suas hipóteses principais: *a)* por decisões reiteradas da Administração Pública, isto é, em razão de *precedentes administrativos*; *b)* por força do exercício de competência regulamentar na medida em que se impõe parâmetros para a atuação discricionária; *c)* em virtude de promessas dirigidas a particulares, e *d)* por concertação administrativa ou de atos administrativos bilaterais.

A primeira hipótese que nos interessa é cuidada também por Vanice Regina Lírio do Valle que mostra a sua importância no controle das políticas públicas:

> Observe-se que o reconhecimento de que a formulação em si de uma política pública determina para a Administração uma auto-vinculação jurisdicionalmente exigível, retro-alimenta por sua vez a importância e utilidade da eventual persecução jurisdicional dessa mesma obrigação — de formulação expressa da política pública a se desenvolver. Isso porque, quanto mais se tenha de enunciação explícita desses parâmetros de ação, mais se tem de auto-vinculação, e portanto, maior o espectro e controle de poder, cada qual atuando, todavia, na respectiva esfera de especialização funcional, sem substituição ou descarte constitucionalmente inautorizado.[277]

---

[275] *Op.cit.*, p. 268.

[276] Autovinculação administrativa e provimento de cargos em comissão. *Revista Brasileira de Estudos da Função Pública*, p. 51.

[277] *Políticas públicas, direitos fundamentais e controle jurisdicional*, p. 158.

Não obstante o controle judicial das políticas públicas ser objeto de análise em capítulo adiante (9), em conclusão a este tópico convém exemplificar a exposição com referência a uma situação possível no âmbito das políticas públicas. Em grandes cidades costuma-se implementar uma política social de proteção aos trabalhadores que vivem do mercado informal das ruas, os chamados "ambulantes". Na cidade de São Paulo foi editada a Lei Municipal nº 11.039/91 que disciplina o exercício do comércio ou prestação de serviços ambulantes nas vias e logradouros públicos. A denominação "ambulante" é contemplada nesta norma (art. 3º) e a possibilidade de o Poder Público conferir a permissão de uso de bem público (ruas ou praças) a título precário é expressamente afirmada (art. 2º e 11).

Existe então uma *política pública social*, arquitetada por lei — o que cumpre com o *princípio da legalidade* (art. 5º, II, e 37, *caput*, ambos da Constituição Federal) —, de promoção de uma das funções da cidade, o *trabalho*, de modo a valorizá-lo, um dos fundamentos da República Federativa do Brasil (art. 1º, IV, da Constituição Federal), pôr-se em mira de erradicar a pobreza e a marginalização e ainda de reduzir as desigualdades sociais e regionais, objetivos republicanos (art. 3º, III), e valorização, em última análise, da própria dignidade da pessoa humana (art. 1º, III).

Neste contexto, embora a *permissão de uso de bem público* defina-se como ato unilateral, realizado em manifestação de *competência discricionária* do Poder Público — e deste modo é tratada pela Lei Municipal nº 11.039/91 —, a precariedade não pode ser súbita e simplificadamente invocada a pretender justificar o empenho de medidas de retrocesso social com a singela extinção dos atos de outorga de uso privativo dos espaços públicos sem alternativas de áreas onde efetivamente se possa continuar a política pública legalmente prescrita. Não apenas a *lei* definiu uma *política pública social*, mas ainda — no exemplo construído à compreensão do tema — as *permissões de usos de bem público* que foram outorgadas em sua materialização apresentam-se como *precedentes administrativos* que *autovinculam* a Administração Pública. A alteração de paradigmas — por exemplo, a realocação dos ambulantes em alguns pontos específicos da cidade que passam a destinar-se exclusivamente à concentração de vendedores ambulantes — depende, porque há precedentes de decisões onde as outorgas são espalhadas pelas ruas da cidade, e porque os precedentes vinculam a Administração Pública, a alteração exige que no exercício da função administrativa assuma-se o ônus argumentativo de explicar as razões da mudança e prove-se que

CONCEITOS JURÍDICOS INDETERMINADOS: UMA QUESTÃO DE INTERPRETAÇÃO JURÍDICA | 137

não há um retrocesso da política social com o que de novo se propõe em substituição.

Os precedentes administrativos, portanto, encarecem o ônus de racionalidade das decisões administrativas, sejam estas proferidas com fundamento em competência discricionária ou vinculada, e parametrizam, em última análise, novas possibilidades — igualmente condicionadas à argumentação racional — de controle judicial.

2.2.2 As cláusulas gerais e a interpretação jurídica

Tema que tangencia os conceitos jurídicos indeterminados é a doutrina das *cláusulas gerais*, e porque propomos isolar a interpretação jurídica dos conceitos jurídicos indeterminados da discricionariedade administrativa devemos definir o que são as cláusulas gerais e a qual regime que se subsumem, isto é, se se trata de assunto referente à interpretação jurídica — tal como os conceitos jurídicos indeterminados — ou se se relaciona com a discricionariedade administrativa.

Brevemente, portanto, cumpre-nos antes definir o que vêm a ser as cláusulas gerais.

Karl Engisch é categórico ao distinguir os conceitos jurídicos indeterminados das cláusulas gerais. Enquanto os conceitos indeterminados contrapõem-se aos determinados — diz o autor —, a cláusula geral contrapõe-se à elaboração casuística.[278] Em seus dizeres: "[...] havemos de entender por cláusula geral uma formulação da hipótese legal que, em termos de grande generalidade, abrange e submete a tratamento jurídico todo um domínio de casos".[279] De tal sorte, como exemplifica o autor, é possível conceber uma cláusula geral que se apresente de modo determinado, que utilize conceitos descritivos, embora ele reconheça que normalmente a cláusula geral é ao mesmo tempo indeterminada.[280] Trata-se, em suma, de um "domínio da técnica legislativa" segundo a qual se pretende sujeitar a uma norma um vasto grupo de situações.[281]

Com abordagem por outra perspectiva, Judith Martins-Costa define a cláusula geral como uma disposição de "[...] tessitura intencionalmente aberta, fluida ou vaga [...]" e que se dirige ao juiz como verdadeira norma de competência para que, diante de casos concretos,

---

[278] ENGISCH, Karl. *Introdução ao pensamento jurídico*, p. 228 *et seq.*

[279] ENGISCH, Karl. *Introdução ao pensamento jurídico*, p. 229.

[280] *Ibidem*, p. 232-233.

[281] *Ibidem*, p. 233.

"[...] crie, complemente ou desenvolva normas jurídicas".[282] E a autora chega mesmo a entender que esta competência atribuída ao julgador permite-lhe integrar a norma com critérios metajurídicos, éticos, morais ou sociais.

Para Cláudio Luiz Bueno de Godoy, embora reconheça o reenvio que a cláusula geral prescreve, é preciso enfatizar que a mesma não faculta ao julgador a subjetividade absoluta de sua decisão. Diz ele:

> [...] diante de uma cláusula geral, não se permite ao aplicador apenas justificar a criação da regra do caso concreto pelo que ele considera justo, a pretexto de que a tanto autorizado pelo reenvio a critérios extrajurídicos, puramente éticos ou morais, como se eles se desenvolvessem à margem do direito. Na verdade, os valores, proposições ou padrões de comportamento socialmente apreciáveis a que recorra o juiz, quando dá conteúdo à cláusula geral, conquanto não explícitos no ordenamento [...] devem ao menos ser dele [ordenamento] inferíveis, encontráveis em seus lindes.[283]

Para não confundirmos a cláusula geral com o conceito jurídico indeterminado parece-nos pertinente acolher, por primeiro, a proposta de Karl Engisch: trata-se de uma formulação geral que pretende abarcar um amplo número de situações, em oposição ao propósito das disposições casuísticas.

Na seara do direito administrativo podemos trazer os seguintes exemplos: o art. 13 da Lei de Licitações, a Lei nº 8.666/93, refere-se aos "serviços técnicos profissionais especializados". O que poderia ser uma cláusula geral — em razão da diversidade de atividades a submeterem-se a esta expressão — deixa de sê-lo ao ter optado o legislador por dispor casuisticamente sobre os trabalhos que são aptos a qualificarem-se como tais.[284] De outro turno, por cláusula geral podemos denominar a expressão "interesse público" que no art. 20 da mesma lei faculta a exceção à regra geral de que as licitações devem ser efetuadas no local onde se situar a repartição interessada, pois há um sem número de hipóteses que podem qualificar-se como de "interesse público".

---

[282] MARTINS-COSTA, Judith. O direito privado como um "sistema em construção": as cláusulas gerais no projeto do Código Civil brasileiro.

[283] GODOY, Cláudio Luiz Bueno de. *Função social do contrato*, p. 110.

[284] São os estudos técnicos, planejamentos e projetos básicos ou executivos (I), os pareceres, perícias e avaliações em geral (II), as assessorias ou consultorias técnicas e auditorias financeiras ou tributárias (III) etc.

CONCEITOS JURÍDICOS INDETERMINADOS: UMA QUESTÃO DE INTERPRETAÇÃO JURÍDICA | 139

De pronto, pois, é possível arguir a utilidade desta categoria jurídica — as cláusulas gerais — em razão da identidade que muitas vezes ocorre com os conceitos jurídicos indeterminados — pois, no exemplo dado, "interesse público" também é um conceito jurídico indeterminado —, e mesmo com os princípios jurídicos — uma vez que muitos princípios jurídicos são também tratados na doutrina como cláusulas gerais, como é o caso da boa-fé objetiva e da função social do contrato e da propriedade.[285]

Não obstante tais críticas, uma vez que predomina na doutrina o reconhecimento desta categoria jurídica — as cláusulas gerais —, dela tratamos e acolhemos, para a sua definição, por primeiro — como já o dissemos — a proposta de Karl Engisch de que se trata de categoria que se opõe às disposições casuísticas, e por segundo aderimos, ao menos em parte, à proposta de Judith Martins-Costa de que há um "reenvio" ao julgador para que ele possa determinar a aplicação da norma ao caso concreto.

Mas afirmamos que em parte é que aceitamos as lições de Judith Martins-Costa porque entendemos judiciosas as observações feitas por Cláudio Luiz Bueno de Godoy de que as referências a serem consideradas pelo juiz não estão ao largo do direito. Os fatos sociais, os valores, enfim, todos os aspectos culturais e sociológicos a serem considerados pelo intérprete devem encontrar ressonância no ordenamento jurídico.

Em suma, então, por cláusula geral compreendemos a disposição normativa que trata de maneira ampla a acolher sob seu enunciado uma diversidade de casos, em oposição às disposições casuísticas (*a*), e que confere ao intérprete uma gama variada de aplicação (*b* — o denominado "reenvio" mencionado pela doutrina).

Pois bem. É sobre o segundo elemento da definição de cláusula geral — o "reenvio" (*b*) — que o tema associa-se à proposta do nosso estudo, e o é para reconhecermos que, tal como o conceito jurídico indeterminado, a cláusula geral igualmente não franqueia a discricionariedade administrativa.

Isto porque a noção de "reenvio" da cláusula geral enfatiza o que por todo o capítulo 1 e ainda no último tópico do presente capítulo (2.2) temos insistido: que a norma é mesmo o produto da interpretação jurídica.

Sem prejuízo das referências doutrinárias que expusemos anteriormente, e principalmente no capítulo 1, o assunto que ora

---

[285] Por todos, lembramos GODOY, Cláudio Luiz Bueno de. *Função social do contrato*, p. 98-112.

abordamos — as cláusulas gerais — convoca a oportuna lembrança da doutrina do italiano Riccardo Guastini. Afirma este autor que a interpretação é a atribuição de sentido a um "texto normativo". Define o "texto normativo" como um documento produzido por uma autoridade normativa que serve como *fonte do direito*, o que o leva a separar, portanto, a "disposição", que representa qualquer enunciado que integra um documento normativo (trata-se de um "enunciado do discurso das fontes"), da "norma" que define como

> [...] todo enunciado que constitua o sentido ou significado atribuído (por qualquer um) a uma disposição (ou a um fragmento de disposição, ou a uma combinação de disposições, ou a uma combinação de fragmentos de disposições). Em outros termos, pode-se também dizer assim: a disposição é (parte de) um texto ainda por ser interpretado; a norma é (parte de) um texto interpretado.[286]

Com efeito, dizer que uma cláusula geral *reenvia* ao julgador a definição do significado para o caso concreto é afirmar a essência de toda e qualquer interpretação jurídica, de toda e qualquer norma jurídica. Pois "norma" só há após a interpretação.

Portanto, tal como o conceito jurídico indeterminado, do mesmo modo a cláusula geral deve ser determinada, definida para o caso concreto, o que é tarefa da interpretação jurídica, e não da competência discricionária administrativa.

Vale, portanto, à cláusula geral — e deve ser recordado — o que dissemos sobre a *cognição* e a *vontade* no processo de interpretação jurídica. Se a *cognição* e a *vontade* são inerentes a qualquer interpretação jurídica, e por isso pouco importa se um conceito é "determinado" ou "indeterminado" porque sempre deve ser passível de *determinação* para o *caso concreto*, então o mesmo se aplica às cláusulas gerais. Pois o "reenvio" da atribuição do significado de uma cláusula geral ao juiz, o que é uma das principais características elencadas pela doutrina na definição da cláusula geral, o "reenvio" da determinação do significado é o que ocorre em toda interpretação, seja de cláusula geral, de conceito determinado, conceito indeterminado etc.

A norma só existe — insistimos — *depois* da interpretação jurídica.

Portanto, convém encerrarmos o tema com a reiteração — mas com os enunciados mais sintetizados para não nos estendermos desnecessariamente — das mesmas conclusões e propostas que apresentamos

---

[286] GUASTINI, Riccardo. *Das fontes às normas*, p. 25-26.

em relação aos conceitos jurídicos indeterminados e que, por identidade de razões, aplicam-se às cláusulas gerais:

a) toda cláusula geral se sujeita ao pleno controle judicial;

b) a definição de uma cláusula geral pela Administração, se não houver invalidação pelo Judiciário, vincula o próprio Poder Público para os casos futuros como *precedente administrativo*;

c) no caso do silêncio administrativo, isto é, diante da omissão da Administração Pública em definir o significado de uma cláusula geral para a sua consequente aplicação, o Judiciário deve determinar o seu sentido sem qualquer ponderação com outro referencial que a Administração pudesse apresentar sobre a interpretação da cláusula geral em apreço.

PARTE II

A COMPETÊNCIA DISCRICIONÁRIA ADMINISTRATIVA CONFORME OS ÂMBITOS DA FUNÇÃO ADMINISTRATIVA E O SEU CONTROLE PELO PODER JUDICIÁRIO

3

NOÇÕES DE DISCRICIONARIEDADE ADMINISTRATIVA

Propomos, neste capítulo, discorrer sobre as noções de discricionariedade administrativa que acompanharam a evolução do próprio direito administrativo, e ao mesmo tempo demarcar alguns aspectos jurídicos que são realçados pela doutrina contemporânea, inclusive, distinguindo a discricionariedade de outras categorias jurídicas, tudo em vista de alcançarmos, oportunamente (5), o que nos parece ser a noção de competência discricionária à luz de um regime jurídico democrático.

A tônica do presente capítulo, portanto, é a consignação de referências doutrinárias relevantes por si próprias como contribuição ao estudo da noção de discricionariedade administrativa, como ainda iniciar, sobre estas noções que se seguirão, uma dialética crítica com o propósito de acolhermos algumas abordagens, justificarmos o nosso particular desinteresse por outras, e caminharmos para a formulação de algumas perspectivas diferentes ao longo dos próximos capítulos.

3.1 Evolução histórica – Do ato, do poder e da competência

Marco da história mundial, a Revolução Francesa, em 1789, inaugurou uma nova fase do Estado Moderno: deixou-se para trás o Estado de Polícia no qual prevalecia a vontade arbitrária do Príncipe, detentor de todo o Poder e a exercê-lo sob o pretexto de um mandato divino, e passou-se para o Estado de Direito que almeja assegurar, pela separação de poderes (Montesquieu) e a prevalência da vontade popular que é representada pela lei (Rousseau), a sujeição de todos às mesmas normas.

Principiou-se este novo modelo sob o regime do Estado de Direito Liberal, que pretende resguardar a liberdade e a propriedade como direitos naturais que devem ser garantidos[287] e que, para isso, acredita-se que o Estado deve manter-se alheio às relações particulares. É a reação natural e mesmo esperada de quem sofre o jugo de um sufocante regime opressor — e que ainda deitou suas marcas, em angustiosa contradição, em seus primeiros anos do novo Estado sob o regime de terror perpetrado por Robespierre.

Naqueles tempos, o regime do contencioso-administrativo seria inicialmente elaborado como um controle interno da Administração, como lembra Eduardo García de Enterría:[288] o contencioso-administrativo, originalmente, acompanha em paralelo a história da centralização do poder, o que significa que a fiscalização representa simples sistema de autocontrole, sem a possibilidade de qualquer conhecimento pelos juízes comuns, restrição esta que se apoia no dogma da separação de poderes. Imbuído deste desiderato foi que Napoleão atribuiu o conhecimento dos recursos a dois órgãos, ao Conselho de Estado e aos Conselhos de Prefeitura.

De tal sorte, nos idos do século XIX, nos primórdios deste Estado de Direito que se lança aos primeiros passos, encetou-se na França a jurisdição administrativa sob a distinção do "poder gracioso" em relação ao "poder contencioso", o que servia para firmar as competências dos Tribunais Administrativos, consoante esclarece Maria Sylvia Zanella Di Pietro.[289] As matérias contenciosas sujeitavam-se ao controle, e as do "poder gracioso", como eram exemplo as "matérias de polícia" (*jus politiae*), eram imunes à revisão judicial. Este campo de liberdade à Administração caracterizou, inclusive, a formulação do *princípio da legalidade*, àquela época, de modo distinto do que hodiernamente se concebe, pois era possível à Administração, sem afetar a liberdade e a propriedade dos administrados, fazer ou deixar de fazer diante da ausência de expressa disposição legal; era a *vinculação negativa* da Administração à lei.

Naqueles idos, desenvolveram-se as teorias dos "atos de governo" ou "atos políticos" que, em sucessão à distinção mencionada no parágrafo

---

[287] Conforme Norberto Bobbio, com a formação do *Estado* há, para Hobbes e Rousseau, a eliminação total do direito natural pelo direito positivo, apesar de este se inspirar e desejar a proteção daquele, e já para Locke e Kant não existe aniquilação dos direitos naturais porque a constituição do Estado civil objetiva justamente a sua conservação (*Direito e Estado no pensamento de Emanuel Kant*, p. 61 *et seq.*).

[288] *La lucha contra las inmunidades del poder*, p. 21-22.

[289] *Discricionariedade administrativa na Constituição de 1988*, p. 87-88.

NOÇÕES DE DISCRICIONARIEDADE ADMINISTRATIVA[3] | 147

precedente, encontravam conclusão similar: os "atos de governo" eram isentos do controle pelo Conselho de Estado e denominavam-se "atos discricionários" (ou "atos de pura administração", ou "atos puramente administrativos"). Mas ainda ao longo daquele século algo já se aventava para reconhecer a possibilidade excepcional de controle do "ato discricionário": admitia-se a possibilidade de revisão judicial dos atos discricionários que ofendessem os "direitos individuais". Artificialmente, duas categorias distinguiam-se: os "direitos individuais" e os "interesses", os primeiros passíveis de proteção judicial, os segundos dela excluídos. Nas palavras de Maria Sylvia Zanella Di Pietro, "[...] a única lei que era apreciada perante os tribunais administrativos era a que protegia os direitos individuais e não a que tutelava o interesse público".[290]

Nos Estados Unidos da América, conforme Eduardo García de Enterría,[291] nos primeiros anos do século XX faz-se a distinção entre *atos ministeriais*, sujeitos ao controle judicial, e *atos discricionários*, isentos da ingerência do Judiciário porque são considerados como "questões políticas". Em razão de opções políticas refletidas no sistema constitucional americano esta característica de isenção demarca a história deste país também ao longo do século XX. É que em virtude do modelo de Agências independentes, originadas da *Interstate Commmerce Commission*, criada em 1887, e depois da *Federal Trade Comission*, em 1914, tem-se, nestas Agências às quais o Poder Executivo delega diversas funções, também a concentração de alguns poderes legislativos e mesmo judiciais, e isto contribui para a construção de uma *doutrina de deferência à Administração* cuja referência jurisprudencial mais recente, de acordo com Eduardo García de Enterría, é o caso *Chevron v. Natural Resources Council*, em 1984.[292]

Mas de volta ao continente europeu, berço desta doutrina e a principal fonte para o direito pátrio uma vez que a nossa ordem jurídica

---

[290] Maria Sylvia Zanella Di Pietro, *Discricionariedade administrativa na Constituição de 1988*, p. 88. Neste sentido, o argentino Domingo Juan Sesin, que igualmente afirma que as expressões "ato discricionário" ou "ato de pura administração" foram inicialmente utilizadas nos albores do século XIX na França, destaca que representavam um campo de "livre atuação" da Administração (*Administración pública. Actividad reglada, discrecional y técnica*, p. 83). É o que encontramos também em Renato Alessi, de acordo com Maria Sylvia Zanella Di Pietro, em sua lição sobre os "direitos debilitados" (ou "menores", ou "enfraquecidos") dos administrados quando não há como exigir a satisfação de um interesse por existir, em favor da Administração, a discricionariedade no mandamento da norma (*Discricionariedade administrativa na Constituição de 1988*, p. 67-71).

[291] *Democracia, jueces y control de la Administración*, p. 183.

[292] *Ibidem*, p. 186-218.

espelhou-se no velho continente, ensina-nos Maria Sylvia Zanella Di Pietro[293] que foi também Laband, em 1878, quem defendeu que os órgãos administrativos têm um campo livre de atuação — é a vinculação negativa — no qual é possível regular sua conduta e escolher seus próprios fins, e excepcionalmente a lei poderia restringir estes fins, o que caracterizaria os atos vinculados; então, para Laband, a Administração, no exercício da discricionariedade, não tem limites jurídicos, mas, no máximo, limites políticos ou morais. De outra partida, Jellinek entende que há uma subordinação crescente da Administração à lei e todas as funções estatais têm um campo de livre atuação sob o fundamento de um "interesse geral", e outro campo de atuação vinculada que é determinada por uma norma legal. O que Jellinek difere de Laband, segundo Maria Sylvia Zanella Di Pietro, é que aquele entende haver um "limite jurídico" à Administração. Prossegue a autora para apresentar, nesta celeuma, a doutrina de Otto Mayer que diz que o "poder discricionário" não pode admitir a ausência absoluta de controle judicial. Para ele, a lei pode conferir à Administração: *a)* iniciativa para agir, *b)* a possibilidade de complementar a norma jurídica, *c)* uma "autorização geral" para realizar o interesse público da forma que lhe for mais conveniente, mas os fins são sempre vinculados à lei. Igualmente, Fritz Fleiner admite ser impossível a lei prever todas as situações e por isso é preciso aceitar as "regras de caráter geral" que serão aplicadas, diante do caso concreto, conforme os critérios que parecerem mais adequados à Administração.

Com efeito, a conhecida insuficiência do Estado Liberal — incapaz de reequilibrar as alcantiladas posições econômicas e sociais das classes mais abastadas — promove uma nova transição. Inauguraram-se, por toda a Europa, novos modelos que buscaram disciplinar a intervenção do Estado com o fim de conter estes disparates e abusos das classes dominantes, bem como a fornecer serviços essenciais, como a saúde, para os mais necessitados. É o Estado Social de Direito. E o *princípio da legalidade* adota outra conformação — tal como atualmente o conhecemos —: a Administração só está autorizada a agir ou deixar de fazê-lo de acordo com a lei, isto é, não há espaço de liberdade diante da omissão legislativa; é a *vinculação positiva* da Administração à lei.

Neste contexto, e em reação à imunidade do poder que marcava, em profunda contradição, a primeira proposta de Estado de Direito, é que reage Leon Duguit, como leciona Afonso Rodrigues Queiró,[294]

---

[293] *Discricionariedade administrativa na Constituição de 1988*, p. 99 *et seq.*

[294] *Estudos de direito público*, p. 83. Maria Sylvia Zanella Di Pietro também se refere a Leon Duguit para quem toda a atividade estatal submete-se à lei, e é a lei que confere poderes aos

NOÇÕES DE DISCRICIONARIEDADE ADMINISTRATIVA[3] | 149

contra a noção de um poder discricionário à margem da lei. E segundo Almiro do Couto e Silva,[295] foi ao longo desta primeira metade do século XX que juristas alemães passaram a diferenciar "atos administrativos de exercício de poder discricionário" e "atos administrativos de aplicação de conceitos jurídicos indeterminados" — para reconhecerem a possibilidade de controle apenas quanto aos primeiros.

Mas de volta à França, foi durante o evolver do Estado de Direito que os primeiros esboços de controle da Administração foram delineados. Eduardo García de Enterría e Tomás-Ramón Fernández[296] esclarecem que no princípio a discricionariedade era equiparada aos chamados "atos de império", em oposição aos "atos de gestão", e por isso absolutamente imune a qualquer controle judicial;[297] no primeiro terço do século XIX surge em França o *recurso por excesso de poder* como uma exceção a esta imunidade, o que só era admitido quando a impugnação referia-se a um *vício de incompetência*. Depois, o *vício de forma* é equiparado ao de incompetência pelo Conselho de Estado Francês, e mais tarde se desenvolve a técnica do *desvio de poder* como terceira forma de controle da discricionariedade, e ainda no fim do século XIX estende-se o controle a *qualquer violação da lei*.

Assim se aperfeiçoavam, nos albores do século XX, as "aberturas" para a apreciação da discricionariedade — como vimos, principiadas

---

agentes públicos e prescreve os fins que justificam tais poderes, e como, para ele, todos os fins referem-se ao funcionamento do serviço público, todas as competências administrativas destinam-se ao bom funcionamento do serviço público; o poder discricionário, para Duguit, existe "[...] quando o agente tem certa liberdade de apreciação na questão de saber se um ato deve ou não ser praticado, o que depende da medida em que isso possa assegurar a realização do fim legal, que é o funcionamento regular do serviço. É o próprio interesse do serviço que justifica a existência do poder discricionário. Se o agente decide segundo um fim diverso daquele, ocorre violação da lei, sob a modalidade de 'desvio de poder'" (*Discricionariedade administrativa na Constituição de 1988*, p. 92).

[295] Correção de prova de concurso público e controle jurisdicional. In: WAGNER JÚNIOR, Luiz Guilherme da Costa. *Estudos em homenagem ao Professor Adilson Abreu Dallari*, p. 20-21.

[296] *Curso de Derecho Administrativo*, v. 1, p. 471-475.

[297] A distinção é bem esclarecida por Oswaldo Aranha Bandeira de Mello: "Os 'atos de império' seriam aqueles que a Administração Pública tão-somente pratica no uso das suas prerrogativas de autoridade, e se impõem aos cidadãos, obrigados coercitivamente, sem prévio pronunciamento judicial, em virtude do plano diferente das partes, e cujas conseqüências jurídicas verificam-se 'ipso jure'. Os 'atos de gestão' seriam aqueles que a Administração Pública pratica no uso das prerrogativas comuns a de todos os cidadãos, particulares, na conservação e desenvolvimento do patrimônio público e efetivação dos seus serviços. É de se salientar que não se reduziam aos atos da Administração Pública como particular, de direito privado, com intenção de lucro, sem preocupação imediata e direta do interesse público, mas compreendiam também os atos praticados nas mesmas condições que os particulares, porém feitos na consecução de objetivo público, relativos ao seu patrimônio e aos seus serviços" (*Princípios gerais de Direito Administrativo*, p. 481).

ainda ao longo do Estado de Direito Liberal, mas consolidadas nos primeiros anos do Estado Social de Direito —: *a)* incompetência, *b)* vício de forma, *c)* desvio de poder e *d)* violação da lei e aos direitos adquiridos. Em síntese a esta evolução a posição firmada era a de que enquanto as três primeiras "aberturas" dispensavam a demonstração do "direito subjetivo", consentindo com a demonstração apenas do "interesse", a última exigia, no entanto, a indicação clara da ofensa a certo "direito adquirido". Posteriormente, esta distinção — "interesse" e "direito adquirido" — perdeu importância, não se fez mais distinção entre lei em sentido formal (competência, forma e finalidade) e em sentido material (direito adquirido), e houve a ampliação da concepção de legalidade porque se incorporou às noções de boa administração e moralidade administrativa, o que levou, segundo Maria Sylvia Zanella Di Pietro,[298] à substituição da expressão *ato discricionário* por *poder discricionário*.

Conferimos, portanto, que mesmo com o propósito de romper com o Estado de Polícia, as noções de discricionariedade que poderiam ser percebidas ao longo das primeiras propostas de Estado de Direito, primeiro o Liberal, e depois o Social, gravitaram mesmo em torno da ideia de um *poder* que, em alguma medida, quiçá com maior extensão junto ao modelo liberal, mas ainda presente no modelo social, estava à margem do controle judicial. Fosse a discricionariedade rotulada como *ato discricionário* ou como *poder discricionário* a ênfase que se lhe atribuía era a de uma *potência* — logo, verdadeiro *poder* — imune à fiscalização. A definição da discricionariedade, por todo este período, sob discursos e justificativas variadas, representa sempre uma pretensa liberdade de agir, liberdade em relação mesmo às prescrições normativas constitucionais.

Da percepção da insuficiência desta proposta para atingir a justiça material é que se caminhou para a reformulação do arquétipo jurídico constitucional com o fito de potencializar os direitos individuais, reconhecendo muitos como fundamentais à realização de uma vida digna, e a necessidade de aproximar o povo às decisões e controle da vida pública com o desenvolvimento de mecanismos de fiscalização e participação popular. Sob esta inspiração é que por todo o século XX, notadamente na segunda metade, novéis ordens constitucionais, tal como a Constituição da República Federativa do Brasil, de 1988, encetam um terceiro modelo, o Estado Social e Democrático de Direito.

As preocupações que se imprimem neste novo período justificam as percucientes análises e novas propostas doutrinárias, no âmbito

---

[298] *Discricionariedade administrativa na Constituição de 1988*, p. 90.

da discricionariedade, que, a exemplo de Celso Antônio Bandeira de Mello,[299] pondera que não é o ato que é vinculado ou discricionário, mas a *competência* do agente público quanto à apreciação que deve proceder de certos aspectos admitidos pela norma jurídica. Como assevera o mestre, "[...] O ato será sempre o 'produto' do exercício dela. Então, a discrição não está no ato, não é uma qualidade dele; logo, não é ele que é discricionário, embora seja nele (ou em sua omissão) que ela haverá de se revelar".[300]

Com esta orientação, convém realçar que o eixo da discricionariedade não se associa mais a uma vaga noção de "poder", muito menos se encerra na simples declaração jurídica do Estado, no "ato", mas se deve entreter com a noção de *competência* que estabelece *a medida e a definição dos poderes*. Os poderes em um Estado Democrático e Social de Direito devem ser concebidos enquanto e na proporção em que previstos pelas normas jurídicas, e só devem ser previstos conforme forem necessários à realização do interesse público[301] que, por sua vez, deve encontrar-se delineado nas normas constitucionais e demais leis com elas compatíveis.

O *poder*, então, deve ser entendido como um feixe de *competências*[302] que é posto pela ordem jurídica, e apenas como instrumento necessário à satisfação dos deveres atribuídos ao Estado, deveres que expressam, em última análise, a realização do interesse coletivo.

---

[299] *Curso de Direito Administrativo*, p. 927.

[300] *Ibidem*, p. 928.

[301] São oportunas as lições de Diogo de Figueiredo Moreira Neto ao observar que a justificação e o exercício do poder do Estado são a "[...] destinação social no prosseguimento do interesse público". Com esta concepção, o *interesse público* é sempre *vinculatório* de qualquer forma de agir do Estado (*Legitimidade e discricionariedade*, p. 14-21).

[302] O destaque à *competência* é encontrado em não poucas doutrinas sobre a teoria geral do direito. Para Kelsen, a competência é um poder jurídico para criar normas gerais ou individuais. A norma jurídica, na teoria pura do direito de Kelsen, reclama a análise, em primeiro plano, da *competência* do elaborador da norma jurídica, e só depois se prossegue para averiguar se os trâmites de sua criação foram cumpridos, se a norma é vigente — se existe no espaço e no tempo — e se há um mínimo de eficácia (*Teoria pura do direito*, passim). De modo semelhante, neste aspecto da *competência*, Hart estrutura seu pensamento sobre o direito asseverando que há duas modalidades de normas jurídicas: as normas de obrigação ou primárias que estipulam deveres e sanções, e as *normas de competência* ou secundárias que possuem um papel importantíssimo na medida em que solucionam a "falta de certeza" das normas primárias no tocante à identidade da norma e do processo legislativo aplicável (regras de reconhecimento), como resolvem o "caráter estático" das normas primárias porque apresentam as soluções para os casos de lacunas e de antinomias aparentes ("regras de alteração"), e ainda porque são as normas de competência que definem quem julga e sob quais critérios os conflitos que surgem em sociedade ("regras de julgamento" ou "de adjudicação") — (*O conceito de direito*, cap. V).

Tão mais importante revela-se esta compreensão da discricionariedade administrativa — como *poder* resultante da *competência* atribuída pela ordem jurídica — quando nos detemos ao que Miguel Reale[303] assinala: ao "poder" não existe uma pretensão e obrigação correspondentes. Não há uma relação pretensão-obrigação, mas *poder-sujeição*. O poder proporciona, em realidade, *situações de poder* que caracterizam um *dever* para a autoridade, o dever de atender ao interesse público. Enquanto o "direito subjetivo" liga-se a um sujeito como uma pretensão, o "poder" decorre de uma função normativa que é atribuída a um titular que não exerce qualquer pretensão em seu próprio benefício. Enquanto o titular de um "direito subjetivo" opta por exercer, ou não, o seu direito, o titular do "poder" não pode deixar de cumprir suas funções de acordo com sua *competência* porque esta é indisponível.

Com esta mesma perspectiva, Eduardo García de Enterría e Tomás-Ramón Fernández[304] encarecem a relevância do princípio da legalidade para legitimar os poderes (ou potestades). É a atenta e tenaz análise da lei que realça a *potestade* como uma *competência*. E o cuidado quanto ao tema é bem salientado pelos mestres espanhóis ao se enveredarem pela distinção entre poder e direito subjetivo. Afirmam eles[305] que a potestade não se relaciona com qualquer dever, mas sim com uma *sujeição*. *Potestade* e *direito subjetivo* são espécies do gênero *poderes jurídicos em sentido amplo*, mas o direito subjetivo caracteriza-se por se originar de uma relação jurídica concreta e recair sobre um objeto específico e determinado, o que gera um dever a um sujeito passivo, como é exemplo o dever do contratante, e já a potestade não se origina de uma relação jurídica, de negócios jurídicos ou atos e fatos singulares, mas decorre diretamente do ordenamento, e não recai sobre qualquer objeto específico e determinado, mas tem um caráter genérico, e por isso não é uma pretensão particular, mas uma "possibilidade abstrata de produzir efeitos jurídicos", e eventualmente, como consequência de seu exercício, é possível surgirem relações jurídicas particulares. A sujeição, explicam os autores, pode ser vantajosa se confere benefícios; ou não, se promove gravames; ou indiferente, se não atinge a esfera jurídica. A relação perante a potestade é de uma "abstrata sujeição".

Em suma, as potestades decorrem diretamente do ordenamento, não de atos jurídicos determinados, e por isso são inalienáveis,

---

[303] *Lições preliminares de Direito,* p. 262.

[304] *Curso de Derecho Administrativo,* v. 1, p. 441.

[305] *Ibidem,* p. 449-451.

NOÇÕES DE DISCRICIONARIEDADE ADMINISTRATIVA[3] | 153

intransferíveis, irrenunciáveis, imprescritíveis e insuscetíveis de modificação por seu titular — pois só a lei pode dispor a respeito.

As potestades administrativas são potestades-funções, como nos ensinam os mestres referidos, porque devem ser realizadas em função do interesse público. Negativamente, pode-se dizer que não podem as potestades ser exercidas senão para realizar o interesse da coletividade, e, positivamente, pode-se dizer que a Administração está obrigada a exercer estas potestades para realizar o interesse público.[306] É a *aderência ao fim público* que permite também denominar as potestades administrativas de funcionais ou fiduciárias.[307]

Estas últimas lições são oportunas porque nos alertam para uma feição prática do poder que realça a importância de analisar a *discricionariedade administrativa* enquanto uma *competência normativa*. Referimo-nos ao destaque de que o *poder* (ou *potestade*) enseja uma *situação jurídica* (Reale) na qual de um lado há uma *potestade-função*, isto é, um *dever* de realizar algo em nome de alguém (a coletividade), e do outro há uma *sujeição* (García de Enterría e Fernández), é dizer, a submissão independentemente da vontade do sujeito obrigado. A distinção é bem acentuada do que ocorre com as relações que opõem *direito subjetivo/pretensão* à *obrigação*. E a inquestionável *força* que exsurge do "poder" em virtude de sua imperatividade — da imposição unilateral — faz por sublinhar o cuidado e a preferência que devemos nutrir por compreender a discricionariedade administrativa como *competência normativa*.

Não apregoamos, entenda-se bem, a abolição da palavra "poder". O que desejamos enfatizar é a necessidade de demarcá-lo sem as vicissitudes de concepções doutrinárias consentâneas a outras épocas. O que destacamos é a importância de compreender que o "poder" existe enquanto *competência normativa*, enquanto feixe de atribuições que é prescrito a alguém para, na medida suficiente, servir como instrumento eficiente à realização do interesse público delineado pela ordem jurídica.

Com esta preocupação é que encontramos na doutrina de Tomás-Ramón Fernández,[308] em obra de sua exclusiva autoria, a assertiva de que é um equívoco o uso da expressão "poder discricionário" porque o adjetivo "discricionário" duplica o substantivo "poder" ao qualificá-lo como tal. Em lição de Recaséns Siches, lembrada por Tomás-Ramón

---

[306] ENTERRÍA, Eduardo García de; FERNÁNDEZ, Tomás-Ramón. *Curso de Derecho Administrativo*, v. 1, p. 453.

[307] *Ibidem*, p. 454.

[308] *De la arbitrariedad de la Administración*, p. 27.

Fernández,[309] a diferença entre arbitrariedade e direito é que o comando que se fundamenta exclusivamente na vontade do superior e concebe a relação dele com o seu súdito apenas em razão do desejo do primeiro caracteriza a arbitrariedade, enquanto o comando fundado sob uma norma, de modo impessoal, com validade absoluta, representa o direito. É por estas considerações que o autor propõe a leitura do *princípio de interdição da arbitrariedade dos poderes públicos* com o sentido de proscrever o "poder" entendido como simples expressão da vontade e da força de quem o detém.

E esta será a linha do nosso pensamento nos tópicos e capítulos que se seguirem: cuidaremos da discricionariedade administrativa enquanto *medida de competência de poder*, e não simplesmente como poder, tal como Rui Cirne Lima também propõe: "Competência 'lato sensu' se denomina, em direito público, a medida do poder que a ordem jurídica assinala a uma determinada pessoa".[310]

De tal sorte, sob o regime jurídico imposto pela Constituição Federal de 1988, por "poder discricionário" devemos entender a *competência discricionária* da Administração Pública, o que enaltece o arquétipo normativo constitucional como o único modo a definir o objetivo e as intensidades do poder — de acordo com o seu objetivo —, o que esclarece, ainda, que o poder é sempre instrumental ao cumprimento dos deveres de realizar o que se prescreve na ordem jurídica como interesse público.

3.1.1 Da competência fundada em regras e em princípios – A teoria dos poderes implícitos

Uma questão fundamental é saber se esta *competência normativa* deve ser necessariamente externada por uma *regra* ou se pode ser por um *princípio*.

Acolhemos, sobre o tema das regras e princípios jurídicos, a doutrina de Paulo Bonavides[311] na qual se reconhece a *norma jurídica* como o gênero do qual são espécies a *regra jurídica* e o *princípio jurídico*.[312]

---

[309] *Ibidem*, p. 245 *et seq.*

[310] LIMA, Rui Cirne. *Princípios de Direito Administrativo*, p. 139.

[311] *Curso de Direito Constitucional*, p. 259.

[312] Entendemos, em brevíssima sinopse, que as regras: *a)* contêm um grau de generalidade relativamente baixo; *b)* diante de uma contradição uma das regras é eliminada. Nas palavras de Ronald Dworkin: "As regras são aplicáveis à maneira do tudo-ou-nada. Dados os fatos que uma regra estipula, então ou a regra é válida, e neste caso a resposta que ela fornece deve ser aceita, ou não é válida, e neste caso em nada contribui para a decisão" (*Levando os*

Com esta premissa esclarecida, o que se indaga é se apenas a regra jurídica é apta a conferir a competência normativa, ou se podem ser as atribuições identificadas por princípios jurídicos.

Acreditamos que, em prestígio ao *princípio da segurança jurídica*, a norma de competência que atribui a discricionariedade deve apresentar-se, de modo geral, sob o modelo de uma *regra jurídica*, pois é esta espécie normativa que costuma exteriorizar maior precisão dos conceitos e termos, maior clareza quanto aos fins e os respectivos meios. Lido ao inverso, o que queremos dizer é que um ato, um comportamento, comissivo ou omissivo, da Administração Pública que se justifica em uma competência discricionária deve encontrar o seu fundamento de validade, para não escoimar o próprio ato, comportamento, comissivo ou omissivo, em norma jurídica que, na medida do possível, defina ao máximo as atribuições do agente público, que defina ao máximo as linhas de ações legítimas, que precise ao máximo o objeto, os meios e os fins da função administrativa. Esta deve ser, *a priori*, a orientação a ser exigida do Estado, sob pena de violação do princípio da segurança jurídica.

No entanto, não nos parece possível excluir a possibilidade de a discricionariedade administrativa ser atribuída, em alguns casos, desde que existam razões suficientes, por um *princípio jurídico*. É legítima a identificação da competência discricionária da Administração junto a um princípio jurídico, apesar de certa incerteza que a vagueza do enunciado possa ensejar, se for possível reconhecer, apesar desta indeterminação, *a)* a quem (a qual autoridade pública) é atribuída a competência; e *b)* qual a finalidade específica a ser realizada para o atendimento do interesse público. É o que costuma ocorrer com as competências prescritas às autoridades no topo da escala hierárquica do poder, como exemplo ao se definirem, genericamente, os fins a serem realizados por um Secretário da Educação. A amplitude do campo de ação de um Secretário, desde a definição de algumas políticas públicas, a ordenação da verba pública,

---

direitos a sério, p. 39). E os princípios: *a)* possuem um grau de generalidade relativamente alto; *b)* diante de uma contradição prevalece um princípio, o de peso maior no caso concreto, e o outro apenas recua sem ser declarado inválido. Ao contrário do conflito de regras — no qual se investiga qual regra *vige* —, na colisão de princípios indaga-se qual deve valer para o caso concreto, e o outro princípio apenas recua, o que significa dizer que em momento posterior, diante de novos dados fáticos, em outro contexto, o princípio anteriormente preterido poderá vir a prevalecer. É por isso, pois, que se diz que os princípios têm uma dimensão de peso ou importância — em razão de sua aplicação ocorrer por uma ponderação de valores; *c)* os princípios são normas que ordenam que se realize o direito na maior medida possível; como diz Alexy, são *mandatos de otimização* (*Sistema jurídico, principios jurídicos y razón práctica, passim*).

as orientações e fiscalizações decorrentes da posição hierárquica, entre outras atribuições, justificam alguma vagueza na outorga da potestade discricionária.

O que não nos parece admissível, no entanto, é o uso indiscriminado e injustificável deste expediente, como se normas estaduais, em apenas dois ou três artigos, pretendessem fixar todas as competências das Secretarias, demais órgãos, e até mesmo de entes da Administração Indireta, afirmando que devem — os agentes lotados em cargos relacionados à segurança pública, saúde, educação, os agentes das autarquias, fundações públicas etc. — atender ao "interesse público" — sem especificar as diretrizes básicas para cada seara. Em que pese a extensa gama de atividades dos mais altos órgãos do Poder Público, e mesmo de entes públicos com personalidade jurídica própria (como os entes da Administração Indireta), as *competências normativas*, mesmo quando definidas por *princípios jurídicos* em razão da necessidade de uma maior abrangência dos temas de atuação, devem ser suficientemente claras para reconhecer-se: *a)* qual agente público concentra o dever-poder; *b)* quais os fins específicos a serem perseguidos.

Outro tema relevante que se desdobra do estudo da competência discricionária é a *teoria dos poderes implícitos*. Para explicá-la e demarcá-la conforme o que acreditamos amoldar-se à melhor intelecção da discricionariedade administrativa, isto é, de acordo com a *norma de competência*, acreditamos que a proposta de Domingo Juan Sesin oferece-nos material interessante para uma análise crítica porque retrata, de modo sistematizado, o que nos parece ser um equívoco recorrente em parcela da doutrina e da jurisprudência.

Na doutrina de Domingo Juan Sesin[313] a discricionariedade provém tanto de norma expressa quanto de norma "implícita" ou ainda da "natureza das coisas", desde que, nestes dois últimos casos, não seja possível proceder a um juízo objetivo a respeito de uma situação jurídica na qual há duas ou mais hipóteses igualmente razoáveis.

---

[313] *Administración pública*. Actividad reglada, discrecional y técnica, p. 44. Para ele, há quatro hipóteses possíveis a deparar-se a Administração Pública em sua rotina (segundo o quanto estabelecido pelo Legislativo): *a)* define-se claramente o interesse público concreto e as medidas a serem adotadas, o que caracteriza a atividade vinculada; *b)* define-se claramente o interesse público, mas não as medidas para a sua realização, e então há aí porções de discricionariedade; *c)* não se determina senão genericamente o interesse público e também não são esclarecidos os meios para realizá-lo, o que enseja a discricionariedade tanto para identificar o interesse público quanto os meios de realização; *d)* não se determina a finalidade nem os meios de realização, mas para o interesse público genérico ser determinado é possível o emprego da interpretação jurídica, restando para o interesse público específico e os meios operativos a discricionariedade (*Ibidem*, p. 140).

NOÇÕES DE DISCRICIONARIEDADE ADMINISTRATIVA[3] | 157

Apoia-se o autor na mencionada *teoria da essencialidade* segundo a qual a lei limita-se a regular os "aspectos essenciais" do assunto, o que confere à Administração poderes para emitir regras gerais de grau secundário, não apenas para executar a lei, mas para "[...] a completar de forma criativa, flexível e com maior dinamismo [...]",[314] semelhante aos *regulamentos de prerrogativa*, oriundos da Itália, no século XIX, que emanavam do rei e eram verdadeiros regulamentos autônomos.

Esta leitura, no entanto, conflita-se com o que propomos neste estudo. Do que assinalamos no tópico anterior, a discricionariedade só pode advir de uma *norma de competência*. Nunca os "fatos", por si próprios, sob o rótulo de "natureza das coisas" ou qualquer outra expressão podem franquear poderes que não são previstos na ordem jurídica. Podemos, isto sim, conceber que os poderes encontram-se "explícitos" ou "implícitos" se entendidas estas expressões como espécies do que é "expresso". Tenhamos como exemplo o reconhecimento de que o princípio da legalidade é *explícito* na Constituição Federal de 1988 (art. 5º, I, e art. 37), enquanto o princípio da razoabilidade, ao menos antes da Emenda Constitucional nº 45/2004,[315] era considerado *implícito* (não aparece literalmente, mas decorre do sistema), isto é, ambos os princípios sempre foram *expressos* no ordenamento jurídico.[316] Esta noção

---

[314] SESIN, Domingo Juan. *Administración pública*: actividad reglada, discrecional y técnica, p. 54.

[315] Com a Emenda Constitucional nº 45/2004 houve o acréscimo, no rol dos direitos fundamentais prescritos no art. 5º da Constituição Federal, do inciso LXXVIII, que dispõe: "a todos, no âmbito judicial e administrativo, são assegurados a razoável duração do processo e os meios que garantam a celeridade de sua tramitação".

[316] Esta noção — de norma implícita — assume especial importância no estudo dos direitos fundamentais. Do tema cuida Ingo Wolfgang Sarlet com muita propriedade ao tratar dos "direitos fundamentais em sentido material" e associar o tema aos "direitos análogos" da Constituição portuguesa. Em suas palavras: "Inobstante nossa Constituição não conheça regra expressa similar à contida no art. 17 da Constituição Portuguesa, que trata dos 'direitos análogos', não restam dúvidas de que direitos fundamentais em sentido material somente poderão ser os que por sua substância (conteúdo) e importância possam ser equiparados aos constantes do catálogo, noção esta que — muito embora tenha o condão de, por si só, clarificar quais os critérios para aferir esta equiparação — deverá servir de fio condutor para o nosso intento de investigar quais as linhas-mestras do conceito material de direitos fundamentais em nossa Constituição: toda e qualquer posição jurídica, seja ela enquadrada na noção de direitos implícitos ou decorrentes, seja ela encontrada na Constituição (fora do catálogo), ou em algum tratamento internacional, deverá, para ser considerada autêntico direito fundamental, equivaler — em seu conteúdo e dignidade — aos direitos fundamentais do catálogo. Cuida-se, aqui, de autêntico princípio constitucional implícito deduzido diretamente do art. 5º, §2º, da nossa Carta Magna, de tal sorte que, ao menos neste sentido, também há como falar de direitos fundamentais 'análogos' no direito constitucional pátrio. Em outras palavras, esta relação de similitude deve, de certa forma, reger todas as categorias (expressos ou não-escritos) de direitos fundamentais abrangidas pela regra em exame" (*A eficácia dos direitos fundamentais*, p. 106-107).

de *expresso* é relevante porque se contrapõe ao *tácito*, ao que efetivamente não se encontra previsto — nem *explícita* nem *implicitamente* —, mas que poderia ser admitido por outros elementos ancilares que conduziriam a determinada conclusão.[317] A noção de "tácito" interessa às relações particulares, regidas pelo direito privado, donde pelo silêncio, por dado comportamento, extraem-se obrigações jurídicas, mas para o direito público, em virtude da *vinculação positiva* da Administração Pública, não é possível sustentar qualquer poder discricionário "tácito" — um poder que decorreria da "natureza das coisas".

Dissímil é a *teoria dos poderes implícitos*, que sem dúvida a reconhecemos, mas não porque representa poderes "tácitos", e sim porque reconhece a possibilidade de a *norma de competência*, ao atribuir certas finalidades, eventualmente falhar na fixação dos meios, mas em razão da possibilidade de transparente identificação dos seus *fins* são também legitimados, com severas restrições à intensidade e ao alcance, alguns poderes *implícitos* (espécie, tal como o *explícito*, do gênero poder *expresso*).

Decerto, a atribuição de potestades à Administração, como orientação geral a ser observada pelo ordenamento jurídico em cumprimento ao *princípio da segurança jurídica*, deve ser *explícita*, mas esta exigência é abrandada com a doutrina dos poderes *inerentes* ou *implícitos* que é admitida como norma de exceção. Mas como advertem Eduardo García de Enterría e Tomás-Ramón Fernández, este *poder implícito* não deve ser simplesmente deduzido abstratamente porque poderia comprometer o princípio da legalidade, mas deve decorrer, isto sim, de outros poderes *expressamente* reconhecidos pela lei como concomitantes a tais ou como derivados deles. Este processo dedutivo não enseja qualquer interpretação extensiva nem analógica, mas "[...] simplesmente, de fazer coerente o sistema legal, que há de supor que responde a uma ordem de razão e não a um casuísmo cego [...]".[318]

Estas advertências, a nosso ver, coadunam-se ao que afirmamos sobre a necessidade de os *poderes implícitos* serem *poderes expressos*, e nunca "poderes tácitos" porque esta última suposta categoria é inadmissível em um regime jurídico democrático na medida em que qualquer pretensão de extrair poderes estatais da "natureza das coisas" ("poderes tácitos") ofende: *a)* o princípio da legalidade, pois vige a vinculação positiva da Administração ao direito; *b)* o princípio

---

[317] Voltaremos a esta distinção ao estudarmos a relação da motivação com os atos de competência discricionária — tópico 5.2.5.

[318] ENTERRÍA, Eduardo García de; FERNÁNDEZ, Tomás-Ramón. *Curso de Derecho Administrativo*, v. 1, p. 456-457.

da segurança jurídica porque o particular deve ter a possibilidade de conhecer quais os poderes que o Estado tem contra si, o que só é possível pela identificação dos poderes expressos (explícitos ou implícitos).

Alinhando a teoria aos exemplos, consideramos, então, como legítimos: *a)* os *poderes expressos e explícitos*, que só podem ser conferidos por *normas de competência*, tal como ocorre após a prescrição como *fim* que o município deve fiscalizar as condições de higiene de estabelecimentos que manipulam gêneros alimentícios para o consumo, como restaurantes, lanchonetes, bares e outros, e que como *meios*, como *poderes* para a realização do fim prescrito, poderão os agentes públicos adentrar nestes locais em horário de expediente, requisitar documentos, ingressar na cozinha e depósitos, manipular e testar, por amostragem, os produtos encontrados etc.; *b)* os *poderes expressos e implícitos*, que também só podem ser atribuídos por *normas de competência*, como acontece após se prescrever como *fim* que o município deve fiscalizar as obras dos particulares, mas se deixa de estabelecer os *meios* que, no entanto, podem ser aferidos de acordo com o que é *estritamente necessário* para a realização da finalidade da norma, e deste modo se permite reconhecer, como *poderes implícitos*, que os agentes públicos ingressem nas obras durante o horário de expediente, que requisitem plantas, que perambulem pelos espaços em edificação, adentrem nos cômodos, subam nos pavimentos, testem, por amostragem, o material empregado na construção etc.

Mas reprovamos, por ofensa aos princípios da legalidade e da segurança jurídica, a ideia de que há "poderes tácitos" à Administração Pública, como se fosse possível ao Poder Público, invocando de modo genérico o "interesse público", mas sem qualquer lei específica, pretender a restrição à circulação de veículos no centro da cidade, utilizando, como poder para este fim, a apreensão destes meios de transporte de todos que ingressassem na área central da urbe.

O fato de admitirmos, como vimos alguns parágrafos acima, a possibilidade de um *princípio jurídico* — e não apenas uma *regra jurídica* — atribuir a competência discricionária não significa que o *fim* da norma jurídica não esteja prescrito. O princípio jurídico sempre prescreve um fim, ainda que de modo mais vago. A vagueza da finalidade normativa apenas potencializa uma relação a ser rigorosamente observada: quanto maior a indeterminação do fim, tanto maior deve ser a *fundamentação* a pretender justificar que existem *poderes implícitos*. A ausência de uma clara demonstração destes meios necessários, da estreita adequação lógica, ou mesmo a insuficiência de uma argumentação que não é apta a convencer que existe uma racionalidade entre o fim prescrito e o meio eleito, inquina irremediavelmente a ação do Poder Público por inexistência de "poderes tácitos" sob o regime de direito público.

3.2 A necessidade de demarcar como noções distintas a interpretação jurídica, os conceitos jurídicos indeterminados, as cláusulas gerais e a competência discricionária

Empenhamo-nos na primeira parte deste trabalho em identificar alguns aspectos que nos pareceram esclarecer as noções de interpretação jurídica, conceitos jurídicos indeterminados e cláusulas gerais, e isto porque, como já destacamos e ainda teremos a oportunidade de novamente pontuar, prevalece, na doutrina e na jurisprudência, o entendimento que julgamos equivocado de que os conceitos jurídicos indeterminados podem ensejar a discricionariedade administrativa.

Buscamos expor, na primeira parte, a evolução da ciência do direito no que toca à interpretação jurídica (1), bem como aos conceitos jurídicos indeterminados (2), para encontrarmos o que nos parece ser a ilação natural diante do que nos oferece a contemporânea teoria geral do direito: os conceitos jurídicos indeterminados — e a mesma conclusão estendemos às cláusulas gerais (2.2) — referem-se à interpretação jurídica, em nada se relacionam com a competência discricionária da Administração Pública.

A interpretação do direito, como vimos nos dois primeiros capítulos, pressupõe tanto o *conhecimento* quanto a *vontade* do intérprete ao eleger certa solução para o caso concreto. E este componente *psíquico* (a *vontade*, a *subjetividade*) não é sinônimo de discricionariedade administrativa.

A discricionariedade administrativa também externa uma *vontade*, a *vontade* do agente administrativo, mas isto porque todo ato humano contém, é lógico, a exteriorização do ser que o comete. O que distingue a discricionariedade administrativa da interpretação jurídica e, por conseguinte, do conceito jurídico indeterminado e da cláusula geral, é que a discricionariedade é uma liberdade, um indiferente, dentro das balizas definidas pela *norma de competência jurídica*.

A distinção — convém insistir — não ocorre pela equivocada pretensão de reservar a *vontade* — o *espírito* do intérprete — apenas à discricionariedade. A expressão do ser humano, a sua exteriorização, não é nem jamais foi um ato mecânico isento de qualquer juízo de valoração.

Mesmo na atuação de uma competência vinculada — sem margem de liberdade — o intérprete necessita *conhecer* o caso, *conhecer* as normas jurídicas, *conhecer* as técnicas de interpretação, necessita *valorar* o fato concreto com as finalidades das normas aplicáveis, necessita *valorar* o sistema, e necessita *escolher* determinada norma jurídica para aplicá-la ao caso concreto. Mesmo, repetimos, que tudo isso seja fruto de alguma competência vinculada. E como exemplo reiteramos a clássica referência de competência vinculada da aposentadoria compulsória aos setenta anos de idade da qual reclama que o agente *conheça* o fato (a situação concreta do servidor que completa setenta anos), *conheça* as normas jurídicas (em especial, a que determina a aposentadoria compulsória), *valore* o caso (se o caso amolda-se ao fim da norma) e *escolha* por aplicá-la e conferir a aposentadoria. E todo este procedimento pode ensejar, por esta insuperável presença da *vontade* como expressão do humano, tanto o entendimento de que a aposentadoria deve ser determinada na data do aniversário dos setenta anos quanto na véspera de completarem-se setenta e um.

Como já o dissemos (2), a *vontade* é o *ânimo* do intérprete, a expressão da racionalidade do ser humano, e está presente em qualquer atividade intelectual.

Portanto, o que difere a discricionariedade administrativa da interpretação jurídica — e os conceitos jurídicos indeterminados e as cláusulas gerais são exemplos de interpretação jurídica (2) — é o fato de representar uma *liberdade* de ação sob a moldura conferida pela norma de competência.

Na discricionariedade administrativa não há, como na interpretação jurídica, a busca por *uma solução*. Na discricionariedade administrativa existe, *nos termos da norma de competência*, uma *pluralidade* de decisões legítimas. Tanto faz, em princípio, acolher-se esta ou aquela diretriz desde que o caso concreto revele que ambas atendem ao interesse público.

A discricionariedade pressupõe, ao menos no plano estático da norma jurídica, uma *pluralidade* de decisões legítimas, portanto, com a *escolha* de determinada opção para certo caso não se impede que, em futuro próximo, *escolha-se* outra solução, e em outra circunstância *escolha-se* uma terceira opção. Não é a *escolha* que caracteriza a discricionariedade administrativa porque, tornamos a dizê-lo, a *escolha* existe em qualquer atividade racional — como a interpretação jurídica —; ao contrário, é a *liberdade* de escolher uma diante da *pluralidade de opções legítimas*, ao passo que a interpretação jurídica representa o labor do intérprete de identificar *a solução legítima*.

É esta *liberdade* em face de uma *pluralidade de opções legítimas*, de acordo com as balizas da *norma de competência*, que caracteriza o que se costuma denominar de juízo de *discricionariedade administrativa*.

Por isso é que podemos conceber, com fundamento na discricionariedade administrativa, que seja possível à Administração agir de modo diferente em *momentos* distintos, em *lapsos temporais* diferentes, tudo porque, por um juízo discricionário devidamente fundamentado, e sem violar qualquer princípio ou regra jurídicos, há uma *liberdade* de agir — liberdade esta emoldurada e, por isso, delimitada em uma norma de competência. Consideremos como exemplo a outorga de uso de um bem público, um estádio público, para a realização de uma festividade que naquela cidade costuma ocorrer naquele período do ano, e em certo ano a Administração opta por não conferir o uso privativo em razão do aumento da criminalidade que o evento promove. O que caracteriza a discricionariedade administrativa é esta *liberdade*, conferida pelas normas municipais que disciplinam a outorga do uso privativo de bens públicos, a permitir ao administrador verificar se não há outro destino melhor a ser dado ao bem, se o uso privativo não traz, consigo, ônus à Administração ou incômodos aos administrados vizinhos etc., se naquela época do ano já não passa a Administração por outras preocupações que não lhe permitem acompanhar os administrados beneficiários do ato etc.

Insistimos no que afirmamos anteriormente (2.2): o fato de haver *diversidade* de intelecções — o que é próprio do direito — não se confunde com a *pluralidade* de decisões legítimas da competência discricionária. A *diversidade* decorre da reconhecida possibilidade de haver *convicções* diferentes, pois a ciência do direito não é uma ciência exata uma vez que o seu objeto, o direito, é o produto de uma cultura, isto é, o resultado do que o ser humano constrói; de todo modo, a interpretação jurídica — como é exemplo a interpretação de conceitos indeterminados — resulta do que o intérprete está *persuadido* de que representa *a unidade de solução justa* (García de Enterría e Fernández). Claro que é possível ao magistrado *mudar* de entendimento, ser *persuadido* de que a melhor intelecção passa a ser outro entendimento, mas deve expor e fundamentar exaustivamente o que o levou a esta modificação.

Já na competência discricionária encontram-se duas ou mais soluções como uma *pluralidade de opções legítimas*, como uma *liberdade*, um *indiferente*, dentre as opções que são definidas *prima facie* pela norma de competência; e mesmo diante do caso concreto, se persistirem as opções — ao menos duas —, continuará a existir a discricionariedade administrativa. Sem dúvida alguma, a escolha por qual ou tal opção

NOÇÕES DE DISCRICIONARIEDADE ADMINISTRATIVA | 163

concreta deve nortear-se pela *melhor opção* à realização do interesse público. Mas se para dada situação concreta persistem duas ou mais opções como legítimas, como indiferentes à efetiva realização do interesse público, é preciso reconhecer que persiste a discricionariedade administrativa além da estrutura normativa, isto é, persiste para o caso concreto.[319]

A discricionariedade administrativa, portanto, é etapa subsequente à interpretação, e é por isso que não há, como já vimos (2.2 e 2.2.1), a possibilidade de um conceito jurídico indeterminado ou de uma cláusula geral ensejar qualquer discricionariedade. Como diz Lúcia Valle Figueiredo:

> [...] a discricionariedade consiste na competência-dever de o administrador, no caso concreto, após a interpretação, valorar, dentro de critérios de razoabilidade e proporcionalidade gerais, e afastado de seus próprios "standards" ou ideologias, dos princípios e valores do ordenamento, qual a melhor maneira de concretizar a utilidade pública postulada pela norma.[320]

Decerto que a competência discricionária deve obediência à ordem jurídica, aos princípios da Administração Pública, e pode haver um óbice à mudança de opção porque com ela haveria a violação, por exemplo, do princípio da igualdade, como se resolvesse a Administração revogar a outorga do uso privativo de bem público apenas a alguns beneficiários, sem justificativa suficiente para esta discriminação.

No entanto, de um modo geral, há um leque de *indiferentes* opções que podem ser adotadas pelo agente público — desde que se entenda por *indiferentes* o fato de haver duas ou mais opções *admitidas pela norma de competência* que atribui a discricionariedade.

Estas anotações, neste tópico, pretendem *completar* o que já o dissemos nos tópicos 2.2 e 2.2.1 quando discorremos com mais vagar para justificar a nossa posição de que os conceitos jurídicos indeterminados e as cláusulas gerais não se relacionam, em hipótese alguma, com a competência discricionária.

As ponderações que ora fazemos, no presente tópico, têm por motivo de ser, por primeiro, o fato de ser possível acrescer à nossa argumentação a perspectiva da *competência normativa*, noção esta só

---

[319] A eventual convolação da discricionariedade administrativa à competência vinculada será vista mais adiante, no tópico 5.3.

[320] FIGUEIREDO, Lúcia Valle. *Curso de Direito Administrativo*, p. 211.

tratada neste terceiro capítulo (3.1), e, por segundo, o fato de que nos parece adequado reiterarmos a necessidade de distinguir a discricionariedade administrativa de outras categorias ou âmbitos da ciência do direito tendo em vista que é comum, como temos visto, tratar-se dos conceitos jurídicos indeterminados como assunto estreitamente imbricado à discricionariedade administrativa (2).

3.3 Competências vinculada e discricionária

Afirmamos até então que a discricionariedade administrativa é realmente um *poder* enquanto previsto e definido em uma *norma de competência* que prescreve determinado fim para a realização do interesse coletivo.

Se assim o é, se a discricionariedade só existe de acordo com o que é previsto em uma *norma de competência*, devemos perceber que *a competência, em si, é sempre vinculada.*

Como defende Agustín Gordillo,[321] *a competência* é sempre *regrada*, e por isso se mostra equívoco o uso das expressões "ato regrado" e "ato discricionário", pois o correto é dizer "atos ditados no exercício de faculdades regradas" e "atos ditados no exercício de faculdades discricionárias".

Ou como prefere Hartmut Maurer[322] ao cuidar especificamente da discricionariedade administrativa, a expressão mais adequada seria "poder discricionário juridicamente vinculado" para enfatizar que não se trata de um poder livre.

Sendo a competência sempre vinculada, pois cuida de estabelecer atribuições, estas atribuições, por sua vez, podem ou franquear a possibilidade de a Administração Pública optar por uma dentre duas ou mais opções igualmente legítimas, ou podem definir, previamente, uma única opção possível.

No primeiro caso, trata-se da competência discricionária, no segundo, da competência vinculada.

A seguir cuidaremos de alguns aspectos gerais da competência discricionária: algumas noções que se desenvolveram na doutrina ao longo dos tempos, seus fundamentos jurídicos e políticos, sua natureza jurídica, algumas classificações.

---

[321] *Tratado de Derecho Administrativo*: parte general, cap. X, p. 17; 30.

[322] *Direito Administrativo geral*, p. 148.

NOÇÕES DE DISCRICIONARIEDADE ADMINISTRATIVA[3] | 165

Mas serão nos próximos capítulos, principalmente o 4 e o 5, que analisaremos situações mais específicas da competência discricionária, como os limites de sua atribuição pela norma de competência (4) e o seu desdobramento na atuação concreta da função administrativa (5). Uma última palavra que nos parece essencial para a compreensão da nossa abordagem nos próximos tópicos: múltiplas são as noções que se encontram, nas doutrinas nacional e estrangeira, sobre a discricionariedade administrativa. Se considerada a variedade ao influxo da história, aí então as temos em produções a perder de vista. Por isso, o que objetivamos nos próximos tópicos é assinalar algumas noções, algumas noções que possam despertar um diálogo crítico a respeito da discricionariedade administrativa, e com este desiderato consignar o material necessário para avançarmos o nosso estudo.

É com este propósito, então, que ingressamos nos próximos quatro tópicos.

3.3.1   Noções de discricionariedade administrativa

Para o espanhol Miguel Sánchez Morón[323] a discricionariedade administrativa é a possibilidade, dentro de margens legais, de optar-se licitamente entre soluções distintas, mas sempre para satisfazer o interesse público, em atenção a critérios não jurídicos, como os econômicos, técnicos, de mera conveniência social ou propriamente políticos. Para os portugueses José Eduardo Figueiredo Dias e Fernanda Paula Oliveira a discricionariedade é

> [...] um espaço de decisão da responsabilidade da Administração, decorrente de uma indeterminação legal, o que abrange não apenas as "situações de indeterminação estrutural" mas também as de "indeterminação conceitual", englobando as "faculdades" (directas) "de acção" (que decorrem de normas autorizativas e de normas de decisão alternativa) quer as margens de apreciação na aplicação de conceitos indeterminados — quer estes se encontrem na hipótese (discricionariedade de apreciação) quer na estatuição da norma (discricionariedade de decisão) —, quer ainda as "prerrogativas de avaliação" (juízos sobre aptidões pessoais ou avaliações técnicas especializadas, decisões com elementos de prognose, ponderação de interesses complexos e decisões com conseqüências políticas).[324]

---

[323] *Derecho Administrativo*, p. 91.

[324] DIAS, José Eduardo Figueiredo; OLIVEIRA, Fernanda Paula. *Noções fundamentais de Direito Administrativo*, p. 112-113.

Apesar de estes autores enfatizarem a *competência normativa* como uma estrutura de essência da discricionariedade administrativa, enveredam-se, como aliás é a posição prevalecente na atualidade, por associarem os conceitos jurídicos indeterminados à discricionariedade, o que nós já tivemos a oportunidade de refutar (2.2 e 3.2).

Diferentemente, Fernando Sainz Moreno[325] elabora sua doutrina afirmando que a decisão discricionária é a que ocorre entre duas ou mais soluções sendo todas igualmente válidas para o direito, mas a discricionariedade "pura" deve ser entendida como aquela que existe quando o critério de decisão deixa de ser jurídico para ser político, o que não se confunde com os atos políticos ou de governo, e exemplifica com a desvalorização da moeda, a reorganização dos serviços administrativos e a regulamentação de uma lei cujos critérios são políticos. Se o critério é jurídico, diz o autor, qualquer que seja a indeterminação do conceito não impede o controle judicial. Assim, o que determina a existência da potestade discricionária é a "natureza do critério" que fundamenta a decisão, e apenas quando o critério for de natureza política é que existe uma potestade discricionária do ponto de vista jurídico, e em todos os outros casos não há que falar de discricionariedade.

Com outras palavras, os conceitos jurídicos indeterminados são "critérios jurídicos", e por isso não são fontes de discricionariedade;[326] portanto, a discricionariedade reduz-se à aplicação de critérios não jurídicos.[327]

De fundamental importância para a compreensão de sua doutrina é entender que a noção de "interesse público" é jurídica,[328] logo, também passível de controle judicial mesmo quando a lei configura certa atividade como discricionária. Em suas palavras: "A aplicação da noção de interesse público, concebida como aplicação de um conceito jurídico, transforma a problemática da decisão que aqui se toma em um problema de interpretação jurídica".[329] É verdade que ele reconhece a dificuldade de falar em *uma* solução justa, o que o obriga a conceder à Administração uma "margem de apreciação" (ou "margem de confiança")[330] — o que corresponde ao que vimos, no estudo dos

---

[325] *Conceptos jurídicos, interpretación y discrecionalidad administrativa*, p. 304 *et seq.*

[326] *Ibidem*, p. 312, 347.

[327] *Ibidem*, p. 312.

[328] *Ibidem*, p. 327 *et seq.*

[329] *Ibidem*, p. 328.

[330] MORENO, Fernando Sainz. *Conceptos jurídicos, interpretación y discrecionalidad administrativa*, p. 328.

conceitos jurídicos indeterminados, sobre a *presunção* em favor da Administração, tal como Eduardo García de Enterría e Tomás-Ramón Fernández (2.1.6 e 2.2).

Entendamos bem: o interesse público, para Fernando Sainz Moreno, é o elemento nuclear da discricionariedade administrativa, mas como se trata de um critério jurídico, sujeita-se ao controle judicial, o que elimina as decisões arbitrárias, as não fundamentadas e irrazoáveis.[331]

A propósito da doutrina da *margem de apreciação*, trata-se, de acordo com Mariano Bacigalupo,[332] de uma consequência da erradicação da discricionariedade administrativa dos supostos de fato. A margem de apreciação é uma margem de cognição. É a teoria de Otto Bachof, Hans Wolff e Ule com a denominação de *prerrogativa de estimativa*. Esta teoria reconhece a possibilidade de a Administração subsumir (não interpretar) os fatos a alguns (não todos) conceitos jurídicos indeterminados. Estas excepcionais situações — para a jurisprudência alemã — de admitir uma margem de apreciação na aplicação de conceitos jurídicos indeterminados ocorrem: na avaliação e qualificação de exames e provas de aptidão profissional, na avaliação do rendimento dos serviços prestados por funcionários públicos por parte dos superiores hierárquicos, decisões de caráter valorativo adotadas por órgãos colegiados independentes, emissão de juízos prospectivos (prognósticos) com caráter valorativo, técnico ou político-administrativo, como econômico, meio ambiente etc. São algumas situações em que conceitos jurídicos indeterminados são habilitantes de uma *margem de apreciação* — que não é e não se confunde, para esta corrente doutrinária, com o conceito de discricionariedade. Aponta o autor,[333] por fim, o ponto de vista do alemão Fritz Ossenbuhl, que decidiu renunciar a uma fundamentação teórico-abstrata da *margem de apreciação* para optar por uma fundamentação tópica que inclui tanto a ideia de relacionar tipos de decisões administrativas sujeitas à margem de livre apreciação como a ideia de fundamentar tal margem sobre a base de um enfoque jurídico-funcional, e dentre os *topoi* argumentativos apresenta a competência técnica da Administração, a presença de garantias procedimentais reforçadas, a estrutura funcionalmente adequada dos órgãos administrativos etc.

Outros espanhóis, Eduardo García de Enterría e Tomás-Ramón Fernández,[334] recusam que a discricionariedade seja uma liberdade

---

[331] *Ibidem*, p. 326; 328.

[332] *La discrecionalidad administrativa*, p. 127 *et seq.*

[333] *Ibidem*, p. 147 *et seq.*

[334] *Curso de Derecho Administrativo*, v. 1, p. 461-462.

em relação à norma, mas ao contrário é uma remissão legal, isto é, a discricionariedade não se encontra à margem da lei, mas em virtude da lei; é a norma que remete à Administração para completar o quadro da potestade diante do caso concreto — o que, mais uma vez, reforça a preocupação com a *competência normativa* (3.1).

Ao recordar Massimo Severo Giannini, Dinorá Adelaide Musetti Grotti[335] lembra que para o jurista italiano o poder discricionário não é só uma escolha entre muitas soluções possíveis, o que caracteriza o "juízo de oportunidade", mas uma escolha a qual a autoridade administrativa deve tomar para atender ao interesse público de sua competência. Portanto, a escolha é *finalística* e deve haver critérios para valorar os interesses, como a experiência da própria autoridade, o conteúdo da norma que atribui a discricionariedade, as orientações do superior hierárquico etc., o que o leva, nas palavras da autora, a entender o poder discricionário como "[...] a ponderação comparativa de muitos interesses secundários em relação a um interesse primário".[336]

Já Renato Alessi, como vimos anteriormente (2.1.2), mantém estreitamente relacionada a noção de discricionariedade administrativa à de conceitos jurídicos indeterminados, e isto porque adota um critério eclético ao associar três aspectos: a valoração do interesse público, a ausência de determinação precisa na norma sobre o que é o interesse público, e a margem de liberdade de decisão que a norma atribui à Administração.

No Brasil, Germana de Oliveira Moraes[337] denomina de "atividade administrativa não vinculada" a que outorga à Administração certa liberdade de decisão, tanto para valorar conceitos jurídicos indeterminados, por um *juízo de prognose*, quanto para ponderar interesses dos pressupostos de fato referentes ao ato administrativo (*discricionariedade quanto aos pressupostos*), ou para decidir quando emitir o ato (*discricionariedade de decisão*), ou para escolher o seu conteúdo (*discricionariedade de escolha optativa*), ou para colmatar o conteúdo do ato que foi descrito de modo lacunoso pela lei (*discricionariedade de escolha criativa*).

A autora[338] defende que a definição de discricionariedade pode adotar o critério formal, ou material, ou ainda integrá-los. Sob o critério formal (ou negativo) diz que se entende por discricionariedade a "[...]

---

[335] Conceitos jurídicos indeterminados e discricionariedade administrativa. *Atualidades Jurídicas*, p. 123 *et seq.*

[336] *La discrecionalidad administrativa*, p. 124.

[337] *Controle jurisdicional da Administração Pública*, p. 31.

[338] MORAES, Germana de Oliveira. *Controle jurisdicional da Administração Pública*, p. 37 *et seq.*

margem de livre decisão não regulada ou parcialmente regulada pelo Direito, atribuída pela norma à Administração ou como a possibilidade de escolha entre várias soluções jurídicas".[339] Sob o critério material (ou positivo) também cita Massimo Severo Gianinni porque a discricionariedade é a "[...] liberdade de apreciar o interesse público no caso concreto [...]".[340] E a posição da autora[341] é por aceitar três elementos essenciais à discricionariedade: *a)* a complementação da previsão aberta da norma; *b)* a margem de livre decisão outorgada pela norma; *c)* a ponderação valorativa dos interesses que concorrem.

Uma vez mais notamos, como a propósito já fizemos menção em diversas outras passagens, a íntima relação que a doutrina em geral estabelece entre os temas conceitos jurídicos indeterminados e discricionariedade administrativa, pois muitos labores doutrinários, como é o caso deste referido de Germana de Oliveira Moraes, e como o é de Maria Sylvia Zanella Di Pietro e Celso Antônio Bandeira de Mello, já anotados (2.1.7), associam conceito jurídico indeterminado e discricionariedade administrativa sob uma relação de necessariedade — o que insistimos não ser a nossa leitura por todas as razões anteriormente expostas (Parte I).

Com efeito, para Maria Sylvia Zanella Di Pietro[342] há discricionariedade administrativa quando: *a)* a lei expressamente a atribui à Administração; *b)* a lei é "insuficiente" porque não é possível predeterminar todas as situações; c) a lei prescreve a competência, mas não a conduta; *d)* a lei contém conceitos jurídicos indeterminados.

Das lições de Celso Antônio Bandeira de Mello, no entanto, são fundamentais os destaques feitos pelo jurista à *finalidade* da norma — além do cuidado que dedica à delimitação da potestade pela norma de competência, como anotamos no tópico 3.1. A respeito, convém consignarmos suas próprias letras:

> Com efeito, discricionariedade só existe nas hipóteses em que, perante a situação vertente, seja impossível reconhecer de maneira pacífica e incontrovertível qual a solução idônea para cumprir excelentemente a finalidade legal. Ou seja: naquelas em que mais de uma opinião for razoavelmente admissível sobre a medida apropriada para dar a melhor satisfação ao objetivo da lei. Em suma, está-se aqui a dizer que

---

[339] *Ibidem*, p. 37.

[340] *Ibidem*, p. 39.

[341] *Ibidem*, p. 41.

[342] *Discricionariedade administrativa na Constituição de 1988*, p. 75-76.

a discricionariedade é pura e simplesmente o fruto da finitude, isto é, da limitação da mente humana. À inteligência dos homens falece o poder de identificar sempre, em toda e qualquer situação, de maneira segura, objetiva e inobjetável, a medida idônea para preencher de modo ótimo o escopo legal.[343]

Das posições anotadas, releva perceber certos aspectos, alguns enfatizados por uns, outros por outra parcela da doutrina, como componentes centrais na busca de uma noção de discricionariedade administrativa: a *competência normativa*, a existência de uma *pluralidade de decisões legítimas* e a preocupação a animar o agente público de *realizar concretamente o interesse público*.

Por ora, e como anunciamos no início deste tópico, bastam estas anotações e consequentes reflexões. Ao longo do estudo, e sobretudo ao desenvolvermos os limites da atribuição da competência discricionária no âmbito normativo (4) e os limites no exercício da função administrativa (5), poderemos avançar, ora para melhor discorrermos sobre algum destes aspectos — como será o caso, por exemplo, da eventual redução da discricionariedade administrativa a zero diante do caso concreto (5.3), ou como o fizemos, linhas atrás, ao cuidarmos da competência normativa (3.1) —, ora para acrescermos alguns outros elementos que nos pareçam fundamentais — como a análise dos limites da discricionariedade de acordo com o âmbito da função administrativa (4.3, 5.1.1, 5.2.2, 5.2.3 e 5.2.5).

3.3.2 Fundamentos político e jurídico

Dizem Eduardo García de Enterría e Tomás-Ramón Fernández que a existência da discricionariedade é uma "exigência indeclinável do governo humano", apesar de Huber, citado por estes autores, ter asseverado que a discricionariedade é "o cavalo de Tróia do Estado de Direito".[344] Decerto, concordamos com os mestres espanhóis porque em que pesem os riscos que se possam relacionar o fato é que mesmo assim não pode o Estado prescindir desta competência.

Trata-se do que Afonso Rodrigues Queiró[345] também afirmou como um dos fundamentos da discricionariedade, isto é, a impossibilidade

---

[343] MELLO, Celso Antônio Bandeira de. *Curso de Direito Administrativo*, p. 908.

[344] ENTERRÍA, Eduardo García de; FERNÁNDEZ, Tomás-Ramón. *Curso de Derecho Administrativo*, v. 1, p. 461-471.

[345] *Estudos de Direito Público*, p. 99 et seq.

de a lei prever todas as situações, no que o acompanha Maria Sylvia Zanella Di Pietro.[346]

Destarte, o *fundamento político* da competência discricionária é a *absoluta impossibilidade lógica e material* de o Estado existir e atuar sem que fosse possível aos órgãos que exercem a função administrativa concentrar, em alguma medida, mas sempre sob as medidas impostas pelo direito, uma liberdade de escolha e ação a serem deflagradas diante do caso concreto.

Pois da lei não se pode esperar o impossível: a capacidade de vaticinar todas as variantes das complexas e diversificadas relações humanas. A escolha política de prever as potestades discricionárias, portanto, é um imperativo insuperável. Primeiro, porque por uma análise da *racionalidade* de um sistema jurídico democrático encontra-se a conclusão de que para a existência desta organização jurídica necessariamente deve haver, junto à função administrativa, uma parcela de liberdade de condução, e segundo porque mesmo pela constatação do *plano material* chega-se à ilação de que não haveria qualquer realização no mundo fenomênico, nada aconteceria se à direção do Estado não fossem atribuídos poderes de deliberação e ação, pois as variantes das necessidades sociais exigem alguma capacidade de escolha que a lei, sobretudo por ser geral e abstrata, é incapaz de dispor.

Sob o *fundamento jurídico* a competência discricionária do Poder Público justifica-se pela necessidade de efetivar a identidade do Poder Executivo. Em outros termos, e em companhia de Afonso Rodrigues Queiró,[347] haveria o comprometimento do Estado de Direito, da divisão de poderes, se a lei pudesse deixar de ser, como regra, uma norma geral e abstrata para atuar em todo e qualquer caso concreto de execução de suas próprias orientações normativas. Em última análise, o Legislativo açambarcaria a competência atribuída ao Executivo que reclama, para assegurar a sua existência, de uma parcela de liberdade de atuação.

Estes são, em suma, os fundamentos político e jurídico. O fundamento político reside na decorrência de necessidades lógica e material de existir a competência discricionária, o fundamento jurídico encontra-se na imperiosa realização da separação de funções estatais.

---

[346] *Discricionariedade administrativa na Constituição de 1988*, p. 67-71.

[347] *Estudos de Direito Público*, p. 99 *et seq.*

3.3.3 Natureza jurídica

Busca-se a natureza jurídica de um instituto, uma categoria, um conceito quando se perscruta o seu gênero próximo, isto é, "[...] a idéia imediatamente superior [...]", e as suas diferenças específicas em relação aos outros institutos, categorias, conceitos, ou em melhores palavras, ao gênero próximo identifica-se a diferença específica que demarca "[...] a qualidade que, acrescentada a um gênero, constitui uma espécie, distinta como tal de todas as espécies do mesmo gênero".[348]

Indagar, pois, da natureza jurídica da competência discricionária representa empreender este procedimento racional: identificar o gênero próximo e a diferença específica das outras espécies.

Do que até então desenvolvemos convém relembrar que falar de discricionariedade administrativa significa tratar da competência normativa da função administrativa (3.1).[349] É o direito, a ordem jurídica como um todo, que demarca, define, esclarece os limites e as possibilidades de ação e omissão do Poder Público, são as normas jurídicas, constitucionais, legais e infralegais, em respeito à hierarquia formal e material da ordem jurídica, que atribuem as potestades à Administração como deveres instrumentais à realização do interesse público.

É, pois, a competência normativa o gênero próximo de toda atividade do Poder Executivo.

Mas estas atribuições normativas para o exercício da função administrativa podem ser prescritas sem qualquer espaço de liberdade de escolha ao Poder Público, o que caracteriza a chamada competência vinculada (3.3), ou podem ser atribuídas com uma margem de liberdade, com um leque de uma pluralidade de decisões legítimas (3.3), e é neste aspecto que se diferencia da outra espécie, a competência vinculada.

Postas estas premissas, concluímos que a natureza jurídica da discricionariedade administrativa é a competência normativa para o exercício da função administrativa que franqueia uma pluralidade de decisões legítimas ao agente público.

---

[348] DINIZ, Maria Helena. *Conceito de norma jurídica como problema de essência*, p. 4.

[349] Nesse aspecto, os portugueses José Eduardo Figueiredo Dias e Fernanda Paula Oliveira, ao cuidarem da natureza do poder discricionário, coincidem com a nossa proposta ao afirmarem que se trata de uma concessão legislativa, e não de uma liberdade absoluta à Administração (*Noções fundamentais de Direito Administrativo*, p. 114).

3.3.4 Classificações

Já nos referimos no capítulo 1 às advertências de tantos juristas, e entre eles relembramos Agustín Gordillo[350] e Genaro Carrió, de que as classificações não são verdadeiras ou falsas, mas úteis ou inúteis.

Por isso é que de tantas propostas metodológicas existentes para o estudo da discricionariedade administrativa pululam, em redobrada quantidade, tantas outras classificações, pois cada formulação doutrinária tende a desdobrar as classificações de acordo com as perspectivas e premissas adotadas.

Então, para efeito de pesquisa e conhecimento — o que possibilita o melhor desenvolvimento de um juízo crítico — anotaremos apenas algumas propostas, assinalaremos algumas *linhas* de abordagem que são adotadas, algumas classificações da discricionariedade que nos permitam laborar criticamente com o que vimos e afirmamos até então.

Iniciamos com Juan Carlos Cassagne[351] que classifica a discricionariedade administrativa em três tipos: *a) discricionariedade típica* na qual se atribui à Administração a possibilidade de escolha; *b) discricionariedade atípica* decorrente de um conceito jurídico indeterminado de valor; *c) discricionariedade atenuada ou restringida* onde o espaço de liberdade é predeterminado pelos supostos previstos na norma, isto é, a discricionariedade limita-se a escolher uma das poucas soluções já previstas em lei.

A classificação de Eva Desdentado Daroca adota ângulo diverso e bem mais amplo: *a)* discricionariedade política, própria da função legislativa, *b)* discricionariedade administrativa, da função administrativa, e *c)* discricionariedade jurídica, decorrente da interpretação e aplicação das normas.[352]

Lembra Domingo Juan Sesin[353] uma lição recorrente da doutrina, como a propósito se encontra em Jellinek, na qual se denomina de "discricionariedade intelectiva" quando um elemento social ou uma atividade científica ou técnica admitem uma solução unívoca, o que em essência não é discricionariedade; e denomina-se de "discricionariedade volitiva" se não for possível falar em uma unívoca solução, o que aconteceria em razão de um conceito prático ou de valor.

---

[350] *Tratado de Derecho Administrativo*. Parte general, cap. I, p. 17.

[351] *Derecho Administrativo*, v. 1, p. 235.

[352] *Los problemas del control judicial de la discrecionalidad técnica* (un estudio crítico de la jurisprudencia), p. 24.

[353] *Administración pública*: actividad reglada, discrecional y técnica, p. 112.

Também se adota, como lembra Mariano Bacigalupo,[354] certa classificação dentro das *teorias reducionistas*[355] que distingue a situação na qual a norma permite a decisão por atuar ou não atuar, isto é, aplicar ou não a consequência jurídica ou alguma das consequências jurídicas previstas, o que se denomina de *discricionariedade de atuação*, e a situação em que a norma autoriza a eleição entre uma consequência ou outra se a Administração optar por atuar, ou se estiver obrigada a isto, tendo várias consequências jurídicas permitidas, o que se alcunha de *discricionariedade de eleição*.

De jeito similar é a classificação da discricionariedade que se costuma encontrar na qual se menciona um *poder discricionário de decisão* (*Entscheidungsermessen*) e um *poder discricionário de escolha* (*Auswahlermessen*), como J. J. Gomes Canotilho[356] esclarece ao revelar que a primeira é referente à atribuição de certos efeitos jurídicos, como exemplo seria decidir se uma manifestação perturba, ou não, o trânsito, e a segunda consistiria em escolher, dentre as medidas legítimas, qual a que parece mais adequada, qual a melhor solução para o caso concreto.

É no âmbito desta classificação que se encontram três aspectos da discricionariedade que são comumente invocados: o *an* (se), que diz respeito à *discricionariedade de atuação*, o *quid* (o que) e *quomodo* (como se faz), ambos referentes à *discricionariedade de eleição*.

Ou em formulação semelhante ainda se faz referência a mais um aspecto, como é o caso de Pietro Virga[357] que diz serem quatro os objetos em relação aos quais é possível exercitar a discricionariedade: *a) an*: a escolha entre a emanação, ou não, de certo provimento; *b) quid*: a definição do conteúdo deste provimento, que pode estar livre à autoridade entre um máximo e um mínimo, entre um determinado limite numérico; *c) quomodo*: que se refere à forma, à modalidade relacionada à prática do provimento; e *d) quando*: quanto ao momento da prática do ato.

---

[354] *La discrecionalidad administrativa*, p. 114 *et seq.*

[355] A respeito da distinção entre *teorias unitárias* e *teorias reducionistas* trataremos no tópico 4.2.

[356] *Direito Constitucional e teoria da constituição*, p. 734. O que também é mencionado por Germana de Oliveira Moraes sob o gênero *discricionariedade de efeitos* cujas espécies, em sua análise, podem ser *de decisão*, isto é, entre agir ou deixar de agir, e *de escolha* que é referente à escolha de mais de uma conduta entre algumas que são prefixadas de forma limitada pela norma (também chamada de *discricionariedade optativa*), ou entre condutas de uma série ilimitada porque não prefixada pela norma, mas que seria aceita pela ordem jurídica (*discricionariedade criativa*) (*Controle jurisdicional da Administração Pública*, p. 169).

[357] *Diritto Amministrativo*, v. 2, p. 7.

NOÇÕES DE DISCRICIONARIEDADE ADMINISTRATIVA[3] | 175

Outro exemplo é Miguel Sánchez Morón[358] ao sustentar que a discricionariedade pode encontrar-se: *a)* na decisão de atuar, ou não atuar; *b)* no momento; *c)* no conteúdo da decisão ou nas circunstâncias ou em elementos determinados; ou *d)* na eleição de uma forma de atuação.

Na doutrina nacional, encontramos classificação similar com José Roberto Pimenta Oliveira.[359] Para o autor, a discrição é encontrável nos critérios de escolha entre as diversas soluções possíveis no que se refere: *a)* à decisão entre adotar, ou não, determinado provimento; *b)* à decisão na definição do conteúdo do provimento; *c)* à decisão quanto à estipulação do modo de realizar o ato; e *d)* ao momento do ato ser realizado.

E ainda Almiro do Couto e Silva[360] diz que o poder de escolha da discricionariedade administrativa relaciona-se com o "se" — o poder de eleição entre praticar, ou não, o ato — e o "como" da ação administrativa.

Por esta senda encontram-se doutrinas como a de Germana de Oliveira Moraes[361] que labora com quatro expressões da discricionariedade: *a)* quanto aos pressupostos: refere-se à possibilidade de acrescentar à norma outros pressupostos de modo a permitir uma compreensão racional para ulterior edição do ato; *b)* de decisão: cuida da possibilidade de agir ou de não agir, decidir se e quando deve agir; *c)* de escolha optativa: trata da possibilidade de optar por uma entre diversas opções possíveis; *d)* de escolha criativa: consiste na possibilidade de colmatar os efeitos jurídicos que são descritos na norma de modo lacunoso.

Sobre estas duas últimas espécies da classificação de Germana de Oliveira Moraes, estas "escolhas", quando se referem a uma avaliação dos futuros efeitos possíveis, de projeção de necessidades, é também comum a doutrina denominar, como lembra Domingo Juan Sesin,[362] de *juízos de prognósticos*, como são exemplos as medidas preventivas em razão de uma provável ep*idem*ia, escassez de água, perturbação da ordem pública etc.

Enfim, fossemos relacionar outras classificações o nosso estudo enveredar-se-ia a um caminho sem fim e sem propósito.

---

[358] *Derecho Administrativo*, p. 91.

[359] *Princípios da razoabilidade e da proporcionalidade no Direito Administrativo brasileiro*, p. 355.

[360] Poder discricionário no direito administrativo brasileiro. *Revista de Direito Administrativo*, n. 179-180, p. 55 *et seq.*

[361] *Controle jurisdicional da Administração Pública*, p. 46-47.

[362] *Administración pública*: actividad reglada, discrecional y técnica. p. 278.

Sem fim porque, como o dissemos sobre as noções de discricionariedade administrativa (3.3.1) e tornamos a repetir no início deste tópico, há uma diversidade infinda de abordagens sobre o tema, o que duplica a variedade de classificações porque cada noção de discricionariedade tende a formular uma ou mais classificações segundo ângulos diferentes.

E sem propósito porque pecaríamos em nos deter em muitas classificações que adotam premissas absolutamente distintas das que acolhemos, com o que se tornam, para a nossa metodologia, sem sentido. É o caso da orientação que acolhemos de afastar, em absoluto, qualquer possibilidade de o conceito jurídico indeterminado relacionar-se com a discricionariedade administrativa (2.2 e 3.2), o que faz por perder a *utilidade* — ao menos para a nossa proposta — qualquer classificação que considere o contrário — como é o caso da "discricionariedade atípica" de Juan Carlos Cassagne, ou a "de escolha criativa" de Germana de Oliveira Moraes, ambas inconcebíveis para nós. Tal como não nos são úteis as discricionariedades legislativa, administrativa e judicial, de Eva Desdentado Daroca, pois reservamos o rótulo "discricionariedade" apenas à função administrativa (Parte I). E ainda, após a extensa digressão na qual tencionamos demonstrar que o elemento volitivo é inerente à interpretação do direito (1), torna-nos vazia a proposta de distinção entre "discricionariedade intelectiva" e "discricionariedade volitiva".

De todo modo, e como adiantamos linhas atrás, estas anotações, e com esta medida, parecem-nos importantes para fomentar juízos críticos — nosso e do leitor.

De nossa parte, em razão do caminho que escolhemos, e que à medida que o trabalho avança aspiramos que se torne mais clara e sistemática a nossa proposta, parece-nos não haver sentido em formularmos mais uma ou mais algumas classificações da discricionariedade administrativa. Como veremos nos próximos capítulos, e considerando ainda os capítulos que já se passaram, nosso estudo desenvolve-se, por primeiro, em apartar qualquer confusão que se possa fazer entre interpretação jurídica e conceitos jurídicos indeterminados com a discricionariedade administrativa (1, 2 e 3), e, por segundo, em investigar os limites possíveis de atribuição da discricionariedade por uma lei (4) e a extensão concreta da discricionariedade no exercício da função administrativa (5, 6, 7, 8 e 9). O nosso mote é saber o que é a discricionariedade administrativa, onde, na lei e na atuação da Administração Pública, que se encontra, quais os limites, qual o âmbito legítimo de controle judicial, e é por isso que não identificamos, com esta orientação e com as premissas que acolhemos, qualquer utilidade em apresentar algum novo quadro classificatório da discricionariedade administrativa, razão pela qual deixamos de fazê-lo.

CONTROLE JUDICIAL DA DISCRICIONARIEDADE ADMINISTRATIVA NA ESTRUTURA DA NORMA JURÍDICA (ESTÁTICA DA NORMA JURÍDICA)

Introdução

Talvez o principal jurista a dedicar-se ao estudo dos limites da discricionariedade administrativa junto à norma jurídica tenha sido o espanhol Mariano Bacigalupo. Ele[363] é quem adverte de que é preciso distinguir o controle do exercício das potestades discricionárias do controle de sua atribuição, e este último é o objeto do presente capítulo.

Não seguiremos, como ao final será possível constatar, a proposta do mestre citado, mas nos alinhamos a ele nesta preocupação que decerto merece a necessária dedicação científica: antes de saber quais os limites do exercício concreto da competência discricionária da Administração Pública é imperioso conhecer quais os limites de atribuição da discricionariedade administrativa na estrutura da norma jurídica; é dizer, o *que* pode e o *quanto* pode à lei dizer que será passível de discricionariedade administrativa. Qual a liberdade, em última análise, conferida ao legislador para traçar a liberdade do administrador?

Parte desta resposta buscaremos formular no capítulo seguinte, sobretudo no tópico 5.2 e subitens, quando então cuidaremos da análise da competência discricionária de acordo com a sistematização do ato administrativo, isto é, empreenderemos o estudo de quais aspectos do ato administrativo podem externar a discricionariedade. Mas antes disto, antes de afirmarmos e explicarmos o porquê de, por exemplo, não

---

[363] *La discrecionalidad administrativa*, p. 92.

existir discricionariedade quanto à competência (5.2.1), mas de existir em relação ao objeto do ato administrativo (5.2.3), devemos cuidar dos limites gerais da atribuição da discricionariedade administrativa junto à própria norma jurídica.

De outro modo: uma investigação científica a ser feita consiste em apurar, em relação à *sistematização do ato administrativo*, onde se pode encontrar a materialização da discricionariedade administrativa. É o que a doutrina em geral costuma fazer, é o que faremos no capítulo 5. Mas outra fundamental análise é saber qual o *limite* da lei ao atribuir a possibilidade de discricionariedade a materializar-se pelo ato administrativo. Se em tese é possível, retornando ao exemplo do parágrafo anterior, haver discricionariedade quanto ao objeto do ato administrativo (5.2.3), qual a extensão possível desta discricionariedade? E em todos os casos será mesmo possível existir discricionariedade quanto ao objeto, ou há âmbitos da função administrativa que exigem a vinculação de todos os pressupostos e elementos do ato administrativo?

No próximo capítulo, o 5, verificaremos, como em parte adiantamos anteriormente (3.3), que em relação à *existência* da *competência* não há discricionariedade, que a competência é sempre vinculada, que ou se atribui a certo agente administrativo um determinado feixe de atribuições, ou não se atribui, e por isso não se pode confundir a possibilidade de liberdade de escolha que uma competência pode assegurar com a possibilidade de existência da própria competência, pois a *existência* da competência é sempre vinculada. Mas iremos notar que o *objeto* do ato administrativo pode ser, em tese, vinculado ou de competência discricionária, ou seja, que pode a *norma jurídica* atribuir uma liberdade de escolha ou predeterminar o bem jurídico do ato.

No presente capítulo, no entanto, nossa preocupação é indagar, em relação aos pressupostos e elementos do ato administrativo, em relação àqueles que se reconhece a possibilidade de competência discricionária (como é o caso do *objeto*), se existe, e qual seria, alguma restrição à possibilidade de atribuição da discricionariedade pela norma jurídica. Se há, em aproveitando o exemplo dado, limites ao legislador para outorgar uma liberdade de escolha em relação ao *objeto* do ato administrativo.

Com isso em vista, iniciaremos a seguir uma breve análise da estrutura da norma jurídica e do que a doutrina de modo geral compreende sobre a presença da competência discricionária junto à norma jurídica, e depois formularemos nossa proposta metodológica a respeito do tema. Compete-nos, por último, consignar o que acreditamos que já seria possível perceber da nossa própria exposição, mas a preocupação com a clareza científica recomenda-nos informar expressamente:

CONTROLE JUDICIAL DA DISCRICIONARIEDADE ADMINISTRATIVA NA ESTRUTURA DA NORMA JURÍDICA (ESTÁTICA... | 181

utilizaremos as expressões *norma jurídica* ou *norma jurídico-administrativa* como sinônimos de *lei*.

4.1 A estrutura da norma jurídica

Acolheremos a posição que identifica a norma jurídica, em sua *formulação lógica*, como uma estrutura binária. Conforme Miguel Reale,[364] as regras de conduta costumam apresentar-se com uma *hipótese* ou *fato-tipo*, e com o *dispositivo* ou *preceito*, e um "nexo de imputabilidade" nesta relação.

A ideação da norma jurídica, em sua *estrutura lógica*, como um *juízo hipotético* — se *A*, deve ser *B*, sendo *A* a conduta hipotética e *B* a consequência — parece-nos retratar a melhor intelecção da estrutura normativa sob o prisma lógico.

Relembramos Maria Helena Diniz[365] ao sublinhar que a norma é um *querer deontológico*, um *dever ser*. A norma jurídica é um *imperativo* por impor um *dever* com a finalidade — objeto — de regular a conduta humana (o que externa a sua *essência ética* por se dirigir à conduta humana). Entendamos bem, em alinho às lições da jurista citada, que a norma jurídica não se confunde com a sua estrutura lógica. Enquanto a norma jurídica é um *objeto cultural*, a sua estrutura lógica é um *objeto ideal*, pois não existe no tempo e no espaço, é indiferente aos valores, e com isto é possível distinguir e compreender que a norma jurídica é um *imperativo* estruturado sob um *juízo hipotético*[366] de um *dever ser*,[367] ou, como diz Tercio Sampaio Ferraz Jr.,[368] é a concepção da norma como um "imperativo condicional".

Se para Kelsen,[369] Bobbio,[370] entre outros, a norma jurídica representa-se sob um juízo hipotético estritamente *lógico-formal*, independentemente de seu conteúdo, enquanto para Miguel Reale[371] existe uma

---

[364] *Lições preliminares de Direito*, p. 100.

[365] *Compêndio de introdução à ciência do Direito*, p. 350 *et seq.*

[366] *Ibidem*, p. 365-366. Como a autora alerta, o desenvolvimento da noção do juízo hipotético como condicional, disjuntivo, conjuntivo etc. dependerá da posição jusfilosófica do jurista.

[367] A linguagem deôntica ou prescritiva opõe-se à linguagem descritiva ou apofântica; é a oposição entre dever-ser e ser.

[368] *Introdução ao estudo do Direito*, p. 100.

[369] *Teoria pura do Direito*, p. 4-10.

[370] *Teoria da norma jurídica*, p. 69. Para Bobbio, a norma é uma proposição prescritiva, e por proposição entende o autor "[...] um conjunto de palavras que possuem um significado em sua unidade" (*Ibidem*, p. 72-73).

[371] *Lições preliminares de Direito*, p. 101.

correlação entre *fato* e *valor* com este enlace deôntico (dever-ser), isto é, a proposição hipotética é inseparável da realidade fática e das aspirações axiológicas, o que estabelece uma relação de complementaridade entre fato, valor e forma lógica que marcam a "experiência jurídica" (*normativismo concreto*),[372] mesmo assim, para positivistas adeptos da teoria pura do direito ou para os que acolhem a teoria tridimensional, subsiste a mesma noção de *juízo hipotético binário* como uma realidade da *estrutura lógica* da *norma jurídica*: há uma *hipótese* e uma *consequência*.

Para o nosso estudo, portanto, interessa e é suficiente a demarcação deste ponto comum às diversas doutrinas: a de que a estrutura da norma jurídica, sob o aspecto lógico-formal, apresenta-se por um *juízo hipotético binário*, há uma *hipótese* ou *fato-tipo*, e um *mandamento* ou *finalidade*.

Por *hipótese* ou *fato-tipo* entendamos como a descrição de uma situação fática, o relato de uma circunstância fenomênica que, em ocorrendo, autoriza a incidência da *consequência*, isto é, do *mandamento* ou *finalidade* prescrito na norma jurídica.

Mas é fundamental notarmos, a respeito da *finalidade*, a diferença que há em se comparando com a *finalidade do ato administrativo*. A *finalidade* deste juízo hipotético da lei é reconhecida sob um prisma exclusivamente lógico-formal, isto é, como um segundo momento que representa um consectário necessário à ocorrência da hipótese normativa — se A, então deve ser B, onde este é o consequente ou finalidade. Com isto queremos realçar que não há a mesma correspondência com a *finalidade do ato administrativo* que, ao estudá-la em momento próprio (5.2.7), veremos que se trata de um prisma axiológico: o objetivo, o bem da vida a ser alcançado.

Por esta formulação estritamente formal da norma jurídica a *finalidade* (ou *consequente*, ou *mandamento*) comporta, para outras análises possíveis, um campo amplo de elementos axiológicos; como segundo e último momento desta estrutura binária é sob a inscrição da *finalidade* da norma jurídica que podemos encontrar no ato administrativo a sua forma, o seu objeto, o seu conteúdo e, sobretudo, a sua finalidade (finalidade *do ato administrativo*). Tudo que, em *ato*, na *dinâmica da norma jurídica*, for reconhecível como uma *consequência* de uma hipótese autorizante subsume-se ao que ora denominamos *finalidade da norma jurídica*.

---

[372] É nesta relação que se apresenta para o autor a lógica jurídica dialética: é a correlação da estrutura formal com os elementos factuais e valorativos.

Esta distinção a que nos estendemos e insistimos é de suma relevância porque, como a seguir veremos, reconhecemos a possibilidade da atribuição da competência discricionária junto à *finalidade* da *norma jurídica*, mas reprovaremos a possibilidade de existir competência discricionária em relação à *finalidade* do ato administrativo. Isto porque, tornamos a repetir, o sentido de *finalidade* da norma jurídica, para fins de metodologia deste estudo, é identificado por um prisma exclusivamente *lógico-formal* de uma estrutura binária — se houver um *antecedente*, passa-se ao *consequente* (ou *finalidade*).

Não que a finalidade da lei não possa ser concebida também por uma perspectiva axiológica. Ao contrário, de um modo geral *deve* ser assim durante o processo de interpretação e aplicação das normas jurídicas. Mas é que para o fim deste estudo específico — dos limites de atribuição da competência discricionária na estática da norma jurídica — propomos uma análise que, em um primeiro momento, adota uma perspectiva exclusivamente formal da lei para, em momento subsequente, como ainda veremos neste capítulo, incluirmos elementos axiológicos decorrentes da apreciação do âmbito da função administrativa.

Por isso é que, como a seguir refletiremos, em um primeiro instante, por uma análise lógico-formal da norma jurídica, em uma simples estrutura binária, admitiremos a possibilidade de haver a competência discricionária junto à *finalidade* — pois pelo plano axiológico do ato administrativo dentre os correspondentes temos, por exemplo, a forma, o conteúdo e o objeto —, mas oportunamente, porque então imbuídos de uma apreciação axiológica, recusaremos a competência discricionária perante a *finalidade do ato administrativo* (5.2.7).

Anotadas estas premissas passaremos, no próximo tópico (4.2), à análise crítica das doutrinas que indagam sobre em qual dimensão da estrutura lógica da norma jurídica é possível encontrar a discricionariedade administrativa, e em seguida (4.3 e 4.4) ingressaremos em nossa proposta metodológica.

4.2 A presença da competência discricionária na estática da norma jurídica

Ao perquirir a estrutura lógico-formal do que denomina de norma jurídico-administrativa, Mariano Bacigalupo[373] expõe que nas doutrinas alemã e espanhola há quatro posições bem distintas: *a)* a

---

[373] *La discrecionalidad administrativa*, p. 113; 181 *et seq.*

que entende que a discricionariedade é uma *margem de volição* para eleger a consequência jurídica;[374] *b)* a que entende que a *indeterminação* do *suposto de fato* das normas habilitantes, e também a *indeterminação* das *consequências jurídicas*, geram discricionariedade; *c)* a que entende que só há discricionariedade em razão da *indeterminação* do *suposto de fato* das normas jurídico-administrativas; *d)* a que defende que a discricionariedade existe na *indeterminação* apenas das *consequências jurídicas*.

Sobretudo em relação às três últimas orientações mencionadas o estudo científico também pode adotar outra classificação: as doutrinas que sustentam haver a discricionariedade administrativa apenas nas *consequências jurídicas* das normas jurídicas são denominadas, apesar de algumas diferenças que possam apresentar em suas construções dogmáticas (como vimos na evolução histórica da noção de discricionariedade administrativa, no tópico 3.1), de *teorias reducionistas*, como propõe Mariano Bacigalupo[375] — é o caso do item *d* do parágrafo supra. E as que entendem também haver a discricionariedade no *suposto de fato normativo* podem ser agrupadas, segundo o mesmo autor, sob a denominação de *teorias unitárias* — como o item *b* acima. Mas há ainda, alerta o jurista, uma terceira corrente que entende existir discricionariedade apenas no *suposto de fato* das normas jurídico-administrativas. Esta terceira corrente parte do pressuposto de que o que gera a discricionariedade é a *inexistência* ou *imperfeição* do *suposto de fato* da norma habilitante, o que acarreta como conclusão que não haveria distinção entre discricionariedade e aplicação dos conceitos jurídicos indeterminados quanto à zona de incerteza — esta posição é retratada sob o item *c* do parágrafo precedente.

Mas tanto as *teorias unitárias* quanto as *reducionistas* apresentam, conforme revela Mariano Bacigalupo,[376] propostas que não deixam claras as diferenças categoriais da discricionariedade administrativa e os conceitos jurídicos indeterminados — como vimos insistindo por toda a Parte I e no tópico 3.2 deste estudo.

Bom exemplo disto, segundo ele,[377] é uma versão matizada da teoria unitária da discricionariedade, predominante na doutrina alemã na década de noventa do século passado, que sem chegar a igualar conceitos

---

[374] O que nós vimos no tópico 3.3.1 como margem de apreciação.

[375] *La discrecionalidad administrativa*, p. 181 *et seq.*

[376] *La discrecionalidad administrativa*, p. 161 *et seq.*

[377] *Ibidem*, p. 172 *et seq.* Ensina o autor que a jurisprudência alemã, neste período, denomina de "normas acopladas" ou "normas de acoplamento" às normas que contêm conceitos jurídicos indeterminados no suposto de fato (*Ibidem*, p. 178).

CONTROLE JUDICIAL DA DISCRICIONARIEDADE ADMINISTRATIVA NA ESTRUTURA DA NORMA JURÍDICA (ESTÁTICA... | 185

jurídicos indeterminados e discricionariedade entende, sem embargo, haver entre estes "afinidades estruturais", sendo um dos principais expoentes desta doutrina Horst Dreier. Para esta linha doutrinária o "parentesco estrutural" (expressão de Matthias Herdegen, lembrado por Bacigalupo) das duas categorias ocorre porque tanto os conceitos jurídicos indeterminados quanto a discricionariedade administrativa têm por finalidade a "concreção de normas abertas", e também ambos exigem uma "ponderação axiológica de interesses contrapostos", e ainda ambos se sujeitam à mesma tipologia de vícios jurídicos.

Contemos como exemplo das *teorias unitárias* o pensamento de Hartmut Maurer.[378] Após asseverar que as normas jurídicas estruturam-se em tipo e consequência — o mesmo juízo hipotético binário a que nos referimos no tópico 4.1 —, diz que o poder discricionário é a *consequência jurídica* de uma regulação legal porque a lei não liga ao tipo uma consequência jurídica, mas permite à Administração Pública que determine esta consequência jurídica que apresenta duas ou mais possibilidades, e assim é possível que a Administração intervenha e torne-se ativa, o que representa o *poder discricionário de resolução*, ou que a Administração defina qual das medidas possíveis no caso concreto deve ser escolhida, o que denomina de *discricionariedade de seleção* — classificação esta, aliás, em paralelo à distinção entre *discricionariedade de atuação* e *discricionariedade de eleição* que vimos no tópico 3.3.4. No entanto, em outros momentos Hartmut Maurer[379] chega a admitir o poder discricionário também junto ao tipo normativo — e daí a razão de o citarmos como exemplo dentre as teorias unitárias —, o que denomina de *poder discricionário cognitivo*, em distinção ao poder discricionário relativo às consequências jurídicas a que atribui o título de *poder discricionário voluntário*.

O próprio Mariano Bacigalupo,[380] ao adotar uma posição, defende que a melhor teoria é a que concebe a discricionariedade como habilitação à Administração para completar ou integrar o *suposto de fato imperfeito* de uma norma jurídico-administrativa, pois admitir que a discricionariedade possa ser encontrada na consequência jurídica, sem critérios objetivos, ensejaria o exercício arbitrário do poder.[381]

---

[378] *Direito Administrativo geral*, p. 140, 143.

[379] *Direito Administrativo geral*, p. 167 *et seq.*

[380] *La discrecionalidad administrativa*, p. 191-192.

[381] Lembramos que expusemos ainda outros argumentos de Mariano Bacigalupo ao tratarmos exclusivamente dos conceitos jurídicos indeterminados no tópico 2.1.6.

Para nós, o agrupamento das doutrinas em *teorias unitárias* e *reducionistas*, tal como a classificação que procura identificar a discricionariedade administrativa junto à norma jurídico-administrativa ora na *indeterminação* do *suposto de fato* e das *consequências jurídicas*, ora apenas na *indeterminação* do *suposto de fato*, ora na *indeterminação* tão somente das *consequências jurídicas*, inci*dem* no mesmo lapso que temos destacado reiteradamente neste estudo (2 e 3.2): a equivocada e improfícua identidade entre conceitos jurídicos indeterminados e discricionariedade administrativa.

O laborioso empenho de Mariano Bacigalupo de investigar os limites da atribuição da discricionariedade administrativa junto à norma jurídica — que ele denomina, como reproduzimos ao longo deste tópico, de *norma jurídico-administrativa* — dedica-se, e adere-se ao menos em certa medida em sua posição pessoal, a aproximar a discricionariedade administrativa dos conceitos jurídicos indeterminados. É um retrato da própria evolução histórica das noções de discricionariedade, como vimos no tópico 3.1, e um equívoco, ao nosso modo de entender o tema, pelas exaustivas razões que tecemos no capítulo 2 e no tópico 3.2.

De todo modo, a provocação do tema — quais os limites da atribuição normativa da discricionariedade administrativa — é uma iniciativa de mérito inestimável deste doutrinador.

O que sem dúvida acolhemos em sua doutrina, e cumpre ser devidamente realçado, diz respeito ao grau de intensidade de controle judicial da atividade administrativa, o que, segundo o autor,[382] é sempre acessório em relação ao grau de densidade de sua programação normativa. A esta lição tomamos a liberdade de acrescer, ou de certo modo retificar com vista a não confundir discricionariedade administrativa com conceitos jurídicos indeterminados, que o controle judicial deve ser, *a priori*, tanto mais incisivo quanto maior for a amplitude à discricionariedade administrativa outorgada pela norma jurídico-administrativa. E *a posteriori* a intensidade deste controle potencializa-se ou se reduz a depender do exercício em ato (em concreto) da própria discricionariedade administrativa, o que conduz a análise, invariavelmente, à extensão da motivação da opção eleita na dinâmica da discricionariedade — tema este a que retornaremos no tópico 5.2.5.

Na doutrina nacional, a análise da discricionariedade em relação à estática da norma jurídica orienta-se também para reconhecê-la tanto na

---

[382] *La discrecionalidad administrativa*, p. 137.

hipótese quanto na finalidade, como o fazem Dinorá Adelaide Musetti Grotti,[383] Germana de Oliveira Moraes,[384] Regina Helena Costa,[385] Regis Fernandes de Oliveira[386] e Celso Antônio Bandeira de Mello.[387] Muitos, inclusive, desdobram a análise em *hipótese, mandamento* e *finalidade* da norma jurídica, mas em razão da formulação binária que adotamos para a análise do tema (4.1) o mandamento torna-se sinônimo da própria finalidade porque nada mais são, a nosso ver, do que a *consequência normativa* do reconhecimento da ocorrência da *hipótese* (ou *fato-tipo*). Também é oportuno relembrar que o pensamento destes ilustres mestres desenvolve-se de uma premissa que não adotamos, pois como foi visto no capítulo 2 eles aderem à proposta doutrinária que divisa a possibilidade de o conceito jurídico indeterminado ensejar a competência discricionária.

Em última análise, estas são as principais orientações que se encontram sobre o tema. A seguir, proporemos outra metodologia que acreditamos servir com maior precisão à identificação dos parâmetros de controle judicial da competência discricionária na estática da norma jurídica — ao menos para quem acolhe, como o fazemos (Parte I), a absoluta distinção e ausência de comunicação entre discricionariedade administrativa e conceitos jurídicos indeterminados.

---

[383] Conceitos jurídicos indeterminados e discricionariedade administrativa. *Atualidades jurídicas,* p. 132 *et seq.*

[384] *Controle jurisdicional da Administração Pública,* p. 78. Afirma a autora que a abertura da norma tanto pode decorrer da incompleta previsão dos pressupostos que sejam necessários para emitir o ato administrativo, o que denomina de discricionariedade quanto aos pressupostos, como de certa indeterminação dos efeitos a serem produzidos pelo ato, o que chama de discricionariedade de efeitos. Para ela, no primeiro caso, a discricionariedade quanto aos pressupostos pode ocorrer tanto dos conceitos jurídicos indeterminados quanto da ausência de descrição abstrata da conduta, e no segundo também dos conceitos jurídicos indeterminados ou ainda do uso de termos e expressões potestativas, como "poderá" entre outros (*Ibidem,* p. 45). Esclarece a autora, ainda, que no direito alemão a discricionariedade de efeitos jurídicos compreende a discricionariedade de decisão e a discricionariedade de escolha (optativa e criativa) — *Ibidem,* p. 46. Podemos então incluir a posição desta jurista, sob as propostas classificatórias de Mariano Bacigalupo, como uma teoria unitária.

[385] Conceitos jurídicos indeterminados e discricionariedade administrativa. *Revista da Procuradoria Geral do Estado de São Paulo,* n. 29, p. 103.

[386] *Ato Administrativo,* p. 85-86.

[387] *Curso de Direito Administrativo,* p. 912 *et seq.*

4.3 Metodologia proposta – Os limites de atribuição da discricionariedade administrativa na estrutura da norma jurídica (estática da norma jurídica) de acordo com o âmbito da função administrativa

O que propomos neste capítulo, como adiantamos em sua introdução, é a possibilidade de o controle judicial incidir não apenas nos aspectos concretos da competência discricionária, na discricionariedade em ato, mas antes analisar se os limites prescritos na estática da norma jurídica são legítimos.

Certo é que em geral o controle judicial pressupõe uma dada situação concreta (salvo o controle concentrado de constitucionalidade pelo Supremo Tribunal Federal), mas mesmo assim é possível a declaração incidental de eventual inconstitucionalidade de uma lei, isto é, a análise de uma norma jurídica em potência. Da mesma forma, não obstante a circunstância envolvente do controle judicial do exercício da competência discricionária referir-se a um fato concreto — salvo a possibilidade de controle concentrado questionando a constitucionalidade de uma lei que atribui a discricionariedade à Administração —, é possível que a questão incidental, e provavelmente definitiva para o deslinde da causa, seja a perquirição da constitucionalidade da norma que atribui a discricionariedade em potência, em abstrato.

Como não seguimos a orientação doutrinária de que os conceitos jurídicos indeterminados podem ensejar a discricionariedade administrativa (2 e 3.2), então não nos serve a análise dos limites de atribuição da competência discricionária pela norma jurídico-administrativa sob esta perspectiva, como o fazem, como vimos no tópico precedente, eminentes juristas como Mariano Bacigalupo, Dinorá Adelaide Musetti Grotti, Celso Antônio Bandeira de Mello, entre tantos outros.

Pautados na ferrenha separação que defendemos entre a interpretação jurídica dos conceitos jurídicos indeterminados e a competência discricionária da Administração Pública (Parte I e 3.2), acreditamos que o controle dos limites de atribuição da discricionariedade administrativa, além dos critérios gerais a que toda e qualquer norma assujeita-se para passar pelo crivo da constitucionalidade (como a observância do devido processo legislativo, o respeito ao direito adquirido e outros princípios constitucionais), deve orientar-se pelo âmbito da função administrativa ao qual a norma jurídico-administrativa pretende disciplinar.

CONTROLE JUDICIAL DA DISCRICIONARIEDADE ADMINISTRATIVA NA ESTRUTURA DA NORMA JURÍDICA (ESTÁTICA... [4] | 189

É fundamental insistirmos nesta anotação: é claro que a norma jurídico-administrativa que disciplina a competência discricionária está sujeita, como qualquer outra norma jurídica, ao controle de constitucionalidade por inúmeros fundamentos, como o princípio da razoabilidade, impessoalidade e tantos outros argumentos jurídicos. O que tratamos neste capítulo, então, é de uma análise específica das normas jurídico-administrativas que atribuem a competência discricionária, uma análise que, consoante entendemos, deve debruçar-se sobre o âmbito da função administrativa.

A razão deste método nós pretendemos expor e sustentar logo adiante (4.3.2), mas antes esclareceremos o que queremos dizer por "âmbitos da função administrativa" (4.3.1).

4.3.1 Os âmbitos da função administrativa – Administração ordenadora, de prestação, de gestão, de fomento, sancionadora e de políticas públicas

Hodiernamente, é comum se identificar os diversos *campos* de atuação da função administrativa em número bem superior ao que no início do século XX costumava-se relacionar — polícia, serviço público e bens públicos. Em razão da mudança de modelo de um Estado não intervencionista (Estado de Direito Liberal) para o de um Estado que deve atender às demandas sociais, culturais, ambientais, e tantas outras, que deve intervir, com restrições, mas deve intervir na ordem econômica, que deve proporcionar a participação e a fiscalização popular (Estado Social e Democrático de Direito), os *objetos* da função administrativa ampliaram-se consideravelmente.

Reconhece-se um âmbito de atos e atividades da Administração Pública que se caracterizam pela *intervenção* estatal na esfera da liberdade ou da propriedade do administrado, como ocorre pelos institutos das servidões administrativas, dos tombamentos, das desapropriações e das limitações administrativas à liberdade e à propriedade,[388] e este

---

[388] Com a expressão limitações administrativas à liberdade e à propriedade referimo-nos tanto à atividade legislativa quanto à administrativa, normalmente tratada sob a expressão "poder de polícia". Isto porque, como expusemos em outra oportunidade, defendemos a substituição de tal expressão pelos termos limitações administrativas por entendermos, pelas razões que em tal estudo são apresentadas, que é a denominação mais adequada de acordo com o modelo da Constituição Federal de 1988 (limitações administrativas à liberdade e à propriedade).

grupo é comumente reunido sob o gênero alcunhado de *Administração Ordenadora*, como pioneiramente o fizeram Eduardo García de Enterría e Tomás-Ramón Fernández.[389]

Identificam-se os serviços públicos, prestados pela própria Administração ou por particulares que a substituem, e ainda outras várias atividades que, se não se amoldam à definição constitucional de "serviços públicos", apresentam, no entanto, inquestionável interesse público, como a atuação de organizações sem fins lucrativos junto ao campo da educação, saúde, cultura e outras áreas, o que justifica a reunião destas tarefas sob o gênero *Administração de Prestação*, como também adotam o título os mesmos juristas.[390]

Subsiste, é claro, a administração dos próprios bens, dos bens públicos, mas se incrementam as responsabilidades de gestão com metas e deveres orçamentários e tributários, o que justifica denominar de *Administração de Gestão* as atividades disciplinadas em regras e princípios jurídicos que cuidam da aquisição e alienação de bens, suas cessões de uso, organização interna dos órgãos e atribuições de competências aos agentes públicos, orçamento e gasto públicos, responsabilidade fiscal etc.

Inspirado no regime democrático e social no qual o Estado tem o dever de promover ações de estímulo ao desenvolvimento econômico, criação de empregos e redução das desigualdades sociais (são os objetivos fundamentais da República Federativa do Brasil — art. 3º da Constituição Federal), legitima-se a prescrição de uma série de missões a caracterizar a *Administração de Fomento* que deve, conforme afirma Silvio Luís Ferreira da Rocha,[391] ser prevista em lei, ser impessoal e respeitar o princípio da igualdade.

Também o estudo da atividade sancionadora do Poder Público, a construção dogmática cada vez mais extensa, com uma identidade própria, com a elaboração de um regime jurídico específico que harmoniza princípios do direito penal com os do direito administrativo, justifica o reconhecimento de mais um capítulo dentro da função administrativa, mais um âmbito de atuação da Administração Pública, o que recebe o nome de *Administração Sancionadora*.

---

[389] *Curso de Derecho Administrativo*, v. 2, p. 105 *et seq.* No Brasil, adere a estas lições, entre outros, Carlos Ari Sundfeld (direito administrativo ordenador, *passim*).

[390] ENTERRÍA, Eduardo García de; FERNÁNDEZ, Tomás-Ramón. *Curso de Derecho Administrativo*, v. 2, p. 105 *et seq.*

[391] *Terceiro setor*, p. 31.

Outras searas da função administrativa, outros objetos com uma edificação de um regime jurídico próprio, mas subsumidos ao regime jurídico geral do direito administrativo, poderiam ser identificados. Para não nos estendermos mais e perdermos o tema central deste estudo, e principalmente deste capítulo, sublinhamos por derradeiro o conhecimento que se solidifica nos últimos anos de que há uma pauta de programas a serem cumpridos pelo Poder Público em reconhecimento de que as normas programáticas prescrevem deveres, e não anunciam simples sugestões. São programas que se expressam pelas denominadas *políticas públicas* e que expandem incipientes debates, na doutrina e na jurisprudência, sobre a possibilidade e os limites de controle judicial — especificamente sobre as políticas públicas cuidaremos em capítulo próprio (9).

Feitas estas anotações, passamos à análise da sua importância, da importância dos âmbitos da função administrativa para o controle judicial da discricionariedade administrativa.

4.3.2 A importância do tema para o controle judicial das competências discricionárias e vinculadas – O controle da racionalidade da decisão administrativa no âmbito do direito administrativo sancionador

Qualquer expressão da função administrativa deve buscar seu fundamento de validade em uma lei, e isto por conta da adoção do princípio da vinculação positiva da Administração Pública, fundado nos art. 5º, II, e 37, *caput*, da Constituição Federal, que prescrevem que o Executivo só está autorizado a fazer, ou deixar de fazer, nos termos da lei.

De tal sorte, é elementar a percepção de que nenhuma lei, a pretexto de conferir competência discricionária à Administração, pode atingir o ponto de esvaziar o seu conteúdo mínimo e, com isto, delegar ao Poder Público o encargo de legislar — dever indisponível do Legislativo. Seria o caso de uma Lei Orgânica de um município que dispusesse, de modo amplo e irrestrito, que toda e qualquer disciplina de uso privativo de bens públicos por particulares ficaria sob a responsabilidade regulamentar da Administração Pública. Pois se a autorização e a permissão de uso privativo são atos unilaterais e precários, e por isso podem ser revogados a qualquer tempo, e por isso representam simples *administração* do patrimônio público, a concessão de uso, por outro lado, é um contrato que prescreve um termo mínimo a ser observado (uma data para o término do contrato); em virtude desta *disposição* do patrimônio público — situação bem mais gravosa do que a "simples" *administração* — há a necessidade de que a vontade seja exarada pelo município — que não se confunde com a do Executivo —, isto é, a concessão de uso privativo de bem público depende de prévia e específica previsão legal, pois é a *lei* a representação da "vontade geral" (Rousseau) do ente federativo. Nenhuma lei pode, portanto, esvaziar-se em seu dever de traçar o *núcleo mínimo* do princípio da legalidade (art. 5º, II, e 37 da Constituição Federal).

Este problema foi percucientemente enfrentado pelo constitucionalista português, J. J. Gomes Canotilho.[392] É categórico o autor ao dizer que as remissões da lei para outros instrumentos jurídicos, como é o caso dos regulamentos, "[...] suscita problemas de conformidade constitucional com os princípios democrático e de Estado de Direito". Pois, prossegue ele, a Administração não pode enfeixar um "poder paraconstitucional e apócrifo" de substituir-se ao legislador. Diante do que denomina de um perigo de inversão de competência, com o que se viola o princípio democrático e o princípio do Estado de Direito, o jurista assinala: *a)* a remissão não pode ser mais condescendente do que aquelas para as "autorizações legislativas";[393] *b)* a remissão não pode permitir a definição das relações entre o Estado e os cidadãos por meio de regulamentos; *c)* a remissão para "atos pararregulamentares" (como as ordens administrativas, instruções, circulares etc.) só enseja efeitos meramente internos.

Igualmente, Celso Antônio Bandeira de Mello,[394] ao reprovar a "delegação disfarçada e inconstitucional", assevera que assim ocorre se a lei defere ao regulamento a possibilidade de definir, por si próprio, as condições ou requisitos necessários para o surgimento do direito, obrigação, dever ou restrição. Como diz, há a delegação quando o regulamento inova na ordem jurídica, e "[...] inovar quer dizer introduzir algo cuja preexistência não se pode conclusivamente deduzir da lei regulamentada".[395]

---

[392] *Direito constitucional e teoria da Constituição*, p. 736.

[393] Conforme o art. 165º, §2º, da Constituição da República portuguesa, e que guarda paralelo com a Lei Delegada, prescrita no art. 68 da Constituição da República Federativa do Brasil.

[394] *Curso de Direito Administrativo*, p. 332.

[395] *Ibidem*, p. 333.

CONTROLE JUDICIAL DA DISCRICIONARIEDADE ADMINISTRATIVA NA ESTRUTURA DA NORMA JURÍDICA (ESTÁTICA...⁴ | 193

Neste ponto, nada há de distinto no que diz respeito aos limites de atribuição da discricionariedade administrativa na norma jurídico-administrativa do que é aplicável a qualquer outro instituto do direito administrativo.

O que de específico podemos inicialmente identificar é que em relação à atribuição da competência discricionária tanto mais restrita deve ser a sua dimensão quando o âmbito da função administrativa for de alguma medida de intervenção perante a esfera jurídica de direitos do administrado. Explicamo-nos: se ao disciplinar a *Administração de Fomento* é legítimo que a técnica redacional do texto normativo deixe à Administração Pública uma ampla liberdade de escolha das *hipóteses de fato* ou da *finalidade* a serem perseguidas — sem esvaziar por completo o princípio da legalidade, como afirmamos no parágrafo precedente —, a mesma amplitude pode revelar-se insuficiente para tratar de alguma ação da *Administração Ordenadora* que intervenha junto à propriedade ou à liberdade dos administrados, e com isto ofender o *princípio da segurança jurídica* ou mesmo o *princípio da legalidade.*

Alguns exemplos devem esclarecer:

Se para a *Administração de Fomento* a lei prescreve que poderão ser concedidos recursos financeiros às associações sem fins lucrativos que se dedicam ao amparo de mulheres vítimas de violência doméstica, a excessiva amplitude da norma jurídico-administrativa é legítima porque, inicialmente, não se esvazia em seu conteúdo mínimo porque traça linhas próprias que permitem identificar a *hipótese de fato* (associações sem fins lucrativos que se dedicam ao amparo à mulher vítima de violência doméstica) e a *finalidade* (recursos financeiros a estas associações) da norma; segundo, trata-se de um âmbito da função administrativa que objetiva o *oferecimento de uma prestação,* a *ampliação de direitos* dos administrados, e portanto é possível à Administração, em observando os princípios da impessoalidade e da isonomia, exercer a competência discricionária tanto para avaliar qual a pertinência no estabelecimento de *hipóteses de fato* mais específicas, como para definir, também com mais precisão, quais os valores e as formas de disponibilidade dos recursos financeiros prescritos como a *finalidade* da norma jurídico-administrativa, o que ocorreria com a edição de um regulamento com critérios mais objetivos.

Mas no âmbito da *Administração Ordenadora,* para disciplinar uma *limitação administrativa à propriedade,*[396] não é suficiente para escorar

---

[396] Como consignamos na nota de rodapé nº 388, utilizamos a expressão limitação administrativa em substituição aos termos "poder de polícia".

juridicamente todas as ações da Administração dizer a lei que para a prevenção e controle da proliferação de ep*idem*ias poderá o Poder Público adotar as medidas necessárias, pois se uma norma destas supera, como cremos que sim, a exigência de que não haja a delegação da função legiferante, pois tanto a *hipótese de fato* (prevenção e controle da proliferação de ep*idem*ias) quanto a *finalidade* da norma (adotar as medidas necessárias) estão traçadas sob um arquétipo mínimo, por outro lado é insuficiente se a Administração pretender apoiar-se nela para ingressar em residências, sem o consentimento dos moradores e sem um mandado judicial, para averiguar se existem focos do mosquito transmissor da dengue. Ao contrário do que ocorre na *Administração de Fomento*, no âmbito da *Administração Ordenadora* não há a ampliação da esfera jurídica de proteção do administrado, mas, ao inverso, a restrição, o confinamento da liberdade ou da propriedade, e por isso é preciso que a norma jurídico-administrativa, tanto em sua *hipótese de fato* quanto em sua *finalidade*, seja precisa o suficiente quanto ao *plexo de pluralidade de decisões legítimas*, isto é, a norma deve ser precisa o suficiente para que se vislumbre qual o alcance concreto possível da discricionariedade administrativa.

Se para a *Administração de Prestação* a lei prescreve que a Administração poderá transferir a execução de um serviço público de sua competência para um particular, devemos reconhecer que a *hipótese de fato* (a subentendida necessidade de organização das atividades do Poder Público) está suficientemente delineada, e sem dúvida outorga discricionariedade porque a escolha por transmitir, ou não, a execução competirá ao Poder Público, e igualmente traçada encontra-se a *finalidade* (para que um particular execute o serviço público) que exterioriza uma discricionariedade porque a Administração poderá escolher por delegar parte ou todo o serviço, poderá ainda, se não houver qualquer outra restrição legislativa, escolher o instrumento (concessão ou permissão) a ser firmado com o particular, o tempo da delegação etc.; e tal como a *Administração de Fomento*, também a *Administração de Prestação* destina-se a *oferecer* benefícios, *ampliar* os direitos dos administrados, o que autoriza que a *hipótese de fato* e a *finalidade* da norma não contenham maior precisão.

Diferente de uma lei que ao versar sobre a *Administração Ordenadora*, para disciplinar a *desapropriação*, pretenda conferir a competência discricionária dispondo simplesmente que é possível a expropriação forçada. Para franquear à Administração a discricionariedade junto à *hipótese de fato* é preciso um maior detalhamento de quais são os motivos (a necessidade de ampliar uma avenida, de construir um hospital, um núcleo habitacional etc.) e as circunstâncias (o trâmite processual, a indenização prévia e em dinheiro etc.) possíveis, como é preciso um maior detalhamento da *finalidade* da norma com a *utilidade social* que será atingida (a construção de escolas, núcleos habitacionais etc.), ou o *interesse público* com a necessidade de definição, por parte da Administração, de circunstâncias que se amoldem a este epíteto. Pois a desapropriação implica *sacrifício* de um direito, o direito à propriedade, e a atribuição da competência discricionária deve, destarte, ser mais precisa, ou seja, as opções igualmente legítimas que caracterizam a discricionariedade devem ser vislumbradas pela própria lei.

Com isso, podemos concluir mais outro critério: sendo o âmbito da função administrativa a *intervenção* na esfera jurídica dos administrados — como ocorre com a *Administração Ordenadora* — tanto mais precisa deve ser a norma jurídico-administrativa em sua *hipótese de fato* e na sua *finalidade*, o que quer dizer que além de manter um núcleo mínimo para que não haja a delegação da função legiferante deve a lei, ainda, vislumbrar as opções possíveis que identifiquem a dimensão real da competência discricionária.

Por derradeiro, deixamos para tratar de um âmbito específico da atuação do Poder Público: a *Administração Sancionadora* — o que justifica o cuidado doutrinário e jurisprudencial empenhado, recente e cada vez mais intenso, sobre as infrações e as sanções administrativas, tal como o faz Daniel Ferreira com singular propriedade.[397]

Como alijamos qualquer intercâmbio entre a interpretação jurídica dos conceitos jurídicos indeterminados e a discricionariedade administrativa (Parte I e 3.2), e como o direito administrativo sancionador representa o ápice da *intervenção estatal* perante a liberdade e a propriedade do administrado, e sobretudo porque o gênero *direito sancionador* (do qual o direito administrativo sancionador é espécie, ao lado das sanções penais e civis) deve atender ao comando constitucional de que não há pena sem prévia cominação legal (art. 5º, XXXIX), por todas estas considerações, entendemos não haver a possibilidade de a norma jurídico-administrativa que versa sobre o direito administrativo sancionador comportar qualquer espaço para a discricionariedade administrativa.

---

[397] Em sua obra *Teoria geral da infração administrativa*.

Tanto a *hipótese de fato* quanto a *finalidade* da norma jurídico-administrativa, em se tratando de matéria do direito administrativo sancionador, ensejam apenas e tão somente a *interpretação jurídica*. A rigorosa exigência constitucional de que a infração e a pena sejam previstas em *lei*, e só por *lei* (art. 5º, XXXIX), afasta qualquer possibilidade de a Administração fazer juízos discricionários sobre certo fato qualificar-se, ou não, como uma infração administrativa, ou sobre quais, das penas previstas em lei, devem ser aplicadas, se o adequado, por exemplo, é a simples advertência ou a demissão a bem do serviço público.

Não há discricionariedade administrativa junto ao direito administrativo sancionador porque os conceitos utilizados, ou bem para a descrição de infrações como *hipóteses de fato*, ou bem para a relação de sanções possíveis como *finalidade* da norma jurídico-administrativa, devem ser, como todos os conceitos jurídicos, simplesmente interpretados.[398] Já expusemos com exaustão as razões que nos dirigem a distinguir a interpretação jurídica da discricionariedade administrativa (2 e 3.2), e ao acrescermos a estes arrazoados a prescrição constitucional que veda a tipificação de infrações ou de sanções por outra norma que não a lei, deparamo-nos com esta última ilação: a de que não é possível à norma jurídico-administrativa prescrever a competência discricionária para tratar de infrações e sanções administrativas.

Mas dizer que o direito administrativo sancionador não comporta discricionariedade administrativa não leva a concluir que o Judiciário deva converter-se numa "instância recursal" de processos disciplinares. De modo algum. O Poder Judiciário deve conferir primazia às *interpretações* desenvolvidas nas decisões administrativas, é dizer, não pode haver a mera substituição da deliberação do administrador pelo entendimento do juiz. O crivo de legalidade e legitimidade subsiste como dever da função judicante, mas não pode convolar-se em usurpação da função administrativa. Repare-se, portanto, que a distinção acadêmica

---

[398] É da confusão entre interpretação jurídica dos conceitos jurídicos indeterminados e discricionariedade administrativa que a doutrina, em geral, reconhece haver competência discricionária no direito administrativo sancionador, como o faz, em exemplo de tantos outros, Domingo Juan Sesin, ao defender que na potestade disciplinar há certa margem de discricionariedade na apreciação da prova, na valoração da gravidade da falta e ainda na eleição da sanção. Mas reconhece este autor que o Tribunal Supremo espanhol, em decisões a partir da década de 90 do século passado, tem admitido não apenas invalidar, mas, em casos excepcionais, até substituir uma sanção por outra inferior (*Administración pública: actividad reglada, discrecional y técnica*, p. 308 *et seq.*).

CONTROLE JUDICIAL DA DISCRICIONARIEDADE ADMINISTRATIVA NA ESTRUTURA DA NORMA JURÍDICA (ESTÁTICA...

ora defendida não é cerebrina (afinal, diriam os opositores, o Judiciário não deve respeitar o "mérito" da discricionariedade administrativa?). Não o é porque diante da competência discricionária há sempre a possibilidade de escolha desta ou daquela opção, respeitado o regime jurídico-administrativo, mas em face da interpretação jurídica, não. A decisão proferida *vincula* quem decide, tal como concluímos precedentemente (2.2).

Considere-se a analogia com a função jurisdicional. Se não pode um juiz reconhecer a "verossimilhança" num caso e repetida a causa com outro autor (porque a tese é a mesma) no dia seguinte dizer que não se preenche este conceito indeterminado (a menos que altere o seu entendimento e exponha, é claro, as razões que o levam a compreender a matéria de modo diverso), então o mesmo ônus vale às decisões administrativas sob o direito administrativo sancionador.

O Judiciário deve então controlar a *coerência* da *interpretação jurídica* que se materializa na decisão administrativa, os *precedentes administrativos*, enfim, a *racionalidade da decisão* — e nada há de discricionário neste processo.

A eventual necessidade de o Judiciário corrigir uma interpretação jurídica da Administração Pública manifestada no exercício do direito administrativo sancionador deve ter por critério, além dos clássicos aspectos formais relacionados ao devido processo legal, a aferição da *racionalidade da decisão*, o que implica avaliar a ponderação da deliberação administrativa, é dizer, se a decisão da Administração Pública atende ao princípio da proporcionalidade, se não há desvio de finalidade etc.

Cuida-se de verificar, em síntese, a *racionalidade* da *interpretação jurídica* contida no ato administrativo. Como afirma Tercio Sampaio Ferraz Jr.:

> A racionalidade dessa ordem está na delimitação dos conteúdos normativos a partir de um critério de supremacia desses conteúdos, não importa a competência da autoridade ou o grau da proporcionalidade da relação de um sujeito em face de outro. Donde o *reconhecimento* de uma ordem como racional quando se organiza mediante um *elenco de direitos e valores fundamentais materiais* (vida, propriedade, liberdade, segurança, igualdade) e que se baseia no respeito a eles.
>
> Essa dupla possibilidade de sistematização, centrada e fundamentada na racionalização formal e material, repercute na atividade hermenêutica jurídica e se manifesta na reconstrução do ordenamento em nome do

legislador racional enquanto codificação racional do jogo comunicacional das codificações/recodificações. Nela aflora a questão da justiça.[399]

É importante observar, antes de encerrarmos o tópico, que a existência de *normas em branco*, tanto no direito penal quanto no direito administrativo, não infirma as nossas conclusões. Pois o que fazem as normas em branco é conferir precisão a conceitos jurídicos que carecem de *informações técnicas* cujos céleres avanços da ciência são incompatíveis com o lento processo legislativo. Os regulamentos das normas em branco procedem, portanto, segundo *aspectos técnicos*,[400] e não sob o fundamento da discricionariedade administrativa.

4.4 Síntese conclusiva

Podemos assim sintetizar a nossa posição sobre os limites de atribuição da competência discricionária na estática da lei: *a)* identificamos a norma jurídica, em sua *estrutura lógica*, sob uma formulação binária, isto é, um *juízo hipotético* composto por uma *hipótese de fato* e uma *finalidade*; *b)* a análise dos limites de atribuição da discricionariedade administrativa na norma jurídico-administrativa não deve ser realizada pelos conceitos jurídicos indeterminados, mas de acordo com o âmbito da função administrativa (Administração Ordenadora, de Prestação, de Gestão, de Fomento, Sancionadora e de Políticas Públicas); *c)* nenhuma lei pode esvaziar-se e deixar de delinear o núcleo mínimo da matéria a qual se propõe sob pena de ofensa ao *princípio da legalidade*, além da *inconstitucional delegação da função legiferante* ao Executivo; *d)* mais restritas devem ser as dimensões da discricionariedade administrativa nas *hipóteses de fato* e na *finalidade* da norma jurídico-administrativa se o âmbito da função administrativa for a intervenção na esfera jurídica de direitos do administrado, sob pena de violação dos *princípios da segurança jurídica* e *legalidade*; *e)* por não se confundir a interpretação jurídica dos conceitos jurídicos indeterminados com a discricionariedade administrativa, e porque a *Administração Sancionadora* deve cumprir o comando constitucional de que não há pena sem prévia cominação legal (art. 5º, XXXIX), em matéria de direito administrativo sancionador tanto a *hipótese de fato* quanto a *finalidade* da norma jurídico-administrativa

---

[399] *Estudos de filosofia do Direito*, p. 301-302.

[400] Voltaremos ao tema dos aspectos técnicos no capítulo 6.

facultam apenas a *interpretação jurídica*, e nunca a discricionariedade administrativa.[401]

---

[401] Neste sentido, dois importantes precedentes judiciais (em destaque os trechos que se referem ao objeto de nossa análise):
"Processual civil e administrativo. Mandado de segurança. Servidor público federal. Portaria n. 58, de 30.08.2010 do Ministro de Estado Chefe do Gabinete de Segurança Institucional da Presidência da República. Processo administrativo disciplinar. Demissão dos quadros da Agência Brasileira de Inteligência – ABIN. Contrato de prestação de serviços de vigilância. Gestor do referido contrato. Consultor da empresa contratada. Atuação remunerada. Licitação. Fraude. Prática das infrações do artigo 117, IX e XIII, da lei n. 8.112/90. Previsão legal. Artigo 132, IX, XI e XIII, da lei n. 8.112/90. Ausência de fundamentação. Não ocorrência. Ato demissionário praticado no período eleitoral. Artigo 29 da lei n. 8.214/91. Inaplicabilidade. Aplicação de pena desproporcional e excessiva não verificada. [...] 4. *O administrador não tem qualquer margem de discricionariedade na aplicação da pena, tratando-se de ato plenamente vinculado*. Configurada a infração do artigo 117, IX e XII, da Lei n. 8.112/90, deverá ser aplicada a pena de demissão, nos termos do artigo 132, IV, XI e XIII, do mesmo diploma legal, sob risco de responsabilização criminal e administrativa do superior hierárquico desidioso". (Superior Tribunal de Justiça, MS 15690/DF, rel. Min. Benedito Gonçalves, j. 26.10.2011).
"Processual civil e administrativo. Mandado de segurança. Servidor Público. Processo administrativo disciplinar. Cassação de Aposentadoria. Condutas descritas no artigo 117, IX e XI, da Lei 8.112/90. Intermediação de benefícios previdenciários. Violação à Dignidade da função pública. [...]. 9. *A Administração Pública, quando se depara com situações em que a conduta do investigado se amolda nas hipóteses de demissão ou cassação de aposentadoria, não dispõe de discricionariedade para aplicar pena menos gravosa por tratar-se de ato vinculado*. Nesse sentido, confira-se: [...] o administrador não tem qualquer margem de discricionariedade na aplicação da pena, tratando-se de ato plenamente vinculado. Configurada a infração do art. 117, XI, da Lei 8.112/90, deverá ser aplicada a pena de demissão, nos termos do art. 132, XIII, da Lei 8.112/90, sob pena de responsabilização criminal e administrativa do superior hierárquico desidioso (MS 15.437/DF, Rel. Ministro CASTRO MEIRA, PRIMEIRA SEÇÃO, DJe 26.11.2010)" (Superior Tribunal de Justiça, MS 15517/DF, rel. Min. Benedito Gonçalves, j. 18.02.2011).

CONTROLE JUDICIAL DA DISCRICIONARIEDADE ADMINISTRATIVA NO REGULAMENTO E ATO ADMINISTRATIVOS

Introdução

Dedicaremos este capítulo a investigar os limites da competência discricionária — o que significa: qual o alcance do controle judicial — na dinâmica da norma jurídico-administrativa. Isto é, cuidaremos de aferir a discricionariedade administrativa no exercício concreto da função administrativa.

A primeira parte será dedicada ao regulamento administrativo (5.1), e a segunda ao ato administrativo (5.2) para o qual decomporemos a análise em cada aspecto que a doutrina de um modo geral costuma mencionar em sua sistematização, seja como *elemento* do ato, seja como seu *pressuposto*. Depois, trataremos da chamada "redução a zero" da discricionariedade, alinhando informes que auxiliam a sistematizar esta teoria. Por último, depois de tudo o que até então será visto, o que engloba também os capítulos antecedentes, primordialmente os capítulos 3 e 4, formularemos nosso conceito de discricionariedade administrativa.

5.1 A presença da competência discricionária no regulamento administrativo – Aspectos gerais

O regulamento administrativo expressa, em palavras de J. J. Gomes Canotilho, "[...] uma norma emanada pela administração no exercício da função administrativa [...]",[402] e no ordenamento jurídico brasileiro deve ser expedido para dar fiel execução à lei (art. 5º, II, 37, *caput*, e 84, IV e V, da Constituição Federal), vedada a possibilidade de inovar na ordem jurídica em razão do princípio constitucional da legalidade que exige *lei* para a imposição de deveres aos administrados (art. 5º, II, e 37, *caput*).

Devemos, por isso, observar o que o autor[403] chama de *princípio da preeminência da lei* que serve tanto ao direito constitucional português quanto ao pátrio e consiste em recusar a validade de "regulamentos delegados" ou "autônomos", pois o fundamento de validade de qualquer regulamento deve ser a *lei* como ato emanado no exercício da função legislativa.

Comumente o regulamento apresenta características próprias da lei, como a *generalidade* e a *abstração*, mas como advertem Eduardo García de Enterría e Tomás-Ramón Fernández,[404] nem por isso é possível invocar as teorias pertinentes às leis, pois a essência da lei é o seu caráter de inovação na ordem jurídica, o que não pode existir em normas inferiores como os regulamentos; ademais, o regulamento não representa a vontade da sociedade, o que apenas ocorre pela representação do legislativo. Mas é por normalmente se apresentar com o caráter geral e abstrato que o regulamento difere do ato administrativo, pois se ambos são expressões da função administrativa, o último é *individual* e *concreto*.

No que diz respeito à relação do regulamento com o estudo do controle judicial da competência discricionária a relevância é percebida e enfatizada por Celso Antônio Bandeira de Mello:

---

[402] CANOTILHO, J. J. Gomes. *Direito Constitucional e teoria da constituição*, p. 833. Os regulamentos administrativos representam, em oportunas lições do constitucionalista, "expressões normativas da função administrativa" (*Ibidem*, p. 833).

[403] *Ibidem*, p. 835. Não se reconhecem, portanto, nas ordens jurídicas portuguesa e brasileira: "(i) 'os regulamentos derrogatórios' — regulamentos que, sem revogarem a lei, a substituam em certos casos determinados —, implicam o estabelecimento de uma disciplina excepcional com força de lei através de fontes secundárias, contrariando abertamente os princípios da preeminência da lei e do congelamento do grau hierárquico (cfr. Ac. TC869/96); (ii) 'os regulamentos modificativos' — regulamentos que alteram a disciplina legislativa — implicam a revogação de preceitos legislativos, com a conseqüente violação dos princípios constitucionais da preeminência da lei e de congelamento de grau hierárquico; (iii) 'os regulamentos suspensivos' — regulamentos que se limitam a tornar ineficaz uma norma legal preexistente, mas desprovidos de qualquer efeito inovador, implicam também a neutralização de uma fonte primária (a lei) através de uma fonte secundária (o regulamento) com a conseqüente violação dos princípios da hierarquia normativa e da preeminência da lei; (iiii) — 'os regulamentos revogatórios' — actos regulamentares que eliminam as leis do ordenamento jurídico — significam a completa inversão dos princípios da hierarquia normativa e da primazia da lei" (*Ibidem*, p. 835-836).

[404] *Curso de Derecho Administrativo*, v. 1, p. 180.

CONTROLE JUDICIAL DA DISCRICIONARIEDADE ADMINISTRATIVA NO REGULAMENTO E ATO ADMINISTRATIVOS | 203

[...] o regulamento executivo, único existente no sistema brasileiro, é um meio de disciplinar a "discrição administrativa", vale dizer, de regular a liberdade relativa que viceje no interior das balizas legais, quando a Administração esteja posta na contingência de executar lei que demande ulteriores precisões.[405]

Com efeito, acedemos às lições do autor que realça, em seguida, que o regulamento cumpre a finalidade de cercear a liberdade de ação dos órgãos e agentes públicos "[...] 'para além dos cerceios da lei' [...]".[406]

O que não quer dizer, claro está, que o regulamento necessariamente suprime a discricionariedade administrativa conferida por lei. Poderá fazê-lo, pois no exercício da competência discricionária, em realização da função administrativa, é possível que a escolha, dentre a *pluralidade de decisões legítimas*, seja feita e externada por um regulamento. Mas poderá o regulamento apenas reduzir as opções de escolha ou definir com maior precisão e objetividade o alcance de cada alternativa.

O certo é que se a norma jurídico-administrativa[407] em alguns casos confere a competência discricionária à Administração Pública esta atribuição pode ser exercida por meio de regulamentos administrativos — o que encontra pacífica aceitação na jurisprudência.[408]

E a estrutura lógico-formal do regulamento, tal como ocorre com a lei (4.1), também se formula de modo binário, isto é, por um *juízo hipotético* composto por um antecedente, a *hipótese de fato*, e um consequente, a *finalidade*. De tal sorte, a discricionariedade tanto pode apresentar-se no antecedente ou no consequente ou em ambos.

---

[405] MELLO, Celso Antônio Bandeira de. *Curso de Direito Administrativo*. p. 326.

[406] *Ibidem*, p. 326.

[407] Relembramos o que dissemos no capítulo 4: por esta expressão referimo-nos à *lei* que trata de um tema do direito administrativo.

[408] A exemplo do seguinte julgado: "Administrativo. Recurso ordinário em mandado de segurança. Portaria que limita horário de funcionamento de bares e restaurantes que comercializam bebidas alcoólicas. Poder de polícia. Ato normativo. Violação dos princípios da legalidade e do livre exercício da atividade econômica. Não-configuração. Desprovimento do recurso ordinário. 1. Na hipótese dos autos, deve ser reconhecida a legalidade da portaria que estabelece horário para a comercialização de bebidas alcoólicas, pois decorre das restrições previstas na Lei Distrital 1.171/96, no exercício regular do poder de polícia da Administração Pública. 2. 'A polícia administrativa manifesta-se tanto através de atos normativos e de alcance geral quanto de atos concretos e específicos. Regulamentos ou portarias como as que regulam o uso de fogos de artifício ou proíbem soltar balões em épocas de festas juninas', bem como as normas administrativas que disciplinem horário e condições de vendas de bebidas alcoólicas em certos locais, são disposições genéricas próprias da atividade de polícia administrativa (MELLO, Celso Antônio Bandeira. *Curso de Direito Administrativo*. 19. ed. São Paulo: Malheiros, 2005. p. 771) 3. Recurso ordinário desprovido" (Superior Tribunal de Justiça, ROMS 17381/DF, Ministra Denise Arruda, j. 07.11.2006).

Vale anotar, ainda, as lições — às quais aderimos — de Eduardo García de Enterría e Tomás-Ramón Fernández[409] de que a autoridade que edita um regulamento e que poderia em tese revogá-lo não pode, no entanto, por um ato singular afastar, para o caso concreto, a sua aplicação; é o que estes autores denominam de *princípio da inderrogabilidade singular dos regulamentos*.

Pois haveria ofensa ao princípio da igualdade se assim não fosse.

Imaginemos, como exemplo, se certo município litorâneo editasse uma lei que prescrevesse a possibilidade de a Administração outorgar o uso privativo de parte da calçada aos restaurantes e bares que se localizam na rua que margeia a praia, o que com isto se pretende proporcionar um aumento do fluxo de turistas de maneira a interessar a toda economia da cidade; e por um regulamento o Chefe do Executivo viesse a disciplinar a proporção da calçada que pudesse ser usada, o horário de uso etc.; ora, apesar de sua competência para a emissão do regulamento, não poderia o Chefe do Executivo, sob pena de ofensa ao princípio da igualdade, expedir um ato administrativo que permitisse a um administrado em particular uma situação mais vantajosa, ou que lhe impusesse um contexto mais gravoso, do que dispõe o regulamento para todos os demais administrados.

5.1.1 A competência discricionária de acordo com o âmbito da função administrativa – A motivação do regulamento

Servem as referências do capítulo anterior, pela similitude do regulamento com a lei no que se refere à generalidade e abstração, para o estudo dos limites da competência discricionária nos regulamentos e o consequente alcance do controle judicial. Como servem as referências que veremos neste capítulo a partir do tópico 5.2 sobre a presença da discricionariedade no ato administrativo, pois o regulamento é expressão da função administrativa.

Por isso, para este tópico apenas devemos recordar do capítulo anterior algumas conclusões, e ato contínuo fazermos as devidas adaptações ao estudo da discricionariedade administrativa junto ao regulamento administrativo, bem como adiantar do ato administrativo (tópico 5.2 e seguintes) o que nos parece merecer, por certa especificidade, uma explicação mais encarecida às circunstâncias próprias do

---

[409] *Curso de Derecho Administrativo*, v. 1, p. 208-209.

regulamento — é o caso da *motivação* —; no mais, o que será visto para o ato administrativo (5.2 e seguintes) devemos considerar que também serve para o regulamento.

Iniciamos, então, com o que vimos anteriormente.

Do mesmo modo que a lei que atribui a discricionariedade administrativa pode, de um modo geral, prevê-la tanto para à *hipótese de fato* quanto para a *finalidade*, igualmente o regulamento administrativo, ao ser geral e abstrato, mesmo reduzindo a *hipótese de fato* e a *finalidade* — e desta maneira exercendo *em ato* uma parcela de escolha da discricionariedade—, pode o regulamento, ainda assim, gerar uma nova *estática* da discricionariedade administrativa a ser oportunamente exercida *em ato* pelo ato administrativo. Uma nova estática que contenha a previsão — mais objetiva, mais reduzida — da discricionariedade ou na hipótese de fato, ou na finalidade, ou em ambos os polos da estrutura binária.

Apenas convém reiterar que a *finalidade* à qual nos referimos não se confunde com a *finalidade do ato administrativo*. Como sublinhamos anteriormente (4.1), a *finalidade* do juízo hipotético da lei — e, por paralelismo, do regulamento —, *para os fins deste estudo*, é reconhecida sob um prisma exclusivamente lógico-formal, distinto então da *finalidade do ato administrativo* que comporta, como ainda veremos, uma carga axiológica.

Outro aspecto visto no capítulo anterior e que é relevante relembrar é que o regulamento administrativo deve restringir-se a estabelecer uma matriz para a execução da lei na qual se fundamenta. Portanto, não pode o regulamento, a pretexto de assim agir, ampliar os alcances da competência discricionária, pois equivaleria a inovar no ordenamento jurídico, o que é interdito à função administrativa. Se não pode a lei delegar o que é pertinente ao seu núcleo, à sua essência, se não pode o regulamento introduzir algo que não preexiste na lei, então o que resta ao regulamento é *especificar* a competência discricionária, na hipótese de fato ou na finalidade da norma, o que ocorre pelo detalhamento mais objetivo do antecedente ou do consequente, como pode *reduzir* esta competência com a restrição das hipóteses e finalidades aptas à escolha.

Também nos cabe recordar o que tem sido uma tônica do nosso discurso: a competência discricionária não se confunde com a interpretação de conceitos jurídicos indeterminados (Parte I e 3.2), o que permite concluir que no âmbito da *Administração Sancionadora* deve-se cumprir o comando constitucional de que não há pena sem prévia cominação legal (art. 5º, XXXIX). E por isso, em matéria de direito administrativo sancionador, tanto a *hipótese de fato* quanto a *finalidade* do regulamento administrativo facultam tão somente a *interpretação jurídica*, mas nunca a discricionariedade administrativa.

Pois se a *lei* que trata da *Administração Sancionadora* apenas é passível de interpretação, isto é, não franqueia qualquer discricionariedade administrativa (4.3.2), por conseguinte o regulamento, que deve limitar-se a executar a lei, não pode ir além de prescrever hipóteses e finalidades sujeitas exclusivamente à interpretação. É o caso, como também já nos referimos (4.3.2), dos regulamentos administrativos que preenchem as normas em branco — trata-se de mera integração normativa sujeita à interpretação jurídica, e não à discricionariedade administrativa.

Do que veremos em sequência ao estudarmos a competência discricionária junto ao ato administrativo (5.2 e seguintes) e que exige alguma antecipação para ser equacionado à realidade do regulamento é a observância da *motivação*, tema em geral olvidado pela doutrina, mas que com Eduardo García de Enterría e Tomás-Ramón Fernández[410] temos preciosos ensinamentos. Como dizem estes autores, embora as leis normalmente não exijam expressamente a motivação dos regulamentos, desde o final do século XX a jurisprudência do Tribunal Supremo da Espanha, com alguma ambivalência, em alguns casos tem exigido a exposição de motivos ou preâmbulos, embora este dever de motivar não seja exigido com a mesma intensidade do que é reclamado dos atos administrativos. Igualmente, o Conselho de Estado francês, segundo os autores, gradualmente tem sido mais rigoroso com esta exigência porque a motivação do regulamento torna-se fundamental para o controle de eventual arbitrariedade da Administração.

Podemos sintetizar estas ideias sobre a motivação do seguinte modo: primeiro, como há um comando constitucional (art. 93, X) que não excepciona a motivação de qualquer forma de expressão da função administrativa, não é possível afastar este dever jurídico do regulamento administrativo; segundo, e mitigando a assertiva anterior, porque o regulamento prescreve normas gerais e abstratas, de modo semelhante ao que ocorre com a lei, a exigência da intensidade de motivação é mesmo menor do que acontece com o ato administrativo, pois o regulamento não trata de um caso concreto, mas dispõe de modo a permitir que oportunamente, diante de um caso específico, ao expedir a Administração um ato administrativo em virtude da situação que será apresentada, haja uma motivação mais minuciosa porque

---

[410] *Curso de Derecho Administrativo*, v. 1, p. 205.

CONTROLE JUDICIAL DA DISCRICIONARIEDADE ADMINISTRATIVA NO REGULAMENTO E ATO ADMINISTRATIVOS | 207

aí sim se dirigirá a uma circunstância fática determinada. Estas são algumas notas específicas sobre o dever de motivar no que diz respeito ao regulamento administrativo, pois tornaremos ao tema, com mais amplitude, ao cuidarmos do ato administrativo (5.2.5).

A seguir, então, cuidaremos da discricionariedade administrativa e o ato administrativo cujas informações, como dissemos acima, de um modo geral servem também ao regulamento administrativo.

5.2 A presença da competência discricionária no ato administrativo de acordo com a sua sistematização

É sabido que em razão da tendência à ausência de uma codificação do direito administrativo as doutrinas nacional e estrangeira inclinam-se a divergir ainda mais ao sistematizarem os institutos jurídicos que compõem esta área do direito. É o que ocorre com o ato administrativo que se para parcela da doutrina a sistematização apresenta cinco aspectos denominados de requisitos,[411] para outros a sistematização expande-se e divide-se em elementos e pressupostos.[412]

O que empreenderemos a seguir é a análise da competência discricionária em relação a cada aspecto que costuma ser relacionado pela doutrina na sistematização do ato administrativo. Sem nos preocuparmos em aderir a uma ou outra proposta de sistematização, o que nos orienta a metodologia é o cuidado de tratarmos do modo mais amplo possível do que é frequentemente invocado no estudo do ato administrativo e a sua relação com a discricionariedade administrativa, pouco importa se é elemento ou pressuposto, ou até se a doutrina expressamente repele a integração com a sistematização do ato administrativo, como é o caso da "vontade" (5.2.6).

Com estas considerações, então, iniciamos a avaliação da presença da discricionariedade administrativa em seu exercício concreto, em sua realização prática, por meio do ato administrativo que é veículo elementar e fundamental da expressão da função administrativa.

---

[411] Por todos, lembramos Hely Lopes Meirelles (*Direito Administrativo brasileiro*, p. 133 *et seq.*).

[412] É o caso de Celso Antônio Bandeira de Mello que propõe a análise de dois elementos (conteúdo e forma), dois pressupostos de existência (objeto e a pertinência do ato ao exercício da função administrativa) e seis pressupostos de validade (sujeito, motivo, requisitos procedimentais, finalidade, causa, e formalização) — *Curso de Direito Administrativo*, p. 364-365.

5.2.1 A competência ou o sujeito

A competência é o feixe de atribuições prescrito por lei a determinado sujeito como responsável por esta parcela de deveres a serem cumpridos. É a lei, por força do princípio da legalidade como vinculação positiva da Administração, que determina quais são as atribuições de cada agente público. E as capacidades são atribuídas como deveres ao agente, ao sujeito, que deve realizá-las para contemplar a realização do interesse público. É por isso que se diz em voz corrente, e com razão, que as competências são irrenunciáveis e imprescritíveis. São irrenunciáveis porque não são exercidas em benefício do próprio agente, mas como deveres de atender o interesse da coletividade; são imprescritíveis porque as atribuições que caracterizam uma competência são instrumentos para o cumprimento dos deveres, por conseguinte não se exaurem pelo decurso do tempo.

Por isso, a competência, em si, é sempre vinculada. Só a lei atribui a competência, só a lei modifica a competência, só a lei suprime uma competência. Só a lei é que define as missões a serem realizadas pelos sujeitos que preenchem o cargo, o emprego ou a função públicos.

A lei pode, ao definir uma competência (sempre vinculada), dispor que o sujeito a exercê-la poderá escolher uma dentre uma *pluralidade de decisões legítimas*, isto é, poderá, em outras palavras, conferir a *competência discricionária* ao sujeito a quem as atribuições são confiadas. Mas isso não se confunde com a competência em si. A previsão das atribuições a dado sujeito — leia-se: a *competência* — é sempre vinculada porque não pode a lei dizer que certos sujeitos podem, ou não, assumir o dever de realizar o interesse público previsto na própria norma ou em outra prescrição normativa. A atribuição de deveres e a responsabilidade por usá-los como instrumental ao atendimento do interesse da coletividade são sempre *vinculados* porque são dispostos por lei. O *modo*, o *momento* de cumprir estes encargos, e outros aspectos que serão vistos nos tópicos seguintes, estes sim podem apresentar a discricionariedade administrativa. Mas a definição *da* competência — e não de como e quando será exercida — a determinado sujeito é a primeira manifestação da lei; portanto, *a* competência é sempre vinculada.

Nesta linha, é absolutamente prevalecente o entendimento doutrinário, como exemplo se tem com Agustín Gordillo,[413] Tomás-Ramón

---

[413] *Tratado de Derecho Administrativo*: parte general, cap. X, p. 17, 30.

Fernández,[414] Eduardo García de Enterría,[415] Fernando Sainz Moreno,[416] Renato Alessi,[417] José Eduardo Figueiredo Dias e Fernanda Paula Oliveira,[418] e no Brasil com Regis Fernandes de Oliveira,[419] Hely Lopes Meirelles,[420] Maria Sylvia Zanella Di Pietro,[421] entre tantos outros, o que legitima a conclusão de Celso Antônio Bandeira de Mello de que "[...] a discrição não está no ato, não é uma 'qualidade' dele; logo, não é ele que é discricionário, embora seja nele (ou em sua omissão) que ela haverá de se revelar".[422]

Parece-nos, portanto, equivocada a justificativa de Domingo Juan Sesin[423] ao defender a possibilidade de discricionariedade em relação à competência com o argumento de que é o que acontece com a avocação da prática de um ato por seu superior hierárquico. Mesmo na avocação, tal como acontece na delegação, é a *lei* que prescreve a *concorrência* de competências e a possibilidade de os deveres prescritos serem exercidos ou pelo superior ou pelo inferior da relação hierárquica. Não há a renúncia daquelas atribuições porque são exercidas, em conformidade com as possibilidades previstas por *lei*, por este ou aquele agente público. Enfim, as atribuições, avocadas ou delegadas, são de toda forma cumpridas.

Em síntese, *a competência* e *os sujeitos* àquela atrelados são sempre vinculados. Como, quando e por quem (entre os sujeitos atrelados) serão cumpridas as missões de realizar o interesse público, aí pode haver vinculação ou discricionariedade, e é por isso que, como adverte Celso Antônio Bandeira de Mello em lição acima transcrita, o escorreito tecnicamente não é dizer "ato vinculado" ou "ato discricionário", mas "ato de competência vinculada" e "ato de competência discricionária".

Se de fato o *momento* para a prática de um ato ou para uma atividade pode ser atribuído à Administração como um aspecto da discricionariedade — como é lição de Oswaldo Aranha Bandeira de Mello[424] —, assim ocorre porque é *a competência* — sempre vinculada

---

[414] *De la arbitrariedad de la administración*, p. 36.

[415] *Curso de Derecho Administrativo*, v. 1, p. 461-462.

[416] *Conceptos jurídicos, interpretación y discrecionalidad administrativa*, p. 312.

[417] *Instituciones de Derecho Administrativo*, p. 189.

[418] *Noções fundamentais de Direito Administrativo*, p. 101.

[419] *Ato administrativo*, p. 87.

[420] *Direito Administrativo brasileiro*, p. 152-153.

[421] *Discricionariedade administrativa na Constituição de 1988*, p. 80 *et seq.*

[422] MELLO, Celso Antônio Bandeira de. *Discricionariedade e controle jurisdicional*, p. 18.

[423] *Administración pública*: actividad reglada, discrecional y técnica, p. 152.

[424] *Princípios gerais de Direito Administrativo*, p. 485.

— que franqueia esta oportunidade de escolha do átimo do exercício da competência. Mas a competência é exaustivamente determinada na lei.

Ao remate, insistimos: por *competência discricionária* devemos entender que *a atribuição dos deveres é sempre vinculada*, mas o conteúdo desta atribuição, *o conteúdo da competência* a ser envidado por um *sujeito*, um agente público, e *o momento* a ser realizado, é que podem ser vinculados ou discricionários.

5.2.2 A forma, os requisitos procedimentais, a formalização e o âmbito da função administrativa

Em geral, por *forma*, em um sentido amplo, englobam-se os requisitos procedimentais e a formalização,[425] mas há também quem, como Celso Antônio Bandeira de Mello, faz a distinção para conceber a "forma" como "[...] o revestimento exterior do ato [...]",[426] os "requisitos procedimentais" "[...] são os atos que devem, por imposição normativa, preceder a um determinado ato"[427] e a "formalização" como "[...] a 'específica maneira' pela qual o ato deve ser externado".[428]

Parcela dos doutrinadores recusa a possibilidade de haver discricionariedade quanto à forma, como é o caso de Eduardo García de Enterría e Tomás-Ramón Fernández,[429] e ainda Agustín Gordillo.[430] É também o entendimento de Hely Lopes Meirrelles[431] e Regis Fernandes de Oliveira,[432] embora este último assim se posicione no que se refere à formalidade, que parece corresponder à noção vista no parágrafo anterior por formalização, pois ele aceita a possibilidade de discricionariedade quanto à forma.

Mas há os que concebem, sem estas restrições, a possibilidade de discricionariedade junto à forma, como Maria Sylvia Zanella Di Pietro[433] ao ressalvar que assim não o será apenas se existir expressa

---

[425] Por todos, ver Maria Sylvia Zanella Di Pietro (*Direito Administrativo*, p. 200).

[426] *Curso de Direito Administrativo*, p. 367.

[427] *Ibidem*, p. 376.

[428] *Ibidem*, p. 382.

[429] *Curso de Derecho Administrativo*, v. 1, p. 475-478.

[430] *Tratado de Derecho Administrativo*: parte general, cap. X, p. 25 *et seq.*

[431] *Direito Administrativo Brasileiro*, p. 152-153.

[432] *Ato administrativo*, p. 87.

[433] *Discricionariedade administrativa na Constituição de 1988*, p. 80 *et seq.*

imposição de uma forma, e igualmente Celso Antônio Bandeira de Mello[434] e Oswaldo Aranha Bandeira de Mello.[435]

Para nós, é possível admitir, em tese, a conferência de discricionariedade administrativa em relação à forma, aos requisitos procedimentais e à formalização. Desde que não se comprometa a segurança jurídica, que não se ofenda a isonomia, não vemos óbice nesta opção. Consideremos, como exemplo, uma lei que prescreva a possibilidade de a Administração Pública de um município distribuir cestas básicas às famílias que preencham certas condições, como renda mínima e outros critérios adequados à região; a lei pode não estipular o modo como ocorrerão estas doações, se por uma Portaria ou por uma simples ordem de serviço expedida pelo Chefe do Executivo; a lei pode não disciplinar quantos atos prévios às doações ocorrerão para a habilitação dos interessados, como serão os atos de recenseamento a serem procedidos pelo Poder Público com vistas a levantar quantas famílias amoldam-se aos critérios legais; como a lei pode não dispor se o ato da doação será aperfeiçoado com o firmar de um contrato, um simples recibo ou outros meios equivalentes.

A preocupação com os princípios da segurança jurídica e igualdade são o norte a franquear ou a suprimir a possibilidade da competência discricionária quanto a estes aspectos do ato administrativo. E o que deve ser aferido como legítimo em realidade se refere aos limites da discricionariedade na estrutura da norma jurídica (4); isto é, a aferição da constitucionalidade da discricionariedade administrativa perante a forma, os requisitos procedimentais ou a formalização depende de apreciar o âmbito da função administrativa (4.3 e seguintes).

Por esta razão é que não admitimos a possibilidade de haver discricionariedade em relação ao processo administrativo disciplinar. A fixação de prazos para as manifestações do acusado (defesa e recursos), as provas possíveis (número de testemunhas) e outros atos que caracterizam os *requisitos procedimentais* para a prolação do provimento final (absolvição ou imposição de sanção administrativa) devem estar previstos em lei, e na ausência — por uma lacuna — ou em caso de aparente contradição — antinomia aparente — deve o agente administrativo responsável pelo processo recorrer à *interpretação jurídica*, mas de maneira alguma à discricionariedade administrativa porque não há uma *pluralidade de opções legítimas*, verdadeiros *indiferentes jurídicos* à disposição da Administração.

---

[434] *Discricionariedade e controle jurisdicional*, p. 17.

[435] *Princípios gerais de Direito Administrativo*, p. 485.

Em síntese, ou a lei confere a competência discricionária porque pode fazê-lo de acordo com o âmbito da função administrativa (4.3.2), ou a lei, embora fosse possível outorgá-la, opta em regrar vinculativamente a forma, os requisitos procedimentais e a formalização do ato administrativo.

De toda sorte, em princípio é possível admitir a possibilidade de discricionariedade administrativa em relação a estes aspectos do ato administrativo.

5.2.3 O objeto, o conteúdo e o âmbito da função administrativa

O *conteúdo* do ato é a sua declaração jurídica, o *objeto* é o bem sobre o qual recai a declaração. A punição de um agente público tem por conteúdo a declaração da sanção administrativa, e como objeto a relação funcional do sancionado; a homologação de uma licitação tem por conteúdo a declaração de legitimidade de todo o procedimento, e como objeto o resultado do processo; a servidão administrativa tem por conteúdo a declaração de sacrifício de um direito de propriedade, e por objeto a propriedade sacrificada.

O conteúdo e o objeto são também passíveis, em princípio, de discricionariedade administrativa.

A *pluralidade de decisões legítimas* que caracteriza a discricionariedade administrativa — tal como vimos no capítulo 3, e como tornaremos a ver ao término do presente capítulo, no tópico 5.4 — manifesta-se principalmente no *conteúdo* do ato administrativo. É na declaração jurídica da Administração Pública que se determina uma dentre as várias decisões possíveis. E determina-se, inclusive, optando por um dentre os diversos objetos disponíveis. Se a lei confere à Administração a competência discricionária para o sacrifício de direitos, compete-lhe escolher o projeto que pretende implementar, o que significa optar ou pela servidão administrativa ou pela desapropriação, recaindo sobre estes ou aqueles imóveis; se a lei confere a competência discricionária na gestão dos bens públicos, compete à Administração deliberar se usa ela própria certo imóvel ou se permite o uso por particulares. A competência discricionária, em última análise, materializa-se principalmente pelo *conteúdo* e pelo *objeto* do ato administrativo.

Então, tal como vimos sobre a forma no tópico anterior, ou a lei prescreve a competência discricionária porque pode fazê-lo em razão do âmbito da função administrativa (4.3.2), ou a lei, apesar de possível a concessão da discricionariedade, opta em regrar exaustivamente o

CONTROLE JUDICIAL DA DISCRICIONARIEDADE ADMINISTRATIVA NO REGULAMENTO E ATO ADMINISTRATIVOS | 213

conteúdo e/ou o objeto do ato. Lembramos, destarte, que não é possível haver o exercício da discricionariedade administrativa na imposição de uma sanção porque o *conteúdo* de um ato emitido com fundamento na *Administração Sancionadora* é sempre vinculado (4.3.2); a restrição à discricionariedade, no caso, não se encontra no ato administrativo, mas em seu fundamento precedente, a própria norma jurídico-administrativa em sua estática.

Ainda exemplificando, para saber qual a dimensão — o alcance — possível da discricionariedade dos atos administrativos que cumprem ou uma lei que institui um parque industrial e permite a doação com encargos de áreas públicas, ou uma lei que restringe o uso de veículos na cidade em alguns dias da semana com o fim de reduzir o trânsito, depende mais de analisar os limites da atribuição da competência discricionária na estática da norma; no caso, o parque industrial, como política de uma *Administração de Fomento*, pode conceder à Administração Pública uma amplitude de conteúdos e objetos a serem definidos, desde que não haja delegação da função legislativa, nem ofensa aos princípios da segurança jurídica e igualdade, como vimos anteriormente (4.3.2), mas decerto a amplitude da discricionariedade será bem menor no caso do "rodízio" de veículos, pois se trata de expressão da *Administração Ordenadora*, e por isso poucos aspectos restarão à Administração, como quiçá determinar o horário a incidir o intervalo de restrição imposto por lei, ou ordenar a distribuição da restrição pelos dias da semana e outros aspectos semelhantes, como também assinalamos em outra passagem (novamente, tópico 4.3.2).

De todo modo, com estas ressalvas, o conteúdo e o objeto são passíveis, em tese, de externar a discricionariedade administrativa.

5.2.4 O motivo de fato – A teoria dos motivos determinantes

Foi em 1919, no *arrêt* Gomel, que se principiou, de acordo com Eduardo García de Enterría e Tomás-Ramón Fernández,[436] o controle dos

---

[436] *Curso de Derecho Administrativo*, v. 1, p. 471-475. Segundo Germana de Oliveira Moraes, esta teoria não se confunde com a do "erro manifesto de apreciação", desenvolvida, diz a autora, a partir do *arrêt* Lagrange, em 15.02.1961, que se legitima ou porque a decisão do Poder Público é escorada em juízos de técnica não jurídica que são "grosseiramente errôneos", ou porque "[...] a apreciação da situação concreta pela Administração constitui atropelo à lógica e ao bom senso" (*Controle jurisdicional da Administração Pública*, p. 91). Já o jurista português António Francisco de Sousa assevera que o *erro manifesto de apreciação* surge, na jurisprudência francesa, a partir de 1953 (*erreur manifeste d'apréciation*) e que se entende por

fatos sob uma técnica então denominada de *erro manifesto de apreciação dos fatos*. Este controle dos fatos e de sua qualificação jurídica permitiu ao Conselho de Estado acessar a avaliação de conceitos como "boa ordem", "salubridade", "segurança" etc.

Formulou-se então, consoante Fernando Sainz Moreno,[437] uma teoria acerca do controle dos *motivos de fato* que se estruturou em quatro graus diferentes: *a)* mínimo: sobre serem os fatos materialmente exatos, e não produzidos sob coação;[438] *b)* médio: sobre os fatos estarem de acordo com a aplicação da lei; *c)* normal: sobre a qualificação jurídica dos fatos; *d)* máximo: sobre a própria apreciação dos fatos.

Cremos que estes níveis podem ser sintetizados pela conclusão de que não há a possibilidade de existir discricionariedade junto aos fatos. A aferição da existência dos fatos ou da inexistência de coação (controle mínimo), da previsão destes fatos na hipótese de fato da norma jurídico-administrativa (controle médio), a consequente análise da escorreita subsunção dos fatos à hipótese fática normativa (controle normal), ou a ponderação axiológica dos fatos (controle máximo) são expressões que decorrem da mesma premissa: a de que os *fatos* dizem respeito à realidade fenomênica, ao mundo natural. As dificuldades em comprovar ou em avaliar os fatos não podem ser confundidas com o errôneo entendimento de que se pode negar a sua existência, apesar de comprovados, ou distorcer o modo como se apresentam ou o que significam, apesar de demonstrados. Comprovado um fato, comprovado que não houve coação, demonstrado que há uma norma que prevê aquele fato e que realmente a realidade concreta enquadra-se na moldura normativa, e demonstrado que esta apreciação de correspondência entre o fato e a norma é legítima, então deve prosseguir a Administração tendo por pressuposto o *reconhecimento do fato*.

Porque *reconhece o fato* pode o administrador ter discricionariedade sobre o *conteúdo* do ato a ser expedido, ou sobre o *objeto* a ser eleito etc. Mas sobre o fato em si não é possível a Administração "escolher" que não existe, apesar de existir, que não há previsão normativa para aquela situação, apesar de haver. O fato, em suma, relaciona-se com o mundo dos fenômenos físicos e o direito não pode alterar as leis naturais.

---

tal o "[...] erro grosseiro, evidente, manifesto ou flagrante [...]" (*Conceitos indeterminados no direito administrativo*, p. 227).

[437] *Conceptos jurídicos, interpretación y discrecionalidad administrativa*, p. 258.

[438] É neste "controle mínimo", para Tomás-Ramón Fernández, que se aplica a *teoria do erro manifesto na apreciação dos fatos* (*De la arbitrariedad de la administración*, p. 36).

CONTROLE JUDICIAL DA DISCRICIONARIEDADE ADMINISTRATIVA NO REGULAMENTO E ATO ADMINISTRATIVOS | 215

Para o francês Jean Rivero[439] o controle dos *motivos de fato* destrincha-se sob três aspectos: *a)* a "exatidão material dos motivos de fato", o que ocorre tanto quando a lei precisa os fatos como quando a Administração declara determinados fatos; *b)* a "qualificação dos fatos", logo, não basta que os fatos existam materialmente, mas é necessário que reúnam as características fixadas em lei; e *c)* a "apreciação da oportunidade", o que é muito próximo da "qualificação dos fatos". A "apreciação da oportunidade" ocorreria quando há uma avaliação da necessidade da medida ou da oportunidade segundo critérios subjetivos.

Enfim, o que é certo e podemos encontrar como conclusão é que, como sublinham Eduardo García de Enterría e Tomás-Ramón Fernández,[440] "O milagre, podemos dizer, não ocorre no campo do Direito Administrativo". E a mesma conclusão é maciçamente encampada em outros países, como na doutrina lusitana com José Eduardo Figueiredo Dias e Fernanda Paula Oliveira,[441] e ainda Afonso Rodrigues Queiró,[442] na doutrina argentina com Domingo Juan Sesin,[443] entre outros.

Como adiantamos na introdução a este tópico, e ainda ao estudarmos os conceitos jurídicos indeterminados (2.1.4), foi da preocupação com a averiguação da realidade que se desenvolveu a *teoria do erro manifesto na apreciação dos fatos* que proporcionou ao Conselho de Estado Francês, como lembra Fernando Sainz Moreno,[444] examinar as noções ou conceitos vagos diante do caso concreto.

O que não se confunde com a possibilidade, em princípio legítima, de a lei conferir à Administração a possibilidade de escolher um dentre diversos fatos como motivo de sua atuação. Não é a distorção ou negação de um fato, mas a escolha de um entre vários fatos. As deficiências na área das pesquisas científicas, as carências de equipamentos modernos para o desenvolvimento dos estudos, o déficit de professores são *fatos* diferentes em relação aos quais a lei pode outorgar à Administração a possibilidade de *escolha* de um deles para ampliar os investimentos.

É neste sentido — de *pluralidade de fatos*, e não de *negação* ou *distorção* de fatos — que se pode admitir a competência discricionária em relação ao *motivo* do ato administrativo. Por esta perspectiva que

---

[439] *Direito Administrativo*, p. 292 *et seq.*

[440] *Curso de Derecho Administrativo*, v. 1, p. 478. O controle da realidade dos fatos é preocupação pessoal e constante em toda a obra de Eduardo García de Enterría, como se constata em *La lucha contra las inmunidades del poder*, p. 36-37.

[441] *Noções fundamentais de Direito Administrativo*, p. 116.

[442] *Estudos de Direito Público*, p. 103.

[443] *Administración pública*: actividad reglada, discrecional y técnica, p. 303.

[444] *Conceptos jurídicos, interpretación y discrecionalidad administrativa*, p. 259.

Bonnard, como anota Maria Sylvia Zanella Di Pietro,[445] em 1923 admite a discricionariedade em relação ao motivo: se a lei fixa o motivo, a competência é vinculada, se não, a Administração é livre para decidir o que lhe é oportuno. Trata-se, pois, do que comumente se denomina de *motivo de direito*: os *fatos-tipos*, as hipóteses fáticas previstas em lei como opções legitimadoras de uma ação. Lembremos como exemplo uma lei que permita ao servidor público afastar-se do serviço, por certo prazo e com prejuízo de seu vencimento, tanto para dedicar-se a um curso de pós-graduação na área pertinente à sua função quanto para ser cedido a um ente da Administração Indireta que será responsável por sua remuneração.

Agora, se a lei permite ao administrador escolher o motivo, e ele assim o faz, o fato deve ser real porque sobre este, como acima afirmamos, o controle judicial é pleno. É o que propõe a *teoria dos motivos determinantes*: "[...] os motivos que determinaram a vontade do agente, isto é, os fatos que serviram de suporte à sua decisão, integram a validade do ato".[446]

Em suma, é possível haver competência discricionária sobre a escolha de um entre variados fatos, mas o fato em si, o fato eleito, não comporta discricionariedade porque se relaciona ao universo da realidade empírica, e é por isso que uma vez escolhido um fato — quando a lei faculta a discricionariedade de assim ser ou porque afirma expressamente, ou porque não prescreve um único fato possível —, o fato escolhido pelo administrador vincula sua ação — é a teoria dos motivos determinantes. Por conseguinte, o controle judicial incide, sem quaisquer reservas, sobre *o fato* em todos os níveis de controle acima mencionados.

Uma última palavra: sobre a lei facultar a discricionariedade de escolha de um entre diversos fatos possíveis — seja por disposição expressa ou por omissão na enumeração dos fatos —, é preciso sempre avaliar a pertinência desta atribuição normativa. Como vimos no capítulo IV e temos insistido ao longo deste estudo, não é sempre que a lei pode outorgar a discricionariedade administrativa. Não pode, reiteramos o exemplo, deixar de prescrever os *fatos* que se qualificam como infração administrativa. A *Administração Sancionadora* exige a prévia e clara disposição dos fatos (art. 5º, XXXIX, da Constituição Federal, conforme expusemos no tópico 4.3.2).

---

[445] *Discricionariedade administrativa na Constituição de 1988*, p. 92-93.
[446] MELLO, Celso Antônio Bandeira de. *Curso de Direito Administrativo*, p. 376.

5.2.5 A motivação e o âmbito da função administrativa

A motivação não se confunde com o motivo — este último visto por nós no tópico precedente. A motivação é a *fundamentação* para a prática do ato administrativo. Integra, em lição de Celso Antônio Bandeira de Mello,[447] a "formalização" do ato; é a sua "exposição de motivos" que deve relacionar os *fatos*, a *norma jurídica* aplicável e a "[...] 'relação de pertinência lógica' [...]"[448] entre os fatos e a norma. De igual modo, Florivaldo Dutra de Araújo destaca que a motivação não se confunde com o ato em si, pois a motivação é a *justificação* do ato pela demonstração argumentada de que os motivos e a finalidade são idôneos e de que há relação de causalidade entre estes. Em suas palavras: "[...] a motivação não pode ser o ato em si (conteúdo e forma), por ser-lhe algo externo, qual seja, a demonstração de sua validade".[449]

Por tudo quanto dissemos e concluímos na Parte I deste estudo, outra resposta aqui não se poderia encontrar senão a de que não existe discricionariedade junto à motivação. A motivação é a *fundamentação*, a exposição das razões, o apontamento dos fatos considerados relevantes e das normas que, diante de certo caso concreto, devem incidir. Não há um *indiferente*, uma *pluralidade de opções* legítimas, como acontece com a discricionariedade administrativa. O processo de interpretação jurídica concretiza-se por uma senda: por uma *motivação*, uma explanação que pretende expor o raciocínio do intérprete sobre a solução a ser conferida à situação em análise, uma argumentação que circunscreve e realça o fato considerado relevante, as respectivas normas que se amoldam por conterem em suas *hipóteses de fato* a previsão em abstrato do fato concreto, e a conseguinte ilação a prevalecer. A motivação, em última análise, é a materialização da interpretação jurídica como a vimos no capítulo 1.

Embora a motivação não contenha discricionariedade, mesmo sem se confundirem porque a motivação, insistimos, é a concretização do processo de interpretação jurídica, ainda assim o seu estudo é de acentuada relevância ao tema da discricionariedade administrativa por diversas perspectivas que oferece ao controle judicial. Vejamo-las:

Costuma-se dizer, como o faz Celso Antônio Bandeira de Mello,[450] que para os atos vinculados o mais importante é que o motivo efetivamente tenha ocorrido, portanto, se o ato não foi motivado, mas se

---

[447] *Curso de Direito Administrativo*, p. 372-373.
[448] *Ibidem*, p. 372-373.
[449] ARAÚJO, Florivaldo Dutra de. *Motivação e controle do ato administrativo*, p. 93-94.
[450] *Curso de Direito Administrativo*, p. 375.

for possível aferir de "[...] maneira indisputavelmente objetiva e para além de qualquer dúvida ou entredúvida [...]" que o motivo existia, deve-se considerar sanado o vício da ausência de motivação. Mas se o ato era de competência discricionária, *salvo alguma situação excepcional*, o ato não motivado deve ser invalidado. Ao inverso, prossegue o autor, se a lei não exige a motivação é possível sanar a sua falta em ato de competência discricionária se constatada uma *situação excepcional* que assim deve ser considerada caso a Administração prove de modo inquestionável — e cumulativamente — que: *a)* o motivo preexistia; *b)* o motivo era idôneo para justificar a prática do ato; e *c)* o motivo foi determinante para o ato ser praticado.

Mas a advertência de Florivaldo Dutra de Araújo[451] quanto a este ponto deve ser atentamente considerada. Pensa o autor que a dispensa de motivação nos atos vinculados não deve ser aceita por duas razões: a primeira, a necessidade de conhecer-se a interpretação que o agente público atribuiu ao caso concreto, e a segunda, decorrência natural da anterior, é a consequente possibilidade de verificar a correção da aplicação do direito. Como em exemplo de Carlos Ari Sundfeld, citado pelo autor, o indeferimento de uma licença para lotear é ato vinculado se o projeto não atende a respectiva norma edilícia, mas ainda assim há necessidade da motivação para que se apure qual é a norma não atendida, o porquê disso etc. De modo semelhante, entende Juarez Freitas.[452]

Quanto aos atos ditos vinculados os quatro doutrinadores afirmam, com palavras diferentes, a mesma ideia à qual acedemos sem reservas: a motivação é exigível também dos atos vinculados, o que significa que não se pode transformar em uma prática comum na rotina do administrador a supressão da motivação em atos de competência vinculada; mas, se porventura a motivação não ocorrer — o que deve ser exceção, apenas acontecer por uma falha justificável —, o ato poderá ser convalidado se for reconhecida que a única solução possível a contemplar a competência vinculada é realmente a interpretação jurídica

---

[451] *Motivação e controle do ato administrativo*, p. 93-94.

[452] Afirma: "Na era do direito administrativo da racionalidade aberta, o bom administrador público cumpre o dever de indicar, na prática dos atos vinculados e discricionários, 'os fundamentos de fato e de direito, em face da inafastável margem de apreciação, presente no mais vinculado dos atos'. Imperativo, pois, que 'todos os atos administrativos, sobremodo se afetarem direitos, ostentem uma explícita justificação, em analogia com o que sucede com os atos jurisdicionais, excetuados os de mero expediente, os ordinatórios de feição interna e, ainda, aqueles que a Carta Constitucional admitir como de motivação dispensável" (*Discricionariedade administrativa e o direito fundamental à boa Administração Pública*, p. 47).

CONTROLE JUDICIAL DA DISCRICIONARIEDADE ADMINISTRATIVA NO REGULAMENTO E ATO ADMINISTRATIVOS | 219

que foi empregada pela Administração. De toda sorte, esta anotação sobre a necessidade *a priori* da motivação também quanto à competência vinculada é necessária sobretudo porque, como relembraremos ao final deste tópico, a *Administração Sancionadora* decorre de uma competência vinculada, e sem dúvida alguma absolutamente dependente de uma ampla e exauriente motivação.

Mas no que diz respeito especificamente aos atos de competência discricionária é relevante destacarmos a distinção que adotamos entre as motivações "explícitas" e "implícitas", espécies da motivação "expressa". Relembramos exemplo que formulamos em passagem anterior (3.1.1): ao passo que o princípio da legalidade é *explícito* na Constituição Federal de 1988 (art. 5º, I, e art. 37, *caput*), o princípio da razoabilidade é *implícito* (não aparece literalmente, mas permeia e assim decorre do sistema); ambos os princípios são, no entanto, *expressos* no ordenamento jurídico.[453]

A noção de *expresso* — no caso, de *motivação expressa* — é relevante porque se contrapõe ao *tácito* — no caso, à *motivação tácita*. Por *motivação tácita* devemos entender o que efetivamente não se encontra previsto — nem *explicita* nem *implicitamente* —, mas que hipoteticamente é admissível por inferência de outros elementos secundários. A noção de "tácito", como vimos anteriormente (3.1.1), sem dúvida é importante para as relações regidas pelo direito privado, relações jurídicas entre particulares, nas quais do *silêncio*, mesmo sem expressa disposição normativa, extraem-se obrigações jurídicas. Contudo, no regime jurídico de direito público, por conta do *princípio da legalidade* como uma *vinculação positiva* da Administração Pública, não é admissível aceitar *poderes tácitos* (3.1.1); logo, é impossível reconhecer qualquer legitimidade ao silêncio sob a fictícia categoria alcunhada de "motivação tática". Se a motivação é exigência constitucional (art. 93, X), não pode lei alguma esvaziar este comando pela pretensão de reconhecer a possibilidade de uma motivação que decorre do silêncio. O silêncio é a inação, o inerte, a omissão, a ausência de declaração jurídica, e não pode lei alguma transformar o

---

[453] Neste sentido, igualmente Rogério Gesta Leal: "Em tal perspectiva, pode-se afirmar que, enquanto os princípios explícitos são perfeitamente identificados — num primeiro momento — pela forma gramatical e objetiva com a qual são postos no sistema jurídico, a começar pela constituição e passando por todos os demais ordenamentos consectários, os princípios implícitos demandam esforço hermenêutico e desvelador diferenciado por parte do operador do direito, uma vez que não contam (salvo melhor juízo) com a plasticidade direta e posta pela norma cogente, a despeito de já constarem do sistema jurídico como um todo" (*Estado, Administração Pública e sociedade*, p. 111-112).

silêncio em pronunciamento. A "motivação tácita", portanto, não existe porque afronta a ordem constitucional, o dever de motivar.

Em razão disso, se é possível, excepcionalmente, a *motivação implícita* a fundamentar um ato exercido sob uma competência discricionária, é inadmissível sustentar qualquer "motivação tácita". Compreendamos melhor esta distinção.

A *revogação* é a edição de um ato administrativo com a finalidade de retirar, por um juízo discricionário, outro ato administrativo. É editado, portanto, sob o fundamento de uma competência discricionária. Ao tratar do tema, Daniele Coutinho Talamini[454] admite a possibilidade de um ato *expresso* de revogação que não seja *explícito*, ou seja, aceita a *revogação implícita*. Explica a autora que a *revogação implícita* ocorre quando há a incompatibilidade entre dois atos administrativos que necessariamente conduz a concluir que a segunda manifestação de vontade, apesar de não ter a finalidade direta de extinguir os efeitos do ato incompatível, indiretamente assim o faz. É preciso destacar, como sublinha a autora, que a *revogação implícita* só é admissível se for possível aferir de sua *motivação* a incompatibilidade com o outro ato, o que a leva a concluir, e com o qual concordamos, que "[...] a hipótese de revogação implícita não é de ato sem motivação, mas de ato cuja motivação também é implícita", ao contrário da "revogação tácita" que "[...] não deve ser admitida, pois nela não há exteriorização da vontade, não há forma".[455]

Tenhamos como exemplo que a uma associação de artesãos foi concedida a permissão de uso privativo de algumas instalações dentro de um ginásio municipal aos finais de semana. Foi estabelecido que para cada associado interessado em usar um dos espaços destinados a esta exploração fosse necessário apresentar ao município alguns documentos que comprovassem a associação, de modo a obter, cada interessado indicado pela associação, uma permissão individual para o seu espaço determinado. Se por motivações concretas e fundamentadas a Administração Pública posteriormente *revoga* a permissão concedida à associação, sem fazer menção às permissões individuais, mas em ato seguinte *notifica* cada usuário individual informando que no próximo final de semana não será possível a utilização do local, então será possível reconhecer que aos usuários individuais houve *revogação implícita* de suas permissões. O fundamental, portanto, é que seja possível aferir a

---

[454] *Revogação do ato administrativo*, p. 214-215.

[455] *Ibidem*, p. 215.

motivação implícita do ato, que seja possível, em última análise, reconhecer *alguma motivação* — o que nos enseja concluir, como vimos atrás, pela inexistência da figura da "motivação tácita".

Outro exemplo seria, no âmbito da *Administração de Fomento*, a concessão de material didático a organizações particulares sem fins lucrativos com fundamento num decreto regulamentar que, em cumprimento a certa lei, disciplina exaustivamente as condições, os limites e outros aspectos mais os quais as organizações sem fins lucrativos que atuam no campo da educação devem preencher para obter este auxílio material. Cada ato administrativo que concretize a doação a certa organização requerente pode apresentar-se com uma *motivação implícita* por simplesmente se referir à motivação exaurida no regulamento.

Diferentemente, como assevera Florivaldo Dutra de Araújo,[456] o "ato tácito" sequer se trata de ato administrativo, pois não há, em parte alguma, manifestação de vontade do Poder Público, logo não há motivação.

Mas é preciso lembrar que mesmo a motivação explícita pode encontrar-se tanto no mesmo documento em que se instrumentaliza o ato, o que recebe o nome de *contextual*, ou em outro documento, o que se denomina *aliunde* ou *per relationem*.[457]

Outro ponto importante a destacarmos sobre a motivação do ato de competência discricionária refere-se ao que Tomás-Ramón Fernández[458] anota como critério diferenciador entre o discricionário e o arbitrário. Apenas a fundamentação adequada revela que a Administração age nos limites de sua competência; é a motivação do ato administrativo que permite ao controle judicial, quando provocado, avaliar se houve atuação fora dos limites legais — o que se qualifica como ato arbitrário, passível de invalidação.

Em obra monográfica, Tomás-Ramón Fernández[459] dedica-se (e insiste) — com o que concordamos em absoluto — à importância da motivação como instrumento apto a aferir a legitimidade da discricionariedade. Por meio da motivação, diz ele, é que se apura se há coerência lógica entre o exercício da competência discricionária e os fatos.

Decerto, o papel de relevo da motivação é bem percebido diante de um contexto em que a potestade da Administração Pública apoia-se

---

[456] *Motivação e controle do ato administrativo*, p. 118-119.

[457] Também é lição encontrada em Florivaldo Dutra de Araújo (*Ibidem*, p. 119).

[458] *De la arbitrariedad de la administración*, p. 89-90.

[459] *Ibidem*, p. 94.

na invocação de um conceito jurídico indeterminado. Vimos que não é o conceito jurídico indeterminado que confere a discricionariedade (Parte I e 3.2), mas é possível que exista um conceito vago em uma norma que atribui a discricionariedade administrativa, como uma lei que prescreve ser possível a dispensa da licitação para a compra de imóvel se houver interesse público na aquisição de um imóvel determinado. Não é a expressão "interesse público" que outorga a discricionariedade, mas a própria estrutura do texto da norma que permite — não obriga — a dispensa da licitação.

Pois bem. A motivação torna-se importante não apenas para explicar o exercício da competência discricionária, mas também para explicar a densidade do conceito jurídico indeterminado para o caso concreto. Compete ao agente que motiva o ato explanar por que o "interesse público" encontra-se preenchido diante do caso presente; o que, no contexto fático, qualifica o "interesse público". Se é, por exemplo, o fato de haver outras unidades da Administração nos quarteirões do entorno, ou porque se trata da região central da cidade, portanto de referência aos administrados, ou porque as dimensões do prédio desejado correspondem às necessidades em razão do número de funcionários a lotarem aquela unidade etc.

A importância da motivação do ato administrativo encontra reverberação, ainda, junto aos direitos fundamentais. Robert Alexy diz: "Quanto mais intensiva é uma intervenção em um direito fundamental, tanto mais graves devem pesar os fundamentos que a justificam".[460] A *ponderação*, elemento fundamental para o autor na teoria dos princípios, realiza-se, dentre outros meios, pela análise da "[...] importância dos fundamentos que justificam a intervenção",[461] o que apenas é possível fazer, acrescentamos nós, debruçando-se sobre a *motivação* do ato ou atividade do Poder Público.

Como já advertiu Maria Teresa de Melo Ribeiro,[462] a discricionariedade não é uma questão de separação entre a Administração e o Judiciário, mas sim uma questão de divisão de poderes entre o legislador e a Administração, e daí a importância da *motivação* para legitimar o exercício da competência discricionária porque

> [...] o problema é, agora, de densidade normativa e não já de insindicabilidade. E precisamente quanto menor for a densidade normativa,

---

[460] ALEXY, Robert. *Constitucionalismo discursivo*, p. 68.

[461] *Ibidem*, p. 68.

[462] *O princípio da imparcialidade da Administração Pública*, p. 279.

CONTROLE JUDICIAL DA DISCRICIONARIEDADE ADMINISTRATIVA NO REGULAMENTO E ATO ADMINISTRATIVOS | 223

maior terá de ser o controlo judicial do exercício dos poderes delegados pelo legislador na Administração: a diminuição da predeterminação dos critérios da actuação administrativa implica, nesse sentido, cuidados acrescidos na fiscalização da "legalidade" da actividade administrativa. Assim, quanto maior é a autonomia deixada à Administração pelo legislador para a prossecução dos interesses públicos postos por lei a seu cargo, maior é a necessidade de o exercício desses poderes ser integrado num complexo jurídico-normativo vinculante e da conformidade a esses princípios informadores do ordenamento jurídico ser controlada e fiscalizada pelos órgãos judiciais.[463]

Com razão a autora.

Quanto maior a indeterminação de um conceito jurídico, tanto mais densa deve ser a motivação, tanto mais presente deve ser o controle judicial a aferir se há adequação entre os fatos concretos e a qualificação jurídica invocada.

É precisa, portanto, a sentença síntese da jurista mencionada: "Em suma, o que a Administração 'ganha' em relação ao poder legislativo 'perde' a favor do poder judicial".[464]

Neste sentido, também Mariano Bacigalupo[465] assevera que quanto menor a densidade normativa com a qual o legislador programou a atividade da Administração, maior será a carga de argumentação jurídica exigível para justificar a redução da intensidade do controle jurisdicional, e principalmente se tratar de direitos fundamentais.

O que nos faz recordar novamente Florivaldo Dutra de Araújo[466] ao sintetizar os requisitos relacionados pela doutrina como exigências da motivação: a *congruência*, a *exatidão*, a *suficiência* e a *clareza*. A *congruência* significa que dos motivos e normas mencionados pela Administração como as premissas adotadas deve decorrer logicamente a conclusão, pois se houver contradição entre premissas e conclusão a motivação é viciada; a *exatidão* é a exigência de que as razões de direito devem realmente corresponder às normas invocadas, tal como os motivos fáticos devem ser verdadeiros; a *suficiência*[467] é representada pela necessidade de a motivação relacionar efetivamente a circunstância concreta, sendo

---

[463] *O princípio da imparcialidade da Administração Pública*, p. 280.

[464] *Ibidem*, p. 281.

[465] *La discrecionalidad administrativa*, p. 249.

[466] *Motivação e controle do ato administrativo*, p. 122-123.

[467] A insuficiência caracteriza, para Juarez Freitas, um vício na discricionariedade porque se trata de "arbitrariedade por omissão" (*Discricionariedade administrativa e o direito fundamental à boa Administração Pública*, p. 25).

insuficientes as enunciações vagas como "conveniência geral" e outras (Bielsa) cuja simples enunciação sirva a qualquer situação, portanto é preciso que sejam relacionadas as particulares circunstâncias de fato de que se trata; por fim, a *clareza* diz respeito à possibilidade de entender-se o processo lógico que conduziu àquela decisão.

São requisitos cuja exigência acentua-se à medida que se apresentam e invocam-se os conceitos jurídicos indeterminados.

Como também tanto mais se exige da motivação se o âmbito da função administrativa no qual se exerce a discricionariedade diz respeito à intervenção na propriedade e na liberdade do administrado, como ocorre com a *Administração Ordenadora* (4.3.2). Sem dúvida, mesmo os âmbitos da função administrativa que conferem facilidades, que ampliam direitos, como é o caso da *Administração de Prestação* e a de *Fomento*, exigem a motivação com todos os requisitos acima mencionados para o controle do princípio da igualdade, mas a função administrativa que consiste em conformar e sacrificar direitos — é o caso da *Administração Ordenadora* — reclama estes mesmos requisitos atendidos com maior plenitude, pois toda ação "contra" o administrado deve ser ainda mais justificada.

Por derradeiro, devemos lembrar que a *Administração Sancionadora* não permite a presença da competência discricionária (4.3.2). Trata-se de competência vinculada, e como adiantamos no início deste tópico, deve sem dúvida alguma ser exaustivamente motivada, pois a imposição de sanção ao administrado demanda uma ampla e profunda fundamentação para evitar a ocorrência de qualquer arbitrariedade. A exposição dos fatos, o alinhar das normas aplicáveis, a adequação destes fatos com as normas, todo o procedimento lógico e argumentativo deve ser externado com exaustão.

5.2.6   A vontade do agente

Celeuma que grassa a doutrina é saber o papel da vontade do agente público, se existe alguma relevância para a teoria do ato administrativo, se compõe a sistematização do ato seja como elemento ou pressuposto dele.

Em precisa análise histórica, Silvio Luís Ferreira da Rocha[468] lembra que a vontade foi relevante para o desenvolvimento do direito privado: durante a escolástica franciscana a vontade foi anunciada como

---

[468]   A irrelevância da vontade do agente na teoria do ato administrativo. *Revista Trimestral de Direito Público*, p. 46 *et seq.*

CONTROLE JUDICIAL DA DISCRICIONARIEDADE ADMINISTRATIVA NO REGULAMENTO E ATO ADMINISTRATIVOS | 225

preponderante sobre a razão, pois a soberania do chefe de Estado e o direito de propriedade não eram imposições do direito natural nem da razão, mas criações da vontade, o que influenciou teóricos como Hugo Grócio, fundador do jus-naturalismo, que no século XVII tratou da vontade como força vinculativa da promessa; mas, prossegue o autor, foi apenas no século XIX que o voluntarismo foi realmente acolhido, como é exemplo o Código Civil francês de 1804 que "[...] consolidou o paradigma da vontade como expressão suprema e inderrogável do indivíduo e de sua liberdade, e destacou o indivíduo como fonte primordial das obrigações". Como vimos anteriormente, a *autonomia da vontade* foi de fato um dos pilares do primeiro modelo de Estado de Direito, o Estado Liberal (3.1). Mas no direito público, embora a vontade tenha servido para justificar o surgimento do *estado civil*,[469] seguiu, conforme anota o autor, caminho oposto ao trilhado no direito privado.

Silvio Luís Ferreira da Rocha[470] discorre sobre diversas posições doutrinárias a respeito do tema, desde o reconhecimento da importância da vontade psicológica como elemento do ato administrativo nos atos de competência discricionária, em André Gonçalves Pereira, passa por Stassinopoulos, que afirma que a validade do ato administrativo independe de vícios juntos à vontade do agente, menciona Renato Alessi e a importância da vontade como a intenção de exercer o poder para realizar um dado interesse, e ainda Agustín Gordillo para quem o que importa, em princípio, não é a vontade psicológica do agente, mas a adequação dos fatos à hipótese normativa, embora para os atos de competência discricionária ele reconheça certa relevância na vontade psicológica, e por fim Celso Antônio Bandeira de Mello que também admite que a vontade interessa à competência discricionária.

Por fim, posiciona-se Silvio Luís Ferreira da Rocha[471] — e fomos convencidos desta orientação — por afirmar a total irrelevância da vontade para a teoria do ato administrativo, o que é de fundamental interesse ao estudo da competência discricionária. Isto porque ele define "vontade" como "[...] querer, agir de acordo com o seu desejo,

---

[469] *Ibidem*, p. 48. E ainda Norberto Bobbio em lição que citamos na nota de rodapé número 287 no capítulo 3.

[470] *Ibidem*, p. 50-51.

[471] *Ibidem*, p. 52-55. É interessante a distinção feita por Marcello Caetano entre a vontade individual e a vontade funcional (ou vontade normativa, ou vontade coletiva): "[...] ambas são expressas por indivíduos, mas a primeira traduz a acção do particular ao tratar dos seus interesses, enquanto a segunda é manifestada pelo indivíduo que, como titular de um órgão, cumpre o dever de curar de interesses alheios" (*Princípios fundamentais do direito administrativo*, p. 94).

adequando sua conduta (ação externa) ao seu querer (móvel)", o que difere de "discernir" que significa "[...] ter condições intelectuais de escolher entre duas ou mais alternativas". Com isto, um sujeito pode não ter discernimento em razão de uma incapacidade, mas age ainda assim conforme sua vontade. E como o direito administrativo preocupa-se com a *capacidade* do agente público, então não preocupa a vontade do sujeito, e sim que haja a "[...] escolha a que melhor realize a finalidade legal". A distinção que o autor faz entre, de um lado, a *vontade* ou o querer, ou o móvel, e de outro, a *capacidade* ou o discernimento, o entendimento do agente, é crucial para afastar em absoluto a primeira — a vontade — da teoria do ato administrativo. Para ele, "[...] interessa ao Direito Administrativo, na verdade, se o agente era capaz de discernir, e, sendo apto a escolher, se ele atingiu a finalidade prevista na lei", pois a preocupação não reside na vontade, mas no "[...] atendimento da finalidade prevista na lei".

É a ideia, realçada pelo autor, da "objetivação da vontade".[472] Mesmo para o ato de competência discricionária, a apreciação procedida "[...] situa-se no campo da capacidade do agente, e não no campo exclusivo de sua vontade, do seu querer". Como sintetiza: "Basta ao Direito que a solução adotada seja a mais adequada à finalidade prevista na lei". Isto é, mesmo para os atos praticados sob fundamento de uma competência discricionária não é relevante a vontade do agente, mas apenas "[...] o desacordo objetivo entre a finalidade do ato e a finalidade da competência".

Conclusão semelhante, mas com um acréscimo assaz fundamental, Ricardo Marcondes Martins[473] também admite ser irrelevante o elemento volitivo no exercício da função pública, mas pondera que para a competência discricionária a vontade pode ser importante não como vício do ato administrativo, mas como "meio de apuração deste". Como afirma,

> [...] Não é, de fato, a vontade que torna o ato viciado, a causa do vício não é subjetiva, vale dizer, o ato não é viciado por causa da vontade viciada. Sem prejuízo, não há como negar que em certos casos os vícios objetivos — a falta de finalidade, por exemplo — só são apurados

---

[472] ROCHA, Silvio Luís Ferreira da. A irrelevância da vontade do agente na teoria do ato administrativo. *Revista Trimestral de Direito Público*, p. 54-55.

[473] *Efeitos dos vícios do ato administrativo*, p. 45-48.

examinando-se a vontade. Esta, então, adquire relevo para identificação desses vícios.[474]

Em síntese, a vontade viciada, mesmo na competência discricionária, não é, em si, vício do ato administrativo. Pois o que norteia a atuação do agente público não é o cometimento de um interesse próprio, mas o interesse de uma coletividade, um fim público. Portanto, a vontade viciada pode servir apenas como *meio de prova* para a constatação de um vício objetivo inerente à capacidade do agente, é dizer, trata-se de um vício porque *objetivamente* apura-se um descompasso entre a atuação concreta do agente — eventualmente viciada pela vontade do sujeito — e o que *deveria ser* feito no exercício de uma competência pública.

É a ausência desta sintonia que caracteriza o *desvio de finalidade* que veremos no tópico 7.1 e seguintes — sobretudo no tópico 7.1.5 ao destacarmos a *vontade funcional*, em oposição à *vontade individual*, como mote das atividades públicas.

5.2.7 A finalidade e a causa

A finalidade do ato administrativo pode ser concebida em um sentido amplo e outro estrito. No sentido amplo, todo ato administrativo tem por finalidade a realização do interesse público, no sentido estrito, cada ato tem por finalidade um resultado específico. Assim, a desapropriação, a homologação na licitação e a sanção de advertência a um agente público têm por finalidade ampla cumprir com o interesse público, e por finalidades específicas, respectivamente, a expropriação, o reconhecimento de que todo o processo de licitação atendeu às prescrições normativas e a imputação de uma pena a um agente que cometeu uma infração leve.

Como antecipamos (3.1), e como veremos ainda com mais cuidado em capítulo próprio ao cuidarmos do desvio de finalidade (7.1), a finalidade do ato cumpriu relevante papel na construção doutrinária e jurisprudencial do controle da competência discricionária.

Ao que é tema deste capítulo, no entanto, cumpre-nos anotar que para parcela da doutrina é possível reconhecer a competência discricionária junto à finalidade em razão de admitirem, estes doutrinadores, que os conceitos jurídicos indeterminados podem albergar a discricionariedade administrativa. É o caso de Domingo Juan Sesin[475]

---

[474] *Efeitos dos vícios do ato administrativo*, p. 48.
[475] *Administración pública*. Actividad reglada, discrecional y técnica, p. 152.

que aceita a discricionariedade junto ao interesse público em sentido estrito, e de Celso Antônio Bandeira de Mello[476] que a admite em relação ao interesse público em sentido amplo — por conta da indeterminação do conceito jurídico "interesse público".

Mas há ainda muitos juristas que recusam a possibilidade de discricionariedade em qualquer concepção de finalidade do ato administrativo — mesmo que alguns dos que a seguir serão mencionados defendam, como vimos no capítulo 2, que o conceito jurídico indeterminado pode permitir a discricionariedade administrativa, pois, neste caso, reservam a discussão para outros aspectos do ato administrativo, como o motivo, o objeto etc. É o caso de Maria Teresa de Melo Ribeiro,[477] José Eduardo Figueiredo Dias e Fernanda Paula Oliveira,[478] Fernando Sainz Moreno,[479] Eduardo García de Enterría e Tomás-Ramón Fernández,[480] Regis Fernandes de Oliveira,[481] Hely Lopes Meirelles,[482] entre outros.

Para nós, que repelimos em absoluto qualquer intercâmbio entre competência discricionária e conceito jurídico indeterminado, a finalidade — seja em sentido amplo ou em sentido estrito — é sempre vinculada. O interesse público (finalidade em sentido amplo) exige que diante do caso concreto haja *interpretação jurídica* (Parte I), tal como o fim específico atribuído ao ato (finalidade em sentido estrito). As "finalidades" do ato administrativo devem ser sempre exteriorizadas por uma norma jurídico-adminsitrativa em virtude do princípio da legalidade e a vinculação positiva da Administração que impõem a necessidade de toda competência pública ser sempre definida em lei (3.1), por isso, o que compete à Administração é *interpretar e aplicar* a lei.

Convém lembrar, por derradeiro, o que expusemos com mais vagar no tópico 4.1 ao cuidarmos da *finalidade* da norma jurídica. Lá, referimo-nos a uma *finalidade* de um juízo hipotético sob um prisma exclusivamente lógico-formal, enquanto aqui, ao tratarmos do ato administrativo, mencionamos a *finalidade* por um prisma axiológico: o objetivo, o bem da vida a ser alcançado. Por isso que afirmamos que

---

[476] *Curso de Direito Administrativo*, p. 917.

[477] *O princípio da imparcialidade da Administração Pública*, p. 44.

[478] *Noções fundamentais de Direito Administrativo*, p. 101.

[479] *Conceptos jurídicos, interpretación y discrecionalidad administrativa*, p. 312.

[480] *Curso de Derecho Administrativo*, v. 1, p. 461-462.

[481] *Ato administrativo*, p. 87.

[482] *Direito Administrativo brasileiro*, p. 152-153.

as finalidades do ato administrativo não podem comportar qualquer discricionariedade.

Por último, a *causa*, entendida como um nexo de pertinência lógico entre o *motivo*, o *conteúdo* e a *finalidade* do ato administrativo — segundo lição de Celso Antônio Bandeira de Mello[483] a qual acolhemos — não pode conter qualquer discricionariedade administrativa. Trata-se de um juízo de proporcionalidade, fundado no princípio da razoabilidade, que externa um fragmento do processo de *interpretação jurídica* que não se confunde com a discricionariedade administrativa (Parte I e 3.2).

5.2.8 O mérito administrativo – Conveniência e oportunidade

Seabra Fagundes, um dos juristas pioneiros no Brasil no estudo do chamado "mérito administrativo", formula um pensamento que sintetiza com completude todos os aspectos que se relacionam com o assunto.

Compreende ele[484] que a discricionariedade administrativa expressa-se pelo *mérito* do ato administrativo, e por mérito entende o "sentido político" em relação às normas da "boa administração"; ou dito de outra forma, "[...] é o seu sentido como procedimento que atende ao interesse público, e, ao mesmo tempo, o ajusta aos interesses privados [...]".[485] Para o autor, o mérito contém os aspectos referentes à justiça, utilidade, equidade, razoabilidade, moralidade etc. e que podem ser resumidos pelo binômio *oportunidade-conveniência*. O mérito, nas lições deste jurista,[486] está em conexão com o *motivo* e o *objeto* do ato administrativo e é, em suma, exclusivo dos atos discricionários.[487] Sustenta que este binômio envolve "interesses", e não direitos,[488] e por isso o mérito é exclusivo do Poder Executivo porque seus elementos são decorrentes de critérios políticos e técnicos, e não "estritamente jurídicos", o que impede o Judiciário, em última análise, de apreciar o

---

[483] *Curso de Direito Administrativo*, p. 380-381.

[484] FAGUNDES, Miguel Seabra. *O controle dos atos administrativos pelo Poder Judiciário*, p. 180-182.

[485] *Ibidem*, p. 180.

[486] FAGUNDES, Miguel Seabra. *O controle dos atos administrativos pelo Poder Judiciário*, p. 180.

[487] *Ibidem*, p. 181.

[488] Uma distinção feita pela doutrina francesa no século XIX, como vimos no tópico 3.1, e que não se amolda à realidade contemporânea, ao menos em nosso país, porque todas as normas jurídicas são sempre prescrições que podem ensejar, a quem concretamente prejudicado, um direito subjetivo.

mérito dos atos administrativos, e o controle judicial deve restringir-se, então, à *legalidade* que representa o limite de controle quanto à *extensão*.[489]

Convencido pelas lições de Seabra Fagundes, igualmente Diogo de Figueiredo Moreira Neto[490] defende a doutrina que divisa no mérito o "sentido político" da função administrativa, e que a Administração integra a legitimidade ao preencher uma definição incompleta da lei para realizar o interesse público. O mérito, desta forma, é o resultado do exercício da discricionariedade: a *oportunidade* ao integrar os *motivos*, e a *conveniência* ao fazê-lo em relação ao *objeto*[491] — estas são as "dimensões do mérito": a oportunidade e a conveniência. E o mérito, também para ele, é insindicável, o que o orienta a concluir que a eventual valoração incorreta do *motivo* e a escolha errada do *objeto* não representam vícios de mérito, mas sim vícios de finalidade porque é o interesse público específico, previsto de forma vinculada na finalidade, que seria desatendido.[492] Outro discípulo dos ensinamentos de Seabra Fagundes foi Hely Lopes Meirelles cuja doutrina reconhece o mérito do ato administrativo "[...] na valoração dos motivos e na escolha do objeto [...]".[493] Em Diogenes Gasparini,[494] embora a discricionariedade também se caracterize pela *conveniência* e *oportunidade*, o que denomina por *mérito* e encontra-se isento do controle judicial, a conveniência refere-se à utilidade do ato para atender ao interesse público e a oportunidade ao momento adequado de satisfação deste interesse público.

Juarez Freitas[495] também associa a palavra "mérito" ao juízo de conveniência e oportunidade, igualmente assevera ser insindicável pelo Judiciário, mas ressalva que o *demérito* é sempre passível de controle. Outrossim, Germana de Oliveira Moraes[496] explica o mérito como o processo de valoração e de complementação dos motivos, e ainda de definição do conteúdo do ato administrativo, quando motivos e conteúdo não se encontram parametrizados por regras e princípios, mas o são por critérios não positivados — e a estes "critérios não positivados" denomina

---

[489] FAGUNDES, Miguel Seabra. *O controle dos atos administrativos pelo Poder Judiciário*, p. 178.

[490] *Legitimidade e discricionariedade*, p. 45 *et seq.*

[491] *Ibidem*, p. 48.

[492] *Ibidem*, p. 51.

[493] MEIRELLES, Hely Lopes. *Direito Administrativo brasileiro*, p. 137.

[494] *Direito Administrativo*, p. 92.

[495] *O controle dos atos administrativos e os princípios fundamentais*, p. 217. O que torna a repetir em outra obra, *Discricionariedade administrativa e o direito fundamental à boa Administração Pública*, p. 32, 45-46.

[496] *Controle jurisdicional da Administração Pública*, p. 50.

de *conveniência* e *oportunidade*; de igual modo como os demais,[497] após asseverar que o mérito é o "núcleo da discricionariedade", conclui que é insuscetível de controle judicial.

Celso Antônio Bandeira de Mello, por sua vez, define o mérito como o

> [...] campo de liberdade suposto na lei e que efetivamente venha remanescer no caso concreto, para que o administrador, segundo critérios de conveniência e oportunidade, decida-se entre duas ou mais soluções admissíveis perante a situação vertente, tendo em vista o exato atendimento da finalidade legal, ante a impossibilidade de ser objetivamente identificada qual delas seria a única adequada.[498]

Preocupa-se o autor, como se vê, em apreciar o mérito em relação ao caso concreto, o que veremos logo adiante (5.3). Mas completa que a discricionariedade administrativa não se restringe às opções realizadas de acordo com os critérios de conveniência e oportunidade, pois para ele os conceitos jurídicos indeterminados podem legitimar a discricionariedade[499] — como, a propósito, vimos anteriormente (2.1.7) e consignamos nossa discordância (2.2).

Por fim, Maria Sylvia Zanella Di Pietro[500] esclarece-nos que foi no direito italiano que se desenvolveu a doutrina sobre o mérito do ato administrativo. Renato Alessi, segundo a autora, entende o conceito de mérito por dois aspectos: o negativo, como limite ao controle judicial, contrapondo-se ao conceito de legitimidade em sentido estrito; e o positivo, para revelar o ajustamento da decisão à norma jurídica segundo os critérios de oportunidade e conveniência, o que se deve compreender na noção de legitimidade em sentido amplo que remete à apreciação do interesse público.

Respeitamos e entendemos a preocupação da doutrina em desenvolver a discricionariedade administrativa em torno da noção de "mérito do ato administrativo" — inclusive, por isso é que nos detivemos, ainda que perfunctoriamente, a expor algumas posições a respeito do tema.

---

[497] MORAES, Germana de Oliveira. *Controle jurisdicional da Administração Pública*, p. 51.

[498] MELLO, Celso Antônio Bandeira de. *Curso de Direito Administrativo*, p. 908-909.

[499] Idem, *Discricionariedade e controle jurisdicional*, p. 27-28.

[500] *Discricionariedade administrativa na Constituição de 1988*, p. 124 *et seq.* Semelhantemente, o italiano Pietro Virga entende o mérito como a correspondência entre o conteúdo do ato e o seu resultado a ser atendido; e como um campo que em regra é mesmo isento de controle judicial (*Diritto Amministrativo*, v. 2, p. 10-11).

Não obstante, diante do atual estágio da ciência do direito administrativo, quando não mais se questiona se existem atos isentos de controle judicial — como se discutia no século XIX e durante a primeira metade do século XX —, quando a ciência jurídica evoluiu significativamente para destrinchar e aperfeiçoar a teoria do ato administrativo, entendemos que não há mais necessidade de invocar uma expressão a qual sequer se define com clareza — o "mérito" do ato administrativo — para justificar que todos os atos estatais são passíveis de controle judicial, e apenas um núcleo — sem se esclarecer o que caracteriza este núcleo — é imune ao controle. Hodiernamente, há a possibilidade de identificar, na sistematização do ato administrativo, seja com um rol ao qual se atribui a cada aspecto analisado o nome de "requisito", ou de "elemento", seja com a distinção entre "pressupostos" e "elementos", é possível, insistimos, apreciar a discricionariedade administrativa e identificá-la em cada ato praticado sob a competência discricionária sem a necessidade de nos valermos do termo "mérito do ato administrativo".

A propósito, em razão de não se conformar com uma suposta blindagem ao controle judicial da competência discricionária causada pelo "mérito administrativo" é que Edimur Ferreira de Faria defende a sua sindicabilidade, e em sua exposição relaciona casos práticos — do "poder de polícia", da desapropriação, entre outros — nos quais sustenta a possibilidade de perquirir-se o "mérito".[501]

De tal sorte, sistematizamos as nossas críticas ao uso da expressão "mérito administrativo" por dois motivos essenciais:

Primeiro, porque há um enleio insuperável, na doutrina e na jurisprudência, sobre a precisa definição de "mérito" do ato administrativo, tanto que ora coincide com o *objeto* (a *conveniência* como sinônimo de *objeto* — entre outros, Seabra Fagundes e Diogo de Figueiredo Moreira Neto), ora com o *motivo* (a *oportunidade* como *motivo*, também em Seabra Fagundes e Diogo de Figueiredo Moreira Neto), ora com o *conteúdo* (Germana de Oliveira Moraes), ora com o *momento* da prática do ato (Diogenes Gasparini). E se, por um lado, parece possível dizer que bastaria esclarecer o sentido por nós adotado para laborarmos com a palavra "mérito", por outro é preciso reconhecer que esta noção perde a utilidade ao percebermos que as opções ao seu significado reduzem-se ao sinônimo de outro conceito ou instituto já suficientemente delineado na teoria do ato administrativo — como o *momento*, o *objeto*,

---

[501] *Controle do mérito do ato administrativo pelo Judiciário*, p. 235 *et seq.*

CONTROLE JUDICIAL DA DISCRICIONARIEDADE ADMINISTRATIVA NO REGULAMENTO E ATO ADMINISTRATIVOS | 233

o *motivo* e o *conteúdo*. Não precisamos, enfim, explicar o fenômeno da discricionariedade administrativa com a palavra "mérito" se com esta palavra queremos atribuir o sentido, por exemplo, de algum pressuposto ou elemento do ato administrativo, ou se atribuímos o mesmo sentido que também já se encontra claro e circunscritamente definido por outra palavra ou expressão, como é o caso do *momento* da emissão de um ato.

Segundo, e como consequência natural do motivo anterior, porque é fato que sob o rótulo do "mérito do ato administrativo" frequentemente há decisões judiciais que recusam a legitimidade do controle judicial. Como se a palavra "mérito" comportasse alguma invocação mágica, ora a Administração escusa-se perante o Judiciário de que a sua atividade impugnada não pode ser conhecida por este Poder porque se trata de assunto relacionado ao indefinido e impreciso "mérito", ora o próprio Judiciário adianta-se para omitir-se do controle e pronunciamento sobre a legitimidade da atividade sob o mesmo argumento. E tudo isto quando é plenamente possível aferir se é o caso de existir, ou não, a intervenção do Judiciário de acordo com a análise dos limites de atribuição da competência discricionária na estrutura normativa (4), ou conforme a análise da sistematização do ato administrativo (5.2 e seguintes).

5.3 Diante do caso concreto e a "redução a zero" da discricionariedade – A concreta realização do interesse público

Admitir a presença da discricionariedade administrativa na *estática* da norma (4), e mesmo a identificação dos pressupostos e elementos do ato administrativo que possam externá-la (5.2 e tópicos seguintes), não significa que diante do *caso concreto* necessariamente haverá uma pluralidade de decisões legítimas franqueadas à Administração Pública.

O caso concreto pode revelar que só há *uma* opção que representa a efetiva concretização do interesse público. Em precisa sentença de Celso Antônio Bandeira de Mello afirma-se: "[...] a discrição suposta na regra de Direito é condição necessária, mas não suficiente, para que exista discrição no caso concreto [...]".[502]

Consideremos como hipótese, em exemplificação à teoria, um município que detém escassa verba para investir, segundo a rubrica orçamentária, "em atendimento e promoção da dignidade da criança e do

---

[502] MELLO, Celso Antônio Bandeira de. *Curso de Direito Administrativo*, p. 907.

adolescente", e ao invés de construir uma Casa de Abrigo para acolher menores órfãos e em outras situações de risco, sobretudo porque não existe na cidade qualquer lugar que atenda a esta finalidade, opta por despender exatamente a mesma e única quantia para a construção de um parque. A premência da vida, a concreta periclitação das integridades física e moral dos menores, são *valores jurídicos* a sobreporem-se a uma oportunidade de lazer que é almejada com o parque. É possível, num caso com tais contornos, reconhecer que a discricionariedade administrativa deixa de existir e passa a haver uma só opção, um ato de competência vinculada a ser praticado: a construção e o aparelhamento da Casa de Abrigo.

Como critérios a nortearem a aplicação desta teoria, sugere Eduardo García de Enterría[503] que a "redução a zero" da discricionariedade administrativa deve acontecer ou quando estão em pauta os direitos fundamentais, ou quando se trata de obrigações legais de intervir e a Administração é omissa, ou quando se trata de uma comparação entre duas alternativas das quais uma é realmente a "mais justa", como exemplo — do autor — a escolha feita em um concurso entre duas pessoas.

A despeito da vagueza do terceiro critério, os outros dois — os direitos fundamentais e a omissão da Administração quando é prescrito expressamente o dever de agir — parecem-nos decerto relevantes. Não esgotam as possibilidades de aplicação da teoria porque, como a sua própria denominação informa, *depende do caso concreto*, o que permite admitir que depende das circunstâncias de um caso determinado para aferir se havia, de fato, oportunidade de escolha em favor do Poder Público. E como ainda veremos, o *procedimento de ponderação* da teoria dos princípios presta enorme serviço à apuração da real legitimidade da discricionariedade administrativa (7.2).

Convém recordar, de todo modo, a formulação de Celso Antônio Bandeira de Mello que esclarece e realça a dependência da análise ao *caso concreto*. Diz o autor:

> Com efeito, discricionariedade só existe nas hipóteses em que, perante a situação vertente, seja impossível reconhecer de maneira pacífica e incontrovertível qual a solução idônea para cumprir excelentemente a finalidade legal. Ou seja: naquelas em que mais de uma opinião for razoavelmente admissível sobre a medida apropriada para dar a melhor satisfação ao objetivo da lei. Em suma, está-se aqui a dizer que

---

[503] *Democracia, jueces y control de la administración*, p. 259.

CONTROLE JUDICIAL DA DISCRICIONARIEDADE ADMINISTRATIVA NO REGULAMENTO E ATO ADMINISTRATIVOS | 235

a discricionariedade é pura e simplesmente o fruto da finitude, isto é, da limitação da mente humana. À inteligência dos homens falece o poder de identificar sempre, em toda e qualquer situação, de maneira segura, objetiva e inobjetável, a medida idônea para preencher de modo ótimo o escopo legal.[504]

De toda sorte, a preocupação em testar se subsiste a discricionariedade administrativa frente ao caso concreto é comungada por parcela significativa da doutrina, tanto estrangeira, como em Hartmut Maurer,[505] Domingo Juan Sesin,[506] Tomás-Ramón Fernández,[507] Mariano Bacigalupo[508] e, visto acima, Eduardo García de Enterría, como na nacional, a exemplo de José Roberto Pimenta Oliveira,[509] Regina Helena Costa,[510] Almiro do Couto e Silva,[511] Germana de Oliveira Moraes,[512] Juarez Freitas[513] e Celso Antônio Bandeira de Mello, mencionado anteriormente.

Para encerrar, cabe-nos sublinhar que se acolhemos a possibilidade de o caso concreto convolar uma competência discricionária em vinculada significa dizer que a tutela judicial requerida em correção à equivocada opção da Administração Pública tem, sem dúvida alguma, o condão de determinar a respectiva opção. A jurisdição caracteriza-se por ser a substituição de supostos direitos em conflito pela definição do direito ao caso em julgamento, e se nos referimos a uma competência vinculada — isto é, só há *uma* única opção que concretiza o interesse público —, então não há sentido em o Judiciário assinalar um prazo para a Administração Pública dizer o que já poderia ter sido dito. Tal como acontece no âmbito privado onde um conflito levado ao Judiciário permite a substituição da recusa na emissão de uma declaração por

---

[504] MELLO, Celso Antônio Bandeira de. *Curso de Direito Administrativo*, p. 908.

[505] Outra denominação desta mesma teoria é a que usa este autor: *teoria da contração do poder discricionário* (*Direito Administrativo geral*, p. 152).

[506] *Administración pública*. Actividad reglada, discrecional y técnica, p. 69-70.

[507] *De la arbitrariedad de la administración*, p. 179.

[508] *La discrecionalidad administrativa*, p. 82 *et seq.*

[509] O autor vale-se do *princípio jurídico da razoabilidade* para permitir "[...] a confrontação dos interesses inerente ao exercício da competência discricionária [...]" (*Princípios da razoabilidade e da proporcionalidade no Direito Administrativo brasileiro*, p. 356-357).

[510] Conceitos jurídicos indeterminados e discricionariedade administrativa. *Revista da Procuradoria Geral do Estado de São Paulo*, n. 29, p. 101-102.

[511] Poder discricionário no Direito Administrativo brasileiro. *Revista de Direito Administrativo*, n. 179-180, p. 61.

[512] *Controle jurisdicional da Administração Pública*, p. 162-163.

[513] *Discricionariedade administrativa e o direito fundamental à boa Administração Pública*, p. 55.

uma das partes pela declaração do juiz (a exemplo do suprimento da outorga uxória, da declaração de alienação de um bem etc.), sem dúvida alguma *deve* o Judiciário, ao reconhecer que a competência discricionária transmutou-se, em razão do caso concreto, para uma competência vinculada, deve o Judiciário desde logo determinar qual a opção válida.

Nestes termos, Eduardo García de Enterría e Tomás-Ramón Fernández igualmente concluem que em se reconhecendo a aplicação da teoria da "redução a zero" da discricionariedade administrativa "[...] é inevitável que o juiz incorpore ao julgamento esta única solução possível, porque assim se impõe a lógica e a exigência do direito fundamental de uma tutela judicial efetiva e plena [...]".[514]

E um útil mecanismo de identificação, para o caso concreto, desta eventual situação de única solução legítima passível de substituição por um provimento judicial, convém repetir, é o *procedimento de ponderação* da *teoria dos princípios* — que veremos mais à frente (7.2).

5.4 Nosso conceito de discricionariedade administrativa

Não pretendemos desconsiderar os conceitos existentes a respeito da discricionariedade administrativa, mas devemos, no entanto, propor um que se amolde à metodologia que vimos desenvolvendo desde a primeira parte deste estudo. É apenas com a intenção de aglutinar os principais fatores que defendemos em relação ao estudo do tema que a seguir formularemos nosso próprio conceito e passaremos, em seguida, a defini-lo de acordo com alguns pontos até então abordados. Portanto, façamo-los:

A discricionariedade administrativa é a competência prevista em lei para o exercício da função administrativa que outorga ao agente público uma pluralidade de decisões legítimas, e que por isso não se confunde com a interpretação jurídica de conceitos jurídicos indeterminados, e igualmente não pode ser outorgada para o âmbito da Administração Sancionadora, e a escolha deve ser exercida, diante do caso concreto, pela melhor opção possível à realização do interesse público.

Definimos, assim, o conceito:

- *a discricionariedade administrativa é a competência prevista em lei para o exercício da função administrativa*: em razão do princípio da vinculação positiva da Administração (art. 5º, II, e 37, *caput*,

---

[514] ENTERRÍA, Eduardo García de; FERNÁNDEZ, Tomás-Ramón. *Curso de Derecho Administrativo*, v. 1, p. 490-493.

ambos da Constituição Federal), o Poder Público só é legitimo se decorre de lei, e por isso é que a discricionariedade administrativa apenas existe enquanto e na extensão previstas por lei como *competência* para a realização da função administrativa; o correto, pois, não é a denominação "poder discricionário", mas *competência discricionária* porque deste modo enfatizamos que todo *poder* apenas se justifica quando e na medida da prescrição legislativa e como instrumento ao cumprimento do dever de realizar o interesse da coletividade (3.1, 3.3 e seguintes);

- *que outorga ao agente público uma pluralidade de decisões legítimas*: o que caracteriza a discricionariedade administrativa é a expressa (explícita ou implicitamente — 3.1.1) atribuição por lei da possibilidade de escolha de uma opção dentre um leque de indiferentes opções porque todas têm hipoteticamente o condão de realizar o interesse público (3.1, 3.2 e 4.2), mas com a ressalva de que a discricionariedade administrativa apenas pode existir, sob a análise do ato administrativo, em relação ao momento de ação (5.2.1), à forma, aos requisitos procedimentais, à formalização (5.2.2), ao objeto, ao conteúdo (5.2.3) e ao motivo de direito (5.2.4);

- *e que por isso não se confunde com a interpretação jurídica de conceitos jurídicos indeterminados*: pois não é o elemento volitivo que distingue a interpretação jurídica da discricionariedade administrativa, e os conceitos jurídicos indeterminados diferem dos conceitos supostamente determinados apenas quanto ao grau de sua imprecisão, o que os remete à exclusiva seara das teorias da interpretação jurídica (1, 2 e 3.2); todo conceito jurídico indeterminado deve, por um "juízo disjuntivo", ser determinado para o caso concreto e apresentar uma "unidade de solução justa" (Eduardo García de Enterría e Tomás-Ramón Fernández);

- *e igualmente não pode ser outorgada para o âmbito da Administração Sancionadora*: de um modo geral, se o âmbito da função administrativa for a *intervenção* na esfera jurídica dos administrados — como ocorre com a *Administração Ordenadora* —, mais precisa deve ser a norma jurídico-administrativa em sua *hipótese de fato* e na sua *finalidade* do que seria tolerado em outros âmbitos da função administrativa que franqueiam ou ampliam direitos (como as *Administrações de Prestação* e *de Fomento*), o que significa que além de a lei ter que manter um núcleo mínimo para não se caracterizar a indevida delegação da função legiferante, deve ainda determinar as opções possíveis que identifiquem a dimensão real da competência discricionária. Mas especificamente no caso da *Administração Sancionadora*, cume da *intervenção estatal* perante a liberdade e a propriedade, porque se deve atender ao comando constitucional de que não há pena sem prévia cominação legal (art. 5º, XXXIX), não é possível à norma jurídico-administrativa que versa sobre o direito sancionador prescrever qualquer espaço para a discricionariedade administrativa. A *hipótese de fato* e a *finalidade* da norma jurídico-administrativa, em se tratando de tema pertinente ao direito administrativo sancionador, apenas ensejam a *interpretação jurídica* (4.1, 4.2 e 4.3 e os respectivos subtópicos);

- *e a escolha deve ser exercida, diante do caso concreto, pela melhor opção possível à realização do interesse público*: a despeito da prescrição normativa da competência discricionária, de sua previsão em potência (4), é apenas diante do caso concreto que se torna possível aferir se remanesce, em relação ao momento de ação (5.2.1), à forma, aos requisitos procedimentais, à formalização (5.2.2), ao objeto, ao conteúdo (5.2.3) e ao motivo de direito (5.2.4), a pluralidade de decisões legítimas, pois pode a situação prática revelar — sobretudo por meio da ponderação dos princípios jurídicos em colisão (7.2) — que só existe, indubitavelmente, uma única decisão legítima a realizar efetivamente o interesse público, o que convola a competência discricionária em competência vinculada (teoria da "redução a zero" da discricionariedade administrativa — 5.3).

6

CONTROLE JUDICIAL DA DISCRICIONARIEDADE ADMINISTRATIVA E AS APRECIAÇÕES TÉCNICAS

Ao analisarmos os conceitos jurídicos indeterminados deixamos anotado que na Itália os mesmos são primordialmente tratados sob a elaboração da doutrina da "discricionariedade técnica" (2.1.2). É sobre esta teoria — a da "discricionariedade técnica" — que cuidaremos neste capítulo.

Em vez de reconhecer que termos vagos, imprecisos, *indeterminados* como "impacto ambiental", "incapacidade para o trabalho", "risco iminente de demolição", "poluição intensa" e infindas expressões semelhantes podem, em sua *zona de incerteza*, promover a discricionariedade administrativa — como é a voz predominante na doutrina e na jurisprudência, mas da qual discordamos veementemente (2.2 e 3.2) —, a mais recente doutrina da "discricionariedade técnica", que encontra ressonância em significativa parcela da doutrina e dos precedentes judiciais contemporâneos, justifica a discricionariedade administrativa destes termos exemplificados pelo fato de referirem-se a outros campos do saber humano, outras ciências, como a engenharia, a medicina, e tantas outras áreas técnicas e científicas, desde que não exclusivamente relacionadas com a ciência do direito, e por isso seria o suficiente para sustentar que apenas a Administração Pública poderia aferir "tecnicamente" o significado destas palavras e expressões, e consequentemente conduziria à interdição de qualquer controle judicial.[515] E é sobre isso que iremos cuidar.

---

[515] Neste sentido: "Ação civil pública. Licitação. Execução. Aplicação do artigo 71, §3º, da CF. Legitimidade do Ministério Público. Embargos improcedentes. Como ente de controle externo da fiscalização contábil, financeira e orçamentária, o Tribunal de Contas recebeu

No próximo tópico (6.1), trataremos da origem e desenvolvimento da doutrina da "discricionariedade técnica", e ao final nos posicionaremos, depois da explanação e da nossa fundamentação, pelo que certamente já pode ser intuído pelo leitor tanto do que desenvolvemos até então, sobretudo por recusarmos qualquer integração dos conceitos jurídicos indeterminados com a discricionariedade administrativa (2.2 e 3.2), como ainda pelo título do presente capítulo e o modo de nos referirmos entre aspas a esta pretensa espécie de discricionariedade. Isto é, justificaremos o porquê de refutarmos a existência do instituto da "discricionariedade técnica" e defendermos a adoção da noção de *apreciações técnicas* — expressão utilizada por César A. Guimarães Pereira.[516]

Por último (6.2), relacionaremos nossa posição com as suas consequências práticas, seja para anotarmos precedentes judiciais, seja para expressarmos a nossa intelecção, à luz da noção de *apreciações técnicas*, em sua aplicação a casos concretos.

6.1 A inexistência da "discricionariedade técnica"

Do direito comparado, sobre o estudo da "discricionariedade técnica", destacamos a obra monográfica da espanhola Eva Desdentado Daroca. Como em geral trata a doutrina, também a autora[517] entende ser a discricionariedade a realização de eleições entre diferentes alternativas, com fundamento em uma potestade conferida pelo ordenamento jurídico, em matéria que não foi plenamente regulada pelas leis. Distingue este conceito geral em dois conceitos específicos: *a)* discricionariedade instrumental; e *b)* discricionariedade forte.[518] Mais abaixo retornaremos a esta distinção para explicar a posição da autora.

---

[516] atribuições do Legislativo para emitir decisões, as quais podem resultar imputações de débito ou multa, que gozarão de eficácia de título executivo (artigo 71, §3º, CF). Por sua vez, o controle do judiciário sobre tais atos é restrito ao contexto legal. As despesas de Prefeito tidas como impróprias enquadram-se no âmbito técnico da análise. Recurso negado" (Tribunal de Justiça de São Paulo, 1ª Câmara de Direito Público, Apelação Cível 240.671-5/0, Rel. Danilo Panizza, j. 18.05.2004, v. u.).

[516] Discricionariedade e apreciações técnicas da administração. *Revista de Direito Administrativo*, n. 231.

[517] DAROCA, Eva Desdentado. *Los problemas del control judicial de la discrecionalidad técnica* (un estudio crítico de la jurisprudencia), p. 22.

[518] *Ibidem*, p. 23.

Sobre a "discricionariedade técnica", ensina-nos Eva Desdentado Daroca,[519] como adiantamos anteriormente (2.1.2), que esta noção desenvolve-se sobretudo na Itália — embora sua origem seja austríaca — onde a distinção entre discricionariedade administrativa e "discricionariedade técnica" surge para resolver os problemas decorrentes dos conceitos jurídicos indeterminados. Mas por esta expressão — "discricionariedade técnica" — ser utilizada para realidades tão distintas, não tem sido, ao longo de sua evolução, uma categoria clara, precisa.

Inicialmente, a doutrina italiana, como em Cammeo,[520] entendeu a "discricionariedade técnica" como uma discricionariedade de menor amplitude. Para Cammeo, enquanto na discricionariedade pura há uma verdadeira liberdade de decisão e capacidade de criação, na "discricionariedade técnica" a Administração deve proceder de acordo com critérios determinados, os critérios técnico-administrativos. Mas em outra obra de Cammeo, como adverte a autora, acresce-se à noção de "discricionariedade técnica", além da possibilidade de decorrer de normas imprecisas e ainda de critérios técnico-administrativos, a específica situação de surgir do juízo de oportunidade para aferir o interesse público. Então, a "discricionariedade técnica", em Cammeo, é uma "discricionariedade de menor amplitude".

Já em Presutti, segundo Eva Desdentado Daroca, a "discricionariedade técnica" simplesmente se identifica com os conceitos jurídicos indeterminados, com exceção da apreciação do interesse público que é elemento da "discricionariedade pura".

Em ambos, conforme a autora, o problema da "discricionariedade técnica" é a existência de margens de apreciação subjetiva em concreção dos conceitos jurídicos indeterminados.

Mas a autora[521] lembra que para Giannini a "discricionariedade técnica" já não se refere à valoração de qualquer tipo de conceito jurídico indeterminado, mas se reduz àqueles conceitos cuja aplicação precisa de uma apreciação conforme critérios técnicos, o que excluiria os conceitos que se concretizam de acordo com critérios da experiência comum. Para

---

[519] *Ibidem*, p. 28 *et seq.*

[520] Assim, Domingo Juan Sesin diz que a discricionariedade técnica, desenvolvida na Itália a partir do início do século XX, foi sustentada por Cammeo que sustentava que a atividade regrada vincula-se aos "fatos simples", enquanto os "fatos complexos" relacionam-se com uma "norma imprecisa", e por isso a determinação no caso concreto do que é "insalubre", "inadequado", "indigno" etc. caracteriza a "discricionariedade técnica" (*Administración pública*: actividad reglada, discrecional y técnica, p. 166 *et seq.*).

[521] DAROCA, Eva Desdentado. *Los problemas del control judicial de la discrecionalidad técnica* (un estudio crítico de la jurisprudencia), p. 36 *et seq.*

ele, em última análise, a "discricionariedade técnica" é uma especial aplicação dos conceitos jurídicos indeterminados por exigir o emprego de critérios técnicos, como exemplo "substância tóxica", "grave alteração psíquica" etc., o que o leva a criticar como inconciliáveis as palavras "discricionariedade" e "técnica".

À pesquisa da autora acrescemos, em exemplificação da doutrina italiana, as lições de Pietro Virga,[522] que é um dos defensores da existência de uma "discricionariedade técnica", que define como uma margem de apreciação, uma "margem de escolha administrativa", ao largo do controle judicial.

Almiro do Couto e Silva[523] informa-nos que para parcela da doutrina do direito italiano existe uma sensível diferença entre "discrezionalità tecnica" e "accertamento tecnico" em razão da diferença do grau de certeza decorrente da técnica, da ciência e das artes, como são exemplos a identificação do teor alcoólico de uma bebida porque representa o "accertamento tecnico" e a avaliação de uma beleza paisagística que se qualifica de "discrezionalità tecnica", e apenas para esta última o controle judicial é interdito.

Mas Eva Desdentado Daroca posiciona-se, é claro, sobre o tema. Diz[524] que a discricionariedade técnica cuida de toda atividade da Administração que se rege por critérios técnicos, o que engloba a atividade de aplicação de conceitos jurídicos indeterminados que se referem a conhecimentos especializados, mas também a toda atividade que reclama o emprego da experiência técnica. As apreciações técnicas são para ela[525] as atividades de busca de soluções a problemas práticos utilizando-se critérios técnicos (conhecimentos especializados). A característica principal desta apreciação é que não reside apenas na preferência do sujeito que a realiza, mas em critérios de natureza científica, o que a qualifica como uma atividade objetiva. Se o método científico não oferece verdades absolutas, também não são opiniões apenas subjetivas.

Sistematiza o seu pensamento[526] em três tipos de atividades nas quais os "critérios técnicos" têm relevância para a discricionariedade

---

[522] *Diritto Amministrativo*, v. 2, p. 10.

[523] Correção de prova de concurso público e controle jurisdicional. In: WAGNER JÚNIOR, Luiz Guilherme da Costa. *Estudos em homenagem ao Professor Adilson Abreu Dallari*, p. 28-29.

[524] DAROCA, Eva Desdentado. *Los problemas del control judicial de la discrecionalidad técnica (un estudio crítico de la jurisprudencia)*, p. 22.

[525] *Ibidem*, p. 61 *et seq.*

[526] *Ibidem*, p. 63 *et seq.*

CONTROLE JUDICIAL DA DISCRICIONARIEDADE ADMINISTRATIVA E AS APRECIAÇÕES TÉCNICAS[6] | 243

administrativa: *a)* na "discricionariedade técnico-administrativa" a norma atribui à Administração a potestade de eleger o modo de atuar para realizar o interesse público, e para escolher uma das vias de atuação a Administração necessita de usar alguma técnica a identificar os vários modelos de ação igualmente eficazes; *b)* o mesmo ocorre quando as bases científicas não podem ser confirmadas porque a ciência encontra-se em estado pouco avançado ou porque se trata de uma atividade de prognose; *c)* e diante dos conceitos jurídicos indeterminados que remetem a critérios técnicos há o que ela denomina de "discricionariedade instrumental" como consequência da dificuldade de precisar a resposta correta.

Nos dois primeiros casos (*a* e *b*) há um controle judicial "negativo" em virtude da "discricionariedade forte" outorgada à Administração Pública. Por isso, o controle judicial deve restringir-se a verificar se os limites do ordenamento jurídico foram observados.

No último (*c*), não há "discricionariedade forte", pois a norma não confere margem alguma para que a Administração eleja em função do que pareça atender ao interesse público de modo mais conveniente, pois o interesse público já foi estabelecido pela norma e consiste na consequência prevista com a ocorrência do suposto legalmente prescrito. Neste caso, não se trata de uma discricionariedade administrativa, também não se trata de uma valoração não discricionária, mas sim do que alcunha de *discricionariedade instrumental jurídico-técnica* (ou *discricionariedade de caráter puramente instrumental*). E acresce, nesta última hipótese: é plenamente controlável pelo Judiciário — com a ressalva que vimos ao estudarmos os conceitos jurídicos indeterminados que a autora admite,[527] excepcionalmente, a existência do que chama de *conceitos jurídico-políticos* que permitiriam à Administração decidir o que lhe parece mais conveniente ao interesse público (2.1.6). De modo geral, no entanto, no caso da *discricionariedade instrumental jurídico-técnica* a partir do instante em que a regulação jurídica utiliza conceitos que se referem a critérios técnicos estes critérios integram o ordenamento jurídico e são, por conseguinte, parâmetros de legalidade que estão sujeitos ao pleno controle judicial.[528] Os Tribunais, para a autora, podem realmente proceder ao controle porque para superar o fato de não possuírem conhecimentos técnicos necessários basta que se determine a realização de uma prova pericial.[529] E diante do resultado

---

[527] DAROCA, Eva Desdentado. *Los problemas del control judicial de la discrecionalidad técnica* (un estudio crítico de la jurisprudencia), p. 27.

[528] *Ibidem*, p. 116 *et seq.*

[529] *Ibidem*, p. 119.

da prova o julgador valorará conforme as "regras de senso crítico"[530] que caracterizam toda e qualquer interpretação a ser realizada pela atividade judicial.

Quanto à jurisprudência espanhola, Eva Desdentado Daroca[531] observa que o Tribunal Constitucional espanhol, apesar de recusar o controle judicial pleno da valoração ou apreciação técnica, aceita e exerce o controle da base fática na qual se apoia a análise técnica.

Ainda na Espanha, Miguel Sánchez Morón[532] admite uma "discricionariedade técnica" quando o administrador decide em função de valorações de natureza exclusivamente técnica ou de um saber profissional, científico ou técnico em sentido estrito, mas defende, em princípio, o controle judicial deste instituto, salvo se a técnica combinar-se com a "discricionariedade política", o que gera, para ele, outra espécie de discricionariedade, a "discricionariedade de planejamento" que assegura um núcleo de não intervenção do Judiciário.

Em Portugal, a doutrina e jurisprudência aceitam o instituto da "discricionariedade técnica" como uma "discricionariedade imprópria", como anotam José Eduardo Figueiredo Dias e Fernanda Paula Oliveira.[533]

Na Alemanha, em lembrança de Almiro do Couto e Silva,[534] o Tribunal Constitucional Federal adotou a orientação, a partir de abril de 1991, no sentido de rechaçar qualquer "área de apreciação" em questões de natureza técnica. Originalmente, no entanto, o autor[535] esclarece que Bernatzik sustenta a existência da discricionariedade técnica referindo-se aos conceitos jurídicos indeterminados, e Tezner o contrário, como acrescenta Domingo Juan Sesin[536] ao esclarecer que Bernatzik entende que o fenômeno que envolve questões administrativas complexas relacionadas com a técnica não se sujeita ao controle judicial, enquanto Tezner defende o controle porque a integração normativa por meio da interpretação jurídica deve culminar sempre em uma única solução — posições absolutamente idênticas, como já vimos, às que defendem quanto aos conceitos jurídicos indeterminados (2.1.3).

---

[530] DAROCA, Eva Desdentado. *Los problemas del control judicial de la discrecionalidad técnica* (un estudio crítico de la jurisprudencia), p. 127.

[531] *Ibidem*, p. 92-93.

[532] *Derecho Administrativo*, p. 92-93.

[533] *Noções fundamentais de Direito Administrativo*, p. 111.

[534] Correção de prova de concurso público e controle jurisdicional. In: WAGNER JÚNIOR, Luiz Guilherme da Costa. *Estudos em homenagem ao Professor Adilson Abreu Dallari*, p. 24.

[535] SILVA, Almiro do Couto e. Poder discricionário no direito administrativo brasileiro. *Revista de Direito Administrativo*, n. 179-180, p. 57 *et seq.*

[536] *Administración Pública*: actividad reglada, discrecional y técnica, p. 181 *et seq.*

Na Argentina, Agustín Gordillo[537] nega a existência da "discricionariedade técnica", pois falta discricionariedade quando se violam as regras técnicas, no que é acompanhado por Juan Carlos Cassagne[538] e, em princípio, Domingo Juan Sesin,[539] pois este último diz que o juiz deve examinar a realidade material dos fatos e a apreciação deles segundo pautas técnicas razoáveis, o que permite o controle judicial do elemento técnico;[540] todavia, igualmente afirma[541] que o controle será menos intenso quando as regras técnicas admitem margens de decisão e o juízo técnico relaciona-se a ponderações de interesse público em que há discricionariedade. Manuel Maria Diez[542] entende que quando há a necessidade de utilizar "critérios técnicos" é preciso verificar se as "questões técnicas" estão, ou não, absorvidas pela "questão administrativa", o que ocorre quando aquela é pressuposto desta, como seria exemplo a ordem de demolição de uma construção que ameaça ruir, pois após a avaliação técnica compete à Administração, considerando a posição da construção em relação à rua, o trânsito local etc., definir, como "questão administrativa", se o perigo é tão grave a justificar a demolição. São os casos de *discricionariedade técnico-administrativa*. Mas em outras situações nas quais o "critério técnico" não se liga ao "critério administrativo", como na aferição de um instrumento para averiguar se houve um defeito de construção em uma obra, então não há uma liberdade de apreciação do interesse público, que é característica da discricionariedade, e por isso é um erro falar em "discricionariedade meramente técnica".

No Brasil, Oswaldo Aranha Bandeira de Mello[543] admite a distinção entre "discricionariedade pura" e outra discricionariedade que chama de "qualificada", mas não recomenda o uso do termo "discricionariedade técnica", e sim a consideração de que há elementos técnicos que podem ser de "natureza flexível" e outros de "caráter rígido", aqueles facultam a discricionariedade administrativa, estes se associam a poderes vinculados.

---

[537] *Tratado de Derecho Administrativo*: parte general, cap. X, p. 23 *et seq.*
[538] *Derecho Administrativo*, v. 1, p. 237-238.
[539] *Administración Pública*: actividad reglada, discrecional y técnica, p. 25 *et seq.*
[540] *Ibidem*, p. 44.
[541] *Ibidem*, p. 255.
[542] *Derecho Administrativo*, p. 136-140.
[543] *Princípios gerais de Direito Administrativo*, p. 488.

Já Regis Fernandes de Oliveira[544] recusa a existência de "discricionariedade técnica" porque o "elemento técnico" é pressuposto da competência discricionária.

César A. Guimarães Pereira[545] identifica, em seu entender, cinco fenômenos distintos que usualmente seriam submetidos ao regime da "discricionariedade técnica".

Sumariamos: *a)* como uma liberdade à Administração para fazer exames e apurações técnicas com o fim de preencher um conceito técnico mencionado na lei; *b)* como escolhas feitas pela Administração relacionadas com áreas especializadas do conhecimento, tal como acontece com os concursos públicos; *c)* como escolhas administrativas que se baseiam em apreciações técnicas; *d)* como escolhas da Administração baseadas em hipóteses científicas que, no entanto, ou são ainda incertas em razão do estágio em que se encontra a respectiva ciência, ou são incertas por fazerem um juízo de prognose; *e)* como uma liberdade na condução de processos administrativos.

Após, o autor recusa a existência de "discricionariedade técnica" nos dois primeiros casos (*a* e *b*) porque, em breve relato do seu pensamento, são hipóteses de avaliações técnicas absolutamente controláveis pelo Judiciário; no terceiro caso (*c*), afirma que existem dois momentos diferentes, o primeiro é um juízo técnico, o segundo um juízo administrativo discricionário que adota o primeiro como premissa; no quarto (*d*), há realmente discricionariedade em razão da indeterminação da informação técnica, mas admite que para o Direito Ambiental esta situação resulta, por conta da incerteza, em atividade vinculada; no quinto (*e*), refuta a discricionariedade porque não existe liberdade de escolha na condução de um processo administrativo, na produção de provas e decisões que são adotadas, mas um dever segundo os critérios estipulados em lei. Com estas reflexões, conclui[546] que se deve abandonar a expressão "discricionariedade técnica", pois há casos em que existe apenas uma "apreciação técnica", e outros de simples discricionariedade administrativa, portanto, sem um regime jurídico próprio não se justifica a pretensa doutrina da "discricionariedade técnica".

Neste diapasão, Marcos Maselli Gouvêa também diz que o "conceito técnico" que é "[...] dominado por certo ramo científico ou

---

[544] *Ato administrativo*, p. 88-89.

[545] Discricionariedade e apreciações técnicas da administração. *Revista de Direito Administrativo*, n. 231, p. 254 *et seq.*

[546] Discricionariedade e apreciações técnicas da administração. *Revista de Direito Administrativo*, n. 231, p. 261 *et seq.*

CONTROLE JUDICIAL DA DISCRICIONARIEDADE ADMINISTRATIVA E AS APRECIAÇÕES TÉCNICAS | 247

profissional, é provável que o Poder Executivo, melhor assessorado por quadros técnicos, tenha condições de atribuir ao termo seu devido significado. Cuida-se, sem embargo, de atividade vinculada".[547]

Para nós, não nos convencem as doutrinas que defendem, em alguma medida, a existência de uma "discricionariedade técnica",[548] pois entendemos que declarada ou tangencialmente apoiam-se na tese de que os conceitos jurídicos indeterminados ensejam a discricionariedade administrativa — o que refutamos intransigentemente (2.2 e 3.2). Não acolhemos, portanto, as propostas de "discricionariedade técnico-administrativa" e "discricionariedade instrumental", de Eva Desdentado Daroca. Ao contrário, aceitamos a conclusão defendida por César A. Guimarães Pereira ao asseverar que as situações fáticas que permitem esta discussão ou caracterizam simples "apreciação técnica" ou se trata de mera discricionariedade administrativa sem um regime jurídico próprio do que comumente se atribui à noção geral de competência discricionária.

Invocamos, em fundamentação à nossa posição, tudo o que vimos no capítulo 2 e no tópico 3.2, principalmente as razões para recusarmos a possibilidade de haver discricionariedade administrativa junto aos conceitos jurídicos indeterminados.

Em célere síntese com o propósito exclusivo de apenas recordarmos alguns pontos que servem a este átimo, remarcamos que a interpretação do direito abarca, além do *conhecimento*, também a *vontade* quanto à opção por certa solução, e este componente *psíquico* (a *vontade*, a *subjetividade*) não pode ser confundido com a "discricionariedade" sob pena de comprometer a compreensão da própria competência discricionária da função administrativa. Recordamos, então, que são noções distintas a *interpretação jurídica* e a *discricionariedade administrativa* (2.2 e 3.2). E a distinção não se dá ao reservar a *vontade* — o *espírito* do operador jurídico — apenas à discricionariedade. Reafirmamos que a expressão do ser humano, a sua exteriorização, a sua manifestação não é, nem jamais foi, um processo mecânico e distante de qualquer

---

[547] GOUVÊA, Marcos Maselli. *O controle judicial das omissões administrativas*, p. 64.

[548] Sem a menção à "discricionariedade técnica", confiramos o seguinte julgado que enfrenta os aspectos técnicos envolvidos no litígio: "Administrativo. Consumidor. Agravo regimental. Conexão. Reajustes resultantes de termos de compromisso formados pela ANS e operadoras de planos de saúde. Acordos de direito público. Controle jurisdicional. Possibilidade. Critério da variação dos custos médico-hospitalares (vmch). Inobservância. Índices apurados. Abusividade. Aplicação do índice uniforme de 11,69%. Isonomia. Perigo de dano inverso. Inexistência" (Tribunal Regional Federal da 5ª Região, Ag.Ag.Inst. 63.323/PE, Rel. Des. Marcelo Navarro, j. 09.08.2005).

expressão valorativa; a *vontade*, a expressão do *ser*, o seu *ânimo* continua sempre presente.

De tudo e de todos que vimos no capítulo 2, rememoramos Luis Recaséns Siches[549] ao ensinar que todo magistrado deve sujeitar-se às leis, mas nenhuma norma geral é suficientemente "completa" a ponto de ser cumprida ou imposta de forma coativa às situações concretas porque a lei prescreve em termos *gerais* e *abstratos*, e os casos a serem resolvidos são *particulares* e *concretos*. Portanto, há sempre a necessidade do que o autor denomina de uma *dimensão criadora* do intérprete — o que não se confunde, como vimos, com a discricionariedade administrativa (3.1 e 3.2).

Por isso, qualquer palavra ou expressão, que reclame à sua compreensão de informações de outras áreas do saber humano, igualmente não pode confundir-se com a discricionariedade administrativa. São necessidades de *apreciações técnicas e científicas*. São conceitos jurídicos indeterminados cuja busca da *unidade de solução justa* (Eduardo García de Enterría e Tomás-Ramón Fernández — 2.1.6 e 2.2) depende de informes de outras áreas do conhecimento. De qualquer modo, permanece a premência de definição do conceito por um *juízo disjuntivo* (García de Enterría e Fernández — 2.1.6 e 2.2) do qual seja possível dizer se é o caso de "incapacidade física para o trabalho", se a obra de arte atende ao requisito de "notável valor estético", se o agente a ser indicado para o cargo preenche a exigência de "notória especialização", e assim por diante.

Como vimos ao longo da primeira parte deste estudo (1 e 2), o direito não é simplesmente lógico, formalmente lógico, mas essencial-mente retórico. A lógica — com outro jurista ao qual acompanhamos, Perelman — é um procedimento de argumentação que almeja persuadir. Destarte, se há a necessidade de perícias e exames a densificar os conceitos jurídicos de "risco ao meio ambiente", "melhor técnica", "justo preço", e outros, e se as perícias e exames eventualmente divergem, apresentam propostas diferentes, seja em razão de a única análise possível ser estatística, em verdadeiro *juízo de prognose*, seja porque há, para o assunto em pauta, *incertezas* diante do atual estágio de conhecimento e desenvolvimento da ciência, em qualquer circunstância o que deve o intérprete identificar é *qual a resposta*, *qual a solução* que *convence*, que é *persuasível* (Perelman) como *a melhor definição*, a *melhor determinação do conceito jurídico indeterminado para o caso concreto*.

Se, por exemplo, a biologia e a engenharia de alimentos ainda não encontraram uma resposta consensual, satisfatória sobre se existe, ou não, "risco de contaminação" com a manipulação de certa substância

---

[549] *Introducción al estudio del Derecho*, p. 197.

CONTROLE JUDICIAL DA DISCRICIONARIEDADE ADMINISTRATIVA E AS APRECIAÇÕES TÉCNICAS | 249

junto aos produtos alimentícios, se o ordenamento jurídico prescreve o princípio da precaução que determina a suspensão ou a interrupção de qualquer atividade sobre a qual não se pode afastar o risco de comprometimento do meio ambiente, então a definição e aplicação da expressão "risco de contaminação", para o caso concreto, deve ser reconhecida — desde que, é claro, o intérprete esteja *persuadido* das razões desenvolvidas no laudo de exame científico.

O que deve servir de critério à eleição do intérprete para definir *qual* o laudo, *qual* a resposta científica a ser adotada, dependerá da capacidade persuasiva que se extrai da carga argumentativa dos exames, perícias, avaliações etc. Se uma perícia conclui pelo "risco de contaminação" do lençol freático com a construção de um aterro sanitário, e se outra perícia chega à conclusão contrária, será o confronto dos argumentos utilizados, da amplitude e profundidade em que se apoiam, da extensão e pertinência dos argumentos, da diversidade de resultados futuros projetados, dos rigores científicos utilizados como premissas, enfim, do todo apresentado cada perícia é que necessariamente levará o intérprete do direito a convencer-se por esta ou aquela perícia, e por conseguinte por haver, ou não, sob um *juízo disjuntivo* (2.2), o "risco de contaminação".

Não há, portanto, uma pluralidade de decisões legítimas à Administração cuja escolha de qualquer uma delas implique afastar o controle judicial. Os conceitos jurídicos indeterminados que dependem de aspectos técnicos e científicos devem encontrar, como qualquer conceito jurídico indeterminado, uma *unidade de solução justa* (García de Enterría e Fernández), sobretudo porque é sempre possível ao juiz aferir qualquer elemento técnico e científico de outras áreas porque a perícia judicial é um meio de prova.

A *interpretação jurídica*, necessite da observação das experiências pragmáticas, da ponderação de valores, ou da compreensão de conhecimentos de outras técnicas e ciências, deve realizar-se pela *lógica do razoável* e pela *lógica do preferível* e a capacidade *retórica* das pretensões de definições (1 e 2). Do eventual confronto entre exames técnicos, como o que comumente ocorre entre o laudo do perito judicial com os exames dos peritos das partes, o magistrado deve firmar o seu convencimento de acordo com a linha argumentativa que lhe persuadiu (Perelman) sobre ser a resposta que melhor realiza os valores jurídicos (Recaséns Siches) — capítulos 1 e 2 deste estudo.

Mesmo quando se externam meras probabilidades, estatísticas, juízos de prognose, quando se afirmam a incerteza e a incapacidade da ciência sobre a solução do problema proposto, ainda assim se deve buscar, dentre as soluções possíveis, a melhor solução possível como determinação do conceito que é indeterminado em razão da alusão a outras ciências; pois ainda nestes casos é possível extrair uma *unidade de solução justa* (García de Enterría e Fernández), como o deferimento do pedido porque não há prova em contrário à pretensão, ou o seu indeferimento porque se exige a expressa prova em seu favor, tudo a depender do que o próprio ordenamento jurídico, em leitura sistemática, disponibiliza ao intérprete.

Portanto, não há sentido em se sustentar a "discricionariedade técnica". O que existem são conceitos jurídicos indeterminados que se referem a elementos técnicos e científicos de outras áreas, mas cujos informes (por exames, perícias, avaliações etc.) possibilitam ao intérprete convencer-se sobre o que melhor se coaduna à *lógica do razoável* e à *lógica do preferível* (1).

Outrossim, não podemos confundir uma apreciação técnica e científica que conclua, por exemplo, pela "incapacidade relativa" para o trabalho de um servidor público e a recomendação de que lhe deve ser atribuída uma outra atividade que não exija certo movimento com a decisão da Administração sobre qual atividade, dentre as que são previstas como similares à sua função original, será atribuída. Pois neste exemplo a decisão da Administração Pública é fundada em uma competência discricionária, mas que em nada se confunde com a apreciação técnica. A discricionariedade administrativa, nesta hipótese, é exercida em momento posterior, e não pode, por adotar uma apreciação técnica como premissa, confundir-se com esta como se formassem um único instante.

Enfim, as *apreciações técnicas*, por não caracterizarem uma espécie de discricionariedade administrativa, estão sujeitas ao pleno controle judicial.

Não há ao Poder Público qualquer margem de "conveniência e oportunidade" (5.2.8), não há uma pluralidade de decisões legítimas (3.1 e 5.4), não existe um âmbito isento do controle pelo Judiciário porque não se trata de uma discricionariedade administrativa.

Toda e qualquer questão técnica e científica, em última análise, é irrestritamente controlável pelo Judiciário.

6.2 Casos concretos – Perícias, exames, julgamentos em licitações e provas em concursos públicos

Com a conclusão à qual chegamos no tópico precedente — a de que o controle judicial sobre as *apreciações técnicas* é amplo e incondicional —,

CONTROLE JUDICIAL DA DISCRICIONARIEDADE ADMINISTRATIVA E AS APRECIAÇÕES TÉCNICAS | 251

o que ora desejamos destacar é que as perícias de modo geral, como as de engenharia, de meio ambiente, de contabilidade, e outras, e os exames sobre imóveis, bens de consumo, em pessoas, e diversos outros, os julgamentos em licitações, sejam de melhor técnica ou de melhor preço, por serem *apreciações técnicas*, é dizer, por dependerem da manifestação de certo conhecimento especializado fora do direito, são absolutamente controláveis pelo Judiciário.

Mas um caso em especial, em virtude da maior resistência que apresenta junto à doutrina e aos Tribunais, merece destaque: o controle judicial de provas em concursos públicos.

Em leitura de vanguarda acerca do tema, Almiro do Couto e Silva[550] de há muito defende que as chamadas "provas objetivas", que se caracterizam pelo método de múltipla escolha pelo qual o candidato deve assinalar determinada resposta, portanto o certo ou o errado é apurado "[...] pelo confronto da resposta com o estado atual das ciências, da técnica ou das artes [...]", permite, em tese, o controle pelo Judiciário, com exceção da complexidade de uma matéria que apesar das manifestações e esclarecimentos dados pelos peritos continua a persistir a impossibilidade de dizer qual a solução correta.[551] E exceção também considera as provas dissertativas porque a avaliação, para ele, é comparativa: compara-se a prova com as demais dissertações realizadas por outros candidatos; logo, não seria possível o controle judicial porque não há como o Judiciário substituir os critérios de correção da banca ou comissão examinadora por seus próprios critérios.

Este entendimento, diz Almiro do Couto e Silva,[552] é a posição adotada pelo Tribunal Constitucional Federal da Alemanha desde 1991.

E lembramos, em reforço a estas orientações, as palavras de Germana de Oliveira Moraes[553] ao esclarecer que o Tribunal Constitucional alemão passou a admitir esta possibilidade de controle judicial de provas sob o fundamento de que uma resposta que é sustentável sob o aspecto técnico não pode ser simplesmente reputada incorreta pela banca examinadora, como é o caso de questionários de múltipla escolha nos quais os examinadores recusam uma resposta que é controvertida tecnicamente conforme literatura especializada publicada antes do exame.

---

[550] Correção de prova de concurso público e controle jurisdicional. In: WAGNER JÚNIOR, Luiz Guilherme da Costa. *Estudos em homenagem ao Professor Adilson Abreu Dallari*, p. 15-16.

[551] *Ibidem*, p. 27.

[552] *Ibidem*, p. 24.

[553] *Controle jurisdicional da Administração Pública*, p. 180.

Similar é a doutrina de César A. Guimarães Pereira[554] — mas sem tratar da fase dissertativa dos concursos — ao pertinentemente distinguir a elaboração das questões (como objeto de juízo discricionário) do momento de correção (como objeto de *apreciação técnica*), e por isso este último é indiscutivelmente passível de revisão pelo Judiciário.

Na jurisprudência brasileira é indiscutivelmente predominante o entendimento restritivo, sem qualquer exceção ser considerada, de que quanto à avaliação das questões ao Judiciário "é defeso manifestar-se sobre os critérios de formulação, correção e atribuição de pontos, inerentes à atividade da Administração, de competência exclusiva da Banca Examinadora", conforme expressou a Ministra Laurita Vaz do Superior Tribunal de Justiça, em decisão unânime da 5ª Turma, noticiada no *site* do órgão em 12 de julho de 2007, no qual se enfatiza trecho do acórdão do Tribunal Regional Federal da 1ª Região, do qual oriundo o feito, em que se afirma que "[...] interessa ao candidato é saber se a avaliação respeitou aqueles tópicos, sendo irrelevantes os critérios adotados de correção, pois bastava ao examinador atribuir a nota, englobadamente, cabível a cada um dos itens (apresentação, estrutura e desenvolvimento)".

A admissão do controle judicial ainda se reduz a situações excepcionalíssimas a aspectos meramente formais, ancilares ao próprio processo de seleção, como a mera contagem de pontos,[555] o acintoso tratamento desigual em relação aos recursos administrativos interpostos[556] e outras situações similares.

---

[554] Discricionariedade e apreciações técnicas da administração. *Revista de Direito Administrativo*, n. 231, p. 254 *et seq.*

[555] "Extinção do processo. Ação declaratória. Concurso público. Impossibilidade jurídica do pedido. Inadmissibilidade. Declaração de ocorrência de erro administrativo na pontuação da autora. Cabimento. Pretensa nomeação. Impossibilidade. Competência do Poder Judiciário para a revisão de ato administrativo restringe-se ao aspecto de ilegalidade. Recurso parcialmente provido para revogar-se a extinção e determinar o enfrentamento do mérito" (Tribunal de Justiça de São Paulo, 1ª Câmara de Direito Público, Apelação 184.663-5/7-00/ Ribeirão Preto, Rel. Des. Castilho Barbosa, j. 22.11.2005, v.u.).
"Ato administrativo. Anulação. Pretensão de que sejam anulados atos de concurso público, sob a alegação de que o cálculo do resultado final da primeira prova do concurso não obedecera às regras dispostas no edital. Hipótese. Circunstância em que a Administração Pública, além de valer-se da discricionariedade técnica a que lhe é atribuída, aplicou corretamente a norma editalícia, de acordo com os princípios da isonomia e impessoalidade, não desbordando a ponto de viciar o certame com objetivo de fugir da finalidade legal e do interesse público primário. Ocorrência. Recurso não provido" (Tribunal de Justiça de São Paulo, 7ª Câmara de Direito Público, Apelação 633.194-5/3-00/São Paulo, Rel. Des. Guerrieri Rezende, j. 02.04.2007, v.u.).

[556] "Administrativo. Recurso ordinário em mandado de segurança. Concurso público. Cargo de juiz substituto. Pedido além do constante na inicial. Impossibilidade. Nota da prova oral. Recurso administrativo de vários candidatos. Alguns indeferidos, outros inadmitidos.

CONTROLE JUDICIAL DA DISCRICIONARIEDADE ADMINISTRATIVA E AS APRECIAÇÕES TÉCNICAS | 253

Poucos são os temas admitidos pela jurisprudência nos quais se constata um tangenciamento da análise dos critérios utilizados nos concursos públicos. Talvez o exemplo mais recorrente — e que sinalize uma tímida alteração da ótica que se tem sobre o assunto — sejam os exames psicotécnicos.[557]

Com o que concordamos é que a discussão sobre provas de concursos públicos raramente encontra espaço em mandado de segurança,[558] pelo menos nas hipóteses em que pretende o impetrante produzir, por perícia, prova em sentido contrário, pois nesta circunstância a via adequada é a ação de conhecimento.

De nossa parte, aderimos ao entendimento que reconhece a possibilidade de controle judicial das questões de concurso, da fase objetiva (questões de múltipla escolha), quando a alternativa considerada correta

---

Violação ao princípio da isonomia. 1. É defeso ao recorrente, nesta seara, acrescer a seu pedido inicial o reconhecimento de sua aprovação do Concurso Público para provimento do cargo de Juiz Substituto do Estado do Espírito Santo. Isto porque, o pedido constante da exordial do 'mandamus' objetiva apenas o seguimento do recurso administrativo que interpôs contra a nota obtida na prova oral, o que se analisa. 2. O fato do recurso administrativo do recorrente sequer ter sido admitido, sob a alegação de que inexiste previsão, no edital, de recurso contra prova oral, viola o Princípio da Isonomia, porquanto a Comissão do Certame em questão admitiu recursos administrativos com o mesmo teor, tendo inclusive, alterado notas. Dessa forma, sendo inconcebível o tratamento discriminatório de candidatos em situação idêntica, deve o recurso administrativo do recorrente ser admitido e julgado. 3. Precedente (ROMS n. 15.836/ES). 4.Recurso conhecido e provido para, reformando o v. acórdão de origem, conceder a ordem, nos termos em que pleiteada na inicial" (Supremo Tribunal Federal, 5ª Turma, RMS 17266, Ministro Jorge Scartezzini, j. 27.04.2004).

[557] "Exame psicotécnico. Concurso público. Necessidade de critérios objetivos e de previsão legal. Reexame da legislação infraconstitucional e dos critérios utilizados para a realização do exame. Impossibilidade. Súmula n. 279 STF. 1. A orientação deste Tribunal é firme no sentido de que 'o exame psicotécnico pode ser estabelecido para concurso público desde que seja feito por lei, e que tenha por base critérios objetivos de reconhecido caráter científico, devendo existir, inclusive, a possibilidade de reexame'. 2. Reexame da legislação infraconstitucional — Lei n. 7.289/84 — e de fatos e provas. Inviabilidade do recurso extraordinário. Súmula n. 279 do Supremo Tribunal Federal. Agravo regimental a que se nega provimento" (Supremo Tribunal Federal, 2ª Turma, Ag.Reg.Ag.Inst 630247/DF, Min. Eros Grau, j. 08.05.2007).

[558] "Recurso ordinário. Mandado de segurança. Concurso público. Prova oral. Desconsideração. Impossibilidade. Previsão em edital. Impossibilidade de o Poder Judiciário analisar provas de concurso pela via do mandado de segurança. Recurso desprovido. 1. Não há como desconsiderar a prova oral realizada pelas Recorrentes, uma vez que o edital a previu como de caráter eliminatório e, portanto, indispensável no certame. Prova oral realizada de acordo com o regulamento do concurso e com as disposições do edital. 2. Não pode o Poder Judiciário, pela via estreita do mandado de segurança, analisar a legalidade da avaliação de candidatos em concurso público. Precedentes. 3. Recurso desprovido" (Superior Tribunal de Justiça, 6ª Turma, RMS 19191, Ministro Paulo Medina, j. 04.04.2006).

pela banca examinadora não espelha o entendimento predominante do atual estágio da ciência e da arte.[559]

Mas vamos além ao reconhecermos a possibilidade, em tese, de controle judicial da fase denominada dissertativa — o que, guardadas as devidas proporções, isto é, considerando a maior subjetividade e mesmo a análise da postura do candidato, serve às fases orais e de entrevistas.

Pois o método de correção de uma redação ou de uma resposta dissertativa não deve ser a "comparação", o que seria desculpa da Administração Pública a tentar afastar o controle judicial porque realmente é materialmente impossível proceder a um quadro comparativo envolvendo um número ingente de candidatos — impossível ao Judiciário, mas igualmente impossível à Administração.

Explicamo-nos melhor.

O método de correção de redações e respostas dissertativas deve ser o mais *objetivo* possível, o que se consegue com uma *matriz de avaliação*[560] que atende à idealização da correção. Por uma matriz são

---

[559] "Administrativo. Concurso público. Prova objetiva. Erro material. Ausência de resposta correta. Constatação por perícia oficial. Anulação pelo Poder Judiciário. Possibilidade. Violação do princípio da legalidade. Precedentes. Recurso Especial conhecido e improvido. 1. O Superior Tribunal de Justiça tem entendido que, na hipótese de erro material, considerado aquele perceptível 'primo ictu oculi', de plano, sem maiores indagações, pode o Poder Judiciário, excepcionalmente, declarar nula questão de prova objetiva de concurso público. Precedentes. 2. Hipótese em que, por perícia judicial, não questionada pela parte 'ex adversa', foi constatada a ausência de resposta correta em questão de prova objetiva, em flagrante desacordo com o gabarito oficial e com o edital do certame, ferindo o princípio da legalidade. 3. Recurso especial conhecido e improvido" (Superior Tribunal de Justiça, RE 471.360/DF, Rel. Ministro Arnaldo Esteves Lima, j. 21.09.2006).

[560] Este nosso entendimento, no entanto, não encontra ressonância na orientação majoritária da jurisprudência. Consignamos, a seguir, dois julgados. O primeiro espelha o entendimento predominante, o seguinte aproxima-se do nosso entendimento e representa, a nosso ver, significativo avanço no enfrentamento do tema.
O primeiro:
"Administrativo. Concurso. Gabarito da banca examinadora. Deliberação pelo Judiciário. Impossibilidade. Inviável a discussão pelo Poder Judiciário acerca do acerto ou não da formulação das questões pela banca examinadora de concurso público" (Superior Tribunal de Justiça, RMS 19.304, Rel. Min. José Arnaldo da Fonseca, j. 15.09.2005).
Em sentido contrário:
"O impetrante, participante de concurso para o preenchimento de cargo público, alega, entre outras considerações, que o edital não apontou os critérios de correção da prova de redação a que se submeteu, pois esses se mostram amplos a ponto de não permitir qualquer controle por parte dos candidatos: não se sabe qual peso ou faixa de valores para cada quesito, o conteúdo de cada um deles ou o valor de cada erro. Isso é agravado pela constatação de que não há sequer uma anotação na folha da redação do candidato que seja apta a embasar os pontos obtidos, salvo alguns apontamentos quanto a erros de português. Assim, é patente que o ato administrativo em questão revela-se sem motivação idônea, razão para considerá-lo inválido. Sucede que o concurso em testilha já foi homologado há quase um ano, ultimada até a decorrente posse dos demais aprovados, não havendo como determinar uma nova correção da prova (motivação posterior que prejudicaria

CONTROLE JUDICIAL DA DISCRICIONARIEDADE ADMINISTRATIVA E AS APRECIAÇÕES TÉCNICAS

definidos os tópicos de abordagens e a importância de cada qual para a atribuição de notas. Se um concurso para procurador do município pede ao candidato que discorra sobre o "desvio de finalidade", deve haver uma matriz a elencar os tópicos necessários de abordagem, como a evolução histórica do instituto, a definição, as espécies, a análise sob a ótica das funções legislativa e administrativa etc.

A despeito de todas as dificuldades que o caso concreto haverá de apresentar, é possível ao Judiciário, ao determinar e analisar uma perícia sobre a prova, ao menos aferir se ocorre eventual abuso de direito, reprimir perseguições e direcionamentos de resultados, tudo porque é exigível a explicação da atribuição da nota de acordo com um modelo, uma *matriz de avaliação* que deve ser adotada a todos os candidatos indistintamente. Em uma prova dissertativa de medicina, por exemplo, o Judiciário tem condições de controlar a legitimidade do concurso ao perceber, após uma perícia judicial, que a nota máxima atribuída a certo candidato, filho do Chefe do Executivo, não tem qualquer esteio técnico e científico porque sequer foram abordados cinco dos sete tópicos que compunham a matriz de avaliação.

Não defendemos, e fazemos questão de esclarecer, que o Judiciário se torne uma instância de revisão de provas de concursos públicos. Mas defendemos, isto sim, que não há sentido em acreditar que as fases dissertativa e oral representam algum campo mágico de absoluto isolamento da Administração e impensável aproximação do controle judicial. Toda e qualquer prova de concurso depende — *deve* depender — de uma *matriz de avaliação* com os tópicos de uma "resposta ideal", mesmo quando, em razão da especificidade da área, exijam-se elementos eminentemente subjetivos, como "criatividade", "originalidade" etc., o que permite que em casos extremos, de manifesta perseguição, favoritismo e arbitrariedade, aja o Judiciário em cumprimento de sua função de recomposição da ordem jurídica violada.

---

todo o concurso). Anote-se que o impetrante foi eliminado do certame em razão de meio ponto e que ele mesmo formula pedido alternativo de que lhe seja concedida a pontuação mínima para ser aprovado. Daí se considerar que esse pequeno acréscimo em sua nota sana a nulidade de maneira mais proporcional aos outros candidatos e ao concurso como um todo. Assim, tem-se por aprovado o impetrante, mas para ocupar a última colocação entre os aprovados, com o fito de evitar que a coisa julgada na ação atinja terceiros que não estão elencados nos autos" (Superior Tribunal de Justiça, RMS 33.825-SC, Rel. Min. Mauro Campbell Marques, j. 07.06.2011).

CONTROLE JUDICIAL DA DISCRICIONARIEDADE ADMINISTRATIVA CONFORME A TEORIA DO DESVIO DE FINALIDADE E OS PRINCÍPIOS DA ADMINISTRAÇÃO PÚBLICA

Introdução

Neste capítulo estudaremos dois mecanismos fundamentais do controle judicial da discricionariedade administrativa: o desvio de finalidade e os princípios da Administração Pública.

Do primeiro trataremos da sua origem, esmiuçaremos a análise com o destrinchar da definição e da natureza jurídica, com a identificação das espécies e a reflexão sobre tópicos polêmicos a respeito do tema, como a relação com o silêncio administrativo e a prova em Juízo, e tudo isto porque, como a seguir perceberemos, o desvio de finalidade foi um dos primeiros instrumentos de controle judicial da discricionariedade administrativa, e persiste na atualidade, e com a evolução por qual passou, como um dos mais significativos meios.

Do segundo cuidaremos logo após, mas adiantamos desde logo que não adotaremos a mesma metodologia — origem, definição e outros pontos — sobre cada princípio jurídico. Primeiro, porque não se mostra eficiente desenvolvermos, neste trabalho, temas que merecem e já recebem extensas e exaurientes análises monográficas em verdadeiros tratados, pois não são estes princípios o objeto central da nossa proposta. Segundo, e em decorrência imediata da observação anterior, porque se insistíssemos, ainda assim, em desenvolver outras monografias dentro desta (para tratar do princípio da isonomia, do princípio da legalidade e de todos os demais que compõem o regime jurídico administrativo), não atenderíamos a contento a qualquer proposta, nem a de relacionar adequadamente o assunto ao controle judicial da discricionariedade administrativa, nem a de desenvolver percucientemente a análise de cada princípio jurídico. Por isto, limitar-nos-emos a destacar a importância do procedimento de ponderação da teoria dos princípios com a referência, meramente exemplificativa, de alguns princípios jurídicos (7.2.1). Com estas explicações, encetamos o estudo.

7.1 Desvio de finalidade

Vimos, no tópico 3.1, a evolução histórica da noção da competência discricionária, desde a sua concepção como um "poder" absolutamente livre de qualquer controle judicial (sob as mais diversas doutrinas e teorias a sustentarem esta autonomia, como os poderes graciosos e contenciosos, os atos de império e de gestão, os atos de governo etc.), como mencionamos o surgimento da teoria do *desvio de poder* como uma das "aberturas" ao controle judicial dos atos da Administração Pública.

É desta específica "abertura" que passaremos a tratar neste contexto de controle judicial da Administração Pública — que é expressamente prevista em nosso ordenamento jurídico no art. 2º da Lei nº 4.717/65, que prescreve serem nulos os atos lesivos ao patrimônio de entidades públicas no caso de *desvio de finalidade*.

7.1.1 Primeiras linhas da evolução histórica

Foi no final do século XIX que a jurisprudência do Conselho de Estado francês, segundo a jurista espanhola Carmen Chinchilla Marín,[561] desenvolveu as primeiras noções do *desvio de poder*, e surge como uma espécie do gênero *excesso de poder* (*excès de pouvoir*) para justificar a sujeição dos atos administrativos ao controle judicial. O *excesso de poder*, ensina-nos a autora, advém das leis constitucionais de 1791 sob a influência da teoria da divisão de poderes de Montesquieu que se encontra, por sua vez, no art. 27 da Constituição de 1791. Com o passar dos anos o Conselho de Estado alargou o sentido de "excesso de poder" e pelo decreto de 02 de novembro de 1864 passou-se a permitir a quem interessado interpor recurso contra os atos administrativos viciados por *incompetência*. Neste momento, estende-se o conceito de

---

[561] *La desviación de poder*, p. 33-34.

"excesso de poder" ao recurso contra os atos administrativos, pois o art. 27 da Constituição de 1791 prescrevia que o Ministro da Justiça denunciaria ao Tribunal, por meio do Comissário Real, os atos dos juízes que excedessem os limites de seu poder.

Mas a segunda expressão de desenvolvimento deste controle, conforme a jurista, foi o *desvio de poder* (*détournement de pouvoir*) que se caracterizou por ser o controle da conformidade do ato com o fim e o espírito da lei. De outro modo: se o poder outorgado por lei fosse exercido para fim distinto do previsto haveria então uma forma especial de "excesso de poder" que passou a denominar-se de "desvio de poder". Pioneiramente, é lembrado o *arrêt* Vernes de 19 de maio de 1858 como uma das primeiras referências a este instituto.

Mas a jurista portuguesa Maria Teresa de Melo Ribeiro[562] lembra o julgado de 14 de junho de 1852 no qual o Conselho de Estado anulou uma decisão de um prefeito sob o fundamento de que havia sido emitida para atender a interesses individuais, embora reconheça que foi realmente em 1858, com a invalidação de uma decisão que proibia os banhistas de vestirem-se e despirem-se fora de estabelecimentos municipais de banhos porque esta decisão era motivada por interesses financeiros, e não de vigilância e "polícia", foi com este julgado, enfim, que se reafirma a tese e firmam-se as primeiras linhas da "teoria do desvio de poder".

Na Espanha, Carmen Chinchilla Marín[563] informa que o desvio de poder originalmente era entendido como a falta de competência ou a invasão de um Poder na esfera de outro, e foi apenas a partir de 1930 que, por uma série de julgados, o desvio de poder iniciaria o desenvolvimento para posteriormente alcançar um sentido mais preciso. Com o art. 83.3 da Lei de Jurisdição Contencioso-administrativo de 1956, atualmente revogada, pela primeira vez se define, em lei, a noção de desvio de poder como "o exercício de potestades administrativas para fins distintos dos fixados pelo ordenamento jurídico", o que foi importante, como afirma a autora,[564] porque esclareceu que o desvio de poder é uma infração ao ordenamento jurídico e não à ética administrativa. Atualmente, a Constituição de 1978, em seu art. 106.1, reconhece o desvio de poder ao dizer que os Tribunais controlam a submissão da atuação administrativa aos fins que a justificam.

---

[562] *O princípio da imparcialidade da Administração Pública*, p. 39.

[563] *La desviación de poder*, p. 37-39.

[564] *Ibidem*, p. 47-49.

Na Itália, influenciada pelo *détournement de pouvoir*, a jurisprudência formula a figura do *eccesso di potere*, conforme Carmen Chinchilla Marín[565] — no caso italiano, como veremos a seguir, mais especificamente como *sviamento di potere*.

7.1.2 Definição – Natureza jurídica

Em Portugal, Afonso Rodrigues Queiró[566] defende que o desvio de poder, por certa perspectiva, é uma violação objetiva porque concebe o fim do ato como o "círculo objetivo de interesses", pois basta aferir o conteúdo e a motivação em relação às finalidades da atividade administrativa de modo a perceber que a autoridade não adotou a decisão pelo fim que a lei lhe atribuiu como competência. Mas o autor[567] entende que o desvio de poder, em realidade, tem dupla natureza jurídica: *a)* uma objetiva, fundada na incompetência, o que se encontra no plano da ilegalidade, como um vício objetivo, e bastaria a prova negativa de que o ato não realizou o interesse público específico previsto em lei; e *b)* outra subjetiva, em razão da imoralidade, que se refere à discricionariedade, pois diz respeito à intenção, ao dolo do agente.

Enfim, o autor recusa o desvio de poder como uma categoria autônoma, pois para ele o vício ou recai na incompetência ou na imoralidade administrativa.

Maria Teresa de Melo Ribeiro, por sua vez, compreende que o vício de poder motivado por interesses privados não é questão de moralidade administrativa, pois esta é "[...] uma realidade que não tem relevância no ordenamento jurídico"; por isto, o vício de poder é um "[...] modo específico da ilegalidade de um determinado acto administrativo [...]: o vício de desvio de poder revela desconformidade de um dado comportamento da Administração face ao ordenamento jurídico, não a violação de um conjunto de preceitos de ordem moral e subjectiva".[568] É que para a autora o que o vício do desvio de poder afeta na modalidade subjetiva é a imparcialidade administrativa.[569]

O *détournement de pouvoir*, na França, e o *sviamento di potere*, na Itália, são compreendidos, segundo Carmen Chinchilla Marín,[570] como

---

[565] *Ibidem*, p. 90 *et seq.*

[566] *Estudos de Direito Público*, p. 170.

[567] *Ibidem*, p. 168-169; 171-172.

[568] RIBEIRO, Maria Teresa de Melo. *O princípio da imparcialidade da Administração Pública*, p. 52.

[569] *Ibidem*, p. 53.

[570] *La desviación de poder*, p. 56.

um vício do ato administrativo que se refere ao exercício de potestades administrativas para fins distintos dos demarcados pelo ordenamento jurídico.

De tal modo, o que caracteriza o desvio de poder, por estas propostas, é o elemento teleológico. O que leva a doutrina italiana, inclusive, a pretender distinguir o próprio desvio de poder do que chama de "sintomas de excesso de poder",[571] como seriam o controle dos fatos determinantes, a fiscalização dos motivos do ato, o desvio de procedimento, a injustiça manifesta etc.

Carmen Chinchilla Marín[572] lembra que na França a doutrina de Maurice Hauriou chegou a sustentar a ideia de que o desvio de poder é um controle da moralidade administrativa,[573] mas posteriormente a doutrina francesa superou esta intelecção para entender que o *détournement de pouvoir* é uma forma de ilegalidade, como em Waline que diz que o desvio de poder é o controle das violações do espírito da lei. Na Itália desenvolveu-se uma corrente de que o desvio de poder, o *ecceso di potere*, seria um vício da função administrativa, reservando-se ao desvio de poder propriamente dito o título de *sviamento di potere*.

Com efeito, com Pietro Virga[574] reconhecemos a intensidade e diversidade da discussão ao percebermos que o vício de excesso de poder para uns incide sobre a causa, como sustenta Satta, para outros sobre a vontade, como diz Ranelletti, e sobre o motivo, como afirma Giannini, e sobre o interesse público, como Sandulli, ou então, como vimos no parágrafo anterior, sobre a função, como em Morsiani. E

---

[571] Pietro Virga relaciona, da jurisprudência italiana, as "figuras sintomáticas" do excesso de poder como: *a)* o desviar do interesse público quando se persegue um interesse privado do agente; *b)* o desviar da causa típica quando o ato, apesar de atender a um fim público, persegue um fim diverso do qual lhe foi determinado; *c)* a contradição entre a motivação e o dispositivo; *d)* a contradição com a precedente manifestação de vontade quando o provimento é contraditório com um ou mais precedentes da Administração, por exemplo, a dispensa por escasso rendimento de um empregado a quem há pouco tempo lhe foi, pelo próprio Poder Público, conferido um elogio; *e)* o defeito de motivação por falta ou insuficiência; *f)* o desviar-se de uma diretiva geral estabelecida por autoridade superior por meio de uma circular (*Diritto amministrativo*, v. 2, p. 122). Mas estas "figuras sintomáticas", para nós, ou se confundem com a análise dos pressupostos e elementos do ato administrativo, como vimos no capítulo 5, ou qualificam o próprio desvio de finalidade. Ademais, a relação casuística de uma gama amplamente diversificada de hipóteses mais compromete a compreensão do tema do que auxilia a solução.

[572] *La desviación de poder*, p. 179 *et seq.*

[573] Maria Teresa de Melo Ribeiro anota que para Hauriou o desvio de poder conduz-se à teoria da moralidade administrativa que representa uma realidade subjetiva, isto é, a "[...] violação tem de ser procurada nas intenções psicológicas dos agentes administrativos" (*O princípio da imparcialidade da Administração Pública*, p. 46-47).

[574] *Diritto Amministrativo*, v. 2, p. 122.

mesmo para ele, Pietro Virga, o tema apresenta tantas incertezas que o autor deliberadamente declina de restringir este vício a apenas um destes aspectos.

Na Espanha, para Eduardo García de Enterría e Tomás-Ramón Fernández[575] o desvio de poder é um vício de estrita legalidade, pois o controle opera-se por estritos critérios jurídicos e não apenas pelas regras morais. Portanto, é a legalidade que se aprecia, não a moralidade, e por isto há o vício mesmo que o fim perseguido também seja público.

De análise similar, Carmen Chinchilla Marín[576] entende que o desvio de poder é um vício de legalidade e não de moralidade administrativa porque é apurado junto à norma jurídica o eventual afastamento do seu fim, o que caracteriza a *causa*. É, portanto, o *vício da causa* do ato administrativo.

Para nós, e em consonância com as ideias e assertivas que expusemos anteriormente sobre a nossa concepção a respeito da noção de discricionariedade administrativa (sobretudo nos tópicos 3.1 e 5.4), devemos recordar que o "poder" existe enquanto *competência normativa*, enquanto feixe de atribuições outorgado a alguém para servir como instrumento necessário à realização do interesse público, destarte, a discricionariedade administrativa deve ser entendida, hodiernamente, como *medida de competência de poder*, e não simplesmente como "poder discricionário". Por conseguinte, para a melhor intelecção do instituto jurídico do "desvio de poder" em conformidade com um regime democrático e social de direito melhor se afigura a substituição da expressão *desvio de poder* por *desvio de finalidade*, tal como o termo *poder discricionário* é superado por *competência discricionária* (ou *discricionariedade administrativa*).

A partir de então, inclusive, preferiremos o termo *desvio de finalidade*.

Consequentemente, reconhecemos o vício oriundo do desvio de finalidade como um vício de *finalidade*, tal como em Eduardo García de Enterría e Tomás-Ramón Fernández, e cuja *causa* torna-se um meio em auxílio de sua identificação.

Em outros termos, como vimos anteriormente (5.2.7), a finalidade do ato administrativo é concebida em um sentido amplo e em outro estrito; no sentido amplo, a finalidade é a realização do interesse público, e no sentido estrito trata-se do resultado específico. Já a *causa*

---

[575] *Curso de Derecho Administrativo*, v. 1, p. 461-462.

[576] *La desviación de poder*, p. 179 *et seq.*

é o nexo de pertinência lógico entre o *motivo*, o *conteúdo* e a *finalidade* do ato administrativo. O desvio de finalidade é incontrastavelmente um vício sobre a finalidade — ou a ampla ou a estrita, a depender do caso concreto — porque se trata da frustração do próprio objetivo traçado à Administração Pública. Mas ao querer saber se o *interesse público* estiolou-se, se a *finalidade específica* do ato não foi atendida, o intérprete encontra valoroso apoio ao aferir a *causa* do ato, ao avaliar o motivo que deflagrou o ato, o seu exato conteúdo, e se a finalidade decorrente do motivo e do conteúdo do ato concreto amolda-se à finalidade hipoteticamente prevista em lei. De toda sorte, a causa não se confunde com a própria finalidade.

Esta, enfim, é a natureza jurídica do desvio de finalidade: cuida-se de um vício de finalidade.

Valem ser lembradas, ainda, as lições de Carmen Chinchilla Marín[577] ao relacionar os elementos da definição de desvio de finalidade, segundo a legislação espanhola — e faremos, em análise de cada qual, a devida adaptação e crítica de acordo com o nosso sistema jurídico —: *a)* o pressuposto de que se exerce uma potestade; *b)* que esta potestade seja uma potestade administrativa; *c)* o que define o desvio de poder é o desvio do fim que justifica tal potestade.

Sobre a potestade (*a*), tratamos dela no tópico 3.1. Esclarecemos, na ocasião, a distinção adotada no direito espanhol entre direito subjetivo e potestade, aquele que se refere a uma relação jurídica concreta, que recai sobre um objeto específico e determinado, que gera uma *obrigação*, e este que procede diretamente do ordenamento jurídico, por isto não recai, em princípio, sobre um objeto específico e determinado, não é uma pretensão individualizada, e o que enseja é uma relação de *sujeição*. A distinção torna-se importante porque por uma decisão do Supremo Tribunal espanhol, em 1994, pretendeu-se reduzir a aplicação da teoria do desvio de poder às potestades, afastando dos direitos subjetivos da Administração. Mas a autora critica esta posição por ser restritiva, porque qualquer manifestação da Administração submete-se a um fim, e ainda porque o art. 106.1 da Constituição espanhola não emprega o termo "potestades", mas o mais geral "atuação administrativa".

Do que importa ao nosso ordenamento jurídico é o realce de que por inexistir qualquer restrição legislativa a respeito da teoria do desvio de finalidade este instituto aplica-se a toda e qualquer atividade e atos da Administração Pública, sejam sob o exclusivo regime jurídico

---

[577] *La desviación de poder*, p. 58 *et seq.*

administrativo, sejam atividades e atos que se submetem, ao menos em parte, ao regime jurídico do direito privado. Portanto, o desvio de finalidade pode ser reconhecido tanto em um ato administrativo quanto em um contrato de locação que o Poder Público firme com um particular.

Sobre a necessidade de ser uma potestade administrativa (*b*), para a autora[578] o desvio de poder só se refere às potestades administrativas, não às judiciais, que possuem uma função constitucionalmente definida (julgar e executar o julgado), e não uma pluralidade de fins como na função administrativa, como não se refere às legislativas, pois o desvio de finalidade seria uma técnica de controle da discricionariedade e o legislador não teria discricionariedade, mas sim "liberdade de configuração política".

No entanto, a redução, a nosso ver, não se justifica sob a nossa ordem jurídica porque, primeiro, inexiste qualquer definição que proponha esta leitura restritiva, e segundo porque toda função pública é engendrada para realizar alguma "finalidade". Logo, tanto pode ser descumprida a finalidade normativa pelo exercício da função administrativa quanto pelo das demais funções. Voltaremos ao tema e faremos as devidas exemplificações no próximo tópico (7.1.3).

Por último, a respeito da definição do desvio de poder pelo desvio do fim (*c*), Carmen Chinchilla Marín[579] reconhece que a definição deste instituto é mesmo o afastamento do fim que justifica a atividade, é um vício que afeta um elemento regrado de todo ato administrativo, o fim, e por isto, para ela, identifica-se com a causa. Não é só a inadequação do ato com o fim que o justifica porque senão não haveria distinção com o princípio da proporcionalidade que exige que o meio empregado seja adequado ao fim. O desvio de poder é o exercício de uma potestade para uma finalidade distinta da estabelecida pelo ordenamento, e por causa disto bastaria mostrar que a Administração apartou-se do fim previsto, isto é, não haveria sequer a necessidade de provar qual foi o outro fim perseguido.

Outro aspecto que emerge da doutrina do desvio de finalidade é a discussão se trata-se de instituto exclusivo dos atos praticados sob a competência discricionária, ou se é aplicável aos atos vinculados.

Para alguns, como Pietro Virga,[580] cuida-se de um vício exclusivo do ato discricionário — mas o autor não explica o porquê da assertiva. Pressupomos que este entendimento parta da ideia de que se cuida de

---

[578] MARÍN, Carmen Chinchilla. *La desviación de poder*, p. 75 *et seq.*; 79 *et seq.*

[579] *Ibidem*, p. 119 *et seq.*; 130; 134 *et seq.*

[580] *Diritto Amministrativo*, v. 2, p. 121.

CONTROLE JUDICIAL DA DISCRICIONARIEDADE ADMINISTRATIVA CONFORME A TEORIA DO DESVIO DE FINALIDADE... | 265

um problema típico dos atos com alguma margem de liberdade em favor da Administração.

De outro turno, Celso Antônio Bandeira de Mello[581] aceita o desvio de finalidade em atos vinculados, embora advirta que a sua ocorrência seja mais rara, e exemplifica com uma antiga lei prussiana que determinava a dissolução de bandos de ciganos e acresce a hipótese de um artigo dizer que "bando" é aquele com pelo menos quinze pessoas, e ilustra com a situação de um policial deparar-se com uma família de um casal, seus doze filhos e a avó paterna, no que haveria desvio de finalidade se o policial dissolvesse o núcleo familiar por entender que haveria um "bando". Noutro exemplo do autor, igualmente haveria desvio de finalidade se a norma que impede a circulação de veículos no centro de uma cidade fosse exigível mesmo do médico que vem ao socorro de alguém que sofre um enfarte. Os dois exemplos referem-se a atos vinculados e revelariam a possibilidade de haver desvio de finalidade em atos de competência vinculada. A propósito, neste sentido é a doutrina de Carmen Chinchilla Marín.[582]

Concordamos com estes últimos autores porque a *finalidade* da norma pode ser violada na medida em que ao interpretá-la o agente público, por um apego à literalidade do texto, pode não divisar o fim almejado. É o que aconteceria, em outro exemplo que citamos para ilustrar o tema, se em atendimento à norma que veda o acesso de animais ao metrô os funcionários que trabalham no local impedissem que um deficiente visual tivesse acesso ao trem com o seu cão-guia.[583]

---

[581] *Discricionariedade e controle jurisdicional*, p. 72.

[582] *La desviación de poder*, p. 79.

[583] Neste sentido encontram-se alguns precedentes judiciais:
"Ação Popular. Saneador. Preliminares afastadas. Desvio de finalidade do ato expropriatório a detrimento do interesse público. Alegação de conluio entre o Prefeito e a empresa agravada, para beneficiar esta última. Via judicial utilizada para proteção do patrimônio público. Não importa se eventual lesão advenha de ato administrativo vinculado ou discricionário, já que ambos devem se pautar pela observância da lei e dos princípios administrativos, e podem ser objeto de ação popular. Legitimidade ativa configurada. Possível favorecimento da empresa agravada, pelo ato expropriatório. Litisconsórcio passivo necessário com a proprietária da área expropriada. Cabimento. Anulação da desapropriação que produzirá efeitos na sua esfera jurídica, com o retorno da área ao seu patrimônio. Inépcia da petição inicial não configurada. Momento processual que permite a inclusão de litisconsorte. Determinação para incluir a proprietária da área desapropriada no pólo passivo do processo. Recurso provido em parte". (Tribunal de Justiça do Estado de São Paulo. Agravo de Instrumento nº. 0052812-39.2011.8.26.0000. Des. Relator Edson Ferreira. j. 06.07.2011.)
"Administrativo. Servidora pública. Transferência. Ato vinculado ao interesse do serviço. Art. 23 da Lei nº 8.112/90. Ausência completa de motivação. Desvio de poder configurado. Anulação. 1. De acordo com o art. 23 da Lei nº 8.112/90, aplicável à época dos fatos, o ato que transfere servidor de uma para outra localidade não é discricionário, mas vinculado ao interesse do serviço. 2. A inexistência dos motivos, que levaram à transferência da servidora

7.1.3 Espécies

A primeira classificação sobre as espécies de desvio de finalidade diz respeito à que decorre da própria definição de finalidade. Assinalamos anteriormente que a finalidade pode ser entendida em sentido amplo e em sentido estrito (5.2.7). No primeiro refere-se ao próprio interesse público, no segundo à categoria específica do ato ou atividade. De tal sorte, tanto há o desvio de finalidade se — em exemplos clássicos da doutrina — o chefe do Executivo promove uma desapropriação para expropriar a casa de um desafeto político, pois neste caso não há qualquer interesse público, quanto se um agente público é removido de sua unidade não porque há a necessidade da melhor distribuição de servidores para atender à demanda, e sim como punição por uma suposta falta praticada, pois em caso de infração administrativa o ato pertinente é a sanção administrativa em resultado de um processo administrativo, e não a remoção que se destina à melhor organização de servidores públicos de acordo com as necessidades administrativas; logo, neste último exemplo há o desvio de finalidade por utilizar a Administração uma categoria de ato com um fim diverso do que lhe é atribuído pela legislação.

Em conclusão, são duas as espécies de desvio de finalidade de acordo com a identificação da própria finalidade: *a)* desvio de finalidade em sentido amplo;[584] e *b)* desvio de finalidade em sentido estrito.

---

de um para outro lugar, gera a nulidade do ato administrativo. Evidências de que houve sanção disciplinar, encoberta por uma transferência, sem a existência de processo disciplinar e sem que o próprio diretor do órgão se manifestasse. Desvio de poder configurado. 3. Recurso provido" (Tribunal Regional Federal da 2ª Região, Apelação em MS 96.02.24471-2, Rel. Des. Luiz Antônio Soares, j. 17.09.2002).

[584] E a jurisprudência é pacífica a respeito, como no seguinte julgado: "Recurso ordinário em mandado de segurança. Sindicato. Liberdade sindical. Contribuição voluntária. Ato administrativo determinando a suspensão dos descontos de contribuição em folha de pagamento. Desvio de finalidade. Ato abusivo. Cunho eminentemente político. Direito líquido e certo — inobservância dos princípios da moralidade, finalidade e liberdade sindical. 1. Ainda que a lei estadual dê ampla margem discricionária à autoridade administrativa para retirar a consignação em folha de pagamento da contribuição voluntária devida pelos filiados do Sindicato, impossível assim proceder por revidação estritamente política. 2. Ocorre desvio de poder e, portanto, invalidade, quando o agente serve-se de um ato para satisfazer finalidade alheia à natureza do ato utilizado. 3. Nenhum ato é totalmente discricionário, pois será sempre vinculado, ao menos no que diz respeito, ao fim e à competência. 4. Ato abusivo que vai de encontro ao princípio da moralidade, impessoalidade e liberdade sindical, vistos no art. 37 e 8º, inciso I, da Constituição Federal, bem como art. 2º, item I, da Convenção 98 da OIT, *ex vi* do art. 5º, §2º, da Constituição Federal. 5. Direito líquido e certo configurado. Recurso ordinário conhecido e provido, para anular o ato coator" (Superior Tribunal de Justiça, 2ª Turma, RMS 17081/PE, Min. Humberto Martins, j. 27.02.2007).

CONTROLE JUDICIAL DA DISCRICIONARIEDADE ADMINISTRATIVA CONFORME A TEORIA DO DESVIO DE FINALIDADE... | 267

Para Agustín Gordillo[585] são três os casos possíveis de desvio de finalidade segundo a perspectiva à qual nos referimos: para atender a um interesse pessoal, para atender a um interesse de terceiro, ou para atender ao interesse público quando o interesse específico é distinto do contemplado no ordenamento. Mas a formulação do autor pode ser simplificada à tradicional divisão que apresentamos acima, pois o "interesse pessoal" e o "interesse de terceiro" representam o desvio de finalidade em sentido amplo, enquanto o terceiro caso do autor é o próprio desvio de finalidade em sentido estrito.

Outrossim, Jean Rivero[586] propõe uma terceira hipótese ao lado das duas clássicas referidas: o *desvio de procedimento* que versaria sobre um procedimento legal quando a Administração usa um outro procedimento para atingir certo fim. Mas entendemos que esta situação também se amolda a uma das espécies já conhecidas, o desvio de finalidade em sentido estrito.

Todavia, outra classificação legítima é a que relaciona o instituto do desvio de finalidade às funções públicas. Isto é, trata-se do reconhecimento de que é possível falar em desvio de finalidade também em relação às funções legislativa e jurisdicional.

Quanto à função legislativa, consideremos como exemplo uma lei que, a pretexto de disciplinar o fluxo de veículos em certa cidade do interior na qual há um acesso expressivo de turistas durante o carnaval, estabelece a cobrança de uma tarifa para estacionar em todas as vias públicas da cidade. Em vez de realmente desejar o controle e circulação de veículos, o que se justificaria apenas em relação ao centro da cidade, esta lei em realidade pretende, com tão amplo e irrestrito alcance, aumentar a arrecadação dos cofres públicos, e por isto fere a finalidade constitucional porque o exclusivo mecanismo para tal propósito são os tributos.[587] Quanto à função jurisdicional, fere a finalidade constitucional

---

[585] *Tratado de Derecho Administrativo*: el acto administrativo, cap. IX, p. 25-26.

[586] *Direito Administrativo*, p. 289 *et seq.*

[587] Considere-se, a ilustrar o desvio de finalidade na função legislativa, os seguintes casos que se seguem:
"Ação Direta de Inconstitucionalidade. Art. 37, II e V. Criação de cargo em comissão. Lei 15.224/2005 do Estado de Goiás. Inconstitucionalidade. É inconstitucional a criação de cargos em comissão que não possuem caráter de assessoramento, chefia ou direção e que não demandam relação de confiança entre o servidor nomeado e o seu superior hierárquico, tais como os cargos de Perito Médico-Psiquiátrico, Perito Médico-Clínico, Auditor de Controle Interno, Produtor Jornalístico, Repórter Fotográfico, Perito Psicológico, Enfermeiro e Motorista de Representação. Ofensa ao artigo 37, II e V da Constituição federal. Ação julgada procedente para declarar a inconstitucionalidade dos incisos XI, XII, XIII, XVIII, XIX, XX, XXIV e XXV do art. 16-A da lei 15.224/2005 do Estado de Goiás, bem como do Anexo I da

de distribuição da justiça a sentença que materializa uma perseguição promovida pelo juiz contra o seu declarado e reconhecido inimigo em relação ao qual era até mesmo impedido de julgar.

Mas de volta à função legislativa, um método eficaz na apreciação da *causa* — e conseguinte constatação do vício junto à finalidade da lei — é a análise da *exposição de motivos*, a exemplo do que Eduardo García de Enterría e Tomás-Ramón Fernández[588] defendem em relação ao regulamento e cuja ilação, por analogia, acreditamos que igualmente serve à lei, como encontramos em inovador precedente judicial junto ao Tribunal de Justiça de São Paulo no qual se reconheceu a "motivação oculta do processo legislativo".[589]

---

mesma lei, na parte em que cria os cargos em comissão mencionados" (Supremo Tribunal Federal. ADI 3602/GO. Min. Relator Joaquim Barbosa. j. 14.04.2011).
"Ação Direta de Inconstitucionalidade. Extensão do Auxílio-Moradia aos membros inativos do Ministério Público Estadual. I. Inconstitucionalidade formal. A Lei nº 8.625/1993 — Lei Orgânica Nacional do Ministério Público (LONMP) —, ao traçar as normas gerais sobre a remuneração no âmbito do Ministério Público, não prevê o pagamento de auxílio-moradia para membros aposentados do parquet. Como a LONMP regula de modo geral as normas referentes aos membros do Ministério Público e não estende o auxílio-moradia aos membros aposentados, conclui-se que o dispositivo em análise viola o art. 127, §2º, da Carta Magna, pois regula matéria própria da Lei Orgânica Nacional do Ministério Público e em desacordo com esta. II. Inconstitucionalidade material. O auxílio-moradia constitui vantagem remuneratória de caráter indenizatório. Portanto, é devido apenas em virtude da prestação das atividades institucionais em local distinto, enquanto estas durarem. Como decorre da própria lógica do sistema remuneratório, o auxílio moradia visa ressarcir os custos e reparar os danos porventura causados pelo deslocamento do servidor público para outros locais que não os de sua residência habitual. Dessa forma, parece lógico que tal vantagem seja deferida apenas àqueles servidores em plena atividade, que se encontrem nessa específica situação, e apenas enquanto ela durar, não se incorporando de forma perpétua aos vencimentos funcionais do servidor. O auxílio-moradia deve beneficiar somente o membro do Ministério Público que exerça suas funções em local onde não exista residência oficial condigna. Assim, a extensão de tal vantagem aos membros aposentados, que podem residir em qualquer lugar, visto que seu domicílio não está mais vinculado ao local onde exerçam suas funções (CF, art. 129, §2º), viola os princípios constitucionais da isonomia, da razoabilidade e da moralidade. III. Ação direta de Inconstitucionalidade julgada procedente" (Supremo Tribunal Federal. ADI 3783/RO. Min. Relator Gilmar Mendes. j. 17.03.2011).

[588] *Curso de Derecho Administrativo*, v. 1, p. 205.

[589] "Ação popular. Sentença que declarou a nulidade da Lei local nº 309/01 e seus efeitos, determinando o imediato afastamento do funcionário público municipal do cargo que ocupava, bem como condenou todos os réus a ressarcirem ao erário os valores correspondentes à remuneração daquele. Decisório que merece subsistir em parte. Motivação oculta do processo legislativo desencadeado que foi mesmo burlar a decisão judicial proferida em ACP, que afastou o citado servidor das funções que exercia, e manter o 'status quo'. Flagrante, nesse passo, o desvio de finalidade do procedimento legislativo e da conduta administrativa, ficando evidenciados, inclusive, vícios de natureza formal, indicativos de que não se priorizava o interesse público. Funcionário aludido que se beneficiou diretamente da nova lei (Lei nº 309/01), uma vez que após a sua promulgação voltou a exercer a função (da qual foi afastado na ACP), pelo menos de fato, até também ser afastado na presente demanda. Destarte, diante da indicação de que ocorreu 'in casu' vício de ilegalidade, conjugado com flagrante atentado contra a moralidade administrativa, a lesividade está

Pois é necessário que os fins definidos nos artigos da lei apresentem uma relação sistemática entre si e com os fins gerais anunciados na exposição de motivos. Exemplificamos: se uma lei arrazoa em sua exposição de motivos a necessidade de expandir as "atividades industriais" na cidade com o fim de promover o crescimento econômico, se faz menção à lei orgânica do município que prevê, de modo genérico, a doação de áreas públicas, após um processo de licitação, para estimular o desenvolvimento da economia local, então mesmo após a realização de uma licitação que supostamente identificou a melhor proposta será possível reconhecer a ausência de adequação dos *motivos* — que se encontram na *exposição de motivos*: a expansão das "atividades industriais" — com a finalidade que deveria ser atendida de acordo com a lei orgânica — a de promover o desenvolvimento econômico da cidade — se a transferência do domínio acontece em favor de um empreendedor que no local pretende construir um loteamento residencial.

7.1.4 O silêncio administrativo e o desvio de finalidade – O meio coercitivo de cumprimento da ordem judicial: a caracterização do ato de improbidade administrativa

Que o desvio de finalidade seja manejável tanto contra o ato administrativo quanto contra o regulamento administrativo não divergem doutrina e jurisprudência.[590] Dúvida que se assoma é se o desvio de finalidade é aplicável à omissão da Administração Pública, ao conhecido silêncio administrativo.

---

presente, pois esta pode abranger o patrimônio material e o moral, ficando evidenciados então os pressupostos exigidos para a procedência da ação popular. Insubsistência, todavia, do desate condenatório, pois o servidor acionado prestou serviços à administração pública e desse modo não se afigura plausível seja obrigado a restituir a remuneração percebida, assim como também não há como instar os demais réus a ressarcir os cofres públicos, máxime porque a lesividade se apresentou nos autos no plano meramente potencial, atribuindo-se maior relevo na espécie a lesividade à moral administrativa. Apelos parcialmente providos" (Apelação 323.501-5/0-00, Des. Paulo Dimas Mascaretti, j. 20.09.2006).

[590] Por todos, citamos Carmen Chinchilla Marín (*La desviación de poder*, p. 79). E na jurisprudência: "Administrativo. Vale-transporte. Preço mais alto que o da passagem comum. Desvio de finalidade. Decreto 37.788/99 de município de São Paulo. Ilegalidade. Desvia-se da finalidade o regulamento que estabelece para o vale-transporte, preço superior ao da passagem comum. Tal ato, a pretexto de defender o empregado, termina por impingir-lhe injusto ônus" (Superior Tribunal de Justiça, RMS 12326/SP, Ministro Humberto Gomes de Barros, j. 20.03.2001).

Pois o silêncio não é ato jurídico, não é uma *declaração* jurídica, não possui uma *forma jurídica* de exteriorização, não apresenta *motivação*, não decorre de alguém *competente*. O silêncio, pois, é apenas um *fato* ao qual o ordenamento positivo atribui uma consequência. Trata-se, em última análise, do que Eduardo García de Enterría e Tomás-Ramon Fernández[591] denominam de "técnica de presunção legal": a ordem jurídica prescreve as consequências positivas ou negativas do silêncio da Administração.

No direito espanhol, Carmen Chinchilla Marín invoca o art. 25.2 da Lei Reguladora da Jurisdição Contencioso-administrativa que não se limita aos "atos" para disciplinar o desvio de finalidade, mas se refere à "atuação administrativa", o que a faz admitir a aplicação da teoria do desvio de finalidade em razão da inatividade quando se deixa de exercer, nos termos de determinada lei, uma potestade para alcançar o respectivo fim. Isto é, o desvio ocorre tanto na ação quanto na deliberada omissão quando há, neste caso, o dever de agir. E o desvio de finalidade consequente da omissão abrange, em assertiva da autora, a potestade regulamentar quando a lei define direitos cujo exercício depende da edição de disposições regulamentares pela Administração.

A lição é pertinente ao direito brasileiro. Não há restrição, nem haveria razões para prescrevê-la, de aplicação do desvio de finalidade para as omissões da Administração Pública. Sobretudo se considerarmos, como o faz Juarez Freitas, que a omissão é uma arbitrariedade que "[...] traduz-se como descumprimento das diligências impositivas".[592]

Se assim o é, em combate ao desvio de finalidade que acontece no silêncio administrativo é possível reclamar que o Judiciário supra a omissão ou pronunciando um provimento em substituição, caso se trate de uma situação jurídica na qual se deveria praticar um ato vinculado, ou impondo à Administração Pública um prazo para manifestar-se, caso se trate de uma competência discricionária.

Isto porque, como Celso Antônio Bandeira de Mello enfrenta e esgota a questão, são duas as hipóteses que se cogitam a depender da natureza da competência descumprida — se vinculada ou se discricionária:

---

[591] *Curso de Derecho Administrativo*, v. 1, p. 600.

[592] FREITAS, Juarez. *Discricionariedade administrativa e o direito fundamental à boa Administração Pública*, p. 25. É categórico: "[...] 'o exercício da discricionariedade administrativa pode resultar viciado por abusividade (arbitrariedade por excesso) ou por inoperância (arbitrariedade por omissão). Em ambos os casos é violado o princípio da proporcionalidade, que determina ao Estado Democrático não agir com demasia, tampouco de maneira insuficiente, na consecução dos objetivos constitucionais" (*Ibidem*, p. 62).

CONTROLE JUDICIAL DA DISCRICIONARIEDADE ADMINISTRATIVA CONFORME A TEORIA DO DESVIO DE FINALIDADE... | 271

a) que o juiz supra a ausência de manifestação administrativa e determine a concessão do que fora postulado, se o administrado tinha "direito" ao que pedira, isto é, se a Administração estava "vinculada quanto ao conteúdo do ato" e era obrigatório o deferimento da postulação; b) que o juiz assine prazo para que a Administração se manifeste, sob cominação de multa diária, "se a Administração dispunha de discrição administrativa no caso", pois o administrado fazia jus a um pronunciamento motivado, mas tão-somente a isto.[593]

Um único reparo que fazemos diz respeito à medida judicial coercitiva para exigir o cumprimento da ordem judicial. Entendemos que a imposição de multa diária, contra o Poder Público, pouca valia apresenta porque, por primeiro, não será o agente público que pagará a multa em caso de descumprimento da ordem, o que então não serve de igual estímulo à obediência como acontece quando se impõe esta penalidade em uma ação contra um particular; segundo, porque é a sociedade, responsável pela formação do erário com o pagamento de tributos, a verdadeira onerada com a multa. De igual modo, a advertência de tipificação do crime de desobediência encontra dois óbices que devem ser considerados: um deles é que por aplicação da Lei nº 9.099/95 o crime de desobediência qualifica-se como de menor potencial ofensivo; logo, o agente público não é preso pelo descumprimento, mas apenas conduzido à delegacia onde assume o dever de comparecer ao Juizado Especial Criminal, o outro é a posição a que se inclina parcela da jurisprudência — a nosso ver indevidamente — por entender que o crime de desobediência não se aplica quando o autor do fato for agente público.[594]

Neste contexto, a melhor solução que se nos afigura é a intimação do agente competente para que cumpra a ordem judicial sob pena de, em ação própria, responder por eventual prática de ato de improbidade administrativa em razão da deliberada intenção — do *dolo* — de descumprir o princípio da legalidade, nos termos do art. 11 da Lei nº 8.429/92. Pois com a prescrição judicial o escorreito entendimento do que atende ao princípio da legalidade é claramente definido — inclusive, é *determinado* ao agente público que aja de tal ou qual modo. Assim,

---

[593] MELLO, Celso Antônio Bandeira de. *Curso de Direito Administrativo*, p. 380-381.

[594] "Crime de desobediência. Só excepcionalmente tem por sujeito ativo funcionário público" (Supremo Tribunal Federal, *RT* 613/413). "O crime de desobediência somente é praticado por agente público quando este está agindo como particular. Cód. Penal, art. 330" (Supremo Tribunal Federal, HC 76.888/PI, *Informativo do Supremo Tribunal Federal*, n. 132).

diante do descumprimento da ordem revela-se a inequívoca *intenção* (*dolo*) de violar o princípio da legalidade.[595]

7.1.5 A prova em juízo do desvio de finalidade

De tudo o que se desenvolve a respeito do tema desvio de finalidade uma realidade prática que reclama profunda reflexão diz respeito à prova de sua ocorrência. Pois a definição, a preocupação em identificar a natureza jurídica e as espécies, todo o estudo acerca do tema aparentemente enfrenta, quando posta uma situação concreta em disputa judicial, certa dificuldade preliminar: a prova da ocorrência do desvio de finalidade.[596]

Como veremos adiante, no entanto, esta dificuldade deve ser apenas aparente. Mas antes, entendamos a razão deste escolho para parcela da doutrina e da jurisprudência.

O óbice que significativo segmento da doutrina, como acontece com Jean Rivero,[597] reconhece quanto à prova do desvio de finalidade é consequência da indevida associação desta teoria com a intenção, o "elemento psicológico" do agente.

Neste jaez, nota-se o esforço de Agustín Gordillo[598] que, apesar de entender que o desvio de finalidade depende da prova das "intenções subjetivas do funcionário", tempera sua assertiva ao aceitar as "provas indiciárias" ou os "elementos probatórios circunstanciais", como a deficiente situação fática, a insuficiente ou inexistente motivação, a falta de audiência prévia, a data falsa etc.

---

[595] Juarez Freitas defende uma ideia que nos parece servir em apoio e reforço à nossa posição. Diz: "[...] em situações-limite, os atos administrativos podem até ser enquadrados como de improbidade pela inequívoca constatação de serem desonestamente atentatórios aos princípios, ainda que sem enriquecimento ilícito ou dano material ao erário" (*Discricionariedade administrativa e o direito fundamental à boa Administração Pública*, p. 42). Parece-nos ser esse o caso do deliberado e acintoso descumprimento de uma ordem judicial.

[596] Com efeito, Carmen Chinchilla Marín cita Lemausurier que aponta quatro momentos distintos na evolução jurisprudencial do Conselho de Estado francês sobre a prova do desvio de finalidade: primeiro, em final do século XIX, a prova deveria decorrer dos próprios termos da decisão; segundo, passa-se a considerar todos os dados do procedimento, como instruções dos superiores hierárquicos etc.; terceiro, a prova do desvio de poder passou a ser admitida em decorrência de um conjunto de presunções; quarto, admitem-se circunstâncias externas ao litígio, mesmo os fatos posteriores à interposição do recurso (*La desviación de poder*, p. 218 *et seq.*).

[597] *Direito Administrativo*, p. 291-292.

[598] *Tratado de Derecho Administrativo*. Parte general, cap. X, p. 27-28 e 36.

Com o escopo de esclarecer tão relevante problemática, Carmen Chinchilla Marín[599] sustenta que o desvio de finalidade contenta-se com uma "prova negativa": basta demonstrar que a Administração não atuou de acordo com o fim legalmente definido, e não haveria assim a necessidade de provar qual o outro fim perseguido. Acresce, ainda, que outra característica "[...] é que a prova do desvio de poder resulta de uma convicção e não de uma constatação [...]".[600]

De tal sorte, ao recordar o *arrêt Barel* de maio de 1954 no qual o juiz exigiu do demandante apenas um início de prova que consistiria em apresentar fatos precisos que gerariam presunções, e em consequência atribuiu à Administração o ônus de provar que perseguiu o fim estabelecido em lei, a autora[601] igualmente defende uma distribuição da carga probatória. É que ela[602] compreende que a prova do desvio de finalidade não pode ser plena, e por isto bastaria ser uma "prova suficiente" que significa que "[...] não derivará da constatação, mas sim da convicção [...]".

Em que pese o esforço desta orientação ao querer superar os obstáculos postos pelas doutrinas que exigem a prova da intenção, do móvel do agente público, acreditamos que a imprecisão que apresenta compromete a segurança jurídica e não encontra guarida, ainda, nas técnicas processuais que definem o ônus probatório. É que para a convicção, para a persuasão, não bastam as argumentações, mas é preciso que estas se desenvolvam sobre substratos fáticos determinados. As dificuldades que permeiam o esclarecimento dos fatos podem, sem dúvida, ser superadas pela consideração de presunções, de indícios, de todo o contexto probatório, mas sempre o raciocínio jurídico deve encontrar esteio — e estruturar-se discursivamente — em relação aos elementos fenomênicos, aos fatos, o que exige, é claro, o esclarecimento a respeito dos mesmos.

O que nos parece ser equivocado na leitura que com frequência é feita sobre a prova do desvio de finalidade é em relação ao *objeto* de prova dos fatos. Entendemos que nunca se deve dirigir o intérprete, sobretudo o juiz — pois tratamos da prova judicial do desvio de finalidade —, em relação à *intenção*, ao *móvel*, ao *elemento psicológico* que animou o agente público, pois todas as funções públicas, ao partirem da noção de *função*, implicam o cumprimento de misteres em nome de terceiros, em nome

---

[599] *La desviación de poder*, p. 207 *et seq.*

[600] MARÍN, Carmen Chinchilla. *La desviación de poder*, p. 208.

[601] *Ibidem*, p. 210.

[602] *Ibidem*, p. 223 *et seq.*

da coletividade. Por tal razão, fracassa a perspectiva da investigação da *vontade individual* do agente público porque a "vontade" que anima os atos dos agentes públicos é a que Marcello Caetano denomina de *vontade funcional*, isto é, a manifestação que se limita a exteriorizar "[...] o dever de curar de interesses alheios [...]",[603] e por isto caracteriza "[...] uma vontade, não psicológica, mas normativa".[604] É a lei, em síntese, que prescreve qual deve ser a vontade da entidade que é externada pelas declarações dos seus agentes. Em atos vinculados e mesmo na discricionariedade administrativa é a lei a medida da competência da legitimidade de qualquer declaração (3.1).

Em desdobro destas premissas, reconhecemos, como fazem Celso Antônio Bandeira de Mello,[605] Silvio Luís Ferreira da Rocha[606] e Heraldo Garcia Vitta,[607] que o desvio de finalidade deve ser apurado de modo *objetivo*, é dizer, independentemente da intenção, da vontade do agente.

Nas palavras do primeiro deles:

> Então, mesmo nos casos em que o agente atuou sem a reta intenção de atender a lei, seu comportamento é fulminável, não porque teve o intuito de desatender a lei, mas porque a desatendeu. Donde, não é a má fé, nos casos em que haja existido (desvio de poder alheio a qualquer interesse público), nem o intuito de alcançar um fim lícito, por meio impróprio, quando haja sido este o caso (desvio do fim específico), aquilo que macula o ato e sim a circunstância deste não realizar a finalidade para a qual a lei o preordenara.[608]

Compreendamos a ideia em uma aplicação prática:

Se em vez de realizar uma única licitação para a contratação de empresa que prestará o serviço de transporte escolar a Administração Pública fraciona o ano letivo em trimestres para realizar diversas licitações pela modalidade convite, o que com isto, em virtude da redução dos valores, consegue dispensar a publicação de editais, temos caracterizado, independentemente de qualquer previsão expressa

---

[603] CAETANO, Marcello. *Princípios fundamentais do Direito Administrativo*, p. 94.

[604] *Ibidem*, p. 95.

[605] *Curso de Direito Administrativo*, p. 923-924.

[606] A irrelevância da vontade do agente na teoria do ato administrativo. *Revista Trimestral de Direito Público*, p. 54-55.

[607] Em suas oportunas palavras, no desvio de finalidade o "[...] elemento subjetivo apenas reforça a ilicitude [...] Em outro dizer: o desvio de finalidade prescinde da prova da real intenção do agente público, sendo suficiente sua configuração objetiva" (*Aspectos da teoria geral no Direito Administrativo*, p. 60).

[608] MELLO, Celso Antônio Bandeira de. *Discricionariedade e controle jurisdicional*, p. 73.

em lei,[609] o desvio de finalidade. Não há a necessidade, para a esta conclusão chegar, de investigar a intenção do chefe do Executivo, ou do respectivo secretário, ou dos integrantes da comissão de licitação, pois basta aferir *objetivamente* o descompasso entre a intenção da lei — a ampla publicidade — e a atuação da Administração — a escolha de um expediente, o artificial e inexplicável fracionamento do ano letivo em trimestres, que frustra o princípio constitucional da publicidade.

Não que o elemento subjetivo não seja nunca importante no campo do direito público (muitas vezes o é para a apuração de algumas responsabilidades pessoais, como a tipificação de algumas infrações administrativas), mas é que normalmente ele é dispensável, ao menos para o *desvio de finalidade*, porque neste caso é possível simplesmente cotejar o *fim* prescrito pela norma com a *conduta* do agente para verificar o descompasso ou correspondência entre a atividade e o interesse público que se deve perseguir. Uma vez mais encarecemos que a *vontade* que se apura como viciada no desvio de finalidade *não* é a vontade íntima, introspectiva do sujeito, mas a *vontade normativa*, o que permite a simples confrontação — *objetiva* — do que aconteceu com o que deveria ocorrer.

Em última análise, ao menos para a categoria do *desvio de finalidade* o elemento subjetivo é absolutamente dispensável.[610]

Com estas considerações, aí sim nos parece lídimo aceitar o que vimos acima com Carmen Chinchilla Marín ao defender a "distribuição da carga probatória". Não como desconsideração da "constatação" do desvio de finalidade, mas sim como reconhecimento do que, em razão da vontade prevista na *norma*, pode ser exigido em distribuição equânime das responsabilidades processuais. Desde que as decisões judiciais sejam prévias e claras, no curso do processo, sobre o que compete a cada parte como ônus probatório, o que é fundamental para evitar a surpresa no julgamento e o eventual comprometimento da ampla defesa, parece-nos possível adotar o critério defendido por Heraldo Garcia Vitta[611] sob o título de *perfil dinâmico da distribuição do ônus da prova*, isto é, a consideração de que a parte que detiver, no caso concreto, as melhores condições técnicas, operacionais, econômicas e outras de provar os fatos deve, por conseguinte, assumir o respectivo ônus.

---

[609] No exemplo dado há expressa vedação nos art. 8º e 24, §5º, ambos da lei de licitações e contratos administrativos, a Lei nº 8.666/93.

[610] Notamos que a exigência de *dolo* para o art. 11, I, da Lei nº 8.429/92, quanto ao fim "[...] diverso daquele previsto na regra de competência" não se justifica em razão do desvio de finalidade, mas sim por conta da tipificação do ato de improbidade administrativa.

[611] *A sanção no Direito Administrativo*, p. 109.

Por último, e para encerrarmos a análise do aspecto probatório do desvio de finalidade em Juízo, releva comentarmos o apontamento de Carmen Chinchilla Marín,[612] com o qual acedemos, de que o desvio de finalidade pode — acrescemos: *deve* — ser apreciado de ofício pelo juiz. Trata-se de vício de nulidade por se referir ao fim da função pública, portanto não é passível de convalidação, e a gravidade exige a imediata consideração pelo Judiciário, ainda que apenas incidentalmente e independentemente de pedido das partes, como premissa a ser considerada para a solução dos pedidos principais — isto quando o desvio de finalidade não for o próprio fundamento da causa.

7.2 Princípios da Administração Pública

Na introdução deste capítulo esclarecemos que quando chegássemos a este tópico não nos motivaria a análise a preocupação de discorrer, ainda que sumariamente, sobre cada princípio jurídico que compõe o regime jurídico administrativo. A nossa tônica, conforme expusemos, será então a reflexão sobre a relevância do procedimento de ponderação dos princípios, e para isto mencionaremos um e outro princípio apenas em exemplificação.

Pois se não nos cabe encetar a explanação sobre cada princípio jurídico, por outro não poderíamos deixar passar ao largo a oportunidade de determos algumas linhas sobre a teoria dos princípios em razão do papel essencial que representa para o controle judicial da discricionariedade administrativa. Ademais, as anotações que se seguirão terão fundamental importância para o nosso último capítulo (9), pois são os princípios da Administração Pública que nos permitem — como ainda veremos — solucionar os desafios que os atos políticos e as políticas públicas oferecem ao operador do direito.

De tal sorte, convém-nos, em ênfase à importância do presente tópico ao tema central do trabalho, anotar a lição de Juarez Freitas:

> Todas as possibilidades, em maior ou menor escala, contudo, devem guardar fundamentação na regularidade do sistema, para evitar dois fenômenos simétricos e igualmente nocivos: de uma parte, uma noção de vinculatividade dissociada da subordinação a outros princípios além do princípio da estrita legalidade e, de outra, uma noção de

---

[612] *La desviación de poder*, p. 204-205.

CONTROLE JUDICIAL DA DISCRICIONARIEDADE ADMINISTRATIVA CONFORME A TEORIA DO DESVIO DE FINALIDADE... | 277

discricionariedade tendente a dar as costas à vinculação ao sistema, minando, pela arbitrariedade, a sua fundamentada abertura.[613]

Com estas anotações, iniciemos o tema.

7.2.1 O procedimento de ponderação da teoria dos princípios

Voz corrente na doutrina contemporânea da teoria geral do direito, e sobretudo por influência do jurista alemão Robert Alexy, é a ideia de que o direito deve aspirar a uma *pretensão de correção*, isto é, deve ter por intenção ser corretamente aplicado, o que depende, essencialmente, de uma escorreita *fundamentação* que só é atingida por um procedimento de discurso, por um *procedimento de argumentação* fundado em *princípios*.

O *argumento de princípio*, para Robert Alexy,[614] representa um *mandamento de otimização*, isto é, um dever — não definitivo, mas um dever *prima facie* — de que algo seja realizado na melhor medida das possibilidades fáticas e jurídicas que se disponibilizam no caso concreto. Consequentemente, como mandamentos ideais, os princípios, em busca de sua máxima realização, *colidem* entre si, o que reclama a *ponderação* para conduzir "[...] do dever-prima-facie ideal ao dever real e definitivo".[615]

O *procedimento de ponderação* torna-se, portanto, fundamental à realização dos princípios jurídicos, à equação dos princípios em colisão em busca de identificar as máximas e legítimas condições fáticas e jurídicas de realização de cada princípio envolvido, e assim permite estruturar a devida justificação com vista a atingir a pretensão de correção na aplicação do direito.

Neste jaez, Robert Alexy[616] propõe a compreensão da *ponderação* decompondo-a em três passos: inicialmente, deve ser avaliado o grau

---

[613] FREITAS, Juarez. *O controle dos atos administrativos e os princípios fundamentais*, p. 223. Em outra obra, em passagem que convém ser registrada, diz: "[...] importa afirmar que 'a discricionariedade vinculada aos princípios constitucionais não significa extinguir o juízo de 'merecimento'. Simplesmente significa que há 'uma porção de vinculação que acompanha a discricionariedade. E esta não se prejudica, senão que se legitima, ao deixar de se referenciar no espaço demasiado fluido das vontades meramente particulares, inconciliáveis com a índole democrática do Estado Constitucional'" (*Discricionariedade administrativa e o direito fundamental à boa Administração Pública*, p. 49). O que leva muitos, como Germana de Oliveira Moraes, a diferenciar a *noção de legalidade* no sentido de conformidade dos atos com as leis enquanto regras, normas em sentido estrito, da *noção de juridicidade* como a conformidade, além das regras jurídicas, também aos princípios gerais de direito explícita ou implicitamente previstos na ordem jurídica (*Controle jurisdicional da Administração Pública*, p. 30).

[614] *Constitucionalismo discursivo*, p. 37.

[615] *Constitucionalismo discursivo*, p. 37.

[616] *Ibidem*, p. 133.

do não cumprimento ou prejuízo de um princípio; em seguida, deve haver a comprovação da importância do cumprimento do princípio em sentido contrário, e por último se deve comprovar que o cumprimento do princípio em sentido contrário justifica o não cumprimento do outro princípio.

Essas premissas são mesmo essenciais ao termos em conta que, como vimos em capítulos passados, no suposto *espaço de legitimidade* da discricionariedade administrativa, tanto no plano normativo (4) quanto no exercício da função administrativa (5), são os princípios jurídicos, em seu *procedimento de ponderação*, que permitem testar esta real correspondência de legitimidade.

Expliquemos melhor.

Vimos que, em geral, se o âmbito da função administrativa for a *intervenção* na esfera jurídica dos administrados, como acontece com a *Administração Ordenadora*, mais precisa deve ser a norma jurídico-administrativa em sua *hipótese de fato* e na sua *finalidade* do que em outros âmbitos da função administrativa que ampliam direitos, como acontece com as *Administrações de Prestação* e *de Fomento*, e que isso significa que além de a lei ter de manter um núcleo mínimo para não caracterizar a delegação da função legislativa, deve ainda determinar as opções possíveis que identifiquem a dimensão real da competência discricionária (4.4 e 5.4). De todo modo, para aferir este *espaço de legitimidade* os princípios jurídicos, em procedimento de ponderação, são imprescindíveis. Consideremos a deliberação de certo município de editar uma lei que, a pretexto de regulamentar com rigor o horário de funcionamento do comércio de bebidas alcoólicas, a pretexto, então, de prescrever uma *limitação administrativa*, permita ao chefe do Executivo estabelecer os critérios de rodízio dos dias da semana em que cada estabelecimento poderá comercializar as bebidas alcoólicas, desde que as vendas apenas ocorram entre 15 e 16 horas, de segunda a sexta-feira, e que cada ponto comercial (bar, restaurante, mercado etc.) seja autorizado, no máximo, para um dia da semana. Por mais que todos os requisitos formais que franqueiam a legitimidade da discricionariedade administrativa junto ao âmbito normativo estejam presentes (4.3), ainda assim, o *princípio da razoabilidade*[617] permite apreciar o conteúdo e revelar o seguinte: o grau do não cumprimento do *princípio da livre iniciativa* (art. 170, *caput*, da Constituição Federal) é

---

[617] Para José Roberto Pimenta Oliveira a razoabilidade é um "limite interno da discricionariedade" na medida em que é um dos fatores a condicionar a escolha a ser procedida pelo administrador (*Princípios da razoabilidade e da proporcionalidade no Direito Administrativo brasileiro*, p. 362-363).

ass3z severo, a importância do cumprimento de um suposto princípio em sentido contrário não é clara porque sequer é possível identificar, de modo imediato e objetivo, qual seria o princípio a ser realizado, logo, e por último, chega-se à ilação de que o cumprimento do princípio em sentido contrário — talvez a defesa do consumidor (art. 170, V) contra produtos nocivos à saúde? — não justifica o não cumprimento do outro princípio, o princípio da livre iniciativa.

Outrossim, vimos que no exercício da função administrativa, diante do reconhecimento da legitimidade da previsão da competência discricionária em potência (4), perante o caso concreto é possível que exista a discricionariedade administrativa em relação ao momento de ação (5.2.1), à forma, aos requisitos procedimentais, à formalização (5.2.2), ao objeto, ao conteúdo (5.2.3) e ao motivo de direito (5.2.4). Contudo, consideremos que após outorgar a permissão de uso de bem público a diversos comerciantes ambulantes para usarem pequenos espaços (boxes) construídos em um parque público, após algum tempo a Administração, sob a motivação de que há o interesse em priorizar outras atividades naquela área, como esporte ou cultura, pretende revogar a permissão apenas de alguns permissionários. Ainda que o momento de ação (5.2.1) seja um suposto *espaço legítimo* da discricionariedade administrativa, é possível constatar o seguinte: o grau do não cumprimento do *princípio da igualdade* (art. 5º, *caput*, da Constituição Federal) é aleatório, a importância do cumprimento de um princípio em sentido contrário, o *princípio da supremacia do interesse público* de promover outras atividades de lazer e cultura, é compreensível e legítimo, mas em razão da arbitrariedade na revogação de apenas algumas permissões não há justificativa para o não cumprimento do outro princípio, o princípio da igualdade.[618]

Ainda mais outro exemplo: ao estudarmos a doutrina da "redução a zero" da discricionariedade administrativa (5.3), o exemplo que demos

---

[618] Especificamente sobre o princípio da igualdade e a discricionariedade administrativa, J. J. Gomes Canotilho assevera: "A tendência habitual da administração para, a coberto do poder discricionário, violar, mais ou menos subtilmente, a exigência material da igualdade, conduz a que se considere o princípio da igualdade como 'irredutível inimigo da discricionariedade'. Isto é por vezes esquecido quando se considera o princípio da igualdade como aplicável perante a lei e se esquece, afinal, a sua força vinculativa perante a administração. A igualdade imposta pelo princípio do Estado de direito, constitucionalmente consagrada, é a 'igualdade perante todos os actos do poder público'. É neste contexto que se fala hoje do princípio da autovinculação da administração. Mesmo nos espaços de exercício discricionário ('Ermessensrichtlinie'), o princípio da igualdade constitucional impõe que, se a administração tem repetidamente ligado certos efeitos jurídicos a certas situações de facto, o mesmo comportamento deverá adoptar em casos futuros semelhantes. O 'comportamento interno' transforma-se, por força do princípio da igualdade, numa relação externa, geradora de direitos subjectivos dos cidadãos" (*Direito constitucional e teoria da Constituição*, p. 735).

foi o de um município com escassa verba para investir, segundo a rubrica orçamentária, "em atendimento e promoção da dignidade da criança e do adolescente", e em vez de construir uma Casa de Abrigo para acolher menores órfãos e em outras situações de risco, principalmente porque não existe na cidade qualquer espaço que atenda a esta finalidade, o município opta por despender o valor que tem disponível para a construção de um parque. Chegamos à conclusão, àquela altura, que diante do caso concreto só haveria uma única solução possível — a construção da Casa de Abrigo —, o que representaria a "redução a zero" da discricionariedade administrativa. Com aqueles mesmos argumentos, mas ajustados ao *procedimento de ponderação* da teoria dos princípios, lapidamos o *procedimento de argumentação* que nos permite uma maior aproximação da *pretensão de correção*: a vida, a integridade física e moral dos menores densificam os *princípios da dignidade da pessoa humana* e *da absoluta prioridade do direito à vida e à dignidade da criança e do adolescente* (respectivamente, art. 1º, III, e 227, *caput*, da Constituição Federal) que, inicialmente, apresentam-se em severo grau de não cumprimento, e apesar de a construção do parque explicar-se como meio de promoção do *princípio da absoluta prioridade da criança e do adolescente* ao "lazer" (art. 227, *caput*), não há a comprovação da importância do cumprimento deste princípio em sentido contrário em prejuízo do não cumprimento dos outros princípios que representam um dos maiores valores assegurados na ordem constitucional, a vida.

É com a percepção da relevância dos princípios jurídicos que Eduardo García de Enterría e Tomás-Ramón Fernández[619] indicam que em 1954, com o *arrêt* Barel, e em 1968 com o *arrêt* Maison Genestral, o Conselho de Estado francês expressamente invocou os princípios gerais do direito como uma técnica de redução da discricionariedade — nos dois casos houve, de acordo com os autores, imprecisão das razões de fato e de direito que pretendiam justificar as decisões discricionárias. E

---

[619] *Curso de Derecho Administrativo*, v. 1, p. 471-475. É por enfatizar o direito fundamental à boa Administração Pública que Juarez Freitas defende a "[...] obrigatoriedade de conclusão prioritária de obras inacabadas [...]", o que nos parece concretizar a preocupação dos princípios fundamentais como instrumentos de controle da discricionariedade administrativa (*Discricionariedade administrativa e o direito fundamental à boa Administração Pública*, p. 31). Adiante, sentencia: "O 'direito fundamental à boa administração pública vincula', e a liberdade é deferida somente para que o bom administrador desempenhe de maneira exemplar suas atribuições. Nunca para o excesso ou para a omissão. [...] A discricionariedade passa a ser vista, nessa linha, como diretamente vinculada à Constituição e aos direitos fundamentais, justo para que não se perpetuem transgressões recorrentes (não raro, trágicas), já por ação, já por omissão" (*Ibidem*, p. 41).

em 1971, com o *arrêt* Ville Nouvelle Est, elaborou-se a *técnica de balanço de custos-benefícios* como expressão do princípio da proporcionalidade. Em feliz análise — como de costume —, os autores sentenciam com precisão:

> O controle da discricionariedade por meio dos princípios gerais não consiste, portanto, em o juiz substituir o critério da Administração por seu próprio e subjetivo critério. Se assim fosse, tudo se reduziria a substituir uma discricionariedade (a administrativa) por outra (a judicial) sem avançar um só passo no problema. Do que se trata realmente é penetrar na decisão objeto de julgamento até encontrar uma explicação objetiva em que se expresse um princípio geral.[620]

Enfim, o que desejamos propor é que mesmo diante do *espaço legítimo* da discricionariedade administrativa, tanto no âmbito normativo (4) quanto no exercício da função administrativa (5), é dizer, em relação ao momento de ação (5.2.1), à forma, aos requisitos procedimentais, à formalização (5.2.2), ao objeto, ao conteúdo (5.2.3) e ao motivo de direito (5.2.4), o que *confirma* ou *infirma* a legitimidade da discricionariedade administrativa é o procedimento de ponderação da teoria dos princípios.

---

[620] ENTERRÍA, Eduardo García de; FERNÁNDEZ, Tomás-Ramón. *Curso de Derecho Administrativo*, v. 1, p. 483.

PARADIGMAS AO CONTROLE JUDICIAL DA DISCRICIONARIEDADE ADMINISTRATIVA

Introdução

O propósito deste capítulo é alinhavar alguns paradigmas que sirvam, ao menos *a priori*, de referência ao controle judicial e à intensidade de sua eventual intervenção junto às competências discricionárias da Administração Pública, tanto em atos administrativos isoladamente considerados, atos políticos ou mesmo em programas de ação, as políticas públicas.

Portanto, sem prejuízo do quanto se expôs até este momento, e mesmo da particular abordagem dos atos políticos e das políticas públicas no próximo capítulo, neste átimo pretendemos sistematizar três *paradigmas jurídicos* que servem à ponderação e concretização do controle judicial da discricionariedade administrativa diante de casos concretos que surgem em demandas judiciais.

Em outras palavras, em confronto com as particularidades que se apresentam em cada processo judicial, tanto em demandas individuais quanto em ações que concentram interesses difusos e coletivos, quais são os paradigmas jurídicos a nortear a ponderação da intervenção judicial? Para aquilatar se é possível, e em qual grau, a decisão judicial intervir sobre a decisão (ou a omissão) da Administração Pública, quais os critérios para assegurar a efetivação dos direitos fundamentais sem derruir a separação dos Poderes?

Proponho neste capítulo três diretrizes a conduzir a ponderação de fundamentos e argumentos jurídicos que se relacionam com o controle judicial da Administração Pública – fundamentos e argumentos vistos nos capítulos antecedentes e a serem tratados ainda no próximo. Com destaque observo que o escopo do próximo capítulo, o controle judicial dos atos políticos e das políticas públicas, será melhor aproveitado ao se considerarem os seguintes paradigmas como ferramentas úteis à aproximação de casos concretos e recursos à efetivação da ponderação na aplicação do direito.

8.1 A racionalidade da decisão administrativa

Promover a intervenção judicial, é dizer, produzir efeitos jurisdicionais sobre a decisão administrativa, invalidando-a, no todo ou em parte, redirecionando-a a outro resultado, depende, enquanto premissa imperativa, de aferir se há *racionalidade* na decisão administrativa.

Fizemos referência ao tema ao tratarmos do direito administrativo sancionador e a competência vinculada da Administração Pública (4.3.2): o Judiciário deve controlar a *coerência* da *interpretação jurídica* que se materializa na decisão administrativa, os *precedentes administrativos*, enfim, a *racionalidade da decisão sancionadora,* e nada há de discricionário neste processo.

O mesmo paradigma – a racionalidade da decisão administrativa – serve para o controle judicial da discricionariedade administrativa. A interpretação jurídica feita pela Administração Pública, e igualmente as *escolhas* junto ao *espaço legítimo* da discricionariedade administrativa, isto é, em relação ao momento de ação (5.2.1), à forma, aos requisitos procedimentais, à formalização (5.2.2), ao objeto, ao conteúdo (5.2.3) e ao motivo de direito (5.2.4), devem externar, como primeira condição de legitimidade, *racionalidade.*

Incongruências, contradições, lacunas de informações relevantes, desproporcionalidades, excessivas vaguezas semânticas em decorrência do uso de conceitos indeterminados sem contextualização com fatos, são sintomas – entre outros – de possíveis vícios que repousam sobre os pressupostos/elementos dos atos da Administração Pública, e que podem levar à caracterização do desvio de finalidade (7.1), ou à violação dos precedentes administrativos (2.2.1), ou à necessidade de ponderação da teoria dos princípios em relação às normas que definem o regime jurídico administrativo (7.2), ou à constatação da necessidade de redução a zero da discricionariedade administrativa (5.3), ou à confrontação dos argumentos favoráveis e contrários para determinar se é possível e necessária a intervenção judicial junto aos atos políticos e às políticas públicas (9.3.1 e 9.3.2). O ponto de partida desta ampla análise encontra-se na verificação da *racionalidade da decisão administrativa.*

Quanto mais densa, fundamentada e contextualizada com a realidade fenomênica for a decisão administrativa, menor a possibilidade de intervenção judicial; em contrapartida, a ausência de dados que permitam compreender a escolha por uma política pública, ou informes a justificar a interrupção de uma política pública anteriormente implementada e com expressivos resultados sociais positivos, a mera referência a um conceito jurídico indeterminado sem que seja conectado a dados da vida, são situações que franqueiam alcance maior das decisões judiciais sobre as deliberações da Administração Pública.

Referir-se à *racionalidade da decisão administrativa* implica avaliar a ponderação da deliberação feita pela Administração Pública, tanto quanto à interpretação do direito como em referência às escolhas feitas no espaço legítimo da competência discricionária (5.4). A respeito, retomo a citação, em outra passagem (4.3.2) já reproduzida, de Tercio Sampaio Ferraz Jr.:

> A racionalidade dessa ordem está na delimitação dos conteúdos normativos a partir de um critério de supremacia desses conteúdos, não importa a competência da autoridade ou o grau da proporcionalidade da relação de um sujeito em face de outro. Donde o *reconhecimento* de uma ordem como racional quando se organiza mediante um *elenco de direitos e valores fundamentais materiais* (vida, propriedade, liberdade, segurança, igualdade) e que se baseia no respeito a eles.
> Essa dupla possibilidade de sistematização, centrada e fundamentada na racionalização formal e material, repercute na atividade hermenêutica jurídica e se manifesta na reconstrução do ordenamento em nome do legislador racional enquanto codificação racional do jogo comunicacional das codificações/recodificações. Nela aflora a questão da justiça.[621]

Nota-se que ao se tratar da racionalidade da decisão administrativa, um elemento que se destaca é a *motivação* dos atos administrativos e das políticas públicas. Lúcia Valle Figueiredo diz que a motivação é "(...) a pedra de toque para o controle da discricionariedade (...)".[622] Acrescentamos: a motivação é a referência de partida para o controle judicial da Administração Pública, porque nela se contém – ou se frustra – a *racionalidade da decisão administrativa*.

A motivação não se reduz à discricionariedade administrativa, claro; faz-se indispensável à concretização do processo de interpretação

---

[621] *Estudos de filosofia do Direito*, p. 301-302.
[622] *Direito Público. Estudos*, p. 305.

jurídica (momento precedente à competência discricionária), torna-se, portanto, indispensável à densificação semântica do *interesse público*. Mas no âmbito da discricionariedade administrativa, a motivação torna-se essencial a servir, como afirma Tomás-Ramón Fernandez,[623] de critério diferenciador entre o discricionário e o arbitrário, recurso à aferição da coerência lógica entre o exercício da competência discricionária e os fatos, a realidade fenomênica a qual se dirige.

Pertinente, neste contexto, é a lição de Robert Alexy ao dizer: "Quanto mais intensiva é uma intervenção em um direito fundamental, tanto mais graves devem pesar os fundamentos que a justificam". A *ponderação*, elemento fundamental para a sua teoria dos princípios (7.2.1), realiza-se, dentre outros meios, pela análise da "(...) importância dos fundamentos que justificam a intervenção",[624] o que apenas é possível fazer, acrescentamos, ao se debruçar sobre a *racionalidade da decisão administrativa*.

Como assevera Mariano Bacigalupo,[625] quanto menor a densidade normativa com a qual o legislador programou a atividade da Administração, maior será a carga de argumentação jurídica exigível para justificar a redução da intensidade do controle jurisdicional, principalmente ao se tratar de direitos fundamentais.

Dito de outro modo: quanto mais densa a racionalidade da decisão administrativa e tanto maior a exigência desta intensidade – quanto maior o apoio da decisão administrativa em conceitos indeterminados –, menor a possibilidade de intervenção judicial; por outro lado, quanto mais deficiente, maior a imperatividade de controle judicial.

Pois se o interesse público na atualidade é por natureza indiscutivelmente poroso, difuso, muito mais do que em qualquer outra época faz-se indispensável exigir a racionalidade da decisão administrativa. O mundo contemporâneo não comporta mais a imprópria figura do intelectual – acrescentamos: do administrador público – como "legislador", diz Zygmunt Bauman, uma vez que se deve assumir o "papel de intérprete",[626] de quem não mais dita, mas busca compreender a vida que o cerca. O pluralismo é irreversível, há uma escalada mundial sobre as múltiplas e diversificadas "visões de mundo", e a comunicação entre as diversas tradições torna-se um dos maiores desafios de nossos

---

[623] *De la arbitrariedad de la administración*, p. 89-90; 94.

[624] *Constitucionalismo discursivo*, p. 68.

[625] *La discrecionalidad administrativa*, p. 249.

[626] *Legisladores e intérpretes*, p. 196.

tempos.[627] Há necessidade premente de "(...) especialistas em tradução entre tradições culturais".[628]

Diante desta fragorosa realidade, a atuação do administrador público deixa de ser a de "legislador" do interesse público, de anunciar, bruta e secamente, o suposto fundamento de sua ação – ou de sua omissão – pela singela invocação do termo "interesse público". Não se mostra suficiente às práticas administrativas contemporâneas a simples invocação da expressão "interesse público", não apenas porque o regime democrático e o princípio republicano já exigem a motivação, mas ainda porque vivemos numa sociedade que mais do que nunca exige do agente público uma postura de *intérprete*, um mediador das diferenças culturais, da diversidade de costumes e tradições, um ator social que deve representar e justificar-se em relação às plurais formações que compõem o mosaico social.

Ser agente público em exercício de uma função administrativa no século XXI significa assumir o compromisso menos de prescrever e deitar unilateralmente os conteúdos possíveis do interesse público (sempre reduzidos, por esta formatação), e mais de ser interlocutor comprometido em traduzir e realizar as aspirações e as necessidades tão díspares, paradoxais e fundamentais, das múltiplas comunidades e os seus cenários (crianças e idosos, ricos e pobres, empresários formais e informais, em espaços públicos os mais variados, em circulação no trânsito, por veículos próprios ou no transporte coletivo etc.), frente a tão diversas políticas públicas (cultura, educação, saúde, segurança pública, obras etc.) que devem servir à liberdade, justiça e solidariedade social (art. 3º, I, da Constituição Federal).

Sem dúvida, por tudo isto, persiste atual a doutrina de Lúcia Valle Figueiredo ao dizer:

> (...) a discricionariedade consiste na competência-dever de o administrador, no caso concreto, após a interpretação, valorar, dentro de critérios gerais de razoabilidade e proporcionalidade, e afastado de seus próprios "standards" ou ideologias, dos princípios e valores do ordenamento, qual a melhor maneira de concretizar a utilidade pública postulada pela norma.[629]

---

[627] *Op. cit.*, p. 170.

[628] *Op. cit.*, p. 197.

[629] *Curso de Direito Administrativo*, p. 223.

É necessário, em suma, aferir a *racionalidade da decisão administrativa* – o primeiro paradigma ao controle judicial da discricionariedade administrativa.

Não basta, por exemplo, dizer à Administração Pública que deixará de prestar determinado serviço social a dependentes químicos; ou que não contempla entre os medicamentos dispensados para determinada doença o que é solicitado pelo cidadão, mas sim uma alternativa. É preciso dizer o porquê anuncia a interrupção do serviço social, quais dados estatísticos justificam a decisão, por qual razão o método empregado não foi satisfatório, quais as falhas e frustrações apuradas, qual opção apresenta em substituição; é preciso dizer por que o medicamento escolhido é igualmente eficiente ao outro reclamado, não em hipótese, mas diante do quadro individual, da realidade particular do paciente que se apresenta.

A insuficiência da razão instrumental, constatação feita no curso do século XX, exige uma mudança de postura, de referências a respeito do exercício do poder. De longa data Karl Loewenstein alerta para o cuidado a ter-se com alguns detentores do poder que são "invisíveis, não oficiais e não legítimos", e normalmente sua influência sobre os detentores oficiais do poder ocorre no "anonimato irresponsável".[630] Mas pela exigência de uma *racionalidade da decisão administrativa* pode-se desvendar interesses escusos. Pois por racionalidade da decisão administrativa quer-se dizer que a deliberação da Administração Pública deve ser substancial, densamente fundamentada, o que não significa extensa, por reproduções teóricas infindáveis e desconectadas dos fatos, mas sim consciente da ductilidade do interesse público contemporâneo, o que implica intumescer os fundamentos das decisões – sempre: contextualizadas com o caso concreto – enquanto legitimação das escolhas feitas sob a competência discricionária.

Semelhante a Karl Loewenstein, Agustín Gordillo preocupa-se com as motivações ocultas que rondam o poder do Estado. Diz o jurista argentino que a Administração Pública apresenta dupla moral, uma do *sistema formal*, outra do *para-sistema*, o que significa que "A dupla moral implica que o sistema não deve ser cumprido fiel nem integralmente, que ele carece de sentido; é o para-sistema que dá então realidade e sentido obrigacional às condutas individuais".[631] Por conseguinte, prossegue Agustín Gordillo, "(...) o sistema está presente como a ameaça de coação

---

[630] *Teoria de la Constitución*, p. 37.
[631] *La Administración paralela*, cap. II, p. 19.

para quem transgrida o para-sistema, caso no qual se aplicam as sanções não pela violação do que importa (do para-sistema), mas por violação do que não importa (o sistema)".[632]

As advertências destes juristas a respeito das práticas ocultas do poder servem-nos a confirmar a importância deste paradigma, a *racionalidade da decisão administrativa*. A carência de uma motivação contextual por parte da Administração Pública franqueia a intervenção judicial; o inverso, se presente uma decisão administrativa que se demonstre racional, ela deve prevalecer, impõe-se a primazia das escolhas feitas pela Administração Pública.

Mas insistimos que a *racionalidade da decisão administrativa* não se perfaz apenas com referências teóricas, dogmáticas, sejam estas de quais ciências forem. Integra-se à densidade teórica e coerência lógica a imperativa *contextualização dos fatos*, o que na contemporaneidade o volume de reprodução e repetição de informações conduz a descurar-se desta obrigação. Longas tratativas teóricas, digressões históricas e dogmáticas, sem redução ao caso individualizado, sem se referir a dados objetivos da realidade para a qual pretende interferir a deliberação administrativa, são tentativas que frustram o dever de racionalidade, escamoteiam vícios dos atos da Administração Pública sob a aparência de fundamentações políticas e/ou jurídicas. A racionalidade da decisão administrativa apenas é atendida se o caso em apreço, as pessoas envolvidas, o tempo, o espaço e o modo concreto de ação encontram-se imbricados com a fundamentação dogmática (científica) que pretende justificar a interpretação e a escolha discricionária eleita.

A racionalidade da decisão administrativa, na qual se contemplam fundamentos teóricos e a articulação com o caso concreto, é o primeiro paradigma à verificação se há vícios junto aos pressupostos e elementos dos atos administrativos (5.2), se a Administração Pública exerceu bem sua competência discricionária (5.4), ou é o caso de reconhecer-se a sua redução a zero (5.3), se ponderou adequadamente, quanto ao ato político ou à política pública anunciados, os princípios do regime jurídico administrativo (7.2), se não houve desvio de finalidade (7.1), se foram observados os precedentes administrativos (2.2.1), e se diante do conflito judicializado devem prevalecer os argumentos favoráveis ou contrários à efetivação do controle judicial (9.3.1 e 9.3.2).

---

[632] *Op. cit.*, cap. III, p. 8.

8.2 O ônus da argumentação dos atores processuais

Este paradigma ao controle judicial da discricionariedade administrativa, o ônus da argumentação dos atores processuais, encontra-se necessariamente entrelaçado com o anterior, a aferição da racionalidade da decisão administrativa.

O ônus da argumentação dos atores processuais refere-se ao dever que se atribui a cada parte do processo judicial de articular argumentos e fundamentos jurídicos de modo claro, preciso e intimamente enraizado com o fato, a situação fenomênica da qual se sustenta decorrer determinada qualificação jurídica. Se quem demanda, autor individual, postula o fornecimento de determinado medicamento, compete-lhe esclarecer e comprovar sua doença, a pertinência da medicação solicitada para o tratamento, a razão pela qual especificamente aquele princípio ativo foi-lhe prescrito. A Administração Pública, em defesa, não pode abstratamente discorrer sobre a reserva do possível, a separação dos Poderes, contar a história da revolução francesa, mas deve conectar seus argumentos e fundamentos à vida real que se apresenta no processo, deve dizer, portanto, por que entende que o outro medicamento que oferece, disponibiliza em alternativa, seria suficiente ao autor, e não o que foi particularmente prescrito, sobretudo quando em relatório médico se narra a tentativa anterior de utilizar, sem sucesso, a medicação preferencialmente disponibilizada na rede pública de saúde; deve a Administração Pública esclarecer em qual medida *concreta* o atendimento ao pedido do autor compromete o planejamento previsto nas leis orçamentárias.

O tema do confronto dos argumentos favoráveis com os contrários ao controle judicial das políticas públicas é detalhadamente tratado no capítulo seguinte (especificamente, 9.3.1 e 9.3.2), mas é possível adiantar que na confrontação das teses apresentadas no processo judicial não podem as partes fazer longas, quase intermináveis, explanações teóricas, desarticuladas dos fatos, discursos sobre institutos jurídicos, referências a julgados, doutrina estrangeira, história do Estado de Direito, sem se redirecionarem ao caso individual, concreto, composto com todas as suas particularidades, que demanda solução. A história dos direitos fundamentais, ou da importância da dignidade da pessoa humana, ou da positivação destes direitos na Constituição Federal de 1988 pouco servem se não houver a preocupação, em algum momento, do demandante esclarecer, articular persuasivamente, do porquê o seu direito fundamental à vida será atendido se o Estado custear-lhe um expendioso tratamento experimental à saúde no exterior, mas sem mínimo lastro de validação científica de possibilidade de sucesso. Compete a quem demanda compreender que a sua realidade particular deve ser exposta e guardar imediata e coerente conexão com os fundamentos jurídicos nos quais se ancora. Se o autor cumpre com o seu ônus da argumentação, à Administração Pública imputa-se o dever de igual forma não se limitar a transcrever conceitos doutrinários sobre a definição de orçamento público, ou reproduzir ideias ou textos de pensadores do Iluminismo que inspiraram as concepções de contrato social e de separação de Poderes; é preciso dizer o porquê, no caso em análise, para aquele autor na sua situação em particular, demarcada no tempo e no espaço, se o seu pedido for atendido, por que a independência do Poder Executivo restará abalada (uma vez que independência de poderes não significa soberania; ao contrário, os controles recíprocos entre os Poderes são premissas incontrastáveis e bem conhecidas), em qual medida a organização orçamentária será afetada (sobretudo diante da comum vagueza das rubricas orçamentárias e do constante recurso ao contingenciamento de verbas públicas).

O ônus da argumentação dos atores processuais implica responsabilidade processual de quem se encontra em qualquer situação jurídica processual, autor, réu ou fiscal da aplicação da lei, em litisconsorte ou assistência litisconsorcial. Quem litiga deve comprometer-se a persuadir, a aproximar e fazer entrelaçar o fato da vida, isto é, tempo e lugar, a história, com os fundamentos e argumentos que pretende associar para conferir a qualificação jurídica desejada.

Não se confunde o ônus da argumentação dos atores processuais com o ônus da prova. Aquele diz respeito à argumentação, articulação de fatos com argumentos, fundamentos jurídicos, enquanto o ônus da prova, consequência imediata, refere-se à comprovação, demonstração do que se expôs. Há conexão, evidente. Do que se expõe, afirma-se, acusa-se ou se defende, passo seguinte é provar. É importante algo mais falarmos sobre o ônus da prova, mas com este esclarecimento que o ônus da argumentação não se reduz ao de produzir prova.

O ônus da prova alterou o seu paradigma estático que prevaleceu na ciência processual até poucos anos atrás. Heraldo Garcia Vitta defende, em relação a demandas envolvendo o Poder Público, a aplicação do "perfil dinâmico da distribuição do ônus da prova" segundo o qual a parte que tiver, no caso concreto, melhores condições técnicas, operacionais, econômicas etc. de provar os fatos terá o dever de produzi-la.[633]

Eduardo García de Enterría e Tomás-Ramón Fernández comungam o mesmo entendimento: dizem que se presunção de legitimidade "(...) desloca a carga de acionar ao administrado, não implica necessariamente num deslocamento paralelo da carga de prova dentro do processo"; defendem a ideia, como se percebe, de que o administrado tem a carga de impugnar o ato administrativo e justificar sua ilegalidade, mas a prova dos fatos compete à Administração, e exemplificam com o que poderia haver de mais pungente a respeito, as sanções administrativas, e o fazem para mostrar que seria um absurdo que o acusado detivesse o ônus de provar a sua inocência.[634]

Alinham-se a estes ensinamentos os de Agustín Gordillo ao afirmar que a prova

> (...) só pode resultar necessária quando a ilegitimidade do ato dependa de situações de fato que são desconhecidas; em compensação, se a ilegitimidade surge de sua mera confrontação com a ordem jurídica positiva, parece infundado que ela se deva de alguma maneira provar-se: é óbvio que a ilegitimidade só se "alega", em primeira instância. Se o vício é manifesto, em verdade, deve ser suficiente "pedi-la".[635]

Neste sentido, o novo Código de Processo Civil alterou a referência que se encontrava no diploma anterior, e contemplou o rumo que a jurisprudência já se orientava, sobretudo por contribuições significativas do art. 6º, VIII, do Código de Defesa do Consumidor que prescreve a possibilidade de inversão do ônus da prova em determinadas hipóteses. O art. 373, §§1º e 2º, do Código de Processo Civil diz que o ônus da prova pode ser alterado:

> §1º Nos casos previstos em lei ou diante de peculiaridades da causa relacionadas à impossibilidade ou à excessiva dificuldade de cumprir o encargo nos termos do caput ou à maior facilidade de obtenção da prova do fato contrário, poderá o juiz atribuir o ônus da prova de modo diverso, desde que o faça por decisão fundamentada, caso em que deverá dar à parte a oportunidade de se desincumbir do ônus que lhe foi atribuído.

---

[633] *A sanção no Direito Administrativo*, p. 109.

[634] *Curso de Derecho Administrativo,* p. 520-521, v. I.

[635] *Tratado de Derecho Administrativo. El Acto Administrativo*, cap. V, p. 21-22.

§2º A decisão prevista no §1º deste artigo não pode gerar situação em que a desincumbência do encargo pela parte seja impossível ou excessivamente difícil.

Sem prejuízo, portanto, do ônus da argumentação dos atores processuais, o que compete a cada qual comprovar pode ser, em decisão que deve ser fundamentada pelo magistrado, modificado para atribuir ao outro o que o primeiro expôs. Esta possibilidade ainda mais reforça a importância do ônus da argumentação, pois além da defesa da tese que se sustenta, em vinculação imediata ao fato da vida que justifica a ação judicial, ainda é preciso acrescer que dados, documentos, elementos probatórios pertinentes encontram-se ao alcance da parte contrária.

8.3 Tempo de omissão

O silêncio não é ato jurídico, mas fato jurídico – um fato jurídico administrativo –, portanto, ainda que a lei confira algum efeito ao silêncio, nem por isto passa a ser ato, mas continua a ser *fato administrativo*. Recorde-se que o ato administrativo depende de uma forma, o que não existe no silêncio, da mesma forma como o ato depende de motivação, obviamente também ausente no silêncio. Enfim, o silêncio é um fato administrativo.

Eduardo García de Enterría e Tomás-Ramon Fernandez lembram que o silêncio administrativo pode ser utilizado como técnica de presunção legal – mas isto quando a lei estabelece as consequências positivas ou negativas do silêncio da Administração.[636] Segundo os doutrinadores, por uma Lei de 17 de julho de 1900, em França, originou-se a técnica do silêncio administrativo prescrevendo que a ausência de manifestação expressa da Administração implicaria presumir que a pretensão foi denegada; e assim se introduziu a disciplina da matéria na Espanha, em 1924. O silêncio não era um verdadeiro ato administrativo, mas a ausência de toda e qualquer atividade volitiva da Administração, logo, não era possível atribuir-lhe qualquer efeito jurídico. O silêncio era "(...) somente uma simples ficção de efeitos estritamente processuais, limitados, ademais, a abrir a via de recurso".[637] Agustín Gordillo[638] acresce que a conduta omissiva da Administração

---

[636] *Curso de Derecho Administrativo*, p. 600, v. I.

[637] *Op. cit.*, p. 601.

[638] *Tratado de Derecho Administrativo: el acto administrativo*, cap. X, p. 30-31.

sujeita-se à aplicação de princípios jurídicos como o da "confiança legítima ou boa-fé" no sentido do que pode ser razoável extrair como interpretação do silêncio da Administração.

Mas o silêncio a que nos referimos neste tópico é o da omissão da Administração Pública quanto aos direitos sociais dos cidadãos – além, portanto, de não responder a um pedido administrativo. Inércia, descaso com os direitos a uma prestação social positiva por parte do Estado.

É recente, na jurisprudência brasileira, o reconhecimento do *estado de coisas inconstitucional*: a omissão da Administração Pública diante de deveres jurídicos definidos no sistema jurídico qualifica juridicamente o fato, a omissão, de inconstitucional. O tema ingressou na pauta da jurisprudência diante do estado falimentar das políticas públicas de administração penitenciária. O Supremo Tribunal Federal, em RE nº 592.581/RS, reconheceu a repercussão geral da possibilidade de controle judicial deste âmbito da função administrativa. A ementa:

> CONSTITUCIONAL. INTEGRIDADE FÍSICA E MORAL DOS PRESOS. DETERMINAÇÃO AO PODER EXECUTIVO DE REALIZAÇÃO DE OBRAS EM PRESÍDIO. LIMITES DE ATUAÇÃO DO PODER JUDICIÁRIO. RELEVÂNCIA JURÍDICA, ECONÔMICA E SOCIAL DA QUESTÃO CONSTITUCIONAL. EXISTÊNCIA DE REPERCUSSÃO GERAL. (RE 592581 RG, Relator(a): Min. RICARDO LEWANDOWSKI, julgado em 22.10.2009, DJe-218 DIVULG 19-11-2009 PUBLIC 20.11.2009 EMENT VOL-02383-06 PP-01173 RDDP n. 84, 2010, p. 125-128)

O julgamento do RE nº 592.581/RS ocorreu em 13 de agosto de 2015, precedente que sinaliza novo rumo – necessário – do controle judicial da Administração Pública. A certidão de julgamento apresenta a seguinte decisão:

> O Tribunal, por unanimidade e nos termos do voto do Relator, apreciando o tema 220 da repercussão geral, deu provimento ao recurso extraordinário para cassar o acórdão recorrido, a fim de que se mantenha a decisão proferida pelo juízo de primeiro grau. Ainda por unanimidade, o Tribunal assentou a seguinte tese: "É lícito ao Judiciário impor à Administração Pública obrigação de fazer, consistente na promoção de medidas ou na execução de obras emergenciais em estabelecimentos prisionais para dar efetividade ao postulado da dignidade da pessoa humana e assegurar aos detentos o respeito à sua integridade física e moral, nos termos do que preceitua o art. 5º, XLIX, da Constituição Federal, não sendo oponível à decisão o argumento da reserva do possível nem o princípio da separação dos poderes". Ausente, justificadamente, o Ministro Teori Zavascki. Falaram, pelo Ministério Público Federal, o Dr. Rodrigo Janot

Monteiro de Barros, Procurador-Geral da República; pelo Estado do Rio Grande do Sul, o Dr. Luís Carlos Kothe Hagemann, e, pela União, a Dra. Grace Maria Fernandes Mendonça, Secretária-Geral de Contencioso da Advocacia-Geral da União. Presidiu o julgamento o Ministro Ricardo Lewandowski. Plenário, 13.08.2015.

Em maio de 2015 foi proposta a ADPF nº 347 com o objetivo de reconhecimento do estado de coisas inconstitucional do sistema prisional brasileiro. Pede-se a elaboração de um plano nacional, e posteriormente planos estaduais e distrital, com propostas e metas específicas para a superação das graves violações aos direitos fundamentais dos presos em todo o país. Pretende-se que o plano contenha propostas para promover a redução da superlotação dos presídios, adequação das instalações e alojamentos dos estabelecimentos prisionais aos parâmetros normativos vigentes no que tange a aspectos como espaço mínimo, lotação máxima, salubridade e condições de higiene, conforto e segurança, efetiva separação dos detentos de acordo com critérios como sexo, idade, situação processual e natureza do delito, e outros planos estratégicos à administração penitenciária.

O pedido liminar foi parcialmente deferido – destaca-se a alínea "h" do pedido – em 09 de setembro de 2015:

> Pedido: h) Imponha o imediato descontingenciamento das verbas existentes no Fundo Penitenciário Nacional – FUNPEN, e vede à União Federal a realização de novos contingenciamentos, até que se reconheça a superação do estado de coisas inconstitucional do sistema prisional brasileiro.

> Decisão: deferiu a cautelar para determinar à União que libere o saldo acumulado do Fundo Penitenciário Nacional para utilização com a finalidade para a qual foi criado, abstendo-se de realizar novos contingenciamentos.

A calamitosa situação dos presídios brasileiros foi novamente constatada no início do ano de 2017 diante da sucessão de rebeliões e mortes de presos em diversas unidades pelo país. A irresponsabilidade do Estado parece persistir quando autoridades públicas resistem em reconhecer o caos e preferem qualificar as mortes de "acidente pavoroso", uma qualificação equivocada que sinaliza o grave risco de a omissão da Administração Pública lamentavelmente continuar.

O que importa enfatizar quanto a este paradigma de controle judicial da discricionariedade administrativa, o *tempo de omissão*, é que há uma relação inversamente proporcional entre a inércia da Administração Pública e a possibilidade da tutela judicial: quanto maior o tempo de omissão da Administração Pública, mais se legitima a intervenção pelo Judiciário; quanto menor o tempo de omissão, menos o Judiciário pode intervir, pois se deve conferir a primazia de escolha do espaço legítimo da discricionariedade administrativa a quem tem a competência para o exercício da função administrativa.

Se uma demanda social com amparo na ordem jurídica surge e impõe-se – o aumento da busca por vagas em creches públicas, a disseminação de uma epidemia que exige dispensação de vacina pelo sistema público de saúde, alagamentos que se intensificam pelo aumento do volume de águas da chuva etc. –, em princípio compete à Administração Pública definir seu plano de ação, e ao Judiciário é vedado de pronto definir o rumo das políticas públicas; mas se a situação eclodida permanece sem reação por parte do Poder Público, se o seu quadro agrava-se paulatinamente, a cada avanço do tempo de omissão aumenta a legitimidade do controle judicial.

8.4 Lei de introdução às normas do Direito Brasileiro e a competência discricionária

A lei de introdução às normas do Direito Brasileiro, com destaque para as alterações feitas pela Lei nº 13.655/18, espelha parte significativa da orientação dogmática defendida neste estudo.

O art. 20 diz que "Nas esferas administrativa, controladora e judicial, não se decidirá com base em valores jurídicos abstratos sem que sejam consideradas as consequências práticas da decisão", o que significa encarecer a importância da *contextualização* dos fatos com os textos normativos que são referidos em sua fundamentação. A *racionalidade da decisão administrativa*, acima exposta como um dos paradigmas do controle judicial (8.1), síntese da própria definição do *espaço legítimo* da discricionariedade administrativa (5.2.1 a 5.2.4), exige este contato entre a narrativa jurídica e a realidade fática na qual se apoia. A mesma exigência do administrador público é feita pela lei quanto à função judicial: quem julga deve *contextualizar* as regras e princípios jurídicos que menciona com a situação concreta que se apresenta a julgamento. O parágrafo único do art. 20 destaca a importância da *motivação* para demonstrar a adequação e a necessidade da decisão (judicial ou administrativa). Como sustentamos em passagem anterior (5.2.5), não existe discricionariedade em relação à motivação porque se trata da fundamentação, exposição das razões, indicação dos fatos considerados relevantes e das normas a serem aplicadas; a interpretação jurídica realiza-se pela motivação, por meio dela se materializa a hermenêutica jurídica, e não há como ser dispensada. Não há como dispensar a motivação de qualquer ato, administrativo ou judicial.

O art. 21 da lei de introdução orienta-se por um *consequencialismo jurídico*, talvez a real novidade, mas que não pode ser superdimensionada. Diz: "A decisão que, nas esferas administrativa, controladora ou judicial, decretar a invalidação de ato, contrato, ajuste, processo ou norma administrativa deverá indicar de modo expresso suas consequências jurídicas e administrativas". No entanto, não quer dizer, não se pode admitir, que a eventual impossibilidade de o controlador "indicar as condições para que a regularização ocorra de modo proporcional e equânime e sem prejuízo aos interesses gerais", como diz o parágrafo único deste artigo, possa impedir a intervenção judicial ou administrativa. O art. 21 é o texto normativo que mais destoa das alterações promovidas pela Lei nº 13.655/18 porque procurou introduzir uma nova perspectiva, o consequencialismo jurídico, mas a necessidade de interpretação tópico-sistemática do ordenamento jurídico enfraquece este escopo consequencialista que se encontra em leitura isolada do art. 21 porque o regime jurídico administrativo (art. 37, *caput*, da Constituição Federal) não pode ter seu alcance normativo reduzido por uma escolha particular de um artigo isolado em legislação infraconstitucional. Ao fim, portanto, o art. 21, integrado ao art. 20 e ao regime jurídico administrativo que enfatiza a proteção ao interesse público, apenas reforça o que seria legítimo à lei de introdução exigir: a contextualização do direito com os fatos.

A lei prossegue na exigência da *racionalidade da decisão administrativa*: o art. 22, §1º, ao afirmar a importância de serem "(...) consideradas as circunstâncias práticas (...)", e os artigos 23 e 24 ao se reportarem à realidade e acrescentarem o dever de considerar-se a *segurança jurídica* uma diretriz necessária à interpretação do direito na atividade de controle. Especificamente sobre a segurança jurídica, sustentamos a importância de reconhecer a força dos precedentes administrativos e a autovinculação por eles produzida (2.2.1). Os artigos 23 e 24 são expressas referências aos *precedentes administrativos* e à *segurança jurídica* – e a consequente necessidade de decisão de controle ponderar estes paradigmas. Precedentes administrativos implicam *autovinculação* da Administração Pública aos seus atos e comportamentos pretéritos, o que deve refletir na atividade de controle se estas referências são rompidas sem justificativa. A exigência da segurança jurídica no ato de controle significa quanto à "orientação nova" sobre norma de conteúdo indeterminado, como diz o art. 23, que se levem em conta os precedentes administrativos no ônus da argumentação (8.2) e na exposição da pretensão de racionalidade das decisões administrativas (8.1).

De modo geral, portanto, as alterações na lei de introdução são benéficas e devem ser celebradas, menos por alguma originalidade conceitual apresentada, e sim porque elevam à importante condição de *texto normativo* deveres do intérprete que têm sido ignorados na prática jurídica.

CONTROLE JUDICIAL DA DISCRICIONARIEDADE ADMINISTRATIVA NO ATO POLÍTICO E NAS POLÍTICAS PÚBLICAS

Introdução – Explicações necessárias

Para respeitarmos as dimensões de um capítulo que pretende tratar do controle judicial dos atos políticos e das políticas públicas, o que se insere como espécie do gênero controle judicial da discricionariedade administrativa, precisamos equacionar algumas questões: de um lado, não nos enveredarmos por digressões sobre as origens e definições variadas que comportam a palavra "político(a)", pois senão perderíamos o esteio da proposta central; de outro, devemos estabelecer as premissas, isto é, o que entendemos — e o que queremos dizer — por "político(a)", ou, mais precisamente, por função política, por ato político, por políticas públicas, pois senão, sem considerarmos a justa realidade de cada leitor ter consigo premissas diferentes, tais como são tão variegadas as leituras sobre estes temas, sem estas considerações perderíamos, ao longo da exposição, a força argumentativa por não entenderem, os leitores, do que partimos como premissas.

De tal sorte, o que faremos, a seguir, é anotarmos o que consideramos por função política, como o faremos sobre o ato político e ainda em relação às políticas públicas, e em mesmo compasso — mas sempre após o estabelecimento das nossas premissas — cuidaremos do respectivo controle judicial.

9.1 A função política

Consideraremos por *função política* (ou "poder político") a função pública (ou "poder público") que caracteriza o gênero do qual se *especializam* as demais funções: a legislativa, a executiva (ou administrativa) e a judicial.

Como em outra oportunidade assinalamos[639] ao recordarmos Norberto Bobbio,[640] com a passagem do estado de natureza para o estado civil, com a constituição do Estado, há uma concentração e definição de forças que se qualificam, ao mesmo tempo, como um "poder jurídico" e um "poder político". É neste sentido que se posiciona Dalmo de Abreu Dallari:

> Assim, quando se diz que o poder é jurídico isso está relacionado a uma graduação de juridicidade, que vai de um mínimo, representado pela força ordenadamente exercida como um meio para atingir certos fins, até a um máximo, que é a força empregada exclusivamente como um meio de realização do direito e segundo normas jurídicas. Dessa maneira, mesmo que o poder se apresente com a aparência de mero poder político, procurando ser eficaz na consecução de objetivos sociais, sem preocupação com o direito, ele já participa, ainda que em grau mínimo, da natureza jurídica.[641]

É dizer, da convolação do estado natural para o estado civil surge o Estado que se erige e personifica-se com *juridicidade* para legitimar a vocação pública, a *função política* a ser representada por funções especializadas que apesar da independência devem harmonizar-se entre si: são as funções legislativa, executiva (ou administrativa) e judicial (art. 2º da Constituição Federal). Por isso é que em outra ocasião asseveramos que "[...] parece-nos lídimo sustentar que tanto a 'juridicidade' como a 'política', ora com a preponderância de uma, ora de outra, representam a 'natureza' do 'poder estatal'. Ou dito inversamente: a natureza do poder do Estado é tanto jurídica quanto política".[642] Portanto, devemos considerar que se a doutrina trata da divisão tripartida das funções (ou

---

[639] *Limitações administrativas à liberdade e à propriedade*, p. 157 *et seq.*

[640] Embora Kant, segundo Norberto Bobbio, assinale que mesmo no estado de natureza há certa "juridicidade" porque se trata de um estado provisório que se destina, necessariamente, a transformar-se em estado civil (*Direito e Estado no pensamento de Emanuel Kant*, p. 61 *et seq.*).

[641] DALLARI, Dalmo de Abreu. *Elementos de teoria geral do Estado*, p. 97.

[642] *Limitações administrativas à liberdade e à propriedade*, p. 160.

CONTROLE JUDICIAL DA DISCRICIONARIEDADE ADMINISTRATIVA NO ATO POLÍTICO E NAS POLÍTICAS PÚBLICAS | 301

"poderes") do Estado é porque pressupõe a *função política* acima, ou melhor, precedente, como gênero.

E será neste sentido — como gênero das funções públicas — que laboraremos com a função política nos próximos tópicos, o que é de fundamental relevância porque significa, em outras palavras, que não acolheremos as propostas que divisam na função política uma quarta função,[643] muito menos as que defendem que as atividades administrativa e política são duas espécies de uma mesma função, a função administrativa em sentido amplo.[644]

Por consequência, não aceitamos a ideia de que a função política é realizada apenas pelos Poderes Legislativo e Executivo, e com predominância deste último,[645] mas sim que inclusive o Poder Judiciário a exerce, como a propósito assevera J. J. Gomes Canotilho ao analisar a Constituição Portuguesa (que, neste aspecto, não diverge da nossa). O autor realça que todas as funções são expressões do "poder político":

> Quando, apesar da rejeição do conceito no texto constitucional, se utiliza a fórmula "poderes do Estado" pretende-se significar os complexos orgânicos do sistema do poder político dotados de funções ditas "supremas", mas separados e interdependentes entre si. Bem andou, porém, a Constituição ao transitar dos poderes de Estado para órgãos de soberania. Na verdade, os poderes são sistemas ou "complexos de órgãos" aos quais a Constituição atribui certas competências para o exercício de certas funções.[646]

Categórico quanto ao reconhecimento da função política junto à função jurisdicional — especificamente em relação à Corte constitucional — é a doutrina de Leonardo André Paixão:

> [...] a função política do Estado é a atividade que órgãos instituídos pela Constituição exercem no âmbito de sua competência, tendo por objetivo preservar a sociedade política e promover o bem comum, e que consiste em determinar, mediante a livre interpretação de normas constitucionais,

---

[643] DROMI, Roberto. *Derecho Administrativo*, p. 97-99; CASSAGNE, Juan Carlos. *Derecho administrativo*, v. 1, p. 98-99; e MAYER, Otto. *Derecho administrativo alemán*, p. 4.

[644] ZANOBINI, Guido. *Corso di Diritto Amministrativo*, p. 16; ALESSI, Renato. *Instituciones de Derecho Administrativo*, p. 9; e OLIVEIRA, Regis Fernandes de. *Ato administrativo*, p. 35.

[645] DI PIETRO, Maria Sylvia Zanella. *Direito Administrativo*, p. 57-58.

[646] CANOTILHO, J. J. Gomes. *Direito Constitucional e teoria da Constituição*, p. 543. Daí ser categórico, em outra passagem, ao dizer que "[...] quando se fala de 'repartição' ou 'separação' é a 'actividade' do Estado e não o 'poder' do Estado. O resultado desta divisão não é a existência de vários 'poderes', mas a existência de 'funções' diferenciadas" (*Ibidem*, p. 551).

o que é o interesse público e quais são os meios necessários à sua implementação.[647]

Enfim, estas são as primeiras premissas que adotamos: a função política que é sempre jurídica — e não estranha ou ao largo do direito posto — é o gênero do qual são espécies — e, por conseguinte, com expressões do seu gênero — as funções legislativa, executiva (ou administrativa) e judicial.

9.2 A presença da competência discricionária no ato político

A teoria dos atos de governo ou atos políticos, conforme Eduardo García de Enterría,[648] surgiu na França em relação ao móvel ou ao fim do ato, isto é, o "político" seria o ato cuja finalidade é "política", mas em 1875 o Conselho de Estado abandona a teoria do móvel e a substitui pela noção de que os atos de governo o são em "razão de sua própria natureza", o que conduziu a critérios casuísticos e empíricos.

No Brasil, segundo um dos precursores no estudo do tema, Seabra Fagundes,[649] as Constituições de 1934 e 1937 expressamente afastaram o controle judicial das "questões exclusivamente políticas" que o autor define como as que resultam "[...] do ato administrativo de sentido exclusivamente político". Mas a definição do eminente mestre, tal como a leitura do Conselho de Estado francês a que fizemos referência no parágrafo precedente, incorrem em inevitável petição de princípio ao postular o próprio ponto que se quer demonstrar. Confundem-se premissa e conclusão.

---

[647] PAIXÃO, Leonardo André. *A função política do Supremo Tribunal Federal*, p. 51. Defende que a função política das Cortes constitucionais ocorre especialmente em quatro temas: *a)* separação de poderes; *b)* federalismo; *c)* proteção de direitos fundamentais; e *d)* controle do funcionamento das instituições democráticas (*op.cit.*, p. 186). Assevera o autor que o fundamental para caracterizar a função política da Corte constitucional quanto aos direitos fundamentais é que o Tribunal, ao interpretar a Constituição, defina o interesse público e os meios de sua realização (*Ibidem*, p. 77). Em entendimento próximo encontramos Eduardo Appio: "Ao atuar em sede de controle das políticas públicas, o Poder Judiciário assume a função política de controle dos atos do Poder Legislativo e Executivo em face da Constituição Federal de 1988, seja no âmbito normativo, seja no âmbito administrativo, de forma a assegurar uma ampliação do debate democrático sobre as decisões que afetam todos os cidadãos" (*Controle judicial das políticas públicas no Brasil*, p. 66).

[648] *La lucha contra las inmunidades del poder*, p. 64-65.

[649] *O controle dos atos administrativos pelo Poder Judiciário*, p. 195 *et seq.*

E isto porque o erro encontra-se em tentar dissociar a função política — e consequentemente o ato político — das demais funções. Acreditamos que é um equívoco tentar associar o "ato político" a "finalidades específicas", ou distingui-lo de acordo com o artificial e inapropriado método — pelo menos para o sistema jurídico vigente no país — que pretende reconhecer e separar "interesses" de "direitos individuais" em análise do conteúdo do ato,[650] pois todas as funções públicas enquanto espécies — legislativa, executiva (ou administrativa) e judicial — comportam, em alguma medida, as características do seu gênero, a função política, que é indissociável do direito porque a constituição jurídica é uma das notas essenciais da passagem do estado de natureza para o Estado civil (9.1).

A despeito, portanto, de aceitarmos que os "atos políticos" são realmente atos com larga margem de discricionariedade, atos que retiram seu fundamento de validade diretamente da Constituição Federal, preferimos acompanhar a doutrina que entende que, apesar destas considerações, os atos políticos são uma espécie do ato administrativo, como é o caso de Eduardo García de Enterría,[651] Oswaldo Aranha Bandeira de Mello[652] e Lúcia Valle Figueiredo.[653]

Para nós, portanto, tomaremos como definição de "ato político" — para distingui-lo de outros atos administrativos — que se trata de ato praticado com fundamento *direto* na Constituição, e não em alguma

---

[650] *Ibidem*, p. 198-199.

[651] Afirma o autor que os atos políticos são atos administrativos que apenas se diferenciam dos demais por conterem uma "especial importância política" (*La lucha contra las inmunidades del poder*, p. 68-69).

[652] Diz: "Nada justifica no Estado de Direito essa figura de atos de governo em oposição aos atos administrativos. Se dizem respeito à manifestação da vontade individual, concreta, pessoal, do Estado, enquanto Poder Público, na consecução do seu fim, de criação e realização da utilidade pública, de modo direto e imediato, para produzir efeitos de direito, constituem atos administrativos. Se violarem a lei e ofenderem direitos de terceiros ou lhes causarem danos, cumpre estejam sujeitos à apreciação do Judiciário. No Estado de Direito torna-se inadmissível atividade insuscetível de controle do Judiciário quando viola direitos e causa danos. Sem dúvida, verificam-se na atividade estatal atos jurídicos que imprimem a direção superior da sua vida política, que formam e manifestam originariamente sua vontade e cogitam dos órgãos a quem competem essas atribuições, ao lado de outros, mais subalternos, que completam e desenvolvem aqueles, na afirmação da utilidade pública, condicionando as relações internas com os próprios órgãos ou com terceiros. Mas todos são atos administrativos, ante o objetivo que têm em mira" (*Princípios gerais de Direito Administrativo*, p. 480-481).

[653] Que compreende que o ato político encontra-se inserido no conceito de ato administrativo porque é também norma concreta subsumida à legalidade e, portanto, submisso ao controle judicial. Apenas a sua fonte de validade, prossegue a autora, é outra, pois enquanto os demais atos administrativos são imediatamente fundamentados em alguma lei, o ato político fundamenta-se diretamente na própria Constituição (*Curso de Direito Administrativo*, p. 203).

lei, tal como a sanção, o veto, o indulto, a nomeação de Ministros e Secretários, e ainda com outra característica que, no entanto, é comum a muitos outros atos administrativos: a competência discricionária. Em suma, consideramos ato político o ato administrativo exercido com competência discricionária e com fundamento de validade diretamente retirado da Constituição — Federal ou Estadual.

Portanto, acedemos à conclusão de Paulo Magalhães da Costa Coelho:

> Em arremate, ousaríamos dizer que não há no texto constitucional nenhum dispositivo que privilegie o ato político de modo a torná-lo infenso a controle jurisdicional, não só de seus aspectos extrínsecos, como ainda na sua substancialidade. Todos os atos do Estado, e da Administração em particular, devem estrita obediência à Constituição Federal e a seus vetores principiológicos fundamentais.[654]

Leitura esta que encontra reverberação em toda doutrina contemporânea consciente do significado do regime de direito democrático, como em Mariano Bacigalupo[655] encontramos a pertinente ponderação de que a *discricionariedade política* — isto é, a discricionariedade administrativa dos atos políticos ou de governo — modula a intensidade do controle judicial, mas não o exclui.

De tal sorte, a liberdade que é outorgada à Administração Pública, sobretudo ao mais alto escalão — quem competente para a edição de atos políticos, como o chefe do Executivo e seus ministros ou secretários —, mesmo com a possibilidade de emitir atos com fundamento imediato em normas constitucionais, consiste, estruturalmente, na mesma liberdade possível que se reconhece a qualquer outro ato administrativo. Com outros dizeres, o *espaço legítimo* do ato político, por ser este uma espécie do ato administrativo, outro não é do que o *espaço legítimo* da discricionariedade administrativa, o que deve ser aferido no âmbito normativo (4) — caso se trate de alguma emenda constitucional, pois as emendas são passíveis de controle de constitucionalidade —, como no exercício da função administrativa (5), é dizer, neste último caso, em relação ao momento de ação (5.2.1), à forma, aos requisitos procedimentais, à formalização (5.2.2), ao objeto, ao conteúdo (5.2.3) e ao motivo de direito (5.2.4).

---

[654] COELHO, Paulo Magalhães da Costa. *Controle jurisdicional da Administração Pública*, p. 184.
[655] *La discrecionalidad administrativa*, p. 57-58.

E se assim o é — e como antes já asseveramos —, o que *confirma* ou *infirma* a legitimidade deste *espaço legítimo* da discricionariedade administrativa, em qualquer ato administrativo (o que inclui, é lógico, o ato político), é o procedimento de ponderação da teoria dos princípios (7.2). Naturalmente, o ato político sujeita-se, ainda, ao controle dos seus pressupostos e/ou elementos vinculados, como a competência ou o sujeito (5.2.1), o motivo de fato (5.2.4), a motivação (5.2.5) e a finalidade (5.2.7), e este último de acordo com a teoria do desvio de finalidade (7.1). Em síntese precisa de Jean Carlos Dias, os

> Atos de governo não podem estar fora do controle jurisdicional, quando seu conteúdo ou forma vierem a promover violação à democracia, à profissionalização dos agentes e aos direitos fundamentais, que são os objetivos essenciais do sistema de separação de poderes.[656]

Feitas estas considerações, a seguir passaremos a analisar alguns atos administrativos que podem apresentar-se, a depender do caso, como atos políticos — se encontrarem fundamento direto na Constituição. Explicamos: as nomeações para cargos em comissão (9.2.1), as emendas orçamentárias (9.2.2) e os atos *interna corporis* do Legislativo (9.2.3) não são, por si, pelos próprios atos, atos políticos. Serão *se* o fundamento de sua prática decorrer *diretamente* da Constituição. Em todo caso, pela relevância destes pontos, e pela proposta de controle judicial que desejamos fazer, resolvemos relacioná-los como exemplos de possíveis atos políticos, mas cujo controle judicial do modo como proporemos também será possível se, no caso concreto, forem simples atos administrativos (atos administrativos em sentido estrito). Por exemplo, o ato *interna corporis* do Legislativo de convocar um Ministro de Estado para prestar, pessoalmente, informações sobre determinado assunto previamente determinado é ato político porque praticável com fundamento no art. 50 da Constituição Federal, mas o que iremos ver a seguir sobre os atos *interna corporis* do Legislativo serve igualmente a todos os atos que se praticam com fundamento direto na Resolução ou no Regimento da respectiva casa legislativa.

Enfim, os próximos três tópicos — nomeações para cargos em comissão (9.2.1), emendas orçamentárias (9.2.2) e atos *interna corporis* do Legislativo (9.2.3) — encontram-se relacionados mais como pretextos para a análise que desejamos fazer deles — uma vez que *podem* apresentar-se como atos políticos — do que por *serem* atos políticos.

---

[656] DIAS, Jean Carlos. *O controle judicial de políticas públicas*, p. 103.

Com essas observações, prossigamos então.

9.2.1 O controle dos cargos em comissão: a) a 13ª súmula vinculante do Supremo Tribunal Federal; b) o dever de motivar para a nomeação e a exoneração

Produzido na Inglaterra, e encaminhado ao Parlamento, em 16 de maio de 1995, o denominado *Informe Nolan* é um documento que, como bem o realça Eduardo García de Enterría,[657] enfrenta a corrupção política e outros desvios éticos da vida pública ao exigir *standards* de comportamento na vida pública. As nomeações, de acordo com este documento, devem realizar-se em função das capacidades das pessoas, de suas formações gerais e específicas, o que inclusive destaca a responsabilidade de quem procede às nomeações. Convém recordar, na esteira da doutrina de Eduardo García de Enterría,[658] que os governantes são simples gestores subordinados à vontade geral formalizada (lei), o que levou Locke a afirmar que eles estão em uma *relação fiduciária* com o povo, pois o gestor da coisa pública tem a si confiada a gestão de bens que pertencem ao povo, e por isso os *fins* não são outros senão os interesses do próprio povo — trata-se, em última análise, de uma relação de confiança, do que Locke denominava de *trust*. O *Informe Nolan* atualiza esta leitura ao propor, como igualmente o destaca Jesús González Pérez[659] ao citar as palavras do próprio Lord Nolan, uma "cultura corporativa positiva".

Decerto, não se pode mais afinar à realidade jurídica contemporânea a absoluta isenção de controle judicial das nomeações feitas para cargos em comissão, os chamados cargos de confiança. É claro que reconhecemos a existência *a priori* da discricionariedade administrativa junto ao ato político de nomeação para o cargo de confiança, mas este *espaço de legitimidade* deve ser averiguado pelo Judiciário, se for provocado a tanto, para aferir se a nomeação atende a uma *pretensão de correção*, se a nomeação atende a um procedimento de discurso, um *procedimento de argumentação* fundado em *princípios*, se a nomeação atende a um *mandamento de otimização*, é dizer, ao dever de realizar a finalidade pública da nomeação na máxima medida possível (7.2).

---

[657] *Democracia, jueces y control de la Administración*, p. 99, 110-111.

[658] *Ibidem*, p. 116.

[659] *Corrupción, ética y moral en las Administraciones Públicas*, p. 45.

CONTROLE JUDICIAL DA DISCRICIONARIEDADE ADMINISTRATIVA NO ATO POLÍTICO E NAS POLÍTICAS PÚBLICAS | 307

O reconhecimento da competência discricionária em relação ao ato político de nomeação para cargo em comissão não afasta a possibilidade de o Judiciário ser demandado para verificar a *racionalidade da decisão administrativa* (8.1). O Judiciário pode averiguar a coerência da interpretação jurídica que materializa o ato político de nomeação. Quem impugna o ato de nomeação deve assumir o *ônus da argumentação* (8.2) de esclarecer, sob sua perspectiva, por que haveria vício no ato do agente público que nomeia, e se lograr êxito neste compromisso, à Administração Pública caberá ir além da exposição teórica sobre a natureza do ato, da possibilidade em tese da livre nomeação, pois deverá articular a relação de confiança, as atribuições de direção, chefia ou assessoramento, ao caso concreto.

Antes mesmo de haver a expressa disposição do Conselho Nacional de Justiça, pela Resolução nº 7, de 18 de outubro de 2005, que disciplina o exercício de cargos, empregos e funções por parentes, cônjuges e companheiros de magistrados e de servidores investidos em cargos de direção e assessoramento, no âmbito dos órgãos do Poder Judiciário, e que veda a prática de nepotismo (art. 1º), já era possível, a nosso ver, reprovar esta vetusta prática por ofensa ao *princípio constitucional da moralidade administrativa*.[660] Decerto que a Resolução referida tem o mérito de pôr fim às celeumas sobre a vedação porque trata explicitamente do assunto, mas entendemos que a restrição ao nepotismo já existia antes, e persiste existindo em relação aos demais Poderes porque, insistimos, o princípio da moralidade administrativa é comando normativo bastante ao reconhecimento da impropriedade de nomeação de parentes para cargos de confiança.

Não por quaisquer referências abstratas ou vagas à moral comum, mas por reconhecermos que a *relação fiduciária* (*trust*) em que se investe todo aquele que exerce uma função pública — pois o faz em nome de terceiro, da coletividade — exige a adequação do comportamento a um *padrão objetivo de transparência*. Pouco importa se o cônjuge ou o filho guardam competência para o mister, pois a noção de *fidúcia* depositada

---

[660] Lembramos a lição de Márcio Cammarosano: "Mas, tendo em vista de um lado o primado da segurança jurídica, postulado fundamental do nosso Estado Democrático de Direito, que reclama predeterminação formal das normas jurídicas, e de outro a relatividade da Moral, o princípio da moralidade não está referido à moral comum, mas ao próprio Direito. O direito positivo, por sua vez, consagra valores que recolhe de outras ordens normativas do comportamento humano, inclusive desta ou daquela ordem moral. E também há padrões de comportamento consuetudinariamente consagrados que, se compatíveis com aqueles juridicamente positivados, podem ser invocados no mundo do Direito" (*O princípio constitucional da moralidade e o exercício da função administrativa*, p. 63-64).

no agente que detém a competência de nomeação é *objetivamente* incompatível com a ideia de seriedade e honradez a motivarem a nomeação se o nomeado ao cargo de confiança é um parente. Como dissemos alhures, a *vontade* que anima o agente público, ao levarmos em conta que todas as funções públicas, por partirem da noção de *função*, significam o dever de cumprir misteres em nome da coletividade, não é uma *vontade individual*, mas sim uma *vontade funcional* (7.1.5 — conforme Marcello Caetano), é a *objetivação da vontade* (5.2.6 — de acordo com Silvio Luís Ferreira da Rocha). E não se amolda ao *padrão objetivo* de *transparência* o exercício de uma função pública com a nomeação para cargo em confiança — cargo a ser remunerado pelo erário — de um parente de quem nomeia.

O *procedimento de ponderação* da teoria dos princípios (7.2.1) revela que o não cumprimento ou prejuízo do princípio da moralidade, sob a justificativa da comprovação do cumprimento do princípio da legalidade em seu sentido meramente formal (a possibilidade *a priori* de nomear-se para cargos em comissão nos termos do art. 37, V, da Constituição Federal), não cumpre a *pretensão de correção*, notadamente porque é possível prestigiar os dois comandos normativos com a nomeação de outro sujeito que não seja parente do nomeante.

A *racionalidade da decisão administrativa* (8.1) não se perfaz diante da nomeação de parente quando a função pública exige a impessoalidade como parâmetro objetivo de atuação do agente público.

O Supremo Tribunal Federal decidiu por unanimidade, no dia 20 de agosto de 2008, declarar constitucional a Resolução do Conselho Nacional de Justiça que proíbe o exercício de cargos, empregos e funções por parentes, cônjuges e companheiros de magistrados e de servidores investidos em cargos de direção e assessoramento — e o julgamento ainda acresceu o termo "chefia".[661]

A decisão tem natureza vinculante e deve ser seguida por todas as instâncias do Judiciário, como ainda é extensiva aos Poderes Legislativo e Executivo (tanto a Administração Direta quanto a Indireta).

Do julgamento resultou a 13ª súmula vinculante do Supremo Tribunal Federal que apresenta a seguinte redação:

> A nomeação de cônjuge, companheiro ou parente em linha reta, colateral ou por afinidade, até o terceiro grau, inclusive, da autoridade nomeante ou de servidor da mesma pessoa jurídica, investido em cargo de direção,

---

[661] A ação foi proposta pela Associação dos Magistrados Brasileiros. O relator da ação foi o Ministro Carlos Ayres Britto.

chefia ou assessoramento, para o exercício de cargo em comissão ou de confiança, ou, ainda, de função gratificada na Administração Pública direta e indireta, em qualquer dos Poderes da União, dos Estados, do Distrito Federal e dos municípios, compreendido o ajuste mediante designações recíprocas, viola a Constituição Federal.

Em princípio, esta súmula parece coincidir com o que defendemos neste tópico. Mas há uma ressalva feita neste julgamento que merece análise com mais acuro.

Trata-se da ressalva debatida pelos Ministros do Supremo Tribunal Federal que diz respeito aos cargos de preponderância política na nomeação, é dizer, os cargos de Ministros de Estado, Secretários dos Estados, dos municípios e do Distrito Federal.

A nomeação, para estes cargos, não é objeto da súmula.

Todavia, isto não significa avalizar o nepotismo para estes cargos. A decisão do Supremo Tribunal Federal apenas deixa de abarcar expressamente os cargos de Ministros de Estado e Secretários, mas isto não quer dizer que não seja possível o reconhecimento da ilegitimidade da nomeação de parentes também para estas funções.

O que é vinculante é a assertiva de que o nepotismo é vedado de um modo geral para todos os cargos em comissão (direção, chefia e assessoramento) de todos os Poderes. Sobre tal ponto não há mais espaço à tergiversação. Mas a exclusão dos cargos de Ministros de Estado, Secretários dos estados, dos municípios e do Distrito Federal da força vinculante, apesar de demonstrar que o Supremo Tribunal Federal *atualmente* entende não haver imoralidade no ato de nomear parentes para estas funções, não impede que as instâncias inferiores conheçam e decidam as causas de modo diverso.

Em outras palavras: não há decisão vinculante *a contrario sensu*. O que não se encontra expressamente encampando na decisão do Supremo Tribunal Federal, em que pese inquestionavelmente externar o entendimento atual desta Corte sobre o assunto, é livre à apreciação de magistrados de primeiro e segundo graus.

E por tudo quanto acima expusemos, entendemos que não há razão jurídica a justificar a diferença de tratamento em relação aos cargos de Ministros de Estado, Secretários dos estados, dos municípios e do Distrito Federal.

Pois o princípio constitucional da moralidade administrativa, densificado pela noção de função pública, persiste encarecido com a consciência jurídica de que há uma *relação fiduciária* (*trust*) que se investe todo aquele que exerce uma função pública — pois o faz em nome de terceiro, da coletividade —, e *sobretudo os chefes do Executivo* (Presidente da República, Governadores e Prefeitos), e portanto igualmente é exigível a adequação do comportamento deles a um *padrão objetivo de honestidade, transparência* e *impessoalidade*, o que impede — por muito mais razão, pois os chefes do Executivo encontram-se no ápice da relação hierárquica deste Poder — que nomeiem para os cargos de Ministros e Secretários os seus parentes ou parentes de integrantes de outro Poder (nepotismo cruzado).

Em última análise, o nepotismo viola o padrão objetivo de honestidade, transparência e impessoalidade em qualquer circunstância, para qualquer cargo público. Ou, em outros termos: também para os cargos de Ministros de Estado, Secretários dos estados, dos municípios e do Distrito Federal vige a noção jurídica de que o exercício da missão pública não se realiza para a satisfação de um interesse próprio, mas em cumprimento dos deveres que surgem da *relação de confiança* decorrente do princípio republicano (a elementar noção de *coisa pública*).

De tal sorte, o princípio constitucional da moralidade administrativa é do mesmo modo suficiente — e a decisão do Supremo Tribunal Federal ora mencionada não interdita esta ilação — a permitir o controle judicial do nepotismo junto aos cargos de Ministros de Estado, Secretários dos estados, dos municípios e do Distrito Federal, tanto para impedir a nomeação de um parente do nomeante (ou de um parente de outro agente público do mesmo órgão ou Poder — nepotismo cruzado), tanto para invalidar a nomeação feita com este irremediável vício jurídico.

Mas ainda em avaliação do *espaço legítimo* da discricionariedade administrativa dos atos políticos de nomeação para cargos em comissão entendemos que igualmente é possível o controle judicial em outras situações sempre que houver a acintosa e incontrastável violação de uma norma jurídica, o que depende, é certo, da cautelosa avaliação do caso concreto. Consideremos, a respeito, os seguintes exemplos:

Diante de uma crise sem precedentes no sistema aéreo do país, após meses de expressivo número de atrasos e cancelamentos de voos em todos os aeroportos, após a fragilidade da segurança do sistema ser indiscutivelmente exposta com a constatação de ausência de condições de controle do tráfego aéreo em certos pontos geográficos, depois de dois acidentes aéreos com elevado número de vítimas fatais, o chefe do Executivo insiste em manter no cargo de Ministro com a respectiva responsabilidade alguém que, suponhamos, por graves problemas de saúde não consegue exercê-lo a contento e igualmente recusa a possibilidade de renúncia. O impasse — a intransigência de quem nomeia de exonerar o nomeado do cargo, e a persistência do nomeado de não

CONTROLE JUDICIAL DA DISCRICIONARIEDADE ADMINISTRATIVA NO ATO POLÍTICO E NAS POLÍTICAS PÚBLICAS | 311

deixá-lo — não pode aguardar a alteração do humor dos dois únicos sujeitos envolvidos. É possível, pelo procedimento de ponderação da teoria dos princípios, identificar a premente necessidade de cumprir o *princípio constitucional da eficiência* (art. 37, *caput*) — que é um comando da *ética administrativa*, é o *dever do trabalho bem feito*, segundo Jesús González Pérez.[662] É possível — acresçamos ao exemplo — que diante de uma declaração do chefe do Executivo de que o Ministro é seu amigo e não o demitirá em consideração a esta amizade que haja o controle judicial com fundamento na *teoria do desvio de finalidade*.

Em última análise, é possível haver o controle judicial, seja por um *princípio da Administração Pública* (7.2), seja pela *teoria do desvio de finalidade* (7.1), não para determinar a nomeação de "alguém", mas para determinar a exoneração de quem se encontra no cargo de confiança.

Outro exemplo: para o Ministério da Previdência é nomeado um sujeito contra quem correm diversas ações criminais, algumas com sentenças condenatórias em primeiro grau, e todas as ações versando sobre o desvio de dinheiro público, algumas até por fraude contra a Previdência. O *espaço legítimo* da discricionariedade administrativa deste ato político de nomeação para um cargo de confiança deve ser testado. E o conteúdo do ato (5.2.3) — a nomeação — deve ser invalidado, pois o não cumprimento ou prejuízo de um princípio, o *princípio da moralidade administrativa*, não se justifica porque fenece em importância o cumprimento do princípio em sentido contrário, *o princípio da presunção de inocência*, por não ser um princípio absoluto — como nenhum o é —, sobretudo quando há decisões — ainda que não transitadas em julgado — que reconhecem o desvio de dinheiro público ou fraudes contra o próprio órgão para o qual o sujeito foi nomeado como a maior autoridade.

Por último, um deputado é nomeado por seus pares para integrar, e na condição de presidente, uma comissão da respectiva casa legislativa que enfeixa entre as suas competências a proteção de grupos sociais costumeiramente discriminados. Mas a biografia deste deputado é permeada de manifestações públicas de preconceito, quase sempre em tom agressivo e intolerante em relação aos próprios grupos cuja comissão propõe proteger. O conteúdo do ato (5.2.3) novamente se revela viciado, evidencia-se o *desvio de finalidade* das atribuições do cargo e da própria comissão, competências inequivocamente comprometidas, em razão

---

[662] *Corrupción, ética y moral en las Administraciones Públicas*, p. 85. Em passagem primorosa, diz: "Pois a ética exige algo mais. Exige uma entrega ao serviço, um afã de aperfeiçoamento das técnicas, um esforço em tentar a perfeição" (*Ibidem*, p. 87).

da violação que a nomeação representa a princípios fundamentais da república, a dignidade da pessoa humana (art. 1º, III, da Constituição Federal) e o pluralismo (art. 1º, V), frustrados — e não enaltecidos — se quem toma posse no cargo declaradamente opõe-se aos misteres públicos.

Nestes dois últimos exemplos novamente se frustra a *racionalidade da decisão administrativa* (8.1), pois não há sentido, coerência lógica, nomear-se para um cargo de gestão quem se encontra como acusado por práticas de fraude contra o órgão, ou como promotor de proteção de direitos a certos grupos sociais quem comete discriminação contra eles. As *escolhas* junto ao *espaço legítimo* da discricionariedade administrativa de nomeação para cargo de confiança, isto é, em relação ao momento de ação (5.2.1), à forma, aos requisitos procedimentais, à formalização (5.2.2), ao objeto, ao conteúdo (5.2.3) e ao motivo de direito (5.2.4), devem externar, como primeira condição de legitimidade, *racionalidade*.

Estes exemplos remetem a importante questão ainda pouco — quase nada — debatida na doutrina: o dever de motivar inerente às nomeações e às exonerações para os cargos em comissão.

No XXIII Congresso Brasileiro de Direito Administrativo, realizado em Florianópolis, em outubro de 2009, Maria Fernanda Pires de Carvalho Pereira defendeu a necessidade de *motivação* para a nomeação e a exoneração nos cargos em comissão. Depois de relembrar as premissas pacificamente aceitas pela doutrina e a jurisprudência de que a assunção de cargos e empregos públicos sem concurso deve ser a exceção, realçou que quanto aos cargos em comissão a norma constitucional, além de vincular-se às tarefas de direção, chefia e assessoramento, ainda exige, como pressuposto a qualquer uma delas, o indispensável elemento *confiança*. De tal sorte, mesmo que a nomeação encontre-se em uma competência discricionária, é necessário — disse ela — admitir a possibilidade de controle do provimento do cargo em comissão ao se verificar se o indicado preenche os requisitos necessários, o que conduz a exigir-se a *motivação* para os atos de nomeação e exoneração. Do mesmo modo, Raquel Dias da Silveira[663] defende a necessidade de motivação para a investidura e a exoneração em cargos em comissão, pois sem a fundamentação não há o controle da observância dos requisitos constitucionais — afinal, nomeação livre não significa seja arbitrária.

Com efeito, ainda que exista, é inegável, competência discricionária nos atos de nomeação e de exoneração dos cargos em comissão

---

[663] *Op. cit.*, p. 91.

CONTROLE JUDICIAL DA DISCRICIONARIEDADE ADMINISTRATIVA NO ATO POLÍTICO E NAS POLÍTICAS PÚBLICAS | 313

isto não dispensa o *dever de motivação* porque a relação de *confiança* não é exclusivamente pessoal, entre nomeante e nomeado, quase a reproduzir o *comitatus* (*companheirismo*), característica da *vassalidade*, um dos elementos que compunha o sistema feudal durante a idade média no qual os jovens eram educados para o serviço de guerra em troca de honras e riquezas, e por isto se prestava juramento de fidelidade para com o seu senhor. Pois a partir do Estado de Direito a lealdade deve ser antes e primordialmente com a Constituição.[664]

Portanto, em razão da Constituição (e não do nomeante do cargo em comissão) é dever da Administração Pública de atender à eficácia que se espera do art. 37, V, da Constituição Federal (norma que prevê as funções e os cargos de confiança) e ao princípio republicano, norma fundamental que logo se apresenta no art. 1º da Constituição Federal e seu parágrafo único a enaltecer que pertence ao povo o poder, por conseguinte, ao povo devem ser prestadas as contas do que se faz no exercício de cargos públicos.

Em outras palavras, é dever da Administração — dever a ser exigido do agente público que nomeia e exonera para os cargos em comissão —, a despeito da competência discricionária, de *motivar* as suas deliberações.

9.2.2   O controle das emendas orçamentárias

Prática recorrente na política brasileira, e a ponto de ser exercida às escâncaras e com confissões públicas por meio de entrevistas ou mesmo por discursos em tribunas, é a liberação de recursos do orçamento em troca de apoio político. Ora com a suspensão do cumprimento de emendas empenhadas, ora com a liberação de verbas contingenciadas, este espúrio procedimento é exercido sobretudo às vésperas de decisões importantes, como a votação de um projeto de grande interesse do Executivo, ou a instalação de uma Comissão Parlamentar de Inquérito. O pagamento de emendas propostas por parlamentares tem sido um acintoso mecanismo de barganha política.

E a condescendência jurídica a este expediente não se justifica. Pois há flagrante *desvio de finalidade* ao se utilizar de uma categoria própria de ato — a liberação de recursos orçamentários para obras e serviços públicos — com o fim de obter apoio político em um projeto de lei, ou uma deliberação favorável em um processo de investigação

---

[664] A respeito da função pública na idade média, ver Florivaldo Dutra de Araújo em *Negociação coletiva dos servidores públicos*, p. 48 *et seq.*

contra o Governo e outras situações semelhantes. Há, em suma, ora frustração da *finalidade em sentido estrito*, ora frustração da *finalidade em sentido amplo* (5.2.7), e por isso se caracteriza ou o *desvio de finalidade em sentido estrito*, ou o *desvio de finalidade em sentido amplo* (7.1.2 e 7.1.3).

Convém lembrarmos, ainda, que as atividades públicas caracterizam-se pela *objetivação da vontade* (5.2.6 — Silvio Luís Ferreira da Rocha), logo, como vimos com Celso Antônio Bandeira de Mello, Silvio Luís Ferreira da Rocha e Heraldo Garcia Vitta, o desvio de finalidade deve ser apurado de modo *objetivo* (7.1.5). Destarte, é possível constatarmos o desvio de finalidade em sentido estrito em uma liberação de verba pública quando, por exemplo, apenas os parlamentares da situação, do partido do Governo ou de partidos aliados, são contemplados, ao passo que as verbas referentes a pleitos de parlamentares oposicionistas são imotivada e arbitrariamente relegadas. A opção por liberação desta ou daquela verba deve ser motivada, deve expor os fundamentos, devem ser confrontadas as prioridades e justificada a escolha feita, sob pena de invalidação, pelo Judiciário, de uma suspensão de investimento ou da liberação de recursos que atendem os interesses de certo grupo de parlamentares.

9.2.3 O controle dos atos *interna corporis* do Legislativo

São atos *interna corporis* do Legislativo

> [...] só aquelas questões ou assuntos que entendem direta e imediatamente com a economia interna da corporação legislativa, com seus privilégios e com a formação ideológica da lei, que, por sua própria natureza, são reservados à exclusiva apreciação e deliberação do Plenário da Câmara.[665]

De modo geral, a jurisprudência pronuncia-se em uníssono pela impossibilidade do controle judicial dos atos *interna corporis*.[666]

---

[665] MEIRELLES, Hely Lopes. *Direito Administrativo brasileiro*, p. 639-640.

[666] "Mandado de segurança. Atos do poder legislativo: controle judicial. Ato 'interna corporis': matéria regimental. I. Se a controvérsia é puramente regimental, resultante de interpretação de normas regimentais, trata-se de ato 'interna corporis', imune ao controle judicial, mesmo porque não há alegação de ofensa a direito subjetivo. II. Mandado de Segurança não conhecido" (Supremo Tribunal Federal, Mandado de Segurança 24.356-2, Ministro Carlos Velloso, j. 13.02.2003).
"Policiais militares. Pleito de serem promovidos para patentes superiores e receberem os subsídios referentes às novas ocupações. Patente militar é um ato administrativo, a promoção deve ser por merecimento, por ato 'interna corporis'. A patente da hierarquia militar não está sob controle do crivo jurisdicional para promover os apelantes para patentes imediatamente superiores e respectivamente elevação de seus subsídios. Sentença improcedente.

CONTROLE JUDICIAL DA DISCRICIONARIEDADE ADMINISTRATIVA NO ATO POLÍTICO E NAS POLÍTICAS PÚBLICAS | 315

Mas, é verdade, com algumas ressalvas as quais pretendemos realçar e sistematizar.[667]

Primeiro, e como adiantamos na introdução do tema (9.2), entendemos que nem todo ato *interna corporis* do Legislativo é ato de competência discricionária, como nem todo ato *interna corporis* do Legislativo é praticado com fundamento direto na Constituição. Isto é, nem todo ato *interna corporis* do Legislativo é ato político, pois existem atos absolutamente regrados pelo Regimento Interno, como é exemplo a instauração de um inquérito administrativo junto à corregedoria da Casa Legislativa por suposta violação do decoro parlamentar por um dos seus membros; como há atos de competência discricionária, mas de acordo com o Regimento Interno, como os critérios de composição de uma determinada Comissão. De todo modo, são atos passíveis de controle judicial, como, no primeiro exemplo, é possível haver o controle do motivo de fato (5.2.4) se for arquivado o pedido de inquérito administrativo sob o argumento de que o fato é inexistente, mas existem fotos, imagens de vídeo ou outras provas que servem como veementes indícios de sua ocorrência.

Segundo, mesmo os atos *interna corporis* do Legislativo que se qualificam como atos políticos, como é o caso dos atos previstos nos art. 49 e 50 da Constituição Federal, ainda assim possuem aspectos *vinculados*, como é exemplo a competência, e por isso pode haver a invalidação de um procedimento que não foi conduzido pelo Presidente da Casa Legislativa ou por seu substituto imediato se o próprio Regimento exclui a possibilidade de delegação do ato (5.2.1), como pode haver o controle judicial do devido processo legal do projeto de lei se as normas cogentes do Regimento foram violadas.[668]

Recurso improvido" (Tribunal de Justiça do Estado de São Paulo, Apelação com Revisão 225.484.5/7-00, Desembargador Guerrieri Rezende, j. 03.10.2005).

"Projeto de lei. Agravo de instrumento contra liminar deferida em ação cautelar, com os fins de suspender a tramitação de qualquer projeto de lei, que determine a autorização de aglutinação ou desmembramento de terrenos, bem como qualquer outro projeto de lei que vise alterar a destinação de área institucional na área 28 da Comarca de Ribeirão Preto. Ato interno do Poder Legislativo municipal 'interna corporis'. O projeto de lei não está sob o controle do crivo jurisdicional. Efeito suspensivo deferido neste agravo. Agravo de instrumento provido" (Tribunal de Justiça do Estado de São Paulo, Agravo de instrumento 404.573-5/8-00, Desembargador Guerrieri Rezende, j. 05.09.2005).

[667] Sobre a legitimidade para o controle, entende Alexandre de Moraes que, diante do processo legislativo em trâmite, o controle judicial ocorre de modo difuso por meio de mandado de segurança cujos únicos legitimados são os próprios parlamentares e que o pedido deve direcionar-se contra atos concretos da autoridade coatora (*Direito constitucional*, p. 695).

[668] Como exemplo: "Mandado de segurança. Câmara de vereadores. Projeto de lei. Tramitação. Apresentação de emendas modificativas. Inobservância do regimento interno. Direito líquido

Enfim, em virtude da *vinculação* — ou de todo o ato ou de alguns aspectos de sua sistematização (5.2 e seguintes) —, não é interdito ao Judiciário apurar o cumprimento das próprias regras elaboradas pelo órgão.[669]

Mas, em consonância com o que temos defendido, reputamos que novamente é preciso ir além. A *confirmação* ou *infirmação* do *espaço legítimo* da discricionariedade administrativa do ato *interna corporis* do Legislativo — seja, ou não, ato político — *deve* ser realizada pelo Judiciário (7.2, 7.2.1 e 9.2). Se compete ao presidente de certa Câmara Municipal designar a data e o horário de uma audiência pública que deve ser realizada como ato integrante do processo legislativo, e se no exercício desta competência discricionária a audiência é designada para o dia 31 de dezembro às 23 horas, o que significará o comprometimento da lhaneza do ato, pois a instantes antes da passagem do ano não haverá interessados em número correspondente ao que haveria se a designação fosse para outro dia e hora, é possível o controle judicial para admitir o vício quanto ao conteúdo da decisão (5.2.3). Embora em princípio haja um *espaço de legitimidade* — de *discricionariedade administrativa* — quanto à decisão, é manifesta a violação, neste caso, do *princípio da razoabilidade*. O procedimento de ponderação da teoria

---

e certo de participação dos vereadores em processo legislativo em consonância com os ditames legais e regimentais. Possibilidade de apreciação pelo Judiciário. Anulação do ato. Possui o vereador o direito de participar de um processo legislativo em conformidade com a lei e havendo inobservância ao devido processo legal, possível ao Judiciário a análise e controle da observância e respeito ao Regimento Interno da Câmara Legislativa Municipal, garantindo aos parlamentares o exercício de seu direito líquido e certo de somente participarem da atividade legiferante que esteja em concordância com as normas constitucionais e legais. As Emendas que retiram ou modificam as disposições do projeto original não podem ser tidas como de mera redação, pois estas apenas se prestam, segundo os ensinamentos do professor Alexandre de Moraes, 'para sanar vícios de linguagem, incorreção de técnica legislativa ou lapso manifesto'. Quando as emendas modificam substancialmente o projeto, alteram sua proposição, elas se qualificam como modificativas, ou até mesmo supressivas, se chegarem a erradicar parte da proposição principal. Se o Regimento prevê a votação de tais emendas em duas discussões, atendendo ao clássico modelo de processo legislativo, a sua apresentação apenas em segunda discussão macula a sua aprovação, pois impede a manifestação da vontade da Câmara na forma legítima" (Tribunal de Justiça do Estado de Minas Gerais, Mandado de Segurança 1.0358.06.011318-2/001 (1), Desembargadora Vanessa Verdolim Hudson Andrade, j. 29.08.2006).

[669] Neste tom é a doutrina de Hely Lopes Meirelles: "Nesta ordem de idéias, conclui-se que é lícito ao Judiciário perquirir da competência das Câmaras e verificar se há inconstitucionalidades, ilegalidades e infringências regimentais nos seus alegados 'interna corporis', detendo-se, entretanto, no vestíbulo das formalidades, sem adentrar o conteúdo de tais atos, em relação aos quais a corporação legislativa é, ao mesmo tempo, destinatária e juiz supremo de sua prática" (*Direito administrativo brasileiro*, p. 640). Mais adiante, acrescenta: "Nem se compreenderia que o órgão incumbido de elaborar a lei dispusesse do privilégio de desrespeitá-la impunemente, desde que o fizesse no recesso da corporação" (*Ibidem*, p. 641).

CONTROLE JUDICIAL DA DISCRICIONARIEDADE ADMINISTRATIVA NO ATO POLÍTICO E NAS POLÍTICAS PÚBLICAS | 317

dos princípios permite reconhecer que o não cumprimento do princípio da razoabilidade na designação da audiência pública não se justifica porque o princípio da participação popular — almejado pela audiência pública — também não será atendido com a pretensa realização do ato em dia e horário que é comum as pessoas viajarem ou se encontrarem em casa com a família e amigos.

Enfim, além dos aspectos *vinculados* é possível proceder ao controle dos atos *interna corporis* do Legislativo também para confirmar ou infirmar o seu *espaço legítimo* de discricionariedade administrativa.

9.3 A presença da competência discricionária nas políticas públicas

Sem prejuízo do que externamos momentos atrás sobre a *função política* (9.1), mormente com o destaque de que todas as funções públicas são desdobros — espécies — da função política, tomaremos por conceito de "políticas públicas", em introdução ao tema, a formulação de Maria Paula Dallari Bucci:

> Políticas públicas são programas de ação governamental visando a coordenar os meios à disposição do Estado e as atividades privadas, para a realização de objetivos socialmente relevantes e politicamente determinados. Políticas públicas são "metas coletivas conscientes" e, como tais, um problema de direito público, em sentido lato.[670]

> São "programas" traçados — de modo cogente, imperativo — pela Constituição e por leis ordinárias, e de execução *a priori* atribuída ao órgão competente à sua realização material, o Poder Executivo, que deve realizá-los por si ou transferi-los para a execução — mas mantê-los em fiscalização — por terceiros.[671]

---

[670] BUCCI, Maria Paula Dallari. *Direito Administrativo e políticas públicas*, p. 241. A expressão "metas coletivas conscientes" é de Hugo Assman, citado pela autora. Em outra obra, a autora analisa o papel do termo "programa" na dimensão material da política pública. Diz ela que o "[...] programa contém, portanto, os dados extrajurídicos da política pública. Os instrumentos de formalização jurídica da política podem explicitar *de* forma mais ou menos clara os termos do programa, mas é certo que quanto mais próximo ambos estiverem, maior é a condição de efetivação da política" (*Políticas públicas*: reflexões sobre o conceito jurídico, p. 42-43).

[671] Não ingressaremos, para não deixarmos o cerne da nossa proposta, na análise das inúmeras definições que se desenvolvem sobre as "políticas públicas" — como, aliás, afirmamos na introdução deste capítulo (8.1) —, mas, pela relevância e repercussão do seu pensamento, consignamos as palavras de Ronald Dworkin: "Denomino 'política' aquele tipo de padrão

Em precisa análise de Fábio Konder Comparato, a política pública é antes de tudo uma "[...] 'atividade', isto é, um conjunto organizado de normas e atos tendentes à realização de um objetivo determinado", é dizer, unificados por uma "finalidade"[672] — o que leva o autor a categoricamente afirmar que é possível o controle judicial das políticas governamentais que deve ter por objeto tanto o confronto das políticas com os objetivos constitucionalmente vinculantes (a finalidade), como ainda com as regras estruturantes do desenvolvimento da atividade (os meios e instrumentos utilizados).[673] Pertinente, portanto, é a identificação por Marília Lourido dos Santos dos três elementos que compõem a noção de política pública: *a)* as metas; *b)* os instrumentos legais; *c)* a temporalidade, isto é, "[...] o prolongamento no tempo, que implica na realização de uma atividade e não de um simples ato".[674]

De fato, as políticas públicas "[...] devem ser vistas também como processo ou conjunto de processos que culmina na escolha racional e coletiva de prioridades, para a definição dos interesses públicos reconhecidos pelo direito", e por isso, como "processo de formação do interesse público", o tema inexoravelmente relaciona-se com a discricionariedade administrativa.[675]

De tal sorte, e em ajuste com o que expusemos ao longo de todo este trabalho, a execução das *políticas públicas* encontra-se entre as *competências discricionárias* da Administração Pública que deve, portanto, realizar as metas prescritas pela ordem constitucional e legislação ordinária como qualificadoras do *interesse público*.

Por isso, todo ato e toda atividade da Administração Pública que realizam — ou deveriam realizar — uma política pública sujeitam-se ao controle judicial dos seus pressupostos e/ou elementos vinculados, como a competência ou o sujeito (5.2.1), o motivo de fato (5.2.4), a motivação (5.2.5) e a finalidade (5.2.7) — e esta última conforme a teoria do desvio de finalidade (7.1). Devem ser observados, ainda, os

---

que estabelece um objetivo a ser alcançado, em geral uma melhoria em algum aspecto econômico, político ou social da comunidade [...]" (*Levando os direitos a sério*, p. 36).

[672] COMPARATO, Fábio Konder. Ensaio sobre o juízo de constitucionalidade de políticas públicas. *Revista dos Tribunais*, n. 737, p. 353. De modo semelhante, Américo Bedê Freire Júnior diz que é "[...] um conjunto ou medida isolada praticada pelo Estado com o desiderato de dar efetividade aos direitos fundamentais ou ao Estado Democrático de Direito" (*O controle judicial das políticas públicas*, p. 47).

[673] COMPARATO, Fábio Konder. Ensaio sobre o juízo de constitucionalidade de políticas públicas. *Revista dos Tribunais*, n. 737, p. 356.

[674] SANTOS, Marília Lourido dos. *Interpretação constitucional no controle judicial das políticas públicas*, p. 80.

[675] BUCCI, Maria Paula Dallari. *Direito Administrativo e políticas públicas*, p. 264-265.

precedentes administrativos no âmbito das políticas públicas (2.2.1): programas de governo não podem ser sumariamente abandonados, drasticamente alterados, sem a devida fundamentação para a mudança de paradigma; se os precedentes administrativos são ignorados, a decisão administrativa pode carecer de racionalidade (8.1). Outrossim, o *espaço legítimo* da discricionariedade administrativa de uma política pública deve ser aferido no âmbito normativo (4) e no exercício da função administrativa (5) — neste último caso, em relação ao momento de ação (5.2.1), à forma, aos requisitos procedimentais, à formalização (5.2.2), ao objeto, ao conteúdo (5.2.3) e ao motivo de direito (5.2.4). Pois o que *confirma* ou *infirma* o *espaço legítimo* da discricionariedade administrativa de uma política pública é o procedimento de ponderação da teoria dos princípios (7.2).

A seguir, à medida que expusermos os argumentos contrários ao controle judicial das políticas públicas (9.3.1) faremos, no mesmo átimo, nossas réplicas. Desse modo, pretendemos, no curso do próximo tópico, desmistificar a intervenção judicial junto às políticas públicas e prepararmos o leitor à reflexão — sem preconceitos — de motivos jurídicos bastantes a legitimar a sua possibilidade (9.3.2), e depois, ao confrontarmos todos os argumentos, almejamos delinear algumas soluções possíveis para o exercício concreto do controle judicial das políticas públicas (9.3.3) em conformidade com as reflexões que no decorrer deste estudo sugerimos e que no parágrafo anterior sintetizamos.

9.3.1 Argumentos contrários ao controle – A teoria das reservas do possível

De um modo geral, as refutações ao controle judicial podem ser sintetizadas sob o título de *teoria das reservas do possível*. Teoria esta que se desmembra em *aspectos fáticos* e *aspectos jurídicos*.

Sob os *aspectos fáticos*, diz-se que não há como o Judiciário exigir a implementação de políticas públicas porque há limites materiais aos recursos do Estado: a falta de dinheiro, a carência de número suficiente de profissionais nos quadros da Administração Pública, a ausência de equipamentos são realidades notórias que não devem ser desprezadas.

Todavia, entendemos que esta constatação não pode restringir-se à leitura simplista e estreita do que os olhos conseguem enxergar. Em contraste com este discurso titubeante da Administração Pública toda vez que demandada judicialmente também devemos considerar que há atividades concretas — e igualmente notórias — de empenho de quantias exorbitantes de recursos públicos — financeiros, de pessoal e de material — em campanhas de propaganda das realizações do governo, em projetos cujos bens almejados (festas populares, monumentos etc.) são de discutível prioridade em relação aos valores preteridos (saúde, educação, segurança pública e outros), enfim, há diversas situações em que é possível cotejar os discursos de largas lamentações que são formulados pela Administração Pública em sua defesa nas ações judiciais com o dispêndio de vultosas quantias com outras atividades que não se justificam como máxima prioridade de um Estado Social.[676]

Quanto aos *aspectos jurídicos*, um dos limites que se pretende impor ao controle judicial é o de que os gastos públicos dependem de prévia disposição orçamentária. De fato, o orçamento público deve ser previsto em leis — plano plurianual, diretrizes orçamentárias e orçamentos anuais (art. 165 e seguintes da Constituição Federal) —, no entanto, como anota Ana Paula de Barcellos, estes orçamentos limitam-se a aprovar "[...] apenas uma verba geral para despesas, sem especificação; outros veiculam uma listagem genérica de temas, sem que seja possível identificar minimamente quais as políticas públicas que se deseja implementar".[677] Não há amarras à Administração Pública com rubricas detalhadas e minimamente precisas sobre o emprego do dinheiro público, o que representa, inclusive, a espargida liberdade discricionária de que goza o Executivo na escolha das políticas públicas e respectiva definição dos meios. Se a Administração Pública prefere, quanto à verba destinada à educação, construir mais escolas, erigir um plano de carreira aos professores, implementar uma política salarial diferenciada, investir em pesquisa, reformular a grade escolar com o investimento em computadores, laboratórios ou outras atividades de ensino, há uma expressiva liberdade. Por isso, diante da pluralidade de opções padece o argumento que pretende afastar o controle judicial com fundamento na legislação orçamentária como se à Administração fosse conferida apenas uma única opção de ação, como se fosse uma competência vinculada. Por conseguinte, tanto é possível, como

---

[676] Consignamos, a respeito do tema, a reflexão de Giselle Nori Barros ao tratar especificamente das políticas públicas de saúde e o fornecimento de medicamentos pelo Estado: "Não se olvida que é necessário adequar os direitos fundamentais às reservas orçamentárias, nem permitir o distanciamento do direito do mundo dos fatos; o que não se pode elevar é a preocupação econômica ao *status* de princípio e à condição de supremacia ante os direitos fundamentais" (*O dever do Estado no fornecimento de medicamentos*, p. 150).

[677] BARCELLOS, Ana Paula de. Neoconstitucionalismo, direitos fundamentais e controle das políticas públicas. *Revista Diálogo Jurídico*, n. 15, p. 25.

CONTROLE JUDICIAL DA DISCRICIONARIEDADE ADMINISTRATIVA NO ATO POLÍTICO E NAS POLÍTICAS PÚBLICAS | 321

defende Américo Bedê Freire Júnior,[678] admitir a intervenção judicial a determinar a inclusão no orçamento do ano seguinte de determinada verba vinculada a certo programa político priorizado pela ordem constitucional, como também determinar, imediatamente, a concessão de remédio ou cirurgia — mas sobre os argumentos favoráveis para esta tutela trataremos no tópico seguinte (9.3.2).

Outro limite sob o aspecto jurídico seria a teoria da separação dos poderes. Com a singela invocação deste dogma pretende-se que não seja possível admitir que o Judiciário determine as ações do Executivo. No entanto, como vimos anteriormente (2.2), a teoria da separação dos poderes ao longo dos séculos nunca se apresentou, tanto em sua proposição filosófica quanto em sua positivação jurídica, com um caráter absoluto. Aristóteles apenas identificou as diferentes funções do Estado — deliberativa, executiva e judicial — sem sugerir a sua distribuição a distintos e independentes órgãos, tal como no século II a.C. propôs Políbio com o chamado "governo misto" e Cícero, ainda um século adiante, ao defender a combinação da monarquia, aristocracia e democracia. Se foi John Locke, em 1690, com o *Segundo Tratado sobre o Governo Civil*, que formulou a outorga das diversas funções a órgãos distintos, o Legislativo, como vimos com Leonardo Paixão,[679] deveria ter uma convocação temporária e periódica, e mesmo com o mais famigerado de todos estes pensadores quanto à divisão das funções, Montesquieu, a função jurisdicional deveria ser exercida por apenas certo período do ano por um tribunal formado por pessoas do povo, o que em nada se aproxima do que se elaborou nos Estados Unidos da América com a atribuição à Suprema Corte, e não à câmara alta do Legislativo, da solução de conflitos entre os Poderes e ainda com a possibilidade de controle de constitucionalidade das leis. Em suma, a divisão das funções e a distribuição destas aos diferentes órgãos nunca foi absoluta e estanque, e mesmo ao se partir da realidade positiva do nosso sistema jurídico, a independência dos Poderes reclama, em igual passo, a harmonia entre si (art. 2º da Constituição Federal), o que caracteriza, nos moldes delineados pela ordem constitucional, a realização do chamado sistema de "freios e contrapesos" — isto é, e em análise do presente tema, a indiscutível possibilidade, o *dever*, de

---

[678] *O controle judicial das políticas públicas*, p. 73.

[679] *A função política do Supremo Tribunal Federal*, p. 24.

o Judiciário intervir para recompor a ordem jurídica toda vez que esta for violada por ação ou omissão do Executivo.[680]

Um terceiro aspecto jurídico que se brande em suposta limitação ao controle judicial é a ideia de que enquanto os Poderes Executivo e Legislativo são compostos pelos representantes do povo, pessoas eleitas pela sociedade, o Judiciário não goza da mesma característica em sua formação. Todavia, como acentua Américo Bedê Freire Júnior,[681] este "caráter contramajoritário" não se justifica simplesmente porque decorre da própria Constituição a legitimidade do Judiciário. Em acréscimo, Jean Carlos Dias sentencia:

> [...] a atuação judicial não pode ser tida como antidemocrática, pois o sentido que é dado à democracia é exatamente aquele que exige a atuação dos tribunais para manter um sistema equilibrado de direitos fundamentais [...] O papel do Judiciário, assim, não se resume a uma ação de natureza defensiva; mas, ao contrário, exige um protagonismo plenamente justificável quando as questões estejam relacionadas à justiça básica e a elementos constitucionais essenciais que se manifestam por meio da razão pública.[682]

---

[680] Ademais, como diz Tomás-Ramón Fernández, a função jurisdicional não consiste em repetir o mesmo exercício da Administração para chegar ao mesmo ou diferente resultado, porque aí sim os juízes converter-se-iam em administradores, mas consiste em verificar se no exercício da liberdade decisória a Administração observou, ou não, os limites impostos pelo direito, se a decisão da Administração, por conseguinte, é uma decisão racionalmente justificada ou fruto de uma vontade do próprio agente que a emite. Esta verificação de racionalidade passa por um duplo teste, consoante o autor: primeiro, o teste da racionalidade, e como exemplos dele citamos: se a realidade dos fatos foi respeitada, se foi tomada pela Administração a consideração de algum fator juridicamente relevante, por exemplo, os antecedentes de uma pessoa por delitos cometidos na direção de veículo automotor não são relevantes para a denegação de uma licença para caçar, se foi observado o maior peso eventualmente conferido pelo ordenamento jurídico a certo valor; segundo, o teste da razoabilidade que representa, de acordo com os padrões da jurisprudência anglo-saxônica, aferir se consoante um *standard* de conduta a solução é, ou não, coerente com o padrão médio de uma "pessoa sensata" (*De la arbitrariedad de la Administración*, p. 253 *et seq.*). De maneira similar, ao menos neste ponto — pois de modo geral apresenta um entendimento bem mais restritivo ao controle judicial do que defendemos neste estudo —, Eduardo Appio diz que pelo controle das políticas públicas o Judiciário não governa, pois não é sua a competência de eleger as políticas públicas, mas apenas a de controlar a execução (*Controle judicial das políticas públicas no Brasil*, p. 70); é que, por defender a suposta distinção entre direitos subjetivos públicos e interesses juridicamente protegidos, chega a conclusões que ora restringem o controle apenas por ações coletivas, e não por ações individuais (*Ibidem*, p. 87), ora recusa a proteção a direitos fundamentais (*Ibidem*, p. 172 *et seq.*).

[681] *O controle judicial das políticas públicas*, p. 59-60.

[682] DIAS, Jean Carlos. *O controle judicial de políticas públicas*, p. 97-98.

CONTROLE JUDICIAL DA DISCRICIONARIEDADE ADMINISTRATIVA NO ATO POLÍTICO E NAS POLÍTICAS PÚBLICAS | 323

O autor[683] acrescenta linhas mais tarde que a legitimidade do Judiciário decorre, segundo Rawls, do uso público da razão porque se não lhe compete promover por si a distribuição de bens sociais, deve proceder ao controle em uma atuação derivada e preocupada com a proteção dos direitos fundamentais.

A propósito, um dos argumentos de Leonardo André Paixão[684] para o reconhecimento da legitimidade do Supremo Tribunal Federal no exercício da função política é mesmo a *defesa das minorias* como tão fundamental para a democracia como o é o respeito ao princípio majoritário.

Precisa e definitiva a respeito da legitimidade do Judiciário é a conclusão de Carlos Ayres Britto:

> [...] uma coisa é governar (que o Judiciário não pode fazer). Outra coisa é impedir o desgoverno (que o Judiciário pode e tem que fazer). É como falar: o Judiciário não tem do governo a função, mas tem do governo a força. A força de impedir o desgoverno, que será tanto pior quanto resultante do desrespeito à Constituição.[685]

Mas ainda é necessário reconhecer, como ressuma do pensamento de Rogério Gesta Leal,[686] que hodiernamente as clássicas instituições de representação política não são suficientes, no que é acompanhado por Jean Carlos Dias[687] que acrescenta que a representação popular encontra o que Ricœur denominou de "brecha de legitimação", pois os representados, nas sociedades democráticas contemporâneas, não possuem uma verdadeira identidade com os seus representantes. Por isso, em síntese que emprestamos de Jean Carlos Dias, "Não se trata, assim, de assumir o papel do Executivo ou Legislativo como elaborador e executor

---

[683] DIAS, Jean Carlos. *O controle judicial de políticas públicas*, p. 134.

[684] *A função política do Supremo Tribunal Federal*, p. 229.

[685] BRITTO, Carlos Ayres. *O humanismo como categoria constitucional*, p. 117-118.

[686] *Estado, Administração Pública e sociedade*, p. 50. O autor revela sua preocupação de que o Estado Democrático de Direito deve impedir que a separação política entre Estado e Sociedade transforme o poder social em poder administrativo ao não se preocupar com o "filtro comunicativo do poder", e que para isso é preciso que haja a participação dos membros da sociedade (*Ibidem*, p. 35). A proposta do autor é a de uma reformulação das noções de Estado e de sociedade. Propõe, em última análise, uma gestão compartida que promova padrões mínimos de inclusão, que estimule ativamente a cidadania, que haja a interlocução política dos membros da sociedade (*Ibidem*, p. 54), enfim, "[...] uma democracia mais do que participativa, mas substancial e procedimental [...]" (*Ibidem*, p. 55).

[687] *O controle judicial de políticas públicas*, p. 143.

de políticas, e sim de definir se essas são efetivamente compatíveis com o sistema de direitos básicos assegurados constitucionalmente".[688]

Ao invertermos a ótica — porque partimos da legitimidade e do papel constitucional do Judiciário —, encontramos a conclusão de que o controle judicial assegura, isto sim, o direito das minorias, o direito subjetivo de cada administrado individualmente desrespeitado pelo próprio Estado.

De perene atualidade, mesmo sem tratar especificamente das políticas públicas, as lições de Eduardo García de Enterría[689] devem ser lembradas quando pondera que apesar da participação na formação da vontade geral o cidadão permanece como titular de direitos próprios que também constituem limites ao poder. Portanto, não é certo que as impugnações dos cidadãos às decisões dos governantes gerem desconfianças, pois representam o próprio ideal democrático, como não é certo que as decisões dos governantes, apesar de perseguirem o interesse geral, tenham por isso mais valor que cada situação específica de liberdade do cidadão — que representa, como insiste o autor, o valor central da democracia. Destarte, ensina-nos o mestre,[690] a democracia não pode ser um governo majoritário incondicional.

Sendo, portanto, insuficiente a teoria das reservas do possível para, por si só, afastar em absoluto o controle judicial das políticas públicas, passemos aos argumentos que favoreçam a intervenção do Judiciário.

9.3.2 Argumentos favoráveis ao controle – A teoria do núcleo essencial do direito fundamental e o princípio da máxima efetividade das normas constitucionais

Ao relacionar as características do denominado *neoconstitucionalismo*, Ana Paula de Barcellos[691] destaca dois grupos, o dos *elementos metodológico-formais* e o dos *elementos materiais*. Do primeiro alinham-se três premissas: a normatividade da constituição, a superioridade sobre as demais normas e a sua centralidade no sistema jurídico, isto é, a

---

[688] *O controle judicial de políticas públicas*, p. 44. Discordamos veementemente, portanto, do "risco de um excessivo tratamento jurídico da questão" — e o suposto perigo do "governo de juízes" — proposto por Alcindo Gonçalves (Políticas públicas e a ciência política. *Políticas públicas*. Reflexões sobre o conceito jurídico, p. 93-96).

[689] *Democracia, jueces y control de la Administración*, p. 82-87.

[690] *Ibidem*, p. 88.

[691] Neoconstitucionalismo, direito fundamentais e controle das políticas públicas. *Revista Diálogo Jurídico*, n. 15, p. 2-5.

CONTROLE JUDICIAL DA DISCRICIONARIEDADE ADMINISTRATIVA NO ATO POLÍTICO E NAS POLÍTICAS PÚBLICAS | 325

ideia de que todos os ramos do direito devem ser compreendidos e interpretados de acordo com a Constituição — e as políticas públicas e o controle judicial, diz a autora, inserem-se na concretização técnica destas noções de normatividade, superioridade e centralidade. Do segundo grupo destacam-se a incorporação, na Constituição, de valores e opções políticas e a expansão de conflitos específicos e gerais entre as opções normativas — mas os valores e opções políticas fundamentais inseridos na Constituição caracterizam o *consenso mínimo* que restaria fora da discricionariedade política ordinária.

Sumaria:

> Visualize-se novamente a relação existente entre os vários elementos que se acaba de expor: (i) a Constituição estabelece como um de seus fins essenciais a promoção dos direitos fundamentais; (ii) as políticas públicas constituem o meio pelo qual os fins constitucionais podem ser realizados de forma sistemática e abrangente; (iii) as políticas públicas envolvem gasto de dinheiro público; (iv) os recursos públicos são limitados e é preciso fazer escolhas; "logo" (v) a Constituição vincula as escolhas em matérias de políticas públicas e dispêndio de recursos públicos.[692]

A explanação da autora serve-nos como pertinente introdução à identificação do que, em nosso entender, são os dois principais argumentos favoráveis ao controle judicial das políticas públicas: a *teoria do núcleo essencial do direito fundamental* e o *princípio da máxima efetividade das normas constitucionais*.

Pois se devemos reconhecer que as normas constitucionais não são simples recomendações políticas, mas comandos imperativos que se impõem no ápice e no centro do sistema jurídico, e que não se reduzem a prescrever competências, mas externam os valores juridicamente definidos como um "consenso mínimo" do que deve ser cumprido pelo Estado, então há a necessidade de percebermos de que *algo* e *em alguma medida mínima* é exigível judicialmente contra o próprio Estado em caso de descumprimento dos comandos constitucionais.

Tratemos, então, do primeiro argumento: a *teoria do núcleo essencial do direito fundamental*. Mas antes de cuidarmos do *núcleo essencial* devemos esclarecer a definição que adotamos de *direito fundamental*, e sobretudo a espécie de direito fundamental que mais interessa no estudo das políticas públicas, o *direito a prestações*.

---

[692] *Ibidem*, p. 12.

Em digressão ímpar, J. J. Gomes Canotilho ensina, antes de tudo, que os "[...] os direitos fundamentais são-no, enquanto tais, na medida em que encontram reconhecimento nas constituições e deste reconhecimento se derivem conseqüências jurídicas".[693] Mas a categoria de "fundamentalidade" — no que o jurista lusitano acompanha a doutrina de Robert Alexy — justifica-se por uma "especial dignidade de protecção dos direitos" que acontece em dois sentidos: um formal, e outro material. A *fundamentalidade formal* associa-se aos seguintes aspectos: *a)* as normas que consagram direitos fundamentais estão em um grau superior da ordem jurídica; *b)* como normas constitucionais são submetidas a procedimentos mais rígidos de revisão; *c)* por serem direitos fundamentais muitas vezes apresentam limites materiais à própria revisão; *d)* são normas de imediata vinculação dos Poderes públicos, e por isso constituem "[...] parâmetros materiais de escolhas, decisões, acções e controlo, dos órgãos legislativos, administrativos e jurisdicionais [...]".[694] E a *fundamentalidade material* encontra-se no conteúdo dos direitos fundamentais como decisivo na constituição das estruturas básicas do Estado e da sociedade — o que permite suporte, inclusive, para: I. A abertura da constituição a outros direitos, também materialmente fundamentais, mas não constitucionalizados sob o aspecto formal; II. A aplicação do regime jurídico próprio da fundamentalidade formal a estes direitos apenas materialmente constitucionais. Por isso, aliás, que a doutrina denomina de *cláusula aberta*, ou de *princípio da não tipicidade*, ou ainda de *norma com 'fattispecie' aberta* os direitos fundamentais.[695]

---

[693] CANOTILHO, J. J. Gomes. *Direito constitucional e teoria da Constituição*, p. 377 et seq. Ingo Wolfgang Sarlet esclarece a evolução histórica dos direitos fundamentais: "Os direitos fundamentais, ao menos no âmbito de seu reconhecimento nas primeiras Constituições escritas, são o produto peculiar (ressalvado certo conteúdo social característico do constitucionalismo francês), do pensamento liberal-burguês do século XVIII, de marcado cunho individualista, sugerindo e afirmando-se como direitos do indivíduo frente ao Estado, mais especificamente como direitos de defesa, demarcando uma zona de não-intervenção do Estado e uma esfera de autonomia individual em face de seu poder. [...] Assumem particular relevo no rol desses direitos, especialmente pela sua notória inspiração jusnaturalista, os direitos à vida, à liberdade, à propriedade e à igualdade perante a lei. [...]" (*A eficácia dos direitos fundamentais*, p. 55-56).

[694] CANOTILHO, J. J. Gomes. *Direito constitucional e teoria da Constituição*, p. 379.

[695] CANOTILHO, J. J. Gomes. *Direito constitucional e teoria da Constituição*, p. 379. Lógico que o problema que surge é "[...] o de saber como distinguir, dentre os direitos sem assento constitucional, aqueles com dignidade suficiente para serem considerados fundamentais. *A orientação tendencial de princípio é a de considerar como direitos extraconstitucionais materialmente fundamentais os direitos equiparáveis pelo seu objecto e importância aos diversos tipos de direitos formalmente fundamentais*" (*Ibidem*, p. 404).

CONTROLE JUDICIAL DA DISCRICIONARIEDADE ADMINISTRATIVA NO ATO POLÍTICO E NAS POLÍTICAS PÚBLICAS | 327

Com essas considerações é que adotamos a definição proposta por Ingo Wolfgang Sarlet:

> Direitos fundamentais são, portanto, todas aquelas posições jurídicas concernentes às pessoas, que, do ponto de vista do direito constitucional positivo, foram, por seu conteúdo e importância (fundamentalidade em sentido material), integradas ao texto da Constituição e, portanto, retiradas da esfera de disponibilidade dos poderes constituídos (fundamentalidade formal), bem como as que, por seu conteúdo e significado, passam lhes ser equiparados, agregando-se à Constituição material, tendo, ou não, assento na Constituição formal (aqui considerada a abertura material do Catálogo).[696]

Com este brevíssimo esclarecimento, compete-nos observar que além das clássicas *liberdades* (os *direitos individuais*) que historicamente contribuíram para a formação do Estado de Direito e a elaboração da doutrina dos direitos fundamentais — como o direito de ir e vir, o de liberdade de expressão, o de apenas ser obrigado a fazer ou deixar de fazer algo em virtude de lei, entre tantos outros —, além destes direitos que impõem ao Estado um dever de abstenção, uma dimensão negativa, o Estado Social e Democrático de Direito acolhe, ainda, outros direitos fundamentais que se qualificam como deveres de ação por parte do Poder Público — ou, pela perspectiva do administrado, verdadeiros *direitos a prestações*.

É o caso, por exemplo, da saúde[697] que é determinada como um direito de todos e dever do Estado (art. 196 da Constituição Federal), tal como a educação (art. 205), dentre tantos outros compromissos sociais assumidos como deveres de proteção, fomento, acesso e/ou incentivo pelo próprio Estado, a exemplo da cultura (art. 215), da ciência e tecnologia (art. 218), do meio ambiente (art. 225), das crianças e adolescentes (art. 227), entre vários outros.[698]

---

[696] SARLET, Ingo Wolfgang. *A eficácia dos direitos fundamentais*, p. 91.

[697] Sobre a evolução da saúde enquanto categoria jurídica, ensina-nos Giselle Nori Barros: "Somente com a promulgação da Constituição Federal de 1988 a saúde foi elevada à condição de direito fundamental do cidadão. As Constituições do Brasil de 1890, 1934, 1937, 1946 e 1967 não trataram da saúde na forma universal, tendo, inclusive, confundido a assistência à saúde com assistência social" (*O dever do Estado no fornecimento de medicamentos*, p. 57).

[698] E vale acrescer a possibilidade de ainda outros *direitos análogos* ou *direitos implícitos*, como já tivemos a oportunidade de registrar no capítulo 3 ao citarmos as lições de Ingo Wolfgang Sarlet. Mas é pertinente a lembrança, neste átimo, de outro trecho da obra deste autor que bem esclarece o tema: "Diversa também é a atuação do intérprete quando se trata da identificação de direitos fundamentais não-escritos, mais especificamente, dos assim denominados direitos implícitos ou decorrentes do regime e dos princípios. Na primeira

São *direitos sociais* que, como enfatiza Marília Lourido dos Santos,[699] exigem prestações positivas. Por isso que se denominam de *direitos a prestações* ou, como o faz Marco Maselli Gouvêa,[700] *direitos prestacionais*, pois dependem, no mais das vezes, de um comportamento positivo — de *ação* — por parte do Poder Público. Como ressalta este último autor, enquanto os bens que são tratados pelos direitos de primeira geração já pertencem aos seus titulares como prerrogativas inerentes à pessoa, os direitos sociais relacionam-se a "[...] bens cuja possibilidade de aquisição ou cujo valor depende da inserção da pessoa humana na sociedade".[701]

Por isso, muitos dos *direitos sociais* são *direitos a prestações* (ou *direitos prestacionais*), pois são "[...] direitos a prestações estatais positivas".[702]

---

hipótese, cuida-se de analisar se determinada posição jurídica, por subentendida em alguma norma expressa do catálogo constitucional, pode ser tida como abrangida pelo seu âmbito de proteção, considerando-se assim implicitamente nele contida. Neste caso, conforme frisado alhures, há que ter em mente que a hipótese de se incluir certa posição no campo de abrangência de determinada norma de direito fundamental não equivale à criação propriamente dita de um novo direito, mas sim, à definição (ou redefinição) do campo de incidência de um direito fundamental já consagrado na Constituição, ampliando o seu âmbito de proteção. Esta solução, salvo melhor juízo, se harmoniza com a sistemática adotada pela nossa Carta, além de não conflitar necessariamente com as limitações traçadas pelos princípios da separação de poderes e do Estado de Direito. Todavia, não há como deixar de considerar que a noção de direitos implícitos, tomada em sentido amplo e não restrita aos direitos subentendidos nas normas definidoras de direitos e garantas, inclui os direitos decorrentes do 'regime' e dos 'princípios' consagrados pela nossa Constituição. Aqui, conforme demonstrado alhures, exercendo plenamente sua competência criativa, o intérprete atua na 'construção jurisprudencial do direito', revelando os direitos fundamentais que se encontram em estado latente em nossa Carta e que podem ser deduzidos diretamente do regime (democracia social) nela consagrado e dos princípios fundamentais que informam a ordem constitucional (art. 1º a 4º)" (*A eficácia dos direitos fundamentais*, p. 163-164).

[699] *Interpretação constitucional no controle judicial das políticas públicas*, p. 73-74.

[700] Balizamentos da discricionariedade administrativa na implementação dos direitos econômicos, sociais e culturais. *Discricionariedade administrativa*, p. 311.

[701] *Ibidem*, p. 323.

[702] *Ibidem*, p. 324. Que deixemos claro, como o faz Marco Maselli Gouvêa, que "Nem todo direito social é direito prestacional — o direito à greve, traduzindo-se numa liberdade pública, é antes um direito à omissão do Estado e dos empregadores, que não devem obstaculizá-lo. Alguns direitos, como a acessibilidade dos portadores de deficiência e certos direitos solidarísticos ou de terceira geração (direitos titularizados pela sociedade em conjunto; por exemplo, o direito ao prévio estudo de impacto ambiental, antes da aprovação de determinada obra), embora possam assumir o aspecto de direitos prestacionais, não são direitos sociais. A importância de se mencionar a categoria dos direitos prestacionais num estudo direcionado aos direitos sociais deflui da constatação de que a maior parte dos obstáculos enfrentados à implementação dos direitos sociais, em virtude da discricionariedade administrativa, na realidade se dirige aos direitos prestacionais. Direitos sociais oponíveis a particulares, ou que dependam de abstenções do poder público, não apresentam tanta dificuldade em sua sindicação. Tormentosa, isto sim, é a implementação de direitos prestacionais, ainda que tipicamente de primeira geração — como a plena acessibilidade de deficientes físicos aos prédios públicos, ou o aparelhamento de penitenciárias" (GOUVÊA, *Ibidem*, p. 323-324).

CONTROLE JUDICIAL DA DISCRICIONARIEDADE ADMINISTRATIVA NO ATO POLÍTICO E NAS POLÍTICAS PÚBLICAS | 329

Pois é nesta dimensão dos *direitos a prestações*[703] contra o Estado, que muitas vezes decorrem de *direitos sociais*, e outras não poucas de *direitos individuais*, mas que são sempre — os *direitos sociais* e os *direitos individuais* — verdadeiros *direitos fundamentais*, que se apresenta de inestimável valia a *teoria do núcleo essencial dos direitos fundamentais*.

Compreendamos como *núcleo essencial* de um direito fundamental o mínimo necessário a ser realizado pelo Estado para o reconhecimento do próprio valor que se almejou resguardar juridicamente. Se o Estado admitiu a necessidade de reconhecer a "propriedade" como um bem a ser protegido, se assim o fez ao prever na Constituição o direito à propriedade, não pode a pretexto de lei ordinária traçar o perfil jurídico da propriedade, proibir absolutamente qualquer construção sobre os terrenos. Uma situação é a determinação dos limites de altura, de recuo, de área construída em relação à área do terreno, e outra — completamente conflitante com o anúncio prescritivo na Constituição de proteção à propriedade — é impedir qualquer espécie, e em qualquer dimensão, de construção. Se um *núcleo mínimo*, um *núcleo essencial* do próprio *valor (bem)* escolhido pelo direito para a devida proteção não for assegurado, há um conflito lógico interno, um conflito lógico no próprio texto normativo.

Por conseguinte, não pode a Administração Pública, ao pretender exercer o seu *espaço legítimo* de discricionariedade administrativa (5.4 e 7.2), solapar o *núcleo essencial* do direito fundamental que lhe exige uma prestação positiva em favor do administrado.

Em breve síntese de Marco Maselli Gouvêa, "Consiste o mínimo existencial de um complexo de interesses ligados à preservação da vida, à fruição concreta da liberdade e à dignidade da pessoa humana".[704] Claro

---

[703] Ingo Wolfgang Sarlet assim distingue os *direitos de defesa* dos *direitos sociais prestacionais*: "Já se assentou, neste contexto, que, enquanto os direitos de defesa se identificam por sua natureza preponderantemente negativa, tendo por objeto abstenção do Estado, no sentido de proteger o indivíduo contra ingerências na sua autonomia pessoal, os direitos sociais prestacionais (portanto, o que está em causa aqui é precisamente a dimensão positiva, que não exclui uma faceta de cunho negativo) têm por objeto precípuo conduta positiva do Estado (ou particulares destinatários da norma), consistente numa prestação de natureza fática. Enquanto a função precípua dos direitos de defesa é a de limitar o poder estatal, os direitos sociais (como direitos a prestações) reclamam uma crescente posição ativa do Estado na esfera econômica e social. Diversamente dos direitos de defesa, mediante os quais se cuida de preservar e proteger determinada posição (conservação de uma situação existente), os direitos sociais de natureza positiva (prestacional) pressupõem seja criada ou colocada à disposição a prestação que constitui seu objeto, já que objetivam a realização da igualdade material, no sentido de garantirem a participação do povo na distribuição pública de bens materiais e imateriais" (*A eficácia dos direitos fundamentais*, p. 299-300).

[704] GOUVÊA, Marco Maselli. Balizamentos da discricionariedade administrativa na implementação dos direitos econômicos, sociais e culturais. *Discricionariedade administrativa*, p. 364.

que valem, ainda, as advertências do mesmo autor de que o "mínimo existencial" não deve ser compreendido apenas como um "mínimo vital" que se restringe às condições para a mera sobrevivência, mas deve alcançar a "existência condigna".[705] E como esclarece em outra obra o mesmo autor,

> [...] deve-se sempre procurar recolher um conteúdo mínimo, não lingüístico, mas jurídico. A chave para definição deste conteúdo mínimo é, precisamente, a noção de direito fundamental. Na medida em que a opinião pública, a comunidade jurídica e, por vezes, até o próprio Estado — Administração, em documentos seus, reconhecem a essencialidade de uma determinada prestação (no campo do direito à saúde, o fornecimento de medicamentos para Aids consagrados pelo protocolo médico), torna-se injustificável a não-concessão desta prestação sob o argumento de falta de clareza do diploma legal.[706]

Esta orientação — de preservação do núcleo essencial dos direitos fundamentais — de fato reverbera por significativa doutrina estrangeira, como em Portugal com J. J. Gomes Canotilho,[707] António Francisco de Sousa[708] e Jorge Miranda, este último ao defender que o "conteúdo essencial" de todos os direitos deve ser sempre assegurado "[...] e só o que estiver para além dele poderá deixar ou não de o ser em função do juízo que o legislador vier a emitir sobre sua maior ou menor relevância dentro do sistema constitucional e sobre as suas condições de efectivação".[709]

Ou ainda na Espanha com Mariano Bacigalupo[710] ao explicitamente declarar-se afiliado à doutrina alemã da *essencialidade* que impõe uma dupla dimensão ao princípio da legalidade: uma formal que é a exigência de uma classe normativa, e outra material que é a exigência de certa *densidade regulamentar da lei*, isto é, que haja pela lei

---

[705] *Ibidem*, p. 368. Similar é a doutrina de Juarez Freitas: "[...] os atos administrativos passam a ser controláveis sob o influxo do 'direito administrativo', em harmonia com a afirmação crescente do 'núcleo essencial dos direitos fundamentais, numa ordem mais justa e consagrada à segurança jurídica" (*Discricionariedade administrativa e o direito fundamental à boa Administração Pública*, p. 51).

[706] GOUVÊA, Marco Maselli. *O controle judicial das omissões administrativas*, p. 247.

[707] *Direito constitucional e teoria da Constituição*, p. 338-339.

[708] *Conceitos indeterminados no Direito Administrativo*, p. 231.

[709] MIRANDA, Jorge. Regime específico dos direitos econômicos, sociais e culturais. In: *Discricionariedade administrativa*, p. 299. Por isso é que, para o autor, os órgãos de decisão política gozam de uma "relativa margem de liberdade" na conformação dos direitos, mas nunca de uma liberdade total.

[710] *La discrecionalidad administrativa*, p. 79-80.

CONTROLE JUDICIAL DA DISCRICIONARIEDADE ADMINISTRATIVA NO ATO POLÍTICO E NAS POLÍTICAS PÚBLICAS | 331

um conteúdo mínimo, uma densidade suficiente. O autor anota[711] que o Tribunal Constitucional Federal alemão, desde a década de noventa do século passado, tem adotado o critério da *intensidade de afetação dos direitos fundamentais* — já usado para graduar o alcance da intensidade do princípio da reserva de lei em razão da *teoria da essencialidade* — como critério para o controle judicial da atividade administrativa. Quanto mais fundamental for o bem jurídico comprometido, maior deve ser a intensidade do controle judicial, ou por outro ângulo, menor será a *margem de apreciação*.

Em suma, a Administração Pública não pode — porque sequer é facultado ao Legislativo — deixar de cumprir o *núcleo essencial* de um *direito à prestação* se este direito qualifica-se como *direito fundamental*. Se ao legislador é interdito reduzir ou afligir o cerne do valor que a Constituição pretendeu assegurar, por muito mais razão não pode o administrador — que deve cumprir as normas constitucionais e a legislação infraconstitucional — recusar-se a cumprir, ou cumprir diversamente o ordenamento jurídico no que se refere, sobretudo, à essência do direito fundamental.[712]

E quanto ao segundo argumento favorável ao controle judicial, o *princípio da máxima efetividade das normas constitucionais*, trata-se de um reforço à ideia de autoaplicabilidade dos direitos fundamentais. Como define J. J. Gomes Canotilho,

> [...] a uma norma constitucional deve ser atribuído o sentido que maior eficácia lhe dê. Trata-se de um "princípio operativo" de todas normas constitucionais, e invocado sobretudo no âmbito dos direitos fundamentais: no caso de dúvida, deve-se dar maior eficácia aos direitos fundamentais.[713]

---

[711] *Ibidem*, p. 27 *et seq.*

[712] É com fundamento no *direito fundamental à boa Administração Pública* que Juarez Freitas assevera que há a vinculação da Administração Pública: "[...] e a liberdade é deferida somente para que o bom administrador desempenhe de maneira exemplar suas atribuições" (*Discricionariedade administrativa e o direito fundamental à boa Administração Pública*, p. 41). E Luís Roberto Barroso, embora proponha restrições ao controle das políticas públicas por ações individuais, admite que "O Judiciário deverá intervir sempre que um direito fundamental — ou infraconstitucional — estiver sendo descumprido, especialmente se vulnerado o mínimo existencial de qualquer pessoa" (Da falta de efetividade à judicialização excessiva: direito à saúde, fornecimento gratuito de medicamentos e parâmetros para a atuação judicial. *Revista Interesse Público*, n. 46, p. 40).

[713] CANOTILHO, J. J. Gomes. *Direito constitucional e teoria da Constituição*, p. 1224.

Em específica aplicação ao *direito à prestação*, Marcos Maselli Gouvêa[714] destaca que este princípio significa que "alguma prestação" deve ser oferecida quando a Constituição Federal não estabelece um patamar de qualidade da prestação. Em termos similares, encontramos Marília Lourido dos Santos.[715]

Isto é, se rege a hermenêutica constitucional a preocupação de dar-se a *máxima efetividade* possível às normas constitucionais, se dentre as normas as que mais clamam por esta intelecção são os direitos fundamentais, e se em relação a estes é pacífica a compreensão de que um mínimo, de que o *núcleo essencial* deve ser realizado, então todo direito fundamental que representa um *direito à prestação* contra o Estado deve gerar, em alguma medida, o dever de concreta realização por parte da Administração Pública — o que franqueia o controle judicial para assegurar o cumprimento desta situação jurídica.

No próximo tópico pretendemos trabalhar com o que vimos aqui e no tópico precedente, e com o que desenvolvemos durante todo este estudo,[716] com o fim de sinalizarmos algumas soluções possíveis a identificar o *núcleo essencial* ao qual se deve dar *máxima efetividade*, o que pode importar, em caso de recalcitrância da Administração Pública, em haver o correspondente controle judicial.

Mas antes de encerramos, uma última consideração — embora se encontre implícita à nossa exposição — deve ser feita: não acompanhamos a doutrina que propugna restringir o controle judicial das

---

[714] *O controle judicial das omissões administrativas*, p. 63; 98 *et seq.*

[715] *Interpretação constitucional no controle judicial das políticas públicas*, p. 127. De um modo geral, a autora defende a interpretação fundada em "[...] postulados hermenêuticos de cunho mais substancial, isto é, princípios interpretativos de caráter substantivo" (*Ibidem*, p. 173) — e por todo o seu trabalho exemplifica com diversos julgados que se apoiam nos princípios da proporcionalidade, da interpretação conforme, da máxima efetividade entre outros.

[716] Pois é certo que os argumentos vistos (8.3.1 e 8.3.2) não podem ser considerados isoladamente. Como reconhece Marco Maselli Gouvêa, "É inegável que a comunidade jurídica e o legislador político levam em conta, ainda que nem sempre de modo declarado, as possibilidades econômicas da sociedade no momento em que reconhecem a uma determinada aspiração o caráter jusfundamental. Este fator, entretanto, não é o único tomado em conta; existem envolvidos aspectos morais (normalmente preponderantes), históricos, lógicos, psicológicos; em suma, uma infinidade de variáveis que levam ao reconhecimento de um determinado princípio jusfundamental. Se após o sopesamento de todos estes fatores reconhece-se um direito fundamental, não será mais a impossibilidade circunstancial de sua implementação que o despirá deste predicado, já que a auto-aplicabilidade, assim como os demais atributos mencionados nesta Seção, é conseqüência e pressuposto hipotético (como a pré-estatalidade), e não condição para reconhecimento de direitos fundamentais. Portanto, o que resta da auto-aplicabilidade, quando cotejada como condicionamento representado pela reserva do possível, é o predicado de prioridade" (*O controle judicial das omissões administrativas*, p. 249-250).

políticas públicas às ações coletivas. É o que defende Fábio Konder Comparato:

> [...] como o direito a uma prestação estatal positiva supõe uma relação direta do titular com o Estado, tropeça-se, inevitavelmente, com o obstáculo pragmático de que, salvo em raras hipóteses [...] o ordenamento jurídico não cria pretensão e ação individual do particular contra os Poderes Públicos, para a realização desses direitos.[717]

Não nos alinhamos a esta corrente porque não lobrigamos, por uma leitura tópico-sistemática da Constituição Federal, qualquer razão a *restringir* o sopesar de princípios jurídicos com a condicionante a que os sujeitos individualmente lesados sejam representados coletivamente. A defesa da *dignidade da pessoa humana*, a defesa *de cada indivíduo* não pode submeter-se à concordância e atividade de uma entidade ou órgão que represente toda a sociedade — até mesmo porque, para além de não existir esta restrição constitucional, cada pretensão contém elementos próprios que podem não ser alcançados por uma ação coletiva.[718]

9.3.3 Soluções possíveis

Anotadas, nos tópicos precedentes, as teses contrárias e favoráveis ao controle judicial das políticas públicas, sem prejuízo de algumas conclusões que adiantamos — as objeções que fizemos acerca da teoria das reservas do possível como argumento suficiente, o reforço que envidamos junto às teses favoráveis ao controle —, sem prejuízo

---

[717] Fábio Konder Comparato, O Ministério Público na defesa dos direitos econômicos, sociais e culturais. *Estudos de direito constitucional em homenagem a José Afonso da Silva*, p. 249. Em outra passagem, torna a dizer que "[...] os titulares dos direitos econômicos, sociais e culturais são, prioritariamente, classes ou grupos despidos de poder econômico ou político significa reconhecer que esses direitos correspondem a interesses transindividuais, de natureza difusa ou coletiva. Sua defesa, em juízo ou fora dele, por conseguinte, não pode ser deixada à livre iniciativa dos seus titulares, mas implica, necessariamente, a intervenção do Estado e a atuação de associações de interesse público na qualidade de partes substitutas" (*Ibidem*, p. 252-253). Com alcance mais modesto, pois admite o controle judicial de políticas públicas de saúde — especificamente, o fornecimento de medicamentos — por ações individuais no caso de medicamentos constantes das listas elaboradas pelo Poder Público, é a doutrina de Luís Roberto Barroso. Defende ele, no entanto, que os remédios que não constam em tais listas apenas podem ser objeto de ações coletivas (Da falta de efetividade à judicialização excessiva: direito à saúde, fornecimento gratuito de medicamentos e parâmetros para a atuação judicial. *Interesse Público – IP*, n. 46, p. 54 *et seq.*).

[718] Vale, a propósito, lembrar a reflexão de Carlos Ayres Britto: "Até porque é muito fácil, muito cômodo, muito conveniente dizer que se ama o sujeito universal que á a humanidade inteira. Difícil, ou melhor, desafiador é amar o sujeito individual que é cada um de nós encarnado e insculpido" (*O humanismo como categoria constitucional*, p. 53).

das conclusões que adiantamos, a seguir propomos algumas soluções possíveis.

Num primeiro átimo, formulamos algumas conclusões que pretendem, por meio do procedimento de ponderação da teoria dos princípios (7.2), resolver alguns conflitos com o cotejo dos argumentos contrários e favoráveis ao controle (9.3.3.1). Em seguida, enfatizamos algumas situações que parecem ser recorrentes, como as políticas públicas já implementadas (9.3.3.2), e por último sugerimos o modo como as tutelas judiciais podem solucionar o conflito (9.3.3.3).

Em suma, depois de termos visto *o porquê* da possibilidade de controle judicial das políticas públicas (9.3.1 e 9.3.2), em seguida cuidamos de *quando* o controle deve ocorrer (9.3.3.1 e 9.3.3.2) e *como* deve realizar-se (9.3.3.3), e para este fim os paradigmas ao controle judicial da discricionariedade administrativa – racionalidade da decisão administrativa (8.1), ônus da argumentação dos atores processuais (8.2) e o tempo de omissão da Administração Pública (8.3) – estão presentes enquanto recursos eficazes a orientar a solução dos conflitos.

9.3.3.1   Primeiras conclusões

É certo, e ninguém há de discordar, que existem limites materiais — de recursos financeiros, de pessoal e de tecnologia — à plena e irrestrita construção de uma sociedade livre, justa e solidária (art. 3º, I, da Constituição Federal), à erradicação da pobreza (inciso III), como é certo que de um modo global, totalizante, as leis orçamentárias apontam o máximo dos recursos financeiros possíveis, e que igualmente é certo que a execução material *a priori* das políticas públicas compete ao Poder Executivo.

Todavia, o extremo oposto não se justifica. Não há como recusar a concretização do incontrastável mínimo que represente os primeiros passos a caminho de uma sociedade livre, justa e solidária, do que conduz — apesar de ainda muito, muito longe — a erradicar a pobreza. Por mais deficitários que sejam os recursos materiais, por mais parca que seja a previsão financeira em leis orçamentárias, se a Administração Pública não atende ao menos o *mínimo essencial* dos *direitos fundamentais* o Judiciário deve intervir e determinar a realização da política pública correspondente.

O *mínimo essencial* de um *direito fundamental*, pelo *princípio da máxima efetividade das normas constitucionais*, caracteriza — como, aliás, o próprio termo define-se — o *mínimo* a ser feito independentemente de qualquer planejamento e ideário político. Se tratamos, portanto, de *direitos às prestações* (de *direitos sociais* que exigem uma postura ativa da Administração Pública) que se qualificam como direitos fundamentais, não há escusa ao desatendimento do que representa o próprio valor escolhido pela Constituição como bem a ser assegurado, não há desculpa, em suma, ao descumprimento do que minimamente preenche e justifica o próprio valor juridicamente consagrado.

Por conseguinte, em princípio, o *mínimo essencial* de todo e qualquer direito fundamental, sobretudo quando se apresentar como um *direito à prestação* do Estado, deve ser oferecido sob pena de haver o controle judicial para recompor a ordem jurídica e assegurar, ao menos pelo *mínimo* do valor anunciado na norma, algum sentido à *máxima* efetividade que deveria ter.

Deste modo, toda política pública submete-se ao controle judicial dos seus pressupostos e/ou elementos vinculados, como a competência ou o sujeito (5.2.1), o motivo de fato (5.2.4), a motivação (5.2.5) e a finalidade (5.2.7), e esta de acordo com a teoria do desvio de finalidade (7.1).

O suposto *espaço legítimo* da discricionariedade administrativa da política pública deve ser *confirmado* ou *infirmado* tanto em análise do âmbito normativo (4) — se a lei ou a emenda constitucional estão em conformidade com a Constituição — como do exercício da função administrativa em relação ao momento de ação (5.2.1), à forma, aos requisitos procedimentais, à formalização (5.2.2), ao objeto, ao conteúdo (5.2.3) e ao motivo de direito (5.2.4).

Os paradigmas ao controle judicial da discricionariedade administrativa – racionalidade da decisão administrativa (8.1), ônus da argumentação dos atores processuais (8.2) e tempo de omissão da Administração Pública (8.3) – são essenciais à compreensão do caso concreto e à justa (adequada) confrontação dos argumentos contrários e favoráveis à intervenção judicial.

As *escolhas* junto ao *espaço legítimo* da discricionariedade adminis-trativa, isto é, em relação ao momento de ação (5.2.1), à forma, aos requisitos procedimentais, à formalização (5.2.2), ao objeto, ao conteúdo (5.2.3) e ao motivo de direito (5.2.4), devem externar, como primeira condição de legitimidade, *racionalidade.* O ônus da argumentação dos atores processuais refere-se ao dever que se atribui a cada parte do processo judicial de articular argumentos e fundamentos jurídicos de modo claro, preciso e intimamente enraizado com a situação fenomênica da qual se sustenta decorrer determinada qualificação jurídica. O *procedimento de ponderação* da teoria dos princípios, uma vez mais, revela-se uma ferramenta de inestimável importância para a averiguação deste *espaço legítimo* da discricionariedade administrativa da política pública – instrumento de cotejamento das *reservas do possível* com o *mínimo essencial* dos direitos fundamentais de modo a conferir, aos direitos fundamentais, a *máxima efetividade* possível. Pois a ponderação pelo *argumento de princípio* permite o *mandamento de otimização*, é dizer, o dever *prima facie* de que o *direito à prestação* de realização de um *direito fundamental* aconteça na melhor medida possível (7.2). Por meio do *procedimento de ponderação*, e tendo em conta os argumentos favoráveis ao controle judicial das políticas públicas (9.3.2), temos condição de notar, diante de um *caso concreto*, que o grau do não cumprimento ou prejuízo do princípio da prévia dotação orçamentária em lei é inequivocamente justificável diante da *comprovação* de importância, por exemplos, do cumprimento do princípio da universalização da saúde (art. 196 da Constituição Federal) ou do princípio da absoluta prioridade de proteção à criança e ao adolescente (art. 227).

Destacamos, no parágrafo anterior, o termo "caso concreto" e a palavra "comprovação" porque apenas diante de uma real situação de conflito é que podemos aferir se existe — e então justifica a intervenção judicial — a demonstração de que o direito à prestação que é solicitado realmente atende à efetivação do mínimo essencial do direito fundamental.

Por "caso concreto" significa dizer, ainda, que a *racionalidade da decisão administrativa* apenas se realiza se os fundamentos e argumentos jurídicos ecoam na situação individualizada (fato) que dá suporte ao pedido, significa dizer que as partes devem atentar para o *ônus da argumentação* que se lhe é imputado (e esperado). Retomando exemplo do capítulo anterior, se quem demanda postula o fornecimento de determinado medicamento, compete-lhe esclarecer e comprovar sua doença, a pertinência da medicação solicitada para o tratamento, a razão pela qual especificamente aquele princípio ativo foi-lhe prescrito. A Administração Pública, em defesa, não pode abstratamente discorrer sobre a reserva do possível, a separação dos Poderes, contar a história da revolução francesa, mas deve conectar seus argumentos e fundamentos à vida real que se apresenta no processo, deve dizer, portanto, por que entende que o outro medicamento que oferece, disponibiliza em alternativa, seria suficiente ao autor, e não o que foi particularmente prescrito, sobretudo quando em relatório médico se narra a tentativa anterior de utilizar, sem sucesso, a medicação preferencialmente disponibilizada na rede pública de saúde; deve a Administração Pública esclarecer em qual medida *concreta* o atendimento ao pedido do autor compromete o planejamento previsto nas leis orçamentárias.

CONTROLE JUDICIAL DA DISCRICIONARIEDADE ADMINISTRATIVA NO ATO POLÍTICO E NAS POLÍTICAS PÚBLICAS | 337

Exemplificamos ainda com outras situações: em uma ação em que o cidadão postula o fornecimento de remédios para o tratamento da AIDS e o Poder Público recusa-se sob os argumentos da teoria das reservas do possível temos a *comprovação* de que o *mínimo* representativo da saúde, da vida digna, pode ser garantido com o fornecimento, pelo Estado, dos respectivos medicamentos, pois se cuida de tratamento de reconhecido valor científico, de aceitação francamente majoritária pela medicina mundial, de validação e reconhecimento da importância científica pelos próprios órgãos do Governo. Portanto, acertadas são as decisões judiciais que exercem este *procedimento de ponderação* para reconhecer, diante da *comprovação* de valor científico do tratamento da AIDS, que o *mínimo essencial* do direito à vida e à saúde — à vida digna — realiza-se com o respectivo tratamento e, por isso, justifica a preterição de outras normas que veiculam valores que, no caso concreto, não podem ser priorizados.[719]

Faltaria racionalidade na decisão administrativa de recusa ao fornecimento do medicamento sob a invocação genérica, e meramente teórica, dos argumentos contrários ao controle das políticas públicas porque desconsideraria informações científicas relevantes, seria uma decisão pautada em conceitos abstratos, digressões teóricas desconectadas da realidade. Recorde-se que quanto mais densa, fundamentada e contextualizada com a realidade fenomênica for a decisão administrativa, menor a possibilidade de intervenção judicial; em contrapartida, o inverso franqueia alcance maior das decisões judiciais sobre as deliberações da Administração Pública.

---

[719] Especificamente sobre o direito à saúde Ingo Wolfgang Sarlet assevera: "O que se pretende realçar, por ora, é que, principalmente no caso do direito à saúde, o reconhecimento de um direito originário a prestações, no sentido de um direito subjetivo individual a prestações materiais (ainda que limitadas ao estritamente necessário para a proteção da vida humana), diretamente deduzido da Constituição, constitui exigência inarredável de qualquer Estado (social ou não) que inclua nos seus valores essenciais a humanidade e a justiça" (*A eficácia dos direitos fundamentais*, p. 346). E convém registrarmos que não nos parece poder prevalecer a proposta de Luís Roberto Barroso sobre a definição de critérios para a repartição de competências entre os entes federativos no que toca à distribuição de medicamentos. É que o ilustre autor, embora reconheça a competência concorrente entre União, Estados, Distrito Federal e municípios, propõe que a Portaria 3.916/98, do Ministério da Saúde, seja a referência quanto à definição de quem deve fornecer cada medicamento (Da falta de efetividade à judicialização excessiva: direito à saúde, fornecimento gratuito de medicamentos e parâmetros para a atuação judicial. *Interesse Público – IP*, n. 46, p. 44-45). Parece-nos ser juridicamente inapropriado que uma Portaria exclua a responsabilidade e a competência, prescritas na Constituição, de alguns entes federativos (a União e os Estados devem responder apenas pelos medicamentos de "caráter excepcional") — pois se já seria questionável a possibilidade de *lei* proceder a esta repartição, não nos parece haver dúvida sobre a impossibilidade de uma Portaria — por ofensa ao princípio da legalidade (art. 37, *caput*, da Constituição Federal) — fazê-lo.

Diferente seria do pedido de que o Estado custeasse o tratamento médico, em outro país, de uma doença cujo procedimento científico de cura ou de melhor condição de sobrevivência não é ainda reconhecido pelas principais escolas de medicina do mundo. Pois os gastos com o transporte, estada, sobretudo as incertezas acerca da segurança do tratamento não *comprovam* a possível realização do princípio da universalização da saúde, não comprovam o núcleo essencial deste direito, e por isso não justificam o não cumprimento das normas e respectivas teorias que se apoiam na doutrina das reservas do possível.

Retome-se à proposta que foi adiantada no capítulo anterior e que serve ao tópico em análise: na confrontação das teses apresentadas no processo judicial não podem as partes fazer longas, quase intermináveis, explanações teóricas, desarticuladas dos fatos, discursos sobre institutos jurídicos, referências a julgados, doutrina estrangeira, história do Estado de Direito, sem se redirecionarem ao caso individual, concreto, composto com todas as suas particularidades. Agir de tal modo implica, quanto à Administração Pública, falhar com a *racionalidade da decisão administrativa* (8.1), e tanto a ela quanto ao cidadão (ou o Ministério Público em ação coletiva) ainda desprezar o *ônus de argumentação* (8.2). A história dos direitos fundamentais, ou da importância da dignidade da pessoa humana, ou da positivação destes direitos na Constituição Federal de 1988 pouco servem se não houver a preocupação, em algum momento, do demandante esclarecer, articular persuasivamente, do porquê o seu direito fundamental à vida será atendido se o Estado custear-lhe um expendioso tratamento experimental à saúde no exterior, mas sem mínimo lastro de validação científica de possibilidade de sucesso. Se o autor cumpre com o seu ônus da argumentação, à Administração Pública imputa-se o dever de igual forma não se limitar a transcrever conceitos doutrinários sobre a definição de orçamento público, ou reproduzir ideias ou textos de pensadores do Iluminismo que inspiraram as concepções de contrato social e de separação de Poderes; é preciso dizer o porquê, no caso em análise, para aquele autor na sua situação em particular, demarcada no tempo e no espaço, se o seu pedido for atendido, por que a independência do Poder Executivo restará abalada (uma vez que independência de poderes não significa soberania; ao contrário, os controles recíprocos entre os Poderes são premissas incontrastáveis e bem conhecidas), em qual medida a organização orçamentária será afetada (sobretudo diante da comum vagueza das rubricas orçamentárias e do constante recurso ao contingenciamento de verbas públicas).

Por isso nos parece merecer ressalvas a crítica feita por Luís Roberto Barroso em relação à suposta judicialização excessiva do controle das políticas públicas de saúde e o fornecimento de medicamentos. Os medicamentos experimentais ou de eficácia duvidosa e as terapias alternativas — exemplificados pelo autor — não logram êxito no procedimento de ponderação porque não são suficientes a *comprovar* a pretensão e justificar o *grave* comprometimento da teoria das reservas do possível,[720] o cidadão não cumpre – nesta hipótese – o ônus da argumentação (8.2).

O autor propõe que em relação às ações individuais deve-se observar como parâmetro à intervenção judicial que o medicamento pretendido conste nas listas elaboradas pelo Poder Público, e que apenas por ação coletiva é possível alterar as referidas listas, e ainda assim devem ser observados outros parâmetros complementares como a exigência de eficácia comprovada do medicamento (o que exclui os medicamentos e tratamentos experimentais e alternativos), deve-se optar por substâncias disponíveis no país, deve-se preferir o medicamento genérico por ser de custo mais baixo e deve-se ponderar se o medicamento é mesmo indispensável à manutenção da vida.[721]

Ora, restringir o controle judicial das ações individuais à lista elaborada pelo próprio Poder Público significa conferir uma liberdade de ação ao Executivo — contra quem, em última análise, pesará a ordem judicial — incompatível com os *deveres constitucionais*. Aceitar esta proposta doutrinária representaria estimular o destinatário do dever jurídico constitucional (e possível demandado em ação individual) a *esvaziar* sua obrigação com a escolha — sem dúvida arbitrária, pois se pautaria excessivamente na teoria das reservas do possível — do que representa o seu compromisso. Claro está que deve ser a Constituição Federal, e não a própria lista casuística elaborada pelo próprio destinatário do dever jurídico, a servir como referência na ponderação dos valores em litígio. E mesmo os outros parâmetros sugeridos pelo autor — sob a ação coletiva, mas que estendemos às ações individuais — podem e devem ser considerados. Mas não como critérios absolutos — até porque não há comando constitucional algum que os preveja —, e sim como referências e argumentos jurídicos sem dúvida alguma relevantes para a solução de cada caso concreto — como procuramos exemplificar em parágrafos acima. Isto é, são parâmetros

---

[720] Luís Roberto Barroso, Da falta de efetividade à judicialização excessiva: direito à saúde, fornecimento gratuito de medicamentos e parâmetros para a atuação judicial. *Interesse Público – IP*, n. 46, p. 32.

[721] *Ibidem*, n. 46, p. 54-61.

que servem — em ações individuais e coletivas — ao procedimento de ponderação da teoria dos princípios.

Mas decerto temos ainda outras tantas situações que reclamam a consideração de mais fatores. É o caso, por exemplo, do fornecimento de próteses. Imaginemos que após um acidente automobilístico o administrado perde uma perna. Para exercer uma vida digna, para ajustar-se à sua nova realidade, pede ao Estado que lhe disponibilize uma prótese. Qual o grau do não cumprimento ou prejuízo de cada um dos princípios em colisão, qual a comprovação exigível da importância do cumprimento do princípio que se deve prestigiar, qual a comprovação de que o cumprimento de certo princípio — o princípio em sentido contrário (7.2.1), como o princípio da universalização da saúde — justifica o não cumprimento do outro princípio (como o princípio da prévia dotação orçamentária em lei)?

Por isso que cada caso concreto fornece os elementos necessários à solução do procedimento de ponderação. Acresçamos ao exemplo mencionado que faz apenas quinze dias que houve o acidente: o não cumprimento do princípio da universalização da saúde em favor do requerente, diante da possível comprovação da necessidade de atender com os recursos existentes (reserva do possível sob o aspecto fático) outras carências mais graves da própria área da saúde, talvez justifique a denegação da Administração Pública à prestação requerida — pois, em última análise, o princípio da universalização da saúde deve ser atendido em favor de toda a sociedade. Mas se este administrado foi vítima do acidente há quatro anos, se há quase este tempo protocola periodicamente solicitações de fornecimento de prótese, então a extensa omissão que caracteriza verdadeiro desvio de finalidade (7.1.4) inverte o procedimento de ponderação das normas em colisão: há a comprovação suficiente — diante do espraiado silêncio administrativo — de que o *direito à prestação* reclamado pelo administrado deve ser atendido. O *núcleo essencial* do direito fundamental à saúde é preenchido com a inoperância da Administração Pública por largos quatro anos. Isto é, a situação torna-se passível de controle judicial que imponha à Administração Pública o dever de fornecer a prótese — sobre o meio coercitivo de cumprimento da ordem judicial, remetemos o leitor ao que defendemos no tópico 7.1.4.

Novamente, por este último exemplo, percebe-se ser fundamental exigir da Administração Pública *racionalidade* de suas decisões (8.1), e das partes em geral – cidadão e Administração Pública – que atendam às expectativas quanto ao ônus da argumentação (8.2). Mais um e último exemplo — o qual elaboramos para tratar da doutrina da

CONTROLE JUDICIAL DA DISCRICIONARIEDADE ADMINISTRATIVA NO ATO POLÍTICO E NAS POLÍTICAS PÚBLICAS | 341

"redução a zero" da discricionariedade (5.3) e do próprio procedimento de ponderação da teoria dos princípios (7.2.1): se por ação coletiva o Ministério Público requer a construção de uma Casa de Abrigo para acolher menores órfãos e em outras situações de risco, e se não existe na cidade qualquer espaço que atenda a esta finalidade, então pelo procedimento de ponderação da teoria dos princípios é-nos necessário reconhecer que resta *comprovada* a necessidade de realização dos *princípios da dignidade da pessoa humana* e *da absoluta prioridade do direito à vida e à dignidade da criança e do adolescente* (respectivamente, art. 1º, III, e 227, *caput*, da Constituição Federal), pois o *mínimo essencial* destes direitos fundamentais, como o dissemos linhas atrás, é mesmo o *mínimo* para que haja coerência e reconhecimento do *princípio da máxima efetividade* das normas constitucionais que protegem as crianças e os adolescentes. Enfim, ao menos *uma* Casa de Abrigo deve existir no município.

Perceba-se, nesta hipótese, que não haveria racionalidade da decisão administrativa que simplesmente negasse promover ao menos um abrigo. Diferente seria se o Ministério Público pedisse a expansão da rede e houvesse, por parte da Administração Pública, esclarecimentos precisos da desnecessidade da medida. Enfim, quanto mais densa a racionalidade da decisão administrativa, tanto menor a possibilidade de intervenção judicial; por outro lado, quanto mais deficiente, maior a imperatividade de controle judicial.

Em síntese, propomos como soluções possíveis ao controle judicial da discricionariedade administrativa das políticas públicas a consideração dos seguintes elementos: *a)* a teoria das reservas do possível (reservas fática e jurídica) não é suficiente, por si só, para afastar o controle judicial; *b)* o *núcleo essencial* do direito fundamental deve sempre ser atendido, pois além de ser o logicamente coerente com a pretensão constitucional de proteção ao respectivo valor eleito, ainda é o mínimo a ser feito para que se possa reconhecer alguma eficácia ao *princípio da máxima efetividade dos direitos fundamentais*. Logo, todo *direito à prestação* que veicule um direito fundamental deve ser cumprido em seu *núcleo essencial*, sob pena de a Administração Pública ser compelida a prestá-lo por ordem judicial; c) paradigmas ao controle judicial da discricionariedade administrativa nas políticas públicas são: a exigência de racionalidade da decisão administrativa (8.1), cumprimento do ônus da argumentação jurídica pelos atores processuais (8.2) e observância do tempo de omissão da Administração Pública (8.3); d) um dos mecanismos de identificação do núcleo essencial do direito fundamental é o procedimento de ponderação da teoria dos princípios (7.2.1), o que depende sempre e irremissivelmente da análise do *caso concreto*, pois é essencial que haja a *comprovação* do mínimo essencial, seja por elementos fáticos, seja por aspectos técnicos e científicos de outras áreas do saber humano (6.1).

9.3.3.2 Políticas públicas já existentes – Universalidade e a atualização técnica e/ou científica como critérios de definição do "novo patamar" do direito à prestação

As conclusões que apresentamos no tópico anterior não se restringem à situação de inexistência da política pública. Pois uma política pública já implementada pode igualmente frustrar o *núcleo essencial do direito fundamental* e, por conseguinte, violar o *princípio da máxima efetividade das normas constitucionais*.

Porque o núcleo essencial de um direito à prestação pode igualmente ser solapado se a pretexto de existir a política pública o Poder Público desconsiderar: *a)* que deve ampliar a sua disponibilidade, *universalizá-la* de modo a alcançar senão todos, ao menos a maioria dos potenciais usuários; *b)* que deve mantê-la *atualizada*, compatível com o avanço tecnológico e/ou científico que permita melhores condições de fruição pelos administrados.

Pois a *universalidade*, que implica expansão da política pública, e a sua *atualização* são os meios de cumprir com o princípio constitucional da *eficiência* da Administração Pública (art. 37, *caput*, da Constituição Federal).

De tal sorte, as considerações que fizemos precedentemente sobre o dever de realização do *mínimo essencial* do *direito fundamental* pelo *princípio da máxima efetividade das normas constitucionais*, sobretudo quando o direito fundamental apresenta-se como um *direito à prestação* do Estado, não se restringem à simples criação da política pública. Mas se aplicam ainda às políticas públicas já existentes que devem, por isso, atender à *universalidade* (expansão) e *atualização*, sob pena de ofensa ao princípio da eficiência.

Se o ensino fundamental, por exemplo, é prescrito na Constituição Federal como obrigatório e gratuito (art. 208, I), então não basta aos municípios e aos estados, para dizerem que cumpriram com o dever de fornecê-lo (art. 210, §§2º e 3º, da Constituição Federal), contar com escolas na rede pública que não consigam acolher todos os que as procuram.

Convém lembrarmos que toda política pública submete-se ao controle judicial dos seus pressupostos e/ou elementos vinculados, como a competência ou o sujeito (5.2.1), o motivo de fato (5.2.4), a motivação (5.2.5) e a finalidade (5.2.7), e esta de acordo com a teoria do desvio de finalidade (7.1).

E mesmo o *espaço legítimo* da competência discricionária administrativa da política pública — isto é, o momento de ação (5.2.1), a forma, os requisitos procedimentais, a formalização (5.2.2), o objeto, o conteúdo (5.2.3) e o motivo de direito (5.2.4) — deve ser *confirmado* ou *infirmado*, o que deve ocorrer pela análise da *racionalidade da decisão administrativa* (8.1), do atendimento do *ônus da argumentação dos atores processuais* (8.2), do *tempo de omissão da Administração Pública* (8.3), o que permite confrontar e compreender a correta dimensão, no caso concreto, dos argumentos da teoria das reservas do possível com os argumentos do *mínimo essencial* dos direitos fundamentais de modo a conferir a estes a *máxima efetividade* possível.

E há muitas situações em que apenas é possível reconhecer o cumprimento do mínimo essencial — e da máxima efetividade da respectiva norma constitucional — de um direito à prestação se são atendidos os deveres de *universalidade* e *atualização* como desdobramentos do princípio constitucional da eficiência.

J. J. Gomes Canotilho denomina *direitos derivados a prestações* a garantia do "[...] grau de concretização já obtido [...]",[722] isto é, o dever do Estado de não eliminar, sem compensação ao menos equivalente, o núcleo essencial de um direito à prestação que já foi implementado.

Mas o que defendemos neste tópico vai além da doutrina dos direitos derivados a prestações. Pois em algumas circunstâncias pode não bastar a implementação e a manutenção de uma política pública porque o caso concreto revela a necessidade de *universalidade* (expansão) e/ou *atualização* da política pública já existente como meios de cumprir um *novo patamar* do *núcleo essencial* do direito à prestação, o que atende aos *princípios constitucionais da máxima efetividade das normas constitucionais* e *da eficiência*, este último com previsão expressa no art. 37, *caput*.

É o caso exemplificado linhas acima com o dever do Estado de assegurar o ensino fundamental — um caso de necessidade do atendimento à *universalidade* do direito à prestação.

São tantos outros casos encontrados, por exemplo, na área da saúde que externam a necessidade do cumprimento do dever de *atualização tecnológica e/ou científica* porque o núcleo essencial do direito à prestação para ser preenchido demanda um "novo patamar".

---

[722] CANOTILHO, J. J. Gomes. *Direito constitucional e teoria da Constituição*, p. 479. É neste sentido, conforme o constitucionalista português, que se fala ainda em *cláusulas de proibição de evolução reacionária* ou de *retrocesso social* (*Ibidem*, p. 479).

Como primeiro exemplo, citamos as cirurgias de obesidade que podem ser feitas por duas vias de acesso, a laparotomia ou "convencional", que se refere ao acesso à cavidade abdominal através de um corte normalmente grande o suficiente para acessar a região do abdome e os órgãos a serem operados (laparo = parede abdominal; tomia = incisão), ou pela laparoscopia ou vídeocirurgia, que ocorre pelo acesso à cavidade utilizando-se de câmera de vídeo (scopia = vídeo). A cirurgia realizada por laparoscopia requer materiais especiais, alguns descartáveis, o que torna esse tipo de cirurgia muito mais oneroso, e por isso, pelo aspecto exclusivamente financeiro, o Poder Público normalmente não autoriza a cirurgia por acesso laparoscópico. Serve de exemplo — dos custos da laparoscopia — a possibilidade de uso de uma tesoura especial ultrassônica (tesoura que por meio de vibrações ultrassônicas corta o tecido e promove o controle eficiente do sangramento), o que pode ser dispensada em diversas cirurgias, mas em certos casos oferece ao cirurgião maior segurança e agilidade no ato cirúrgico.

No Sistema Único de Saúde (SUS) a cirurgia de obesidade é autorizada em diversos hospitais, no entanto, raramente essa cirurgia é feita por videocirurgia uma vez que normalmente o hospital público recebe o valor das cirurgias por "pacotes", e se aumentar os custos — com materiais, tempo de internação ou outros gastos — o hospital diminui o seu lucro.

Ora, em existindo na atualidade, com *comprovação* científica de sua eficiência, o recurso à cirurgia por laparoscopia, quer-nos parecer insuperável a conclusão de que o *núcleo essencial* do direito à prestação deste atendimento à saúde pelo Estado atinge um "novo patamar", e por isso apenas se aperfeiçoa a própria definição do direito à prestação da saúde com o oferecimento desta opção. A insistência no uso do método "convencional", uma vez que exclusivamente se pauta em argumentos financeiros, compromete a dignidade do paciente, desatende ao núcleo essencial do direito à dignidade da pessoa humana e do direito à prestação da saúde, este último previsto no art. 196 e seguintes da Constituição Federal.

Neste exemplo, a ausência de atualização do serviço público compromete a racionalidade da decisão administrativa. Se o conflito for judicializado, dificilmente a Administração Pública cumprirá com o seu ônus argumentativo do porquê não ter promovido a atualização do serviço ao novo patamar. O próprio tempo de omissão da modernização do serviço de saúde depõe contra a capacidade do Poder Público tentar se justificar – quanto maior o tempo de omissão, mais a situação se aproxima de um *estado de coisas inconstitucional* (8.3).

Pode-se ainda pensar o exemplo que foi trazido pelo *procedimento de ponderação* da teoria dos princípios que informa que o não cumprimento ou prejuízo do direito à prestação da saúde (art. 196 e seguintes da Constituição Federal) sob a justificativa da comprovação do cumprimento do princípio da prévia dotação orçamentária em lei não cumpre a *pretensão de correção* (7.2.1). Ao inverso, o procedimento de ponderação orienta a perceber que o grau do não cumprimento ou prejuízo do princípio da prévia dotação orçamentária em lei é certamente justificável diante da *comprovação* de importância do cumprimento do direito à prestação da saúde (art. 196 da Constituição Federal) porque, no caso concreto, o seu *núcleo essencial* e o *princípio da máxima efetividade das normas constitucionais* apenas se aperfeiçoam com a *atualização* das técnicas de cirurgia que asseguram ao paciente menor desgaste, menor risco e melhor recuperação.

A *atualização*, no caso em análise, é fundamental a cumprir o princípio constitucional da eficiência (art. 37, *caput*) e a conferir um real significado ao direito à prestação da saúde porque é o único meio a definir o seu núcleo essencial.

Ainda outro exemplo na área da saúde serve à compreensão do tema: o tratamento da hepatite C. Há vários genótipos do vírus 'c' — como se fossem espécies diferentes de vírus. Os mais comuns no Brasil são os de nº 1, 2 e 3. O que menos responde ao tratamento é o tipo 1. Para o tratamento da hepatite C há dois tipos de medicamentos: o interferon convencional e o interferon peguilado. Este último, o peguilado, apresenta cientificamente melhor resultado e é administrado uma vez por semana. Porém, é comum as Secretarias de Saúde das Administrações Públicas liberarem esta medicação apenas para o tipo 1. Os tipos 2 e 3 só recebem o interferon convencional, e apenas se não responderem a esta medicação é que, posteriormente, o paciente tem direito ao peguilado.

Uma vez mais, como no exemplo anterior, é constatável que para o reconhecimento da efetiva prestação desta política pública de saúde não é possível que questões meramente econômicas imponham aos pacientes que necessitam da rede pública de saúde uma extensão desnecessária no tratamento, um sofrimento e angústia quanto à eficiência da medicação que poderiam ser evitados com a utilização do procedimento que realmente é o mais adequado. Não há *racionalidade na decisão administrativa* que se pauta por critérios exclusivamente econômicos e inflige ao paciente sofrimento ou minimiza a eficácia do tratamento. Se a questão fosse então judicializada, dificilmente o Poder Público conseguiria, neste caso, justificar – cumprir com seu *ônus argumentativo* – a prevalência dos fundamentos que se apoiam na teoria das reservas do possível. Insiste-se: a *racionalidade da decisão administrativa* não se perfaz apenas com referências teóricas, dogmáticas, sejam estas de quais ciências forem. Integra-se à densidade teórica e coerência lógica a imperativa *contextualização dos fatos*. O volume de reprodução e repetição de informações teóricas pouco contribui sem a articulação dos fundamentos e argumentos com o fato da vida; exposições teóricas, digressões históricas e dogmáticas, sem redução ao caso individualizado, são tentativas que frustram o dever de racionalidade decisão administrativa que apenas é contemplada se a(s) pessoa(s) envolvida(s), o tempo, o espaço e o modo de agir encontram-se imbricados com a fundamentação científica que pretende justificar a escolha discricionária. Portanto, não cumpre o Poder Público o dever à prestação da saúde com o simples fato de implementar uma política pública de atendimento aos casos de hepatite C. É preciso, para dizer-se que o núcleo essencial desta política pública está sendo realizado, é preciso oferecer o recurso que comprovadamente assegure ao paciente melhores resultados e em tempo mais breve.

Nestes dois exemplos da área da saúde — laparoscopia e o tratamento da hepatite C —, o Judiciário, se provocado, deve intervir para determinar à Administração Pública que assegure a *atualização científica* do dever de prestação da saúde, pois o núcleo essencial do direito à prestação da saúde atinge um *novo patamar* a ser correspondido a contento.

Ainda mais ao considerarmos que o Código de Ética Médica fornece razões jurídicas que reforçam o procedimento de ponderação dos princípios em favor desta atualização científica ao prescrever, em seu art. 2º, que o alvo de toda a atenção do médico é a saúde do ser humano em relação à qual deve agir com o máximo de zelo e com o melhor de sua capacidade profissional, no art. 5º determina que o médico deve continuamente aprimorar seus conhecimentos e usar o melhor do progresso científico em benefício do paciente, e no art. 21 impõe o dever ao médico de indicar o procedimento adequado ao paciente.

São comandos incompatíveis com a singela e fria opção pautada exclusivamente em recursos financeiros.

E ainda convém acrescer que o art. 16 deste Código dispõe que nenhuma disposição estatutária ou regimental de hospital, mesmo de instituição pública, deve servir de justificativa a limitar a escolha, por parte do médico, dos meios a serem utilizados para o diagnóstico e execução do tratamento. Inclusive, o Código estabelece, em seu art. 23, que o médico deve recusar-se a exercer a sua profissão se as condições de trabalho puderem prejudicar o paciente, pois é vedado a este profissional, conforme dispõe o art. 57, deixar de utilizar todos os meios disponíveis de diagnóstico e tratamento ao seu alcance em benefício do paciente.

E todas estas normas ajustam-se, a nosso ver, à repreensão das situações de disponibilidade, pelo Poder Público, de métodos e recursos obsoletos que impinjam ao paciente um tratamento menos eficiente, com maior risco ou sob extenso e desnecessário tempo. Por derradeiro, compete-nos lembrar que na consideração do quanto é necessário ao preenchimento do *núcleo essencial* do direito à prestação em caso de política pública já existente, além dos deveres de *universalidade* e *atualização técnica e/ou científica*, é preciso considerar, no procedimento de ponderação dos princípios em colisão, que a análise do *tempo de omissão administrativa* é de fundamental relevância.

À guisa de exemplo, a laparoscopia é procedimento reconhecidamente aceito e validado pela ciência médica, de modo recorrente e amplamente difundido, desde o início da década de noventa. De tal sorte, não se justifica a resistência em sua adoção na rede pública de saúde depois de quase duas décadas de sua consolidação no meio científico. Não há racionalidade na decisão administrativa que mantém a defasagem do serviço. O tempo de omissão do Poder Público, quanto mais se alastra, intensifica a necessidade de controle judicial. A propósito da omissão, tema adiantado em capítulo anterior (8.3), recorde-se que há uma relação inversamente proporcional entre a inércia da Administração Pública e a possibilidade da tutela judicial: quanto maior o tempo de omissão da Administração Pública em atualizar o serviço público e conferir-lhe um novo patamar, mais se legitima a intervenção pelo Judiciário; quanto menor o tempo de omissão, é dizer, mais célere o empenho da Administração Pública de resolver a defasagem técnica dos seus serviços, menos o Judiciário pode intervir, pois se deve conferir a primazia de escolha do espaço legítimo da discricionariedade administrativa a quem tem a competência para o exercício da função administrativa.

9.3.3.3 Tutelas de remoção do ilícito

Em palestras proferidas no Congresso Brasileiro de Direito Administrativo realizado em Canela em 2005, e no Congresso Alagoano de Direito Público em 2006, Silvio Luís Ferreira da Rocha defendeu, a respeito do controle judicial das políticas públicas, que o magistrado deve — em síntese de sua exposição — observar: *a)* se a política pública social contemplada recebeu recursos minimamente condizentes com as necessidades de atendimento, em cotejo com outras necessidades de menor importância contempladas no orçamento — por exemplo, comparar recursos destinados à política pública em análise com recursos destinados à publicidade; *b)* se os recursos destinados à política pública foram exauridos ou simplesmente contingenciados; *c)* estabelecer uma política pública mínima para vigorar enquanto não for implantada outra, pelo Poder Público, que atenda de modo satisfatório a demanda; *d)* determinar a abertura de crédito suplementar para suprir os gastos da política pública minimamente eficaz determinada por ele.

Estas propostas, com as quais concordamos, adentram à relevante questão de *como* a ordem judicial pode efetivar a implementação de uma política pública ou mesmo determinar o *novo patamar* de uma política pública já existente (9.3.3.2).

Uma primeira situação diz respeito ao contingenciamento do recurso público. Isto é, a constatação de que a verba prevista para a implementação ou a universalidade e atualização de uma política pública não foi totalmente aplicada. Neste caso, inicialmente, esmorece-se ainda mais o argumento da teoria da reserva do possível em relação à existência de recursos financeiros. Mas para além da justificativa de intervenção judicial junto às políticas públicas — que já vimos nos tópicos precedentes —, esta situação ainda se assoma com expressiva relevância porque faculta a constrição judicial do respectivo recurso para o cumprimento da ordem judicial.

Em outros termos, além da determinação ao Poder Público de que cumpra a implementação ou a universalidade e atualização de certa política pública, é possível ainda, em se demonstrando no processo judicial a existência física de recursos disponíveis, que por decisão judicial haja a constrição da verba necessária, inclusive, com o depósito judicial do respectivo valor.

Claro que o contingenciamento de recursos públicos não é, como vimos em tópicos anteriores, o critério a resolver se a política pública deve, ou não, ser implementada ou aperfeiçoada. Para este fim vimos nos tópicos precedentes os critérios e argumentos a serem considerados pelo Judiciário. O que ora cuidamos é dos modos mais efetivos de judicialmente ser assegurado o cumprimento da ordem emitida no processo judicial.

Um destes meios é mesmo a constrição judicial do valor necessário que se encontra contingenciado — o que demanda, por certo, considerar se o período respectivo de utilização desta verba já se exauriu ou se se encontra na iminência de encerrar-se, pois apenas em tais circunstâncias é que é possível concluir pelo contingenciamento.

CONTROLE JUDICIAL DA DISCRICIONARIEDADE ADMINISTRATIVA NO ATO POLÍTICO E NAS POLÍTICAS PÚBLICAS | 349

O fundamento jurídico para esta medida é o art. 497 do Código de Processo Civil que prescreve que na ação que tenha por objeto o cumprimento de obrigação de fazer o juiz deve conceder a tutela específica da obrigação ou determinar as providências que assegurem o resultado prático equivalente ao adimplemento da obrigação.

Portanto, como medida que atende ao *princípio da razoabilidade*, decerto a constrição judicial de verba pública contingenciada potencializa o cumprimento da determinação judicial. A medida encontra respaldo jurisprudencial perante os Tribunais Superiores.[723]

E a depender da premência da política pública a ser implementada ou ampliada — como é exemplo a saúde —, a depender, no caso concreto, da dimensão do benefício a ser alcançado — como é exemplo a tutela proferida em ação coletiva para realizar interesses difusos, coletivos ou individuais homogêneos —, é mesmo possível que, do cotejar da verba destinada a outro setor de menor relevância — como a publicidade —, é possível que haja a constrição de quantia suficiente ao cumprimento da ordem judicial ainda que não prevista na respectiva rubrica da política pública em pauta.

Citamos como exemplo, e em aproveitando os casos trazidos no tópico precedente, uma situação em que haja severo descompasso entre a verba pública prevista à publicidade e os valores destinados à saúde, o que pode ensejar a constrição judicial de quantia suficiente (prevista sob a rubrica da publicidade) para a adoção e difusão da laparoscopia por toda a rede pública de saúde.

E ainda outras medidas judiciais podem ser consideradas a depender do modo como formulada a pretensão. Pois se o pedido for a determinação de que o Poder Público inclua no orçamento do exercício seguinte a quantia pertinente à realização do objeto da ação, a ordem judicial que acolher o mérito deve valer-se deste meio: impor ao Poder Executivo que nas leis de sua iniciativa (art. 165 da Constituição Federal) expressamente preveja a quantia necessária ao atendimento da ordem judicial — ainda que o Legislativo, posteriormente, defina o texto diferentemente.

Mas mesmo nos casos em que não se mostra razoável realizar a constrição judicial de verbas públicas, ainda assim, se identificado, pelo procedimento de ponderação da teoria dos princípios (como vimos nos tópicos 9.3.3.1 e 9.3.3.2) que há necessidade de intervenção judicial, no mínimo há o recurso à intimação do agente competente para que cumpra

---

[723] STJ - REsp nº 890441 RS 2006/0211512-4.

a ordem judicial sob pena de, em ação própria, responder por eventual prática de ato de improbidade administrativa em razão da deliberada intenção — do *dolo* — de descumprir o princípio da legalidade, nos termos do art. 11 da Lei nº 8.429/92 (como sustentamos no tópico 7.1.4 sobre o silêncio administrativo e o desvio de finalidade).

Pois com a prescrição judicial o escorreito entendimento do que atende ao princípio da legalidade é claramente definido — inclusive, é *determinado* ao agente público que aja de tal ou qual modo. Assim, diante do descumprimento da ordem revela-se a inequívoca *intenção* (*dolo*) de violar o princípio da legalidade.

Por desconsiderarmos, pelas razões já expostas anteriormente (7.1.4), a imposição de multa ou a tipificação do crime de desobediência como medidas eficientes, temos na possibilidade de a autoridade administrativa competente responder por ato de improbidade administrativa o meio subsidiário a assegurar a realização prática da ordem judicial.

E tudo isto porque ao enfatizarmos a necessidade de cumprimento da ordem judicial não queremos dizer que é a simples convicção de um juiz a prevalecer sobre a decisão administrativa. Pois a discordância do Poder Público com a liminar ou a tutela antecipada deferida, por exemplo, permite o recurso à instância superior, e mesmo com a manutenção da ordem é ainda possível a revisão pelas instâncias extraordinárias — Supremo Tribunal Federal e Superior Tribunal de Justiça, a depender do caso concreto. Em suma, a ordem judicial não reformada, mesmo em sede liminar, representa mais do que a intelecção de um juiz. É a definição, pelo Judiciário, da ordem justa.

Todas estas medidas e outras tantas que permitam, com observância ao princípio da razoabilidade, dar efetividade à ordem judicial são verdadeiras *tutelas de remoção do ilícito*[724] e devem ser manejadas de acordo com a necessidade do caso concreto.

---

[724] Luiz Guilherme Marinoni, por exemplo, defende a *tutela reintegratória* quando a *tutela inibitória* não se mostra eficiente para a remoção do ilícito. Em substituição à intimidação da multa (tutela inibitória), quando esta não se mostra eficaz, é possível — diz o autor —, a depender do objeto da ação, que seja deferida a realização de atos materiais, mesmo que praticados pelo autor, com o condão de remover a situação de ilicitude. O autor cuida de tutelas entre particulares — e damos como exemplo a ordem de demolição de um muro: caso a pena de multa não seja suficiente é possível o juiz deferir a quem a tutela aproveita a possibilidade de fazê-lo por seus próprios meios (*Tutela específica*, p. 136). Todavia, entendemos que, nos moldes como defendemos no corpo do texto, as *tutelas de remoção do ilícito* são também aplicáveis contra o Poder Público.

CONTROLE JUDICIAL DA DISCRICIONARIEDADE ADMINISTRATIVA NO ATO POLÍTICO E NAS POLÍTICAS PÚBLICAS | 351

De toda sorte, nos casos de constrição judicial e repasse da verba pública à disposição do Juízo a efetivação do direito à prestação deve realizar-se nos termos do art. 632 e seguintes, e ainda sob os princípios que caracterizam o regime jurídico administrativo.

Explicamos: consideremos, a ilustrar esta assertiva, que em ação coletiva o Ministério Público reclama a necessidade de o Estado disponibilizar o interferon peguilado para todos os tipos de hepatite C — exemplo este que tratamos no tópico precedente (9.3.3.2); e que para a efetivação da ordem judicial deferida em tutela antecipada haja a constatação de que há verba da saúde contingenciada, ou então que em relação a anos anteriores a verba destinada à publicidade é expressivamente superior (o que permite, como expusemos linhas atrás, a constrição deste outro recurso).

Pois bem. Ocorrendo a constrição judicial e o repasse da quantia necessária à disponibilidade do Juízo, é preciso que se realize um procedimento que permita, aos modos do processo de licitação, a contratação e aquisição do remédio por quem ofereça o melhor preço. Este procedimento visa a atender aos princípios da Administração Pública, como o princípio da publicidade e, sobretudo, a norma do art. 37, XXI, da Constituição Federal que reclama o processo de licitação como norma geral a ser observada pelo Poder Público. Assim, quem substitui o Poder Público — o autor da ação cuja tutela lhe foi favorável — deve, em princípio, atender a este comando. Apenas em situações que se equiparem às de dispensa e inexigibilidade da licitação (art. 24 e 25 da Lei nº 8.666/93) é que se torna possível admitir o emprego da verba pública sem este prévio procedimento de licitação.

9.3.4 Orientações jurisprudenciais

A despeito de termos optado, durante todo este estudo, por fazermos a citação da jurisprudência imediatamente à referência do instituto jurídico em análise, acreditamos que em relação ao controle judicial das políticas públicas melhor conviria relacionarmos os julgados em tópico próprio, pois em virtude de este tema ser, entre todos os assuntos tratados neste estudo, o de construção dogmática mais recente na doutrina e na jurisprudência, decidimos por selecionar um número mais expressivo de julgados, e por isso, em razão da maior amplitude de citações, entendemos que ao destinarmos um tópico próprio deixamos a precedente exposição doutrinária mais clara, menos interrompida com largas leituras de decisões judiciais.

De toda sorte, a seguir agrupamos os julgados ora contrários à nossa tese, ora com elementos favoráveis, para assegurar ao leitor — principalmente com as considerações que fizemos nos tópicos anteriores — a análise crítica do tema.

Relacionamos, portanto, decisões judiciais que comentam a possibilidade do controle judicial das políticas públicas, mas sob as ressalvas da teoria das reservas do possível,[725] decisões que enfatizam

---

[725] "Agravo regimental no agravo de instrumento. Constitucional. Ação civil pública. Obrigação de fazer. Implementação de políticas públicas. Possibilidade. Violação do princípio da separação dos poderes. Não ocorrência. Precedentes. 1. O Poder Judiciário, em situações excepcionais, pode determinar que a Administração Pública adote medidas assecuratórias de direitos constitucionalmente reconhecidos como essenciais, sem que isso configure violação do princípio da separação de poderes. 2. Agravo regimental não provido". (Tribunal de Justiça de São Paulo. Apelação 0001246-42.2011.8.26.0197. Des. Rel. Luiz Sérgio Fernandes de Souza. j. 25.03.2013).

"Processual civil. Administrativo. Ação civil pública proposta pelo Ministério Público Federal. Implementação de políticas públicas concretas. Direito à saúde (art. 6º e 196 da CF/88). Eficácia imediata. Mínimo existencial. Reserva do possível. Acórdão recorrido que decidiu a controvérsia à luz de interpretação constitucional. 1. [...]. A questão debatida nos autos — implementação do Modelo de Assistência à Saúde do Índio e à instalação material dos serviços de saúde à população indígena situada em área no Rio Grande do Sul — foi solucionada pelo Tribunal *a quo* à luz de preceitos constitucionais, conforme se infere do voto condutor do acórdão recorrido [...] crescente e significativa é a moderna idéia de que os direitos fundamentais, inclusive aqueles prestacionais, têm eficácia 'tout court', cabendo, apenas, delimitar-se em que extensão. Superou-se, assim, entendimento que os enquadrava como regras de conteúdo programático a serem concretizadas mediante intervenção legislativa ordinária. [...] A escassez de recursos públicos, em oposição à gama de responsabilidades estatais a serem atendidas, tem servido de justificativa à ausência de concretização do dever-ser normativo, fomentando a edificação do conceito da 'reserva do possível'. Porém, tal escudo não imuniza o administrador de adimplir promessas que tais, vinculadas aos direitos fundamentais prestacionais, quanto mais considerando a notória destinação de preciosos recursos públicos para áreas que, embora também inseridas na zona de ação pública, são menos prioritárias e de relevância muito inferior aos valores básicos da sociedade, representados pelos direitos fundamentais. O Ministro Celso de Mello discorreu de modo lúcido e adequado acerca do conflito entre deficiência orçamentária e concretização dos direitos fundamentais: 'Não deixo de conferir, no entanto, assentadas tais premissas, significativo relevo ao tema pertinente à 'reserva do possível' (HOLMES, Stephen; SUNSTEIN, Cass R. *The Cost of Rights*. New York: Norton, 1999), notadamente em sede de efetivação e implementação (sempre onerosas) dos direitos de segunda geração (direitos econômicos, sociais e culturais), cujo adimplemento, pelo Poder Público, impõe e exige, deste, prestações estatais positivas concretizadoras de tais prerrogativas individuais e/ou coletivas. É que a realização dos direitos econômicos, sociais e culturais — além de caracterizar-se pela gradualidade de seu processo de concretização — depende, em grande medida, de um inescapável vínculo financeiro subordinado às possibilidades orçamentárias do Estado, de tal modo que, comprovada, objetivamente, a incapacidade econômico-financeira da pessoa estatal, desta não se poderá razoavelmente exigir, considerada a limitação material referida, a imediata efetivação do comando fundado no texto da Carta Política. Não se mostrará lícito, no entanto, ao Poder Público, em tal hipótese — mediante indevida manipulação de sua atividade financeira e/ou político-administrativa — criar obstáculo artificial que revele o ilegítimo, arbitrário e censurável propósito de fraudar, de frustrar e de inviabilizar o estabelecimento e a preservação, em favor da pessoa e dos cidadãos, de condições materiais mínimas de existência. Cumpre advertir, desse modo, que a cláusula

CONTROLE JUDICIAL DA DISCRICIONARIEDADE ADMINISTRATIVA NO ATO POLÍTICO E NAS POLÍTICAS PÚBLICAS | 353

a necessidade de intervenção judicial em temas como saúde pública[726] e proteção à criança e ao adolescente,[727] que reconhecem a possibilidade

---

da 'reserva do possível' — ressalvada a ocorrência de justo motivo objetivamente aferível — não pode ser invocada, pelo Estado, com a finalidade de exonerar-se do cumprimento de suas obrigações constitucionais, notadamente quando, dessa conduta governamental negativa, puder resultar nulificação ou, até mesmo, aniquilação de direitos constitucionais impregnados de um sentido de essencial fundamentalidade [...]'" (Superior Tribunal de Justiça, REsp 811608/RS, Min. Luiz Fux, j. 15.05.2007).
"Apelação cível. Informação da recorrente de que os exames a serem realizados não existem comercialmente no Brasil. A saúde é uma necessidade social da mesma forma que educação, saneamento básico, erradicação da fome, transporte, segurança, etc. Cabe ao administrador público atender a todas essas necessidades e muitas outras visíveis dentro de um universo que sempre resulta em ônus para o Erário. Como se sabe, o Tesouro não tem condições de suportar todo esse peso que lhe é imposto. É a realidade social do nosso país (art. 5º da Lei de Introdução ao Código Civil). É de ser lembrado que deve haver um equilíbrio entre a obrigação constitucional de fornecimento de medicamento e a previsão orçamentária disciplinada pelo art. 167, incisos I, II e V, da CF/1988 — Deve ser observado o princípio da reserva do possível que consiste na existência prévia de recursos materiais do Poder Público para atendimento das necessidades sociais. Precedente jurisprudencial. Reexame necessário parcialmente acolhido e apelo da ré provido em parte para arredar a realização pelo Poder Público, de exames que não existem comercialmente no Brasil. Apelo adesivo dos autores não provido" (Tribunal de Justiça de São Paulo, 9ª Câmara de Direito Público, Apelação Cível 184.346-5/0/São Paulo, Des. Geraldo Lucena, j. 1º.06.2005).
[726] "Mandado de segurança. Impetração que objetiva o fornecimento de medicamentos à impetrante. Concessão da segurança. Cabimento. Obrigatoriedade de o Estado fornecer remédios, equipamentos e tratamentos à população, nos termos da prescrição médica, independentemente de eventuais óbices orçamentários ou de listas oficiais por ele elaboradas. Entendimento. Sobreposição do princípio da reserva do possível aos direitos fundamentais, como o da vida. Inadmissibilidade. Imposição de multa diária pelo descumprimento. Possibilidade. Preliminar rejeitada e recursos improvidos, com observação" (Tribunal de Justiça de São Paulo, Apelação Cível 537.231-5/3-00, Des. Marrey Uint, j. 27.03.2007).
"Processual civil. Ofensa ao art. 535. Inocorrência. Tutela antecipada. Meios de coerção ao devedor (CPC, art. 273, §3º, e 461, §5º). Fornecimento de medicamentos pelo Estado. Bloqueio de verbas públicas. Conflito entre a urgência na aquisição do medicamento e o sistema de pagamento das condenações judiciais pela Fazenda. Prevalência da essencialidade do direito à saúde sobre os interesses financeiros do Estado" (Superior Tribunal de Justiça, REsp 840912/RS, Min. Teori Albino Zavascki, j. 15.02.2007).
"Ação civil pública. Fornecimento de tratamento especializado aos autistas. Alegada ausência de interesse processual e ilegitimidade do Ministério Público. Inocorrência. Art. 5º, CF. Norma constitucional de proteção à saúde pública. Alegada ingerência do Poder Judiciário no Poder Executivo. Inocorrência. Controle jurisdicional dos atos discricionários. Garantia de direito à saúde pública. Aplicação de multa diária por descumprimento. Objetivo de compelir o administrador a implementar as políticas públicas. Recursos não providos" (Tribunal de Justiça de São Paulo, Apelação Cível 278.801.5/8, Des. Magalhães Coelho, j. 26.04.2005).
"Fazenda Pública. Fornecimento de medicamentos. Bloqueio de verbas públicas. Cabimento. Art. 461, §5º, do CPC. Precedentes. 1. A hipótese dos autos cuida da possibilidade de bloqueio de verbas públicas do Estado do Rio Grande do Sul, pelo não-cumprimento da obrigação de fornecer medicamentos à portadora de doença grave, como meio coercitivo para impor o cumprimento de medida antecipatória ou de sentença definitiva da obrigação de fazer ou de entregar coisa (art. 461 e 461-A do CPC). 2. A negativa de fornecimento de um medicamento de uso imprescindível, cuja ausência gera risco à vida ou grave risco à

saúde, é ato que, *per si*, viola a Constituição Federal, pois a vida e a saúde são bens jurídicos constitucionalmente tutelados em primeiro plano. 3. Por isso, a decisão que determina o fornecimento de medicamento não está sujeita ao mérito administrativo, ou seja, conveniência e oportunidade de execução de gastos públicos, mas de verdadeira observância da legalidade. 4. Por seu turno, o bloqueio da conta bancária da Fazenda Pública possui características semelhantes ao seqüestro e encontra respaldo no art. 461, §5º, do CPC, posto tratar-se não de norma taxativa, mas exemplificativa, autorizando o juiz, de ofício ou a requerimento da parte, a determinar as medidas assecuratórias para o cumprimento da tutela específica. 5. Precedentes da Primeira Seção (EREsp 787.101, Rel. Min. Luiz Fux, *DJ* 14.08.2006; REsp 827.133, Rel. Min. Teori Albino Zavascki, *DJ* 29.05.2005; REsp 796509, Rel. Min. Francisco Peçanha Martins, *DJ* 24.03.2006). Recurso especial improvido" (Superior Tribunal de Justiça, 2ª Turma, REsp 857502/RS, Min. Humberto Martins, j. 17.10.2006). "Administrativo. Constitucional. Direitos fundamentais. Direito à saúde. Art. 6º e 196 da CF/88. Eficácia imediata. Mínimo existencial. Reserva do possível. Inaplicabilidade. 1. Mesmo que situado, como comando expresso, fora do catálogo do art. 5º da CF/88, o direito à saúde ostenta o rótulo de direito fundamental, seja pela disposição do art. 5º, §2º, da CF/88, seja pelo seu conteúdo material, que o insere no sistema axiológico fundamental — valores básicos — de todo o ordenamento jurídico. 2. Os direitos fundamentais, consoante a moderna diretriz da interpretação constitucional, são gravados pela eficácia imediata. A Lei Maior, no que diz com os direitos fundamentais, deixa de ser mero repositório de promessas, carta de intenções ou recomendações; houve a conferência de direitos subjetivos ao cidadão e à coletividade, que se vêem amparados juridicamente a obter a sua efetividade, a realização em concreto da prescrição constitucional. 3. Consoante os novos rumos interpretativos, a par de dar-se eficácia imediata aos direitos fundamentais, atribuiu-se ao intérprete a missão de desvendar o grau de eficácia imediata dos direitos fundamentais, porquanto, mesmo que se pretenda dar máxima elasticidade à premissa, nem sempre se estará infenso a uma *interpositio legislatoris*, o que não ocorre, vale afirmar, na porção do direito que trata do mínimo existencial. 4. A escassez de recursos públicos, em oposição à gama de responsabilidades estatais a serem atendidas, tem servido de justificativa à ausência de concretização do dever-ser normativo, fomentando a edificação do conceito da 'reserva do possível'. Porém, tal escudo não imuniza o administrador de adimplir promessas que tais, vinculadas aos direitos fundamentais prestacionais, quanto mais considerando a notória destinação de preciosos recursos públicos para áreas que, embora também inseridas na zona de ação pública, são menos prioritárias e de relevância muito inferior aos valores básicos da sociedade, representados pelos direitos fundamentais. 5. A moderna doutrina, bem como autorizada jurisprudência, retirou força do dogma da intangibilidade do mérito administrativo, deixando ao Judiciário a faculdade de examinar também a motivação, sob o aspecto da razoabilidade, tomando considerável espaço onde imperava a discricionariedade. 6. Dar provimento aos embargos infringentes para fazer prevalecer o voto vencido, cassando a sentença que havia indeferido a inicial, determinando o retorno dos autos ao r. Juízo de origem para prosseguimento da ação" (Tribunal Regional Federal da 4ª Região, Processo 1999.04.01.014944-9, Des. Valdemar Capeletti, j. 08.11.2004).

"Direito constitucional. Mandado de segurança. Rede pública de saúde. População carente. Fornecimento gratuito de medicamento. Recusa. Ato omissivo. Prova. Desnecessidade. Direito líqüido e certo à saúde assegurado pela Constituição Federal (art. 196, 30, inc. VII, e 23, inc. II) e pela lei orgânica do Distrito Federal (art. 204 e 207). Reserva do possível . I - A falta de prova documental preconstituída da recusa do poder público em fornecer o medicamento não obsta o conhecimento do 'mandamus', não apenas porque facilmente presumível por mera análise lógica do quanto descrito na exordial, mas também e principalmente por ser prescindível, haja vista tratar-se de ato omissivo. II - A saúde é direito de todos e dever do estado, constitucionalmente assegurado e disciplinado, que implica na garantia, em especial à população carente, de acesso gratuito a medicamentos, independente de protocolos e entraves burocráticos restritivos de direito. Precedentes do STF e Egrégio Superior Tribunal de Justiça. III - Sendo público e notório que a deficiência do serviço deve-se à desídia da

CONTROLE JUDICIAL DA DISCRICIONARIEDADE ADMINISTRATIVA NO ATO POLÍTICO E NAS POLÍTICAS PÚBLICAS | 355

administração pública, resulta inaplicável o princípio da reserva do possível. IV - Segurança concedida. Decisão: rejeitar a preliminar. No mérito, conceder a segurança nos termos do voto do relator. Decisão unânime" (Tribunal de Justiça do Distrito Federal, Mandado de Segurança 20050020067372/DF, Des. Nívio Gonçalves, j. 1º.06.2006).

[727] "Creche e pré-escola. Obrigação do Estado. Cumpre ao Estado — gênero — proporcionar a creche e a pré-escola às crianças de zero a cinco anos de idade, observando a norma cogente do artigo 208, inciso IV, da Constituição Federal, com a redação decorrente da Emenda Constitucional nº 53/2006" (Supremo Tribunal Federal, RE-AgR 384201/SP-SP, Rel. Min. Marco Aurélio, j. 26.04.2007).

"Administrativo. Constitucional. Mandado de segurança. *Legitimatio ad causam* do *parquet*. Art. 127 da CF/88. Art. 7º, 200 e 201 da Lei nº 8.069/90. Direito à creche extensivo aos menores de zero a seis anos. Norma constitucional reproduzida no art. 54 do Estatuto da Criança e do Adolescente. Norma definidora de direitos não programática. Exigibilidade em Juízo. Interesse transindividual atinente às crianças situadas nessa faixa etária. Cabimento e procedência. [...] 6. O direito à educação, insculpido na Constituição Federal e no Estatuto da Criança e do Adolescente, é direito indisponível, em função do bem comum, maior a proteger, derivado da própria força impositiva dos preceitos de ordem pública que regulam a matéria. [...] 9. O direito constitucional à creche extensivo aos menores de zero a seis anos é consagrado em norma constitucional reproduzida no art. 54 do Estatuto da Criança e do Adolescente (Lei nº 8.069/90) [...] 12. A determinação judicial desse dever pelo Estado, não encerra suposta ingerência do Judiciário na esfera da administração. Deveras, não há discricionariedade do administrador frente aos direitos consagrados, quiçá constitucional-mente. Nesse campo a atividade é vinculada sem admissão de qualquer exegese que vise afastar a garantia pétrea. [...] 15. As meras diretrizes traçadas pelas políticas públicas não são ainda direitos senão promessas de *lege ferenda*, encartando-se na esfera insindicável pelo Poder Judiciário, qual a da oportunidade de sua implementação. 16. Diversa é a hipótese segundo a qual a Constituição Federal consagra um direito e a norma infraconstitucional o explicita, impondo-se ao judiciário torná-lo realidade, ainda que para isso, resulte obrigação de fazer, com repercussão na esfera orçamentária. [...] 19. O Estado não tem o dever de inserir a criança numa escola particular, porquanto as relações privadas subsumem-se a burocracias sequer previstas na Constituição. O que o Estado soberano promete por si ou por seus delegatários é cumprir o dever de educação mediante o oferecimento de creche para crianças de zero a seis anos. Visando ao cumprimento de seus desígnios, o Estado tem domínio iminente sobre bens, podendo valer-se da propriedade privada, etc. O que não ressoa lícito é repassar o seu encargo para o particular, quer incluindo o menor numa 'fila de espera', quer sugerindo uma medida que tangencia a legalidade, porquanto a inserção numa creche particular somente poderia ser realizada sob o pálio da licitação ou delegação legalizada, acaso a entidade fosse uma *longa manu* do Estado ou anuísse, voluntariamente, fazer-lhe as vezes. Precedente jurisprudencial do STJ: RESP 575.280/SP, desta relatoria p/ acórdão, publicado no DJ de 25.10.2004. 20. O Supremo Tribunal Federal, no exame de hipótese análoga, nos autos do RE 436.996-6/SP, Relator Ministro Celso de Mello, publicado no *DJ* de 07.11.2005, decidiu *verbis*: 'Criança de até seis anos de idade. Atendimento em creche e em pré-escola. Educação infantil. Direito assegurado pelo próprio texto constitu-cional (CF, art. 208, IV). Compreensão global do direito constitucional à educação. Dever jurídico cuja execução se impõe ao poder público, notadamente ao município (CF, art. 211, §2º). Recurso extraordinário conhecido e provido. [...]'" (Superior Tribunal de Justiça, REsp 736524/SP, Min. Luiz Fux, j. 21.03.2006).

[728] "Agravo. Abrigo de cerca de 400 famílias. Tutela de urgência que impõe à municipalidade paulistana a obrigação de manter abrigo correspondente a cada uma das por volta de 150 unidades familiares. Considerando o caráter provisório da medida de urgência e a admitida disposição do município de São Paulo em abrigar por volta de quatro centenas de pessoas desalojadas de suas residências, compreende-se, em contrapartida, a dificuldade administrativa, de sorte que parece de prudência manter a tutela decidida na origem, salvo

de intervenção em políticas públicas de interesse social,[728] gestão[729] e administração penitenciária,[730] e por último mencionamos a ação de descumprimento de preceito fundamental que confronta as diversas teorias, contras e prós, do controle judicial das políticas públicas, considerada a decisão paradigmática a respeito deste tema.[731]

---

quanto à obrigação de que as unidades familiares não se possam, transitoriamente, separar. Provimento do agravo" (Tribunal de Justiça de São Paulo. Agravo de Instrumento 013505-10.2013.8.26.0000. Des. Rel. Ricardo Dip. j. 09.04.2013).

[729] "Ação Civil Pública Inadequação do sistema de coleta de águas pluviais, que teve como consequência o surgimento de enormes crateras na via pública Circunstância que põe em risco a população local, impedindo, outrossim, o regular trânsito de pessoas, a regular coleta de lixo, o trajeto de ônibus e a prestação de serviços de emergência Inércia da Municipalidade na realização das obras necessárias à solução do problema Vinculação da Administração Pública às prioridades estabelecidas na Constituição Federal Ausência de comprovação de impossibilidade financeira Recurso improvido Sentença mantida". (Supremo Tribunal Federal. AI 708667 AgR / SP. Min. Rel. Dias Toffoli. j. 28.02.2012).

[730] RE nº 592.581/RS, julgado em 13 de agosto de 2015.

[731] "Argüição de descumprimento de preceito fundamental. A questão da legitimidade constitucional do controle e da intervenção do Poder Judiciário em tema de implementação de políticas públicas, quando configurada hipótese de abusividade governamental. Dimensão política da jurisdição constitucional atribuída ao Supremo Tribunal Federal. Inoponibilidade do arbítrio estatal à efetivação dos direitos sociais, econômicos e culturais. Caráter relativo da liberdade de conformação do legislador. Considerações em torno da cláusula da 'reserva do possível'. Necessidade de preservação, em favor dos indivíduos, da integridade e da intangibilidade do núcleo consubstanciador do 'mínimo existencial'. Viabilidade instrumental da argüição de descumprimento no processo de concretização das liberdades positivas (direitos constitucionais de segunda geração). [...] Não obstante a superveniência desse fato juridicamente relevante, capaz de fazer instaurar situação de prejudicialidade da presente argüição de descumprimento de preceito fundamental, não posso deixar de reconhecer que a ação constitucional em referência, considerado o contexto em exame, qualifica-se como instrumento idôneo e apto a viabilizar a concretização de políticas públicas, quando, previstas no texto da Carta Política, tal como sucede no caso (EC 29/2000), venham a ser descumpridas, total ou parcialmente, pelas instâncias governamentais destinatárias do comando inscrito na própria Constituição da República. Essa eminente atribuição conferida ao Supremo Tribunal Federal põe em evidência, de modo particularmente expressivo, a dimensão política da jurisdição constitucional conferida a esta Corte, que não pode demitir-se do gravíssimo encargo de tornar efetivos os direitos econômicos, sociais e culturais — que se identificam, enquanto direitos de segunda geração, com as liberdades positivas, reais ou concretas (RTJ 164/158-161, Rel. Min. Celso de Mello) —, sob pena de o Poder Público, por violação positiva ou negativa da Constituição, comprometer, de modo inaceitável, a integridade da própria ordem constitucional [...] É certo que não se inclui, ordinariamente, no âmbito das funções institucionais do Poder Judiciário — e nas desta Suprema Corte, em especial — a atribuição de formular e de implementar políticas públicas (José Carlos Vieira de Andrade, 'Os Direitos Fundamentais na Constituição Portuguesa de 1976', p. 207, item n. 05, 1987, Almedina, Coimbra), pois, nesse domínio, o encargo reside, primariamente, nos Poderes Legislativo e Executivo. Tal incumbência, no entanto, embora em bases excepcionais, poderá atribuir-se ao Poder Judiciário, se e quando os órgãos estatais competentes, por descumprirem os encargos político-jurídicos que sobre eles incidem, vierem a comprometer, com tal comportamento, a eficácia e a integridade de direitos individuais e/ou coletivos impregnados de estatura constitucional, ainda que derivados de cláusulas revestidas de conteúdo programático. [...] Não deixo de conferir, no entanto, assentadas tais premissas, significativo relevo ao tema pertinente à 'reserva do possível' (HOLMES,

CONTROLE JUDICIAL DA DISCRICIONARIEDADE ADMINISTRATIVA NO ATO POLÍTICO E NAS POLÍTICAS PÚBLICAS | 357

Stephen; SUNSTEIN, Cass R. *The Cost of Rights.* New York: Norton, 1999), notadamente em sede de efetivação e implementação (sempre onerosas) dos direitos de segunda geração (direitos econômicos, sociais e culturais), cujo adimplemento, pelo Poder Público, impõe e exige, deste, prestações estatais positivas concretizadoras de tais prerrogativas individuais e/ou coletivas. É que a realização dos direitos econômicos, sociais e culturais — além de caracterizar-se pela gradualidade de seu processo de concretização — depende, em grande medida, de um inescapável vínculo financeiro subordinado às possibilidades orçamentárias do Estado, de tal modo que, comprovada, objetivamente, a incapacidade econômico-financeira da pessoa estatal, desta não se poderá razoavelmente exigir, considerada a limitação material referida, a imediata efetivação do comando fundado no texto da Carta Política. Não se mostrará lícito, no entanto, ao Poder Público, em tal hipótese — mediante indevida manipulação de sua atividade financeira e/ou político-administrativa — criar obstáculo artificial que revele o ilegítimo, arbitrário e censurável propósito de fraudar, de frustrar e de inviabilizar o estabelecimento e a preservação, em favor da pessoa e dos cidadãos, de condições materiais mínimas de existência. Cumpre advertir, desse modo, que a cláusula da 'reserva do possível' — ressalvada a ocorrência de justo motivo objetivamente aferível — não pode ser invocada, pelo Estado, com a finalidade de exonerar-se do cumprimento de suas obrigações constitucionais, notadamente quando, dessa conduta governamental negativa, puder resultar nulificação ou, até mesmo, aniquilação de direitos constitucionais impregnados de um sentido de essencial fundamentalidade. [...] Vê-se, pois, que os condicionamentos impostos, pela cláusula da 'reserva do possível', ao processo de concretização dos direitos de segunda geração — de implantação sempre onerosa —, traduzem-se em um binômio que compreende, de um lado, (1) a razoabilidade da pretensão individual/social deduzida em face do Poder Público e, de outro, (2) a existência de disponibilidade financeira do Estado para tornar efetivas as prestações positivas dele reclamadas. Desnecessário acentuar-se, considerado o encargo governamental de tornar efetiva a aplicação dos direitos econômicos, sociais e culturais, que os elementos componentes do mencionado binômio (razoabilidade da pretensão + disponibilidade financeira do Estado) devem configurar-se de modo afirmativo e em situação de cumulativa ocorrência, pois, ausente qualquer desses elementos, descaracterizar-se-á a possibilidade estatal de realização prática de tais direitos. Não obstante a formulação e a execução de políticas públicas dependam de opções políticas a cargo daqueles que, por delegação popular, receberam investidura em mandato eletivo, cumpre reconhecer que não se revela absoluta, nesse domínio, a liberdade de conformação do legislador, nem a de atuação do Poder Executivo. É que, se tais Poderes do Estado agirem de modo irrazoável ou procederem com a clara intenção de neutralizar, comprometendo-a, a eficácia dos direitos sociais, econômicos e culturais, afetando, como decorrência causal de uma injustificável inércia estatal ou de um abusivo comportamento governamental, aquele núcleo intangível consubstanciador de um conjunto irredutível de condições mínimas necessárias a uma existência digna e essenciais à própria sobrevivência do indivíduo, aí, então, justificar-se-á, como precedentemente já enfatizado — e até mesmo por razões fundadas em um imperativo ético-jurídico —, a possibilidade de intervenção do Poder Judiciário, em ordem a viabilizar, a todos, o acesso aos bens cuja fruição lhes haja sido injustamente recusada pelo Estado. [...]" (Supremo Tribunal Federal, ADPF 45, Min. Celso de Mello, j. 29.04.2004).

Conclusão

Propomos, ao modo de conclusões, alinhavar o que acreditamos que são os principais aspectos de cada capítulo apresentado. A seguir, formulamos a síntese da abordagem que fizemos sobre os variados assuntos referentes à discricionariedade administrativa e destacamos, ao final da síntese de cada capítulo, nossas propostas sobre determinados tópicos.

Mas desde logo nos compete sublinhar que a despeito de pontualmente sugerirmos algumas diferentes intelecções sobre alguns temas, o que entendemos ser a principal inovação — que inclusive reverbera sobre diversos tópicos dos demais capítulos — é o quanto tratamos no capítulo 4, isto é, a análise da discricionariedade administrativa conforme os âmbitos da função administrativa.

De todo modo, como a respeito dos demais temas relacionados com a discricionariedade administrativa — que se encontram nos demais capítulos — entendemos que há reflexões a merecerem o debate científico. Em seguida expomos, sobre cada capítulo, as sínteses conclusivas com o destaque para algumas das nossas propostas.

Conclusão da Parte I – Interpretação jurídica e os conceitos jurídicos indeterminados

Capítulos 1 e 2 – Anotações sobre a interpretação jurídica e Conceitos jurídicos indeterminados. Uma questão de interpretação jurídica

Nesta primeira parte propomos formular algumas premissas que acompanham todo o nosso estudo. Pretendemos apresentar razões jurídicas suficientes para apartarmos a interpretação jurídica dos conceitos jurídicos indeterminados e das cláusulas gerais da noção de discricionariedade administrativa.

Apesar do respeito que nutrimos em relação à doutrina que *reconhece* a possibilidade de os conceitos jurídicos indeterminados ensejarem a discricionariedade administrativa — o que sem dúvida alguma é voz predominante no país e no estrangeiro —, entendemos que todo e qualquer conceito jurídico indeterminado deve ser determinado para o caso concreto, e que esta tarefa qualifica-se como um processo de interpretação jurídica, e não como um exercício de discricionariedade administrativa.

Trazemos novos argumentos em reforço à conhecida tese da *unidade de solução justa* de Eduardo García de Enterría e Tomás-Ramón Fernández. A esta tese acrescemos as propostas de expressiva corrente da teoria geral do direito que compreende a interpretação jurídica como uma *construção* do direito pelo intérprete. É do reconhecimento da presença do intérprete — de sua *vontade* — no processo de interpretação e aplicação do direito que acreditamos reforçar a distinção necessária que deve ser feita entre interpretação dos conceitos jurídicos indeterminados e das cláusulas gerais e discricionariedade administrativa.

Para o fim de justificarmos nossa proposta relembramos e trabalhamos principalmente com as doutrinas da *lógica do razoável* de Luis Recaséns Siches, da *tópica* de Viehweg, e da *nova retórica* conduzida pela *lógica do preferível* de Chaïm Perelman.

Acompanhamos aqueles que defendem que a interpretação jurídica processa-se por uma *construção* do direito pelo intérprete, que a interpretação jurídica realiza-se por um *saber prudencial* (Vigo) porque a norma jurídica propriamente dita só existe depois da imprescindível atuação do intérprete. E assim o é porque há a necessidade de *estimar* os valores, reconhecidos pela ordem jurídica, e os respectivos fatos sociais (Miguel Reale, Maria Helena Diniz e outros).

A norma jurídica, enfim, é o produto da interpretação jurídica, o que significa dizer que a interpretação do direito abarca, além do *conhecimento*, também a *vontade* quanto à opção por certa solução, e este componente *psíquico* (a *vontade*, a *subjetividade*) não pode também ser denominado de "discricionariedade" ("discricionariedade judicial" etc.) sob pena de corromper a cientificidade e a compreensão da discricionariedade administrativa.

Por conseguinte, o que distingue a *interpretação jurídica* da *discricionariedade administrativa* como categorias realmente diversas não é a *subjetividade*, não é a *vontade*. A dificuldade de precisar um conceito jurídico ou uma cláusula geral em razão da indeterminação de uma palavra ou expressão reclama uma maior participação do intérprete, mas esta situação revela, apenas, um *grau* diferente da atuação da *vontade* do operador do direito, uma margem maior, portanto, de divergências. A diferença que se faz, no âmbito dos conceitos jurídicos indeterminados, entre conceitos de *experiência* e conceitos de *valor* é insuficiente para sustentar a possibilidade de haver discricionariedade junto a estes últimos, pois a *vontade* não é alijada da interpretação de um conceito de experiência.

Todo e qualquer conceito jurídico — determinado ou indeterminado, e neste último caso, de experiência ou de valor — cuida, em última análise, de mera interpretação jurídica. A *cognição* e a *vontade* são inerentes a qualquer interpretação jurídica. Destarte, pouco importa se um conceito é considerado "determinado" ou "indeterminado" porque, em todo caso, deve ser passível de *determinação* de seu exato significado para o *caso concreto* — e a mesma conclusão é aplicável às cláusulas gerais.

O fato de haver *diversidade* de intelecções — o que é próprio da *interpretação jurídica* — não se confunde com a *pluralidade* de decisões legítimas — que caracteriza a *discricionariedade administrativa*.

E a primeira consequência desta posição é a ilação de que todo conceito jurídico está sujeito ao pleno controle judicial.

Além disso — e em destaque —, propomos ainda o reconhecimento das seguintes consequências:

- a definição do conceito jurídico indeterminado e da cláusula geral pela Administração, se não for invalidada pelo Judiciário, vincula o próprio Poder Público para os casos futuros como verdadeiro *precedente administrativo*;
- perante o silêncio administrativo, diante da inércia da Administração em definir juridicamente um texto normativo impreciso, o Judiciário deve determinar o exato entendimento do conceito jurídico indeterminado e da cláusula geral sem qualquer ponderação com outro paradigma que a Administração pudesse fazer sobre a interpretação do conceito vago.

Conclusão da Parte II – A competência discricionária administrativa conforme os âmbitos da função administrativa e o seu controle pelo Poder Judiciário

Capítulo 3 – Noções de discricionariedade administrativa

Inicialmente, neste capítulo relembramos que as atuais noções de discricionariedade administrativa não mais gravitam em torno da ideia de *poder* — o que, em alguma medida, esquiva-se do controle judicial.

Mas que sob o regime democrático e social de direito a discricionariedade administrativa associa-se à ideia de *competência* que estabelece *a medida e a definição dos poderes* como instrumentos ao cumprimento dos deveres para com a sociedade.

Mas o que propomos ao debate neste capítulo diz respeito ao fundamento da competência jurídica da discricionariedade administrativa.

Pois em prestígio ao *princípio da segurança jurídica* acompanhamos a doutrina que em uníssono afirma que a norma de competência que atribui discricionariedade administrativa deve apresentar-se sob o modelo de uma *regra jurídica*.

No entanto, entendemos ser possível — e é o destaque que fazemos quanto a este capítulo — que diante de circunstâncias fáticas excepcionais e justificáveis seja reconhecida a *competência discricionária* decorrente de um *princípio jurídico*.

Por fim, encerramos o capítulo com a definição da discricionariedade administrativa como a atribuição, *nos termos da norma de competência*, de uma *pluralidade* de decisões legítimas (uma *liberdade*, um *indiferente*, dentre as opções que são definidas *prima facie* pela norma de competência).

Capítulo 4 – Controle judicial da discricionariedade administrativa na estrutura da norma jurídica (estática da norma jurídica)

É neste capítulo, a nosso ver, que mais insistimos com a necessidade de revermos a definição de discricionariedade administrativa. Pois se tradicionalmente a doutrina e a jurisprudência preocupam-se em identificar a legitimidade da discricionariedade no exercício da função administrativa, cremos que é fundamental o estudo de um momento precedente: a competência discricionária administrativa na estrutura da norma jurídica.

Em outras palavras, o *que* pode e o *quanto* pode a lei dizer que é passível de discricionariedade administrativa.

Sintetizamos a nossa proposta sobre estes limites:

a) identificamos a norma jurídica, em sua *estrutura lógica*, sob uma formulação binária, isto é, um *juízo hipotético* composto por uma *hipótese de fato* e uma *finalidade*;

b) *a análise dos limites de atribuição da discricionariedade administrativa na norma jurídico-administrativa não deve ser realizada pelos conceitos jurídicos indeterminados, mas de acordo com o âmbito da função administrativa (Administração Ordenadora, de Prestação, de Gestão, de Fomento, Sancionadora e de Políticas Públicas);*

c) nenhuma lei pode esvaziar-se e deixar de delinear o núcleo mínimo da matéria à qual se propõe sob pena de ofensa ao *princípio da legalidade*, além da *inconstitucional delegação da função legiferante;*

d) *mais restritas devem ser as dimensões da discricionariedade administrativa nas hipóteses de fato e na finalidade da norma jurídico-administrativa se o âmbito da função administrativa for a intervenção na esfera jurídica do administrado, sob pena de violação dos princípios da segurança jurídica e da legalidade;*

e) *por não se confundir a interpretação jurídica dos conceitos jurídicos indeterminados com a discricionariedade administrativa, e porque a Administração Sancionadora deve cumprir o comando constitucional de que não há pena sem prévia cominação legal (art. 5º, XXXIX), em matéria de direito administrativo sancionador tanto a hipótese de fato quanto a finalidade da norma jurídico-administrativa ensejam apenas a interpretação jurídica, e nunca a discricionariedade administrativa.*

Capítulo 5 – Controle judicial da discricionariedade administrativa no regulamento e no ato administrativos

Por primeiro, cuidamos da discricionariedade administrativa junto ao regulamento administrativo, e em resumo ao que expomos convém destacar que como há um comando constitucional (art. 93, X) que não excepciona a motivação de nenhuma forma de expressão da função administrativa, não é possível afastar este dever jurídico do regulamento administrativo. No entanto, porque o regulamento prescreve normas gerais e abstratas, de modo semelhante ao que ocorre com a lei, a intensidade da motivação é menor do que é exigível do ato administrativo.

Sobre a discricionariedade administrativa no ato administrativo, sugerimos identificar e denominar de *espaço legítimo* da discricionariedade administrativa a sua possibilidade em relação ao momento de ação (5.2.1), à forma, aos requisitos procedimentais, à formalização (5.2.2), ao objeto, ao conteúdo (5.2.3) e ao motivo de direito (5.2.4) — salvo se a lei tratar de matéria afeita à *Administração Sancionadora* porque, neste caso, e conforme sustentamos no capítulo 4, todos os pressupostos e/ou elementos dos atos a serem praticados são sempre vinculados (4.3.2).

Por conseguinte, ao considerarmos o atual estágio da ciência do direito administrativo, defendemos que não há mais necessidade de utilizar a expressão "mérito do ato administrativo" para justificar a discricionariedade administrativa, pois a *sistematização* do ato administrativo confere maior segurança jurídica em busca da localização e aferição do *espaço legítimo* da discricionariedade administrativa — leia-se, a respeito do *espaço legítimo*, que nos referimos ao momento de ação, à forma, aos requisitos procedimentais, à formalização, ao objeto, ao conteúdo e ao motivo de direito, mas salvo as matérias referentes à Administração Sancionadora.

Por último, sobre a doutrina da "redução a zero" da discricionariedade administrativa, além de acompanharmos os que defendem que o caso em análise pode convolar a competência discricionária em vinculada, ainda acrescemos que, nesta circunstância, é possível — e recomendável — que o Judiciário não se limite a invalidar o ato objeto da ação, mas que desde logo determine qual a opção válida.

Capítulo 6 – Controle judicial da discricionariedade administrativa e as apreciações técnicas

Recusamos a suposta categoria denominada de "discricionariedade técnica". Cuida-se, em nosso entender, de meras *apreciações técnicas ou científicas*, sem um regime jurídico específico, e por isto irrestritamente submetidas ao controle judicial. Cumpre-nos esclarecer que esta conclusão decorre, primordialmente, da defesa da ideia de que os conceitos jurídicos indeterminados que dependem de aspectos técnicos ou científicos devem encontrar, como qualquer conceito jurídico indeterminado, uma *unidade de solução justa* — o que tratamos nos capítulos 1 e 2.

Na seara das *apreciações técnicas ou científicas*, especificamente sobre os concursos públicos, aderimos ao entendimento que reconhece a possibilidade de seu controle judicial.

Mas o que acrescentamos ao que se encontra na doutrina e na jurisprudência é a extensão deste controle até mesmo às fases *dissertativas*, *orais* e de *entrevistas com examinadores*. E isto porque estas fases devem igualmente apresentar alguma *matriz de avaliação*.

É impossível admitirmos, diante de um modelo de direito que pretende prestigiar a transparência e a publicidade dos atos públicos, é juridicamente impossível aceitarmos algum processo de seleção de candidatos sem qualquer baliza para o controle externo. Todos os exames e provas devem pautar-se em alguma *matriz de avaliação* que sirva, inclusive, como referência ao controle judicial.

CONCLUSÃO | 365

Capítulo 7 – Controle judicial da discricionariedade administrativa conforme a teoria do desvio de finalidade e os princípios da Administração Pública

Relembramos, inicialmente, que o instituto jurídico do "desvio de poder" melhor se define, em regimes democráticos de direito, sob a expressão *desvio de finalidade*. Mas o que propomos ao debate acerca deste assunto é o modo de combater o desvio de finalidade por omissão administrativa. Pois pelas razões que apresentamos no capítulo entendemos que a imposição de multa ou a possibilidade de tipificação do crime de desobediência não são medidas eficientes. Reputamos que a medida mais eficaz a exigir o cumprimento da ordem judicial que pretende coibir o desvio de finalidade por omissão é a intimação da autoridade competente ao cumprimento da decisão sob pena de responder, em ação própria, por eventual ato de improbidade administrativa em razão do *dolo* de descumprir o princípio da legalidade (art. 11, *caput*, da Lei nº 8.429/92).

Capítulo 8 – Paradigmas ao controle judicial da discricionariedade administrativa

Três paradigmas podem nortear a ponderação dos fundamentos e argumentos relacionados ao controle judicial da discricionariedade administrativa: (i) racionalidade da decisão administrativa, (ii) ônus da argumentação dos atores processuais e (iii) o tempo de omissão da Administração Pública.

Estes paradigmas objetivam orientar a aplicação prática das referências doutrinárias sobre o tema, servem de parametrização ao controle judicial da Administração Pública que se realiza diante de casos concretos.

Capítulo 9 – Controle judicial da discricionariedade administrativa no ato político e nas políticas públicas

Neste último capítulo cuidamos da discricionariedade administrativa nos atos políticos e nas políticas públicas.

Defendemos que não se afina à realidade jurídica contemporânea a absoluta isenção de controle judicial das nomeações feitas para cargos em comissão. Reconhecemos, sem dúvida, a existência *a priori* da discricionariedade administrativa junto ao ato político de nomeação para o cargo de confiança, mas este *espaço de legitimidade* deve ser averiguado pelo Judiciário, se for provocado a tanto, para aferir se a nomeação atende a uma *pretensão de correção* fundada em *princípios*, se a nomeação atende a um *mandamento de otimização*, é dizer, ao dever de realizar a finalidade pública da nomeação na máxima medida possível.

De igual modo, propomos que é possível o controle judicial da liberação ou suspensão de emendas orçamentárias quando o móvel é a exclusiva troca de apoio político ou interesses escusos, pois há flagrante *desvio de finalidade* ao se utilizar de uma categoria própria de ato — a liberação de recursos orçamentários para obras e serviços públicos — para outros fins como a obtenção de apoio político em um projeto de lei etc.

Sobre o controle judicial das políticas públicas, inicialmente alinhavamos os argumentos contrários ao controle — a teoria das reservas do possível (reservas fática e jurídica) — e os favoráveis — a necessidade de efetivação do *núcleo essencial* do direito fundamental e o *princípio da máxima efetividade das normas constitucionais*.

O cotejo dos argumentos favoráveis e contrários ao controle judicial das políticas públicas depende da análise de cada caso concreto. Todavia, a Administração Pública não pode — porque sequer é facultado ao Legislativo — deixar de cumprir o *núcleo essencial* de um *direito à prestação* se este direito qualifica-se como *direito fundamental*. Se ao legislador é interdito reduzir ou afligir o cerne do valor que a Constituição pretendeu assegurar, por muito mais razão não pode o administrador — que deve cumprir as normas constitucionais e a legislação infraconstitucional — recusar-se a cumprir, ou cumprir diversamente, o comando constitucional. Ademais, o *princípio da máxima efetividade das normas constitucionais* reforça a ideia de autoaplicabilidade dos direitos fundamentais.

Propomos, a respeito do tema, que um dos mecanismos de identificação do núcleo essencial do direito fundamental é o procedimento de ponderação da teoria dos princípios, o que sempre depende da análise de cada *caso concreto* para a *comprovação* do mínimo essencial.

Pelo procedimento de ponderação da teoria dos princípios é possível a *confirmação* ou *infirmação* do *espaço legítimo* da discricionariedade administrativa.

Sugerimos, ainda, que a análise do tempo de *omissão administrativa* é de fundamental relevância na consideração da possibilidade — e da intensidade — da intervenção judicial nas políticas públicas.

Por derradeiro, cuidamos — e sugerimos algumas soluções — do controle judicial das políticas públicas quando se trata de políticas públicas já existentes (acrescentamos os critérios de *universalidade*

CONCLUSÃO | 367

e *atualização tecnológica e/ou científica* para a identificação do *núcleo essencial* — o "novo patamar" do direito à prestação), e ainda das medidas judiciais possíveis, sobretudo com fundamento no art. 461 do Código de Processo Civil, e sem prejuízo da ideia que defendemos no capítulo 7 a respeito da intimação da autoridade competente para que cumpra a decisão judicial sob pena de responder, em ação própria, por eventual ato de improbidade administrativa.

REFERÊNCIAS

ALESSI, Renato. *Instituciones de Derecho Administrativo*. Tradução Buenaventura Pellisé Prats. 3. ed. Barcelona: Bosch, 1960. 2 v.

ALEXY, Robert. *Constitucionalismo discursivo*. Tradução Luís Afonso Heck. Porto Alegre: Livraria do Advogado, 2007.

ALEXY, Robert. *Sistema jurídico, principios jurídicos y razón práctica*. México: Fontamara, 2002.

APPIO, Eduardo. *Controle judicial das políticas públicas no Brasil*. Curitiba: Juruá, 2007.

ARAÚJO, Florivaldo Dutra de. *Motivação e controle do ato administrativo*. 2. ed. Belo Horizonte: Del Rey, 2005.

ARAÚJO, Florivaldo Dutra de. *Negociação coletiva dos servidores públicos*. Belo Horizonte: Fórum, 2011.

ASCENSÃO, José de Oliveira. *O Direito*: introdução e teoria geral – uma perspectiva luso-brasileira. 11. ed. Coimbra: Almedina, 2003.

ATIENZA, Manuel. *As razões do Direito*: teorias da argumentação jurídica. 3. ed. São Paulo: Landy, 2003.

ATIENZA, Manuel. *El sentido del Derecho*. 2. ed. Barcelona: Ariel, 2004.

ÁVILA, Humberto. *Teoria dos princípios*: da definição à aplicação dos princípios jurídicos. 4. ed. São Paulo: Malheiros, 2004.

BACIGALUPO, Mariano. *La discrecionalidad administrativa* (estructura normativa, control judicial y límites constitucionales de su atribución). Madrid: Marcial Pons, 1997.

BANDEIRA DE MELLO, Celso Antônio. *Curso de direito administrativo*. 20. ed. São Paulo: Malheiros, 2006.

BANDEIRA DE MELLO, Celso Antônio. *Conteúdo jurídico do princípio da igualdade*. 3. ed. São Paulo: Malheiros, 2002.

BANDEIRA DE MELLO, Celso Antônio. *Discricionariedade e controle jurisdicional*. 2. ed. São Paulo: Malheiros, 2003.

BANDEIRA DE MELLO, Oswaldo Aranha. *Princípios gerais de Direito Administrativo*. 3. ed. São Paulo: Malheiros, 2007. 2 v.

BARCELLOS, Ana Paula de. Neoconstitucionalismo, direitos fundamentais e controle das políticas públicas. *Revista Diálogo Jurídico*, n. 15, jan./mar. 2007. Disponível em: <http://www.direitopublico.com.br>.

BARROS, Giselle Nori. *O dever do Estado no fornecimento de medicamentos*. 2007. Dissertação (Mestrado) – Pontifícia Universidade Católica de São Paulo, São Paulo, 2007.

BARROSO, Luís Roberto. Da falta de efetividade à judicialização excessiva: direito à saúde, fornecimento gratuito de medicamentos e parâmetros para a atuação judicial. *Interesse Público – IP*, Belo Horizonte, ano 9, n. 46, nov./dez. 2007.

BARROSO, Luís Roberto. *Interpretação e aplicação da Constituição*. 5. ed. São Paulo: Saraiva, 2003.

BAUMAN, Zygmunt. *Legisladores e Intérpretes*. Tradução Renato Aguiar. Rio de Janeiro: Zahar, 2010.

BITENCOURT NETO, Eurico. *Autovinculação administrativa e provimento de cargos em comissão*. *Revista Brasileira de Estudos da Função Pública*, ano 1, n. 1, jan./abr. 2012.

BOBBIO, Norberto. *Direito e Estado no pensamento de Emanuel Kant*. 3. ed. São Paulo: Mandarim, 2000.

BOBBIO, Norberto. *Teoria da norma jurídica*. Tradução Fernando Pavan Baptista e Ariani Bueno Sudatti. Bauru: Edipro, 2001.

BOBBIO, Norberto. *Teoria do ordenamento jurídico*. Tradução Maria Celeste Cordeiro Leite dos Santos. 10. ed. Brasília: Universidade de Brasília, 1999.

BONAVIDES, Paulo. *Curso de Direito Constitucional*. 11. ed. São Paulo: Malheiros, 2001.

BONAVIDES, Paulo. *Do Estado Liberal ao Estado Social*. 7. ed. São Paulo: Malheiros, 2004.

BRITTO, Carlos Ayres. *O humanismo como categoria constitucional*. Belo Horizonte: Fórum, 2007.

BRITTO, Carlos Ayres. *Teoria da Constituição*. Rio de Janeiro: Forense, 2006.

BUCCI, Maria Paula Dallari. *Direito Administrativo e políticas públicas*. São Paulo: Saraiva, 2006.

BUCCI, Maria Paula Dallari. *Políticas públicas*: reflexões sobre o conceito jurídico. São Paulo: Saraiva, 2006.

CAETANO, Marcello. *Princípios fundamentais do Direito Administrativo*. Coimbra: Almedina, 2003.

CAMMAROSANO, Márcio. *O princípio constitucional da moralidade e o exercício da função administrativa*. Belo Horizonte: Fórum, 2006.

CANOTILHO, J. J. Gomes. *Direito constitucional e teoria da Constituição*. 7. ed. Coimbra: Almedina, 2003.

CARRIÓ, Genaro R. *Sobre los límites del lenguaje normativo*. Buenos Aires: Astrea, 2001.

CASSAGNE, Juan Carlos. *Derecho Administrativo*. 7. ed. Buenos Aires: LexisNexis, 2004. 2 v.

CHINCHILLA MARÍN, Carmen. *La desviación de poder*. 2. ed. Madrid: Civitas, 2004.

COELHO, Fábio Ulhoa. *Para entender Kelsen*. 4. ed. São Paulo: Saraiva, 2001.

COELHO, Fábio Ulhoa. *Roteiro de lógica jurídica*. 3. ed. São Paulo: Max Limonad, 2000.

COELHO, Paulo Magalhães da Costa. *Controle jurisdicional da Administração Pública*. São Paulo: Saraiva, 2002.

REFERÊNCIAS | 371

COMPARATO, Fábio Konder. Ensaio sobre o juízo de constitucionalidade de políticas públicas. *Revista dos Tribunais*, São Paulo, n. 737, 1997.

COMPARATO, Fábio Konder. O Ministério Público na defesa dos direitos econômicos, sociais e culturais. In: CUNHA, Sérgio Sérvulo; GRAU, Eros Roberto. *Estudos de direito constitucional em homenagem a José Afonso da Silva*. São Paulo: Malheiros, 2003. p. 249.

COSTA, Regina Helena. Conceitos jurídicos indeterminados e discricionariedade administrativa. *Revista da Procuradoria Geral do Estado de São Paulo*, n. 29, 1988.

CUNHA, Sérgio Sérvulo; GRAU, Eros Roberto. *Estudos de Direito Constitucional em homenagem a José Afonso da Silva*. São Paulo: Malheiros, 2003.

DALLARI, Dalmo de Abreu. *Elementos de teoria geral do Estado*. 19. ed. São Paulo: Saraiva, 1995.

DAROCA, Eva Desdentado. *Los problemas del control judicial de la discrecionalidad técnica* (un estudio crítico de la jurisprudencia). Madrid: Civitas, 1997.

DI PIETRO, Maria Sylvia Zanella. *Direito Administrativo*. 15. ed. São Paulo: Atlas, 2003.

DI PIETRO, Maria Sylvia Zanella. *Discricionariedade administrativa na Constituição de 1988*. 2. ed. São Paulo: Atlas, 2001.

DIAS, Jean Carlos. *O controle judicial de políticas públicas*. São Paulo: Método, 2007.

DIAS, José Eduardo Figueiredo; OLIVEIRA, Fernanda Paula. *Noções fundamentais de Direito Administrativo*. Coimbra: Almedina, 2006.

DIEZ, Manuel Maria. *Derecho Administrativo*. Buenos Aires: Omeba, 1971.

DINIZ, Maria Helena. (Coord.). *Atualidades jurídicas*. São Paulo: Saraiva, 2000. 2 v.

DINIZ, Maria Helena. *Compêndio de introdução à ciência do Direito*. 15. ed. São Paulo: Saraiva, 2003.

DINIZ, Maria Helena. *Conceito de norma jurídica como problema de essência*. 4. ed. São Paulo: Saraiva, 2003.

DROMI, Roberto. *Derecho Administrativo*. 10. ed. Madrid: Ciudad Argentina, 2004.

DWORKIN, Ronald. *Levando os direitos a sério*. São Paulo: Martins Fontes, 2002.

ENGISCH, Karl. *Introdução ao pensamento jurídico*. 9. ed. Lisboa: Fundação Calouste Gulbenkian, 2004.

FARIA, Edimur Ferreira de. *Controle do mérito do ato administrativo pelo Judiciário*. Belo Horizonte: Fórum, 2011.

FERNÁNDEZ, Tomás-Ramón. *De la arbitrariedad de la administración*. 4. ed. Madrid: Civitas, 2002.

FERRAZ JR., Tercio Sampaio. *Estudos de filosofia do Direito*. 3. ed. São Paulo: Atlas, 2009.

FERRAZ JR., Tercio Sampaio. *Introdução ao estudo do Direito*. 4. ed. São Paulo: Atlas, 2003.

FERREIRA, Daniel. *Sanções administrativas*. São Paulo: Malheiros, 2001.

FERREIRA, Daniel. *Teoria geral da infração administrativa*. Belo Horizonte: Fórum, 2009.

FIGUEIREDO, Lúcia Valle. *Curso de Direito Administrativo*. 7. ed. São Paulo: Malheiros, 2004.

FIORINI, Bartolomé A. *Poder de polícia*. Buenos Aires: Alfa, 1957.

FREIRE JÚNIOR, Américo Bedê. *O controle judicial de políticas públicas*. São Paulo: Revista dos Tribunais, 2005.

FREITAS, Juarez. *A interpretação sistemática do Direito*. 4. ed. São Paulo: Malheiros, 2004.

FREITAS, Juarez. *Discricionariedade administrativa e o direito fundamental à boa Administração Pública*. São Paulo: Malheiros, 2007.

FREITAS, Juarez. *O controle dos atos administrativos e os princípios fundamentais*. 3. ed. São Paulo: Malheiros, 2004.

GARCÍA DE ENTERRÍA, Eduardo. *Democracia, jueces y control de la administración*. 5. ed. Madrid: Thomson, 2000.

GARCÍA DE ENTERRÍA, Eduardo. *La lucha contra las inmunidades del poder*. 3. ed. Madrid: Civitas, 1983.

GARCÍA DE ENTERRÍA, Eduardo; FERNÁNDEZ, Tomás-Ramón. *Curso de Derecho Administrativo*. 12. ed. Madrid: Civitas, 2004. 2 v.

GARCIA, Emerson (Coord.). *Discricionariedade administrativa*. Rio de Janeiro: Lumen Juris, 2005.

GASPARINI, Diogenes. *Direito Administrativo*. 8. ed. São Paulo: Saraiva, 2003.

GODOY, Cláudio Luiz Bueno de. *Função social do contrato*. 2. ed. São Paulo: Saraiva, 2007.

GODOY, Cláudio Luiz Bueno de. *Tratado de Derecho Administrativo*: parte general. Medellin: Biblioteca Jurídica Diké, 1998.

GONÇALVES, Alcindo. Políticas públicas e a ciência política. In: BUCCI, Maria Paula Dallari. *Políticas públicas*: reflexões sobre o conceito jurídico. São Paulo: Saraiva, 2006. p. 93-96.

GONZÁLEZ PÉREZ, Jesús. *Corrupción, ética y moral en las Administraciones Públicas*. Madrid: Thomson, 2006.

GORDILLO, Agustín. *Tratado de derecho administrativo*: el acto administrativo. 2. ed. Medellin: Biblioteca Jurídica Diké, 2001.

GORDILLO. Agustín. *La administración paralela*. Madrid: Civitas, 1997.

GOUVÊA, Marcos Maselli. Balizamentos da discricionariedade administrativa na implementação dos direitos econômicos, sociais e culturais. In: GARCIA, Emerson (Coord.). *Discricionariedade administrativa*. Rio de Janeiro: Lúmen Juris, 2005. p. 311.

GOUVÊA, Marcos Maselli. *O controle judicial das omissões administrativas*. Rio de Janeiro: Forense, 2003.

GRAU, Eros Roberto. *Interpretação/aplicação do Direito*. 2. ed. São Paulo: Malheiros, 2003.

GRAU, Eros Roberto. *O Direito posto e o Direito pressuposto*. 5. ed. São Paulo: Malheiros, 2003.

GROTTI, Dinorá Adelaide Musetti. Conceitos jurídicos indeterminados e discricionariedade administrativa. In: DINIZ, Maria Helena (Coord.). *Atualidades jurídicas*. São Paulo: Saraiva, 2000.

GUASTINI, Riccardo. *Das fontes às normas*. São Paulo: Quartier Latin, 2005.

REFERÊNCIAS | 373

HART, Herbert. L. A. *O conceito de Direito*. Tradução A. Ribeiro Mendes. 3. ed. Lisboa: Fundação Calouste Gulbenkian, 2001.

HOUAISS, Antônio; VILLAR, Mauro de Salles. *Dicionário Houaiss da língua portuguesa*. Rio de Janeiro: Objetiva, 2001.

KELSEN, Hans. *Teoria pura do direito*. Tradução João Baptista Machado. São Paulo: Martins Fontes, 2003.

LARENZ, Karl. *Metodologia da ciência do Direito*. 3. ed. Lisboa: Fundação Calouste Gulbenkian, 1997.

LEAL, Rogério Gesta. *Estado, Administração Pública e sociedade*. Porto Alegre: Livraria do Advogado, 2006.

LIMA, Ruy Cirne. *Princípios de Direito Administrativo*. Porto Alegre: Sulina, 1964.

LOEWENSTEIN, Karl. *Teoria de la Constitucion*. Tradução Alfredo Gallego. Anabitarte. Barcelona: Ariel, 1976.

MARINONI, Luiz Guilherme. *Tutela específica*. 2. ed. São Paulo: Revista dos Tribunais, 2001.

MARTINS, Ricardo Marcondes. *Efeitos dos vícios do ato administrativo*. São Paulo: Malheiros, 2007.

MARTINS-COSTA, Judith. O direito privado como um "sistema em construção": as cláusulas gerais no projeto do Código Civil brasileiro. Disponível em: <http://jus2.uol. com.br/doutrina/texto.asp?id=513>. Acesso em: 15 fev. 2008.

MAURER, Hartmut. *Direito Administrativo geral*. Tradução Luís Afonso Heck. 14. ed. São Paulo: Manole, 2006.

MAXIMILIANO, Carlos. *Hermenêutica e aplicação do Direito*. 18. ed. Rio de Janeiro: Forense, 1999.

MAYER, Otto. *Derecho administrativo alemán*. Tradução Horacio H. Heredia y Ernesto Krotoschin. Buenos Aires: Depalma, 1951.

MEIRELLES, Hely Lopes. *Direito Administrativo brasileiro*. Atualização Eurico de Andrade Azevedo, Délcio Balestero Aleixo, José Emmanuel Burle Filho. 24. ed. São Paulo: Malheiros, 1999.

MENDONÇA, Paulo Roberto Soares. *A tópica e o Supremo Tribunal Federal*. Rio de Janeiro: Renovar, 2003.

MIRANDA, Jorge. Regime específico dos direitos econômicos, sociais e culturais. In: GARCIA, Emerson (Coord.). *Discricionariedade administrativa*. Rio de Janeiro: Lumen Juris, 2005. p. 299.

MORAES, Alexandre de. *Direito Constitucional*. 21. ed. São Paulo: Atlas, 2007.

MORAES, Germana de Oliveira. *Controle jurisdicional da Administração Pública*. 2. ed. São Paulo: Dialética, 2004.

MOREIRA NETO, Diogo de Figueiredo (Coord.). *Uma avaliação das tendências contemporâneas do Direito Administrativo*. Rio de Janeiro: Renovar, 2003.

MOREIRA NETO, Diogo de Figueiredo. *Legitimidade e discricionariedade*: novas reflexões sobre o limite e controle da discricionariedade. 4. ed. Rio de Janeiro: Forense, 2002.

MORÓN, Miguel Sánchez. *Derecho administrativo*: parte general. Madrid: Tecnos, 2005.

OLIVEIRA, José Roberto Pimenta. *Os princípios da razoabilidade e da proporcionalidade no Direito Administrativo brasileiro*. São Paulo: Malheiros, 2006.

OLIVEIRA, Regis Fernandes. *Ato administrativo*. 4. ed. São Paulo: Revista dos Tribunais, 2001.

OLIVEIRA, Regis Fernandes. *Infrações e sanções administrativas*. 2. ed. São Paulo: Revista dos Tribunais, 2005.

PAIXÃO, Leonardo André. *A função política do Supremo Tribunal Federal*. 2007. Tese (Doutorado) – Universidade de São Paulo, São Paulo, 2007.

PEREIRA, André Gonçalves. *Erro e ilegalidade no acto administrativo*. Lisboa: Ática, 1962.

PEREIRA, César A. Guimarães. Discricionariedade e apreciações técnicas da administração. *Revista de Direito Administrativo*, Rio de Janeiro: Forense, n. 231, 2003.

PERELMAN, Chaïm. *Lógica jurídica*. São Paulo: Martins Fontes, 2000.

PERELMAN, Chaïm. *Retóricas*. São Paulo: Martins Fontes, 2004.

PERELMAN, Chaïm; OLBRECHTS-TYTECA, Lucie. *Tratado da argumentação*: a nova retórica. São Paulo: Martins Fontes, 2005.

PIRES, Luis Manuel Fonseca. *Limitações administrativas à liberdade e à propriedade*. São Paulo: Quartier Latin, 2006.

PLATÃO. *Fedro*. São Paulo: Martin Claret, 2005.

QUEIRÓ, Afonso Rodrigues. *Estudos de Direito Público*. Coimbra: Acta Universitatis Conimbrigensis, 1989.

QUEIRÓ, Afonso Rodrigues. Os limites do poder discricionário das autoridades administrativas. *Revista de Direito Administrativo*, Rio de Janeiro, n. 97, 1969.

REALE, Miguel. *Lições preliminares de direito*. 27. ed. São Paulo: Saraiva, 2005.

REBOUL, Olivier. *Introdução à retórica*. São Paulo: Martins Fontes, 2004.

RECASÉNS SICHES, Luis. *Introducción al estudio del Derecho*. México: Porrúa, 1970.

RIBEIRO, Maria Teresa de Melo. *O princípio da imparcialidade da Administração Pública*. Coimbra: Almedina, 1996.

RIVERO, Jean. *Direito Administrativo*. Tradução Rogério Ehrhardt Soares. Coimbra: Almedina, 1981.

ROCHA, Silvio Luís Ferreira da. A irrelevância da vontade do agente na teoria do ato administrativo. *Revista Trimestral de Direito Público*, São Paulo, v. 25, 1999.

ROCHA, Silvio Luís Ferreira da. *Terceiro setor*. São Paulo: Malheiros, 2003.

SAINZ MORENO, Fernando. *Conceptos jurídicos, interpretación y discrecionalidad administrativa*. Madrid: Civitas, 1976.

SANTOS, Marília Lourido dos. *Interpretação constitucional no controle judicial das políticas públicas*. Porto Alegre: Sergio Antonio Fabris, 2006.

REFERÊNCIAS | 375

SARLET, Ingo Wolfgang. *A eficácia dos direitos fundamentais*. 7. ed. Porto Alegre: Livraria do Advogado, 2007.

SASTRE, Silvia Díez. *El precedente administrativo*: fundamentos y eficácia vinculante. Madrid: Marcial Pons, 2008.

SCARPINELLA BUENO, Cassio. Direito, interpretação e norma jurídica: uma aproximação musical do direito. *Revista de Processo*, São Paulo, n. 111, 2003.

SEABRA FAGUNDES, M. *O controle dos atos administrativos pelo Poder Judiciário*. 7. ed. Rio de Janeiro: Forense, 2006.

SESIN, Domingo Juan. *Administración Pública*: actividad reglada, discrecional y técnica – nuevos mecanismos de control judicial. 2. ed. Buenos Aires: Depalma, 2004.

SILVA, Almiro do Couto e. Poder discricionário no Direito Administrativo brasileiro. *Revista de Direito Administrativo*, Rio de Janeiro, n. 179-180, 1990.

SILVA, Almiro do Couto e. Correção de prova de concurso público e controle jurisdicional. In: WAGNER JÚNIOR, Luiz Guilherme da Costa (Coord.). *Estudos em homenagem ao Professor Adilson Abreu Dallari*. Belo Horizonte: Del Rey, 2004. p. 22.

SILVEIRA, Raquel Dias da. *Profissionalização da função pública*. Belo Horizonte: Fórum, 2009.

SOUSA, António Francisco. *Conceitos indeterminados no Direito Administrativo*. Coimbra: Almedina, 1994.

SOUSA, António Francisco. Os "conceitos legais indeterminados" no direito administrativo alemão. *Revista de Direito Administrativo*, Rio de Janeiro, n. 166, 1986.

SUNDFELD, Carlos Ari. *Direito Administrativo ordenador*. São Paulo: Malheiros, 2003.

TALAMINI, Daniele Coutinho. *Revogação do ato administrativo*. São Paulo: Malheiros, 2002.

VALLE, Vanice Regina Lírio do. *Políticas públicas, direitos fundamentais e controle judicial*. Belo Horizonte: Fórum, 2009.

VIEHWEG, Theodor. *Tópica y filosofía del Derecho*. Barcelona: Gedisa, 1997.

VIGO, Rodolfo Luis. *Interpretação jurídica*: do modelo juspositivista-legalista do século XIX às novas perspectivas. Tradução Susana Elena Dalle Mura. São Paulo: Revista dos Tribunais, 2005.

VIRGA, Pietro. *Diritto Amministrativo*. 5. ed. Milão: Giuffrè, 1999.

VITTA, Heraldo Garcia. *A sanção no Direito Administrativo*. São Paulo: Malheiros, 2003.

VITTA, Heraldo Garcia. *Aspectos da teoria geral no Direito Administrativo*. São Paulo: Malheiros, 2001.

VITTA, Heraldo Garcia. *A sanção no Direito Administrativo*. São Paulo: Malheiros, 2003.

WAGNER JÚNIOR, Luiz Guilherme da Costa (Coord.). *Estudos em homenagem ao Professor Adilson Abreu Dallari*. Belo Horizonte: Del Rey, 2004.

ZACCARIA, Giuseppe. *Razón jurídica e interpretación*. Madrid: Civitas, 2004.

ZANOBINI, Guido. *Corso di Diritto Amministrativo*. 7. ed. Milano: Giuffrè, 1954.

Esta obra foi composta em fonte Palatino Linotype, corpo 10
e impressa em papel Offset 75g (miolo) e Supremo 250g (capa)
pela Laser Plus Gráfica, em Belo Horizonte/MG.